四川大學中國俗文化研究所
四川大學漢語史研究所

漢語史研究集刊
（第三十輯）

語言學·漢語類CSSCI來源集刊

俞理明 雷漢卿◎主編

四川大學出版社
SICHUAN UNIVERSITY PRESS

項目策劃：黃蘊婷
責任編輯：黃蘊婷
責任校對：羅　丹
封面設計：墨創文化
責任印製：王　煒

圖書在版編目（CIP）數據

漢語史研究集刊．第三十輯／俞理明，雷漢卿主編．— 成都：四川大學出版社，2021.5
ISBN 978-7-5690-4733-2

Ⅰ．①漢… Ⅱ．①俞… ②雷… Ⅲ．①漢語史—研究—叢刊 Ⅳ．①H1-09

中國版本圖書館CIP數據核字（2021）第096614號

書名	漢語史研究集刊（第三十輯）
	Hanyushi Yanjiu Jikan(Di-Sanshi Ji)
主　編	俞理明　雷漢卿
出　版	四川大學出版社
地　址	成都市一環路南一段24號（610065）
發　行	四川大學出版社
書　號	ISBN 978-7-5690-4733-2
印　刷	成都金龍印務有限責任公司
成品尺寸	185mm×260mm
插　頁	1
印　張	18.75
字　數	382千字
版　次	2021年5月第1版
印　次	2021年5月第1次印刷
定　價	88.00圓

版權所有◆侵權必究

◆ 讀者郵購本書，請與本社發行科聯繫。
電話：(028)85408408／(028)85401670／(028)86408023　郵政編碼：610065
◆ 本社圖書如有印裝質量問題，請寄回出版社調換。
◆ 網址：http://press.scu.edu.cn

四川大學出版社
微信公衆號

主　編　俞理明　雷漢卿
副主編　王彤偉

學術委員會
丁邦新（香港科技大學）
高田時雄（日本京都大學）
何莫邪（Christoph Harbsmeier，挪威奧斯陸大學）
江藍生（中國社會科學院）
蔣紹愚（北京大學）
柯蔚南（W. South Coblin，美國伊荷華大學）
魯國堯（南京大學）
梅維恒（Victor H. Mair，美國賓夕法尼亞大學）
梅祖麟（美國康奈爾大學）
裘錫圭（復旦大學）
王　寧（北京師範大學）
項　楚（四川大學）
向　熹（四川大學）
辛嶋靜志（日本創價大學）
徐文堪（漢語大詞典出版社）
薛鳳生（美國俄亥俄州立大學）
衣川賢次（日本花園大學）
游汝杰（復旦大學）
張永言（四川大學）
趙振鐸（四川大學）
佐藤晴彥（日本神戶外國語大學）

編輯委員會

曹廣順（中國社會科學院）

董志翹（南京師範大學）

馮勝利（北京語言大學）

管錫華（四川師範大學）

洪　波（首都師範大學）

蔣冀騁（湖南師範大學）

蔣宗福（四川大學）

雷漢卿（四川大學）

劉　利（北京語言大學）

譚　偉（四川大學）

汪啟明（西南交通大學）

汪維輝（浙江大學）

伍宗文（四川大學）

楊　琳（南開大學）

楊宗義（巴蜀書社）

俞理明（四川大學）

張顯成（西南大學）

張涌泉（浙江大學）

朱慶之（香港教育大學）

本輯執行主編　王彤偉

編輯助理　王長林

目 錄

異文視角下的《元曲選》中明代語言成分	張美蘭	1
從《四聲聯珠》看清末北京話中滿語干擾特徵存留情況	王繼紅	
——兼論清末旗人漢語的傳承語性質	全文霻	
	奎雨含	17
近代漢語中副詞"回來"的形成及其歷時發展考察	張言軍	33
《李玉戲曲集》特殊語法現象考察	崔山佳	47
基於語料庫的《紅樓夢》文本分析：以程度副詞爲例	張家合	
	張 藝	
	殷曉傑	65
句法性構式"V₁多少V₂多少"的來源及句法創新	顧紹通	77
中醫量詞"劑""服"源流演變	楊 威	93
清乾嘉學者《廣韻》校勘述要	張民權	
	許文靜	102
抄本《讀韻入門》音系與壽光方音	周賽華	117
知莊章三組聲母在《青郊雜著》中的發展	亓文婧	
	林珈亦	127
《字瀠博義》注音訛誤探析	付新軍	
	李 曼	146
《蒼頡篇》定名研究	祝永新	
——以出土漢簡爲新材料	楊懷源	158
談語詞訓詁中的結構分析		
——以"泛殺""操事"爲例	游 黎	182

Yamaloka 在漢文佛典中的異譯及其書寫變體考察	杜曉莉	192
禪籍語詞"塗糊"的意義和理據	王　勇	206
也說"悅"之"光潤"義的來源	許峻瑋	220
四川方言"㞎"tɕy¹（刺）的本字及其歷史演變	張　強 周及徐	227
"赤殺䍐"考	雷漢卿 申　娟	234
"梟俊"考辨	曾　思	248
《醉醒石》詞語瑣記	王　燕	254
漢字的派生方式與派生關係	李潔瓊	260
《漢語大字典》字際關係認同失誤舉隅	熊加全	275
清至民初子弟書疑難俗字理據考察十二則	段卜華 鄧章應	284

異文視角下的《元曲選》中明代語言成分

張美蘭

提　要： 本文從文本比較的角度，將《元曲選》與《元刊雜劇三十種》十三篇相同的劇本進行異文比較，發現《元曲選》與其相關片段的異文表達具有明代漢語的語言成分。本文藉此來説明《元曲選》在元代劇本基礎上改編後，體現的是元明漢語的時代特徵。因此，這是一部具有元明時代特點的文獻。

關鍵詞： 文本比較；《元刊雜劇三十種》；《元曲選》；明代語言成分

一、序言

《元刊雜劇三十種》（以下簡稱《元刊》）是現存唯一的元刻本雜劇作品集，是研究元雜劇及語言極爲重要的資料。《元曲選》是明代臧晉叔所編選，共收 94 種元代雜劇與 6 種明代雜劇。元刊本曲多賓白少，《元曲選》由於臧晉叔的改訂，曲文部分大都已非元人雜劇原來的面貌，同時也大大增加了賓白部分。從《元曲選》與《元刊》十三篇相同篇目劇本比較看①，在保持元曲語言特點的同時，已經適當進行了刪改，不僅體現在賓白所增加的部分，在曲文部分同樣不以追求文本原貌爲依歸，而以改編者己意改之者爲衆。

《元曲選》語言中的明代特點，學界已有關注。唐韻（2005）對"兀的"一詞在《元曲選》與《元刊》兩種文獻使用的不同情況進行了對比研究，指出：《元刊》中"兀的"的肯定形式是其主要用法，而《元曲選》中"兀的"的否定形式是其主要用法。任曉彤（2010）對《元曲選》中 21 例語氣詞"呀"進行考察，將"呀"出現的情況和明初的《脈望館鈔校本古今雜劇》相同的片段進行對比，同時也考察

---

① 這十三篇同名劇目是：《合汗衫》《榮歸故里》《鐵拐李》《范張鷄黍》《氣英布》《趙氏孤兒》《馬丹陽》《任風子》《疏者下船》《老生兒》《陳摶高臥》《竹葉舟》《魔合羅》《冤家債主》。《榮歸故里》《氣英布》《趙氏孤兒》《疏者下船》《冤家債主》5 個劇本差異較大，另 8 個劇本内容大部分相同。

了《元刊雜劇三十種》及古本《老乞大》等元代語料，認爲"呀"是明代新興的語氣詞，而非多數學者認爲的產生於元朝。"好不 X"的肯定式在元代已有一些用例。劉金勤（2013）指出：《元刊雜劇三十種·竹葉舟》第三折中"俺這打魚人好是快活！"被《元曲選》改爲："俺這打漁人好不快活也呵。"這至少説明在明代，表肯定意義的"好不"比元代更爲常見，且强調語氣更爲强烈。胡振遠（2017）就《元曲選》賓白中出現的 52 例"好不 X"語法格式爲考察對象，指出表肯定意義的"好不 X"比元代更爲常見，這是明代語言的特點。張家合（2016）發現假設連詞"如"、站立義動詞"站"在《元刊雜劇三十種》等元代文獻中，基本上還見不到（或很少見到），而到了明代以後卻得到較迅速的發展，在《元曲選》中"如""站"主要用於賓白之中，因此把它們視爲明代新興的語言成分。以上這些討論，對本文都有很好的啟發。

二、比較背景下《元曲選》中的明代語言成分

元曲曲詞部分是元人雜劇的重點與靈魂，本文將著眼於《元曲選》與《元刊》13 篇相同篇目相關片段的曲詞異文方面，從《元曲選》曲文與《元刊》曲文的異文表達差異之中，窺見從元到明語言發生的一些變化及特徵。

（一）稱謂詞：爺[①]—爹

在《元曲選》與《元刊》相同篇目中，《元刊》中的稱謂詞"爺"，《元曲選》有改爲通語詞"父親"，"爺娘"改爲"父母"，如：

(1) 他**爺**斬首在雲陽，他娘囚死在冷宫。（《元刊·趙氏孤兒》第二折）

——他**父親**斬首在雲陽，他娘呵囚在禁中。（《元曲選》同上）

(2) 秀才，你家鄉到了。見了**爺娘**妻子便回來。（《元刊·竹葉舟》第三折）

——秀才，我這船隻在此。等你見了你**父母**妻子，你可便來。（《元曲選》同上）

但这样的例子不多，比较多的是《元曲选》改成"爹""爹爹"，"爷娘"改为"爹娘"。如：

[①] 按："爺爺"後來泛指，表非親屬稱謂。《元曲選》的"爺爺"指供奉的神靈等用法。如：

(1) 折供床撐門戶，荒野草長階除。我撚土焚香畫地爐，拜罷也頻頻覷。謝神靈佑護，金鞭指路，交無災殃疾到鄉瘴閭。（《元刊·魔合羅》第一折）

——折供床撐門戶，野荒草偏階除。〔云〕五道將軍**爺爺**，自家李德昌便是。做買賣回來，望**爺爺**保護咱。〔唱〕我這裏撚土焚香畫地爐，我拜罷也忙瞻顧。多謝神靈佑護，望**爺爺**金鞭指路。則願無災殃早到鄉閭。（《元曲選》同上）

(3) 做娘的剜心似痛殺殺刀攢腹，做爺的滴血似撲簌簌淚滿腮，苦痛傷懷！（《元刊·看錢奴》第二折）

——做娘的傷心慘慘刀剜腹，做爹的滴血簌簌淚滿腮，恰便似郭巨般活把兒埋。（《元曲選》同上）

(4) 聽的道兒替爺燒香交我情慘傷，又見這校椅兒上戴頂著親娘。（《元刊·冤家債主》第三折）

——聽的道是兒願爹爹壽命長，又見那校椅上頂戴著親娘。（《元曲選》同上）

(5) 不爭背母拋爺，卻須違條礙法。（《元刊·合汗衫》第二折）

——不爭你背母拋爹，直閃的我形孤也那影寡。（《元曲選》同上）

(6) 您這雙沒主意爺娘是怕也不怕？您唱好心粗膽大！（《元刊·合汗衫》第二折）

——兒也，將您這一雙老爹娘可便看個甚麼。暢好是心麤膽大。（《元曲選》同上）

(7) 老爺娘受苦他榮貴。少不的那五六月雷聲霹靂。（《元刊·榮歸故里》第三折）

——則你那老爹娘受苦你身榮貴。全改換了個雄軀壯體。（《元曲選》同上）

(8) 你那一雙年老爺娘兀的正盼望殺你！（《元刊·榮歸故里》第三折）

——可憐見你那年老的爹娘盼望殺你。（《元曲選》同上）

(9) 俺兩口兒大如你爺娘，你個蓮子花放了我過頭杖。（《元刊·老生兒》第三折）

——俺兩口兒須大如您爹娘。〔卜兒做勸科云〕老的也。你休打他。〔正末唱〕哎，你個蓮子花放了我這過頭杖。（《元曲選》同上）

(10) 姓劉的家業姓劉的當，您沒理怨爺娘。（《元刊·老生兒》第三折）

——姓劉的家私着姓劉的當，女兒也不索便怨爹娘。（《元曲選》同上）

(11) 賣與個無子嗣的人家是孩兒大采，撞見個有道理爺娘是他修福來。（《元刊·冤家債主》第二折）

——賣與個無子嗣的是孩兒大采，撞着個有道理的爹娘呵，是孩兒修福來。（《元曲選》同上）

稱謂詞"爺（耶）"與"爹"的歷時演變看，"爺（耶）"早于"爹"。複音爲爺爺。"爺"古本作"邪"或"耶"。清·梁章鉅《稱謂錄》卷一"子稱父""耶"條云："古人稱父爲'耶'，只用'耶'字，不用'爺'字。《木蘭詩》'阿爺無大兒'、'卷卷有爺名'，本當作'耶'字，俗本改作'爺'字。杜子美《兵車行》'耶孃妻子走相送'注云：古樂府'不聞耶孃哭子聲'。即是引《木蘭詩》，初不作'爺'可證。"張涌泉（2016）指出：敦煌寫本大多抄于唐五代，以"耶"指稱父親，唐至宋初依然。大約是"耶"受"爸""爹""䏢"一類字的影響產生的增旁俗字，始見於五代，宋代前後開始通行。

稱謂詞"爹"，始見於《廣雅·釋親》："爹，父也。"儲泰松（2016）指出："爹，始見《廣雅》，曹憲音大可反；但用於文獻，則遲至《南史·始興忠武王憺傳》。"他還指出："爹"當是漢語固有詞，在唐代不是通語詞匯，只是存在於俗語或某些方言。到了宋代，"爹爹"卻被廣泛使用，上至帝王，下至販夫走卒，均可以此稱呼"父親"，"爹"進入了通語。關於"爺（耶）"與"爹"的新舊興替，郭熙（2006：169）指出："唐代總體是以'爺'稱父，北宋仍然是'爺'占主導，北宋年間的《太平廣記》仍然用'爺'；但到了南宋和元以後，'爹'逐漸擴大地盤，變爲強勢，而'爺'開始偏居一隅。""爺"是唐代以來的通語詞，但到南宋以後被"爹"取代，明代正逐漸從北方衰退。"爹"在宋代成爲北方的方言俗語詞，成爲一個新生的通語詞。明代沈榜《宛署雜記·民風二》："父曰爹，又曰別，又曰大。"

從元到明，稱謂詞"爺"與"爹"競爭，逐漸被"爹"所取代，《元曲選》中的異文表達，也說明了明代"爺"被取代的現象。這也是《元曲選》明代用法的一個現象。

（二）自稱代詞：我—喒/咱

在《元刊》與《元曲選》相同的13篇目中，《元刊》第一人稱代詞，"我"有723例，"俺"有175例，"咱"有103例，"喒"有10例。《元曲選》第一人稱代詞，"我"有2888例，"俺"有604例，"咱"有238例，"喒"有259例。除賓白添加用例外，《元曲選》中許多"喒""咱"是對《元刊》中"我"的替代，或據上下文而添加。

1.《元曲選》用"喒"替代《元刊》的"我"。這是其主要用法特點。

（1）我則待獨分兒興隆起楚社稷。（《元刊·氣英布》第一折）

——喒待要獨分兒興隆起楚社稷。（《元曲選》同上）

（2）階直下人來報，不由我嗔容忿忿。（《元刊·氣英布》第一折）

——喒則見撲騰騰這探馬兒闖入旗門左，不由喒嗔容忿忿。（《元曲選》同上）

（3）你將你舌尖來扛，我將我劍刃磨。（《元刊·氣英布》第一折）

——你將那舌尖兒扛，喒則將劍刃兒磨。（《元曲選》同上）

（4）我心頭怎按無明火，我劍鋒磨的吹毛過。（《元刊·氣英布》第一折）

——喒心頭早發起無明火，這劍頭磨的吹毛過。（《元曲選》同上）

(5) 你道是特來救我目前憂。(《元刊·氣英布》第一折)

——你道是特來救喒目前憂。(《元曲選》同上)

(6) 小校，裝香來。我與你一下裏相迎，你且一下裏躲。(《元刊·氣英布》第一折)

——令人，快與喒裝香案迎接者。〔唱〕喒一下裏相迎，你且一下裏趓。(《元曲選》同上)

(7) 不由我不背反，不由我不掀騰。(《元刊·氣英布》第二折)

——不由喒不叛反，不由喒不掀騰。(《元曲選》同上)

(8) 他比我會殺狗，托賴著帝王親舊，統領著百萬貔貅。(《元刊·氣英布》第三折)

——他比喒單則會殺狗。無過是托賴著君王親舊，現統領著百萬貔貅。(《元曲選》同上)

(9) 和我非故友，枉插手，他怎肯去漢王行保奏。(《元刊·氣英布》第三折)

——他和喒非故友，枉插手。他怎肯去當今保奏。(《元曲選》同上)

(10) 唬的我面沒羅，口答合，想伊膽倒天來大！(《元刊·氣英布》第一折)

——諕的喒面沒羅，口搭合。誰似你這一片橫心惡膽天來大。(《元曲選》同上)

2. 《元曲選》增加了《元刊》所沒有的"喒"。

(11) 主公倚仗着范增、英布，怕甚末韓信、蕭何。(《元刊·氣英布》第一折)

——喒項王呵，憑着喒范增、英布，怕甚麼韓信、蕭何。(《元曲選》同上)

(12) 這的是楚軍寨，他來這裏有甚事？(《元刊·氣英布》第一折)

——喒這裏是楚家軍寨，他為什麼事要來迎接喒？(《元曲選》同上)

(13) 去了天臣呵！(唱：)我如今喚你來從頭兒問。(《元刊·氣英布》第一折)

——喒則等使臣去了呵。〔唱〕喒便喚他來從頭兒問。(《元曲選》同上)

(14) 怎生見天子待花白一會來，卻又無言語了？(《元刊·氣英布》第三折)

——喒本待見漢王，花白他幾句，這一會兒喒可不言語了。(《元曲選》同上)

也有替代自稱代詞"俺"的，如：

(15) 俺也曾湿浸浸卧雪眠霜，吃搭搭登山蓦嶺，俺也曾緝林林劫寨偷營。（《元刊·氣英布》第二折）

——喒也曾湿浸浸卧雪眠霜，喒也曾磕擦擦登山蓦嶺，喒也曾緝林林劫寨偷營。（《元曲選》同上）

自稱代詞"喒"最初的字形是"昝"見於元代戲曲，稍晚還出現了"偺"。可以表示單數，也可以表示複數。表示複數時，主要是包括式。《字彙》："俗云我也。"《正字通·口部》："喒，今北音謂我也。"徐渭《南詞敘錄》"咱們二字合呼爲喒。"後加複數標記構成"喒們/喒每"。在明代該詞用例不斷增多，《元曲選》該用法的增多，也是說明從元到明自稱代詞的明代新動向。

3.《元曲選》根據上下文增加"咱"。如：

(16) 月缺了月再圓，人老何曾再少年。（《元刊·任風子》第一折）

——月缺了月再圓，咱人老何曾再少年。（《元曲選》同上）

(17) 兀的天折天罰。他也末他不瞅咱，多也末多是非多。俺那張家，你那根芽，有傷人倫風化，你好不知個禮法。（《元刊·氣英布》第二折）

——總是天折罰。他也波他不瞅咱，咱也波咱可憐他。只看張家往日豪華，如今在那搭，多不到半合兒把我來僝僽殺。（《元曲選》同上）

(18) 高聲英布楚囚亡，怎敢和咱爭鬥。畢竟交鋒深處，是誰奪得贏籌。（《元曲選·氣英布》第四折，按：這一段《元曲選》增加的新內容，爲《元刊》所無。）

呂叔湘（1985：97）指出，"咱不見於宋以前的字書，但在宋詞當中可見用例。"蔣紹愚，曹廣順（2005：33）指出："咱"應是"自家"的合音，這個字形最早出現在南宋。是一個帶有北方方言色彩的代詞。《改併四聲篇海·口部》引《俗字背篇》"俗稱自己爲咱。"《字彙·口部》"咱，我也。""咱"在元、明之後應用比較普遍。《元曲選》作爲北方戲曲文獻，表現了元明尤其是明代北方自稱代詞的用法。

（三）第二人稱代詞：您—你

"您"，最早見於宋代作品，在宋元話本小說和金元諸宮調裏使用。金人的諸宮調已有"您"用作第二人稱複數的用法。呂叔湘（1985：81）認爲"'您'是個地道的俗字，不見於元以前的字書，在金元文獻裏常借用'恁'字"。呂叔湘（1984）指出："您"字早先是人稱代詞"恁"的異體。"恁"作爲人稱代詞是"你們"的合音。"您"收-m尾，是"你們"的合音，產生于金元時代，可以用"恁"代"您"，

"您"和"恁"在金元口語中皆讀"nim"，元明之際，"您（恁）"已由-m尾轉入-n尾。

在《元刊》中，第二人稱代詞除了"你"之外，"您"的用法值得注意。字亦作"恁"。在《元刊》中，"您"共出現187次，主要用於單數，在句中充當主語、賓語、定語和兼語等，值得注意的是"您"是一個普通的代詞，沒有尊稱的用法。表複數時，多與其他詞語或其他成分聯合構成複合形式，如"您兩個""您二人"等。"您每"僅有1例，如：

（1）看者看者咱征鬥，您每您每休來救。看者看者咱征鬥，都交死在咱家手。（《元刊·氣英布》第三折）

該句在《元曲選》同篇目中，這一分句被改寫，如：

——看者看者咱爭鬥，都教望着風兒走。看者看者咱爭鬥，都教死在咱家手。（《元曲選》同上）

也有少數"恁"的用例。我們將《元曲選》與《元刊》中相同的片段進行比較，發現對於《元刊》中的人稱代詞"您"《元曲選》也有仍沿用的，如：轟

（2）折末恁皓齒謳，錦臂轟，……待古裏不曾吃酒肉，您送的我慌慌有國難投。您便做下那肉麵山也壓不下我心頭火。（《元刊·氣英布》第三折）

——折末您皓齒謳，錦瑟搣。……大古裏不曾吃些酒肉，則被您送的人也有國難投。折末您造起肉麵山也壓不下咱心頭火。（《元曲選》同上）

但《元曲選》多見將"您"換用"你"，或換用成其他表達，或刪減"您"的。
1. 《元曲選》用"你"替代《元刊》的"您"：

（3）我等您呵似投吳文整，尋您呵似覓呂先生。交我空踏子斷麻鞋神倦整，您君臣每元來在這答兒相隨定。（《元刊·陳摶高臥》第一折）

——我等你呵似投吳文整，你尋我呵似覓呂先生。教我空踏斷草鞋雙帶鞋，你君臣每元來在這搭兒相隨定。（《元曲選》同上）

（4）笑您這千丈風波名利途，問是非鄉枉受苦。（《元刊·竹葉舟》第一折）

——歎你這千丈風波名利途，端的個枉受苦。（《元曲選》同上）

（5）他閑管您肚皮裏娃娃。卻不種穀得穀，種麻收麻。（《元刊·合汗衫》第二折）

——他管你什麼肚皮裏娃娃。我則理會的種穀得穀，種麻的去收麻。（《元曲選》同上）

（6）李屠的屍首借將來，我這跛臂瘸臁踐塵埃。爲孤兒寡婦痛傷懷，一靈

兒直至望鄉台。歪也麼歪，特的爲您來，您怎麽遣我在門兒外？（《元刊·鐵拐李》第四折）

——我一靈兒先到望鄉台，將這李屠屍首借回來。爲孤兒寡婦動情懷。因此上瘸臁跛足踐塵埃。哀也波哉，特地望你來，怎下的推我出宅門外。（《元曲選》同上）

(7) 誰待將您那沒道理的君王他那聖明來等！（《元刊·氣英布》第二折）

——誰待將你那無道的君王做聖明來等。（《元曲選》同上）

(8) 您道讒臣自古朝中用，須是好事從來天下同。越交萬人罵，千人嫌，一人重。（《元刊·趙氏孤兒》第二折）

——你道是古來多被奸臣弄，便是聖世何嘗沒四凶。誰似這萬人恨，千人嫌，一人重。（《元曲選》同上）

2. 《元曲選》用其他表達式來替換《元刊》中的"您"：

(9) 您言而無信，來呵吃撿閒。（《元刊·老生兒》第四折）

——那廝每言而無信，凡事惹人嗔。（《元曲選》同上）

如表複數，將"您"與名詞性短語或數量短語連用，如：

(10) 您綠鬢朱顏，我蒼髯皓髮。（《元刊·合汗衫》第二折）

——您兩個綠鬢朱顏，也合問您這蒼髯皓髮。（《元曲選》同上）

3. 《元曲選》刪減《元刊》中的"您"：

(11) 我若爲將爲卿爲相，與你立石人石虎石羊。將您那九歲子四旬妻八十娘，另巍巍分區小院，高聳聳蓋座萱堂，我情願奉晨昏親侍養。（《元刊·范張鷄黍》第四折）

——我若是爲宰爲卿爲相，〔帶云〕元伯也。〔唱〕我與你立石人石虎石羊。撇下個九歲子四旬妻八十娘，另巍巍分一宅小院，高聳聳蓋一座萱堂，我情願奉晨昏親侍養。（《元曲選》同上）

(12) 憑着八字從頭斷您一生，叮嚀，不交差半星。（《元刊·陳摶高臥》第一折）

——憑着八字從頭斷一生，丁寧，不教差半星。（《元曲選》同上）

(13) 怒從心上起，惡向膽邊生。卻不見客如爲客，您做的個輕人還自輕。（《元刊·氣英布》第二折）

——不由咱不怒從心上起，惡向膽邊生。卻不道見客如爲客，輕人還自輕。（《元曲選》同上）

"您"原是一個北方通用的俗詞。從元到明，人稱代詞"您"逐漸被"你"所取代。這種現象在《原本老乞大》與明代的《老乞大諺解》的異文對比中能得到佐證。在《原本老乞大》中第二人稱代詞有"恁"123例和"你"212例。"恁"可以用作句子的主語、賓語、定語，可以指代單數，也可以指代複數。在語法功能上幾乎與"你"一樣，而在明代的《老乞大諺解》中只有"你"有343例，無"恁"，"你"取代了"恁"。① 例如：

（14）恁是高麗人，却怎麼漢兒言語説的好有？（《原本老乞大》，單數）
——你是高麗人，却怎麼漢兒言語説的好？（《老乞大諺解》）
（15）既恁投大都去時，俺是高麗人，漢兒田地裏不慣行。（《原本老乞大》，單數）
——你既往北京去時，我是高麗人，漢兒地面裏不慣行。（《老乞大諺解》）
（16）既這般的呵，伴當恁三箇，一就都出過者。（《原本老乞大》，複數）
——既這般時，火伴你三箇，一發都出了着。（《老乞大諺解》）

《元曲選》中的異文表達，也説明了明代"您"被取代的現象。反映了《元曲選》明代用法的一個特點。彭瑜（2012）統計出《醒世姻緣傳》第二人稱代詞"恁"有309例，"你"有2525例。雖然到明末清初"恁"在口語中越來越少了，但還有使用。至今在河北、河南、山東、山西境内的部分方言地區還用"您（恁）"，成爲方言詞，這也是元代用法的存留。

（三）時間副詞：元來——原來

时间副词"元來"，在《元刊》中有51個，不用"原來"②。在《元曲選》中有225個"元來"，306個"原來"。在《元曲選》與《元刊》相同的片段中，"元來"部分地被改爲"原來"。如：

（1）覷覷了悠悠五魂無，你個馬丹陽師父元來有護身符。（《元刊·任風子》第二折）
——我這裏覷絶了悠悠的五魂也無，原來這丹陽師父領着一個護身符。（《元曲選》同上）
（2）我則聽得悄悄人説咱，元來是瀟瀟風弄竹。（《元刊·任風子》第二折）
——我則見悄悄的有人言，原來是瀟瀟的風弄竹。（《元曲選》同上）

---

① 引自李文澤《老乞大》的人稱代詞研究——以《原本老乞大》《老乞大諺解》爲例，《漢語史研究集刊》第十三輯，2010年。
② 在《元刊·魔合羅》第二折："我則道十分緊緊閉着，卻原來不插拴牢。"其中有一處出現"原來"。徐沁君《校記》："卻原來，原無。據盛，雍本補。"鄭騫《校勘記》："原無此三字，文義不全，據摘豔補。"竊以爲他們的校勘都以後人文補，不能作爲元代的用例看待。《古本戲曲叢刊四集》所收《元刊雜劇三十種》書影印本，無一處用"原來"，即是確證。

（3）元來馬丹陽又使這圈套，把殘生棄與小兒曹。（《元刊·任風子》第四折）

——原來是馬丹陽使的這圈套，險把個潑殘生傾在小兒曹。（《元曲選》同上）

（4）元來是和尚替鬼通傳，我活七十歲也不曾見。你那屍首兒歸何處？（《元刊·合汗衫》第四折）

——原來這和尚每都會通仙，我活了七十歲不曾見。則你屍首歸何處？（《元曲選》同上）

（5）元來趕科場不及第村學究。本待執御苑春風白象簡。（《元刊·竹葉舟》第三折）

——原來是趕科場應舉的村學究。若及第呵，驟春風五花驄馬彎。（《元曲選》同上）

（6）元來是喪賢人地慘共天愁。（《元刊·范張雞黍》第三折）

——原來是喪賢人地慘共天愁。（《元曲選》同上）

《元曲選》是"元來"和"原來"並用。但是元代以前"原來"一詞沒出現過。《元曲選》用"原來"替代"元來"是改用明代的用字習慣，是明代的時代特點。陳垣在《史諱舉例》卷二"惡意避諱"條："《野獲編補遺一》又言：明初貿易文契，如吳元年，洪武元年，俱以'原'字代'元'字，蓋民間追恨元人，不欲書其國號也。"（34頁）這是對"原來"一詞使用的一種推論。也有一種觀點指出，明初諱"元"，或避朱元璋名諱。

（五）假設語氣助詞：呵——時

語氣助詞"呵"，早在宋金時期產生，在那時文獻中偶有用例。語氣助詞"呵"在元代漢語中得到廣泛使用，多表假設關係，且用在假設句前一分句的句末，有兩種形式："X呵，Y"和"若$_{前置標記}$ X呵，Y"，故學界也有稱表假設語氣的語氣詞"呵"為後置標記。李崇興、祖生利、丁勇（2009：21）認為元代假設標記的"呵"大量使用，是對譯蒙古語假定式副動詞附加成分的結果。在《刑部》中語氣助詞"呵"的使用十分頻繁，最常見的是充當假設標記的功能，這是受蒙古語的影響。在元代直譯體文獻：《元典章》《通制條格》《元代白話碑》《孝經直解》，講義類文獻：《經筵講義》《直說大學要略》《大學直解》《直說通略》，會話體文獻：古本《老乞大》中都有使用。在《元典章·刑部》中，前置標記"若"和後置標記"呵"共現的用例，就出現有39例。如《刑部》卷七："男子、婦女通姦呵，姦婦根底斷了，放了，姦夫根底常川配役，輕重不等。"假設助詞"呵"是元代文獻的重要標誌之一。

王華（2016：179）統計出《元刊》用在緊縮式假設複句的前一分句句尾表示"……的話"的語氣助詞"呵"有81例。其中"若…呵"疊加格式有15例。我們經過與《元曲選》13篇相同的篇目片段比較，發現《元曲選》有沿用語氣詞"呵"的，如：

　　　　（1）待不去呵逆不過親眷情，待去呵應不過兄弟口。（《元刊·范張雞黍》第三折）

　　　　——待不去呵逆不過這老母情。〔云〕著兄弟說。（《元曲選》同上）

但也有《元曲選》換爲語氣詞"時"的，如：

　　　　（2）哥哥，你兄弟領著韓魏公爺爺的言語，將白米一擔，鈔十錠，好了病呵，爺爺要用你。（《元刊·鐵拐李》第二折）

　　　　——我奉韓魏公言語，來看哥哥的病，送這俸鈔做藥資。若好了時，依舊六案中重用哥哥哩。（《元曲選·鐵拐李》第二折）

同樣的表達，在《元曲選·鐵拐李》該劇本中反復強調，如：

　　　　——傳我的言語，等岳壽病好時，依舊六案中用他。你見了岳壽時，快來回老夫的話。（《元曲選·鐵拐李》第二折）

　　　　——就問病體如何？若好了時，大人依舊用哥哥衙中辦事。（《元曲選·鐵拐李》同上）

　　　　——若是他病症痊時，依舊在衙門勾當。（《元曲選·鐵拐李》同上）

　　我們把調查擴展到整本《元刊》和《元曲選》時，就會發現《元曲選》同類句式最大的變化就是，《元刊》除了語氣助詞"呵"外，語氣助詞"時"只有4例，如：

　　　　（3）若是算他與人結交時，也久而敬之。（《元刊·冤家債主》第四折）

　　　　（4）張將軍莽撞，若來時決共我定興亡。（《元刊·望燒屯》第三折）

　　　　（5）我雖在此計點，一心子想著小梅，若是分娩了時，婆婆決然來報喜也！（《元刊·老生兒》第一折）

　　　　（6）今日是自家生日，小孩兒又是滿月，怕有相識弟兄每來時，大嫂篩著熱酒咱，看有甚麼人來？（《元刊·任風子》第一折）

而《元曲選》不僅仍大量用語氣助詞"呵"，語氣助詞"時"也占很大比例。如：

　　　　（7）若來時，報復我知道。（《元曲選·鐵拐李》第四折）

　　　　（8）哥哥若不到時，我靈車不動，不入墳坵。（《元曲選·范張雞黍》第二

(9) 哥哥，但若打聽的救兵來時，便當重還楚國，再整江山。(《元曲選·疏者下船》第三折)

(10) 他若來時，點化此人。歸於正道。(《元曲選·任風子》第一折)

林春香(2014：44)指出：假設助詞"時"始見於東漢譯經，唐以後應用於本土文獻並迅速發展。元代由於"呵"的出現，假設助詞"時"受到限制。明以後"時"重新興起，並在文獻中大量使用。清代"時"逐漸衰落消亡。在漢語助詞史上，助詞"呵"與"時"元明時期有興替。在明代絕大多數文獻中，"呵"已經逐漸消失不用。李泰洙(2000：15)根據古本《老乞大》與明代《老乞大諺解》進行比較，發現前者助詞"呵"93例，其中有79例後者已經改爲"時"了。明初的另一本會話書《朴通事諺解》中，也未見語氣詞"呵"，"時"爲主要的假設助詞。《元曲選》中助詞"時"的重新使用，也是其明代特點的一種反映。

(六) 像義動詞：如—似

漢語比擬句式有三種表現形式：(A) 全式 (雙標記)：(本體＋) 像義動詞＋喻體＋比擬助詞；(B) 簡式 (單標記)：(本體＋) 喻體＋比擬助詞；(C) 簡式 (單標記)：(本體＋) 像義動詞＋喻體。在元明時期一個特點是，句中的像義動詞"如"使用的比例沒有"似"多。《元刊》中 (A)："似……般"12例，"似……一般"1例，"如……一般"2例，"如……樣"2例。(C)：(本體＋) 像義動詞＋喻體，似"句爲主 (129例)，"如"字句次之 (57例)、"若"字句更少 (8例)，"如"字比擬句已經出現明顯的下降趨勢，"似"佔優勢。《元曲選》有改《元刊》的"如"爲"似"字。如：

(1) 怪幾日前長星落大如斗，流光射夜如晝。(《元刊·范張雞黍》第三折)

——數日前落長星大似斗，流光射夜如晝。(《元曲選》同上)

(2) 閃的我急急如漏網魚，呀呀如失群雁，忙忙如喪家狗，神恍惚提心在口。(《元刊·范張雞黍》第三折)

——閃的我急急如漏網魚，呀呀似失羣雁。忙忙似喪家狗。〔云〕只這一夢呵。〔唱〕不由人不痛心疾首。(《元曲選》同上)

順帶説一下，《元曲選》中往往會將《元刊》中的比較介詞"如"改寫爲"似"，如：

(3) 你救孩兒一身苦，強如把萬僧齋，顯的哥哥你敬客。(《元刊·冤家債主》第二折)

——你救孩兒一身苦，強似把萬僧齋，越顯的你個哥哥敬客。(《元曲選》同上)

(4) 全壓着郭巨埋兒，也強如明達賣子。(《元刊·冤家債主》第四折)

——俺倒不如郭巨埋兒，也強似明達賣子。(《元曲選》同上)

明代比較介詞"似"的使用不斷升高，《元曲選》也説明了這一種傾向。

(七) VO——V 了 O（明代）

劉堅等（1992）《近代漢語虛詞研究》認爲動態助詞"了"由具有"終了""完畢"意思的動詞"了"虛化而來，最初見於中晚唐的語料，北宋時大量出現，南宋時進一步普及。南宋中期動態助詞"了"進入"動詞＋了＋賓"格式的影響，《元刊》沒有見到動態助詞"卻"，動態助詞"了"使用相當普遍，句法格式也很豐富，"動＋了＋賓"式成爲主流。[①] 尚紅（2006）統計出《元刊》中"動＋了＋賓"句有 580 次。胡振遠（2014）統計出《元曲選》賓白中"動詞＋了＋賓語"句有 2374 次。

我們發現在《元刊》與《元曲選》相同的篇目中，凡是《元刊》"V 了 O"的句子，《元曲選》基本沿用。此不贅述，這兒重點説明的是《元刊》"VO"句到《元曲選》改爲"V 了 O"句。如：

(1) 全沒些敬老憐貧，惡相聞，不爭你劈手奪銀，顯得我也慘，他也羞，你也狠。(《元刊·合汗衫》第一折)

——那裏也敬老憐貧，他怒嗔嗔。劈手裏奪了他銀。〔帶云〕不爭你奪將來了呵。〔唱〕顯的我也慘。(《元曲選》同上)

(2) 當年認得不良才，是俺一家兒橫禍非災。(《元刊·合汗衫》第三折)

——只爲那當年認了個不良賊，送的俺一家兒橫禍非災。(《元曲選》同上)

(3) 我囑咐你個程嬰，想着那橫亡的趙朔，把孩兒擡舉的成人。(《元刊·趙氏孤兒》第三折)

——我囑付你個後死的程嬰，休別了橫亡的趙朔。(《元曲選》同上)

(4) 子見濕浸浸血污舊衣裳，多管磣可可身耽新杖瘡，被死囚枷壓的曲了脊梁，把咽頸剛舒。(《元刊·魔合羅》第三折)

——我則見濕浸浸血污了舊衣裳，多應是磣可可的身殼着新棒瘡，更那堪死囚枷壓伏的駝了脊梁，他把這粉頸舒長。(《元曲選》同上)

(5) 你出脱婦人銜冤，我敢交大人享祭，強如着小童博戲。(《元刊·魔合

[①] 胡振遠（2014）指出：《元曲選》中"動＋賓＋了"式主要出現在具有元曲特點的關目提示語中，可以看作是元雜劇的劇本體式所致。

羅》第四折）

——你若出脱了這婦銜冤，我教人將你享祭，煞強如小兒博戲。（《元曲選》同上）

（6）（帶云：）與十兩銀做盤纏。（唱：）與了盤纏，交速離門。（《元刊·合汗衫》第一折）

——〔正末云〕這銀子呵，〔唱〕我與你做盤也波纏，速離了俺門。（《元曲選》同上）

（7）若不是參透玄機，利名場、風波海虛虓一世。（《元刊·任風子》第三折）

——若不是我參透玄機，則這利名場、風波海虛虓了一世。（《元曲選》同上）

（8）做屠的虧折本利，到今日管他甚猪賤羊貴。（《元刊·任風子》第三折）

——做屠的傷折了本利，你管他甚麼猪肥羊貴。（《元曲選》同上）

（9）又不是多年舊積，則是些寒冷物重傷脾胃。（《元刊·魔合羅》第四折）

——他又不是多年舊積，則是些冷物重傷了脾胃。（《元曲選》同上）

（10）誰非誰是都休論，早子有拖麻拽孝人。（《元刊·老生兒》第四折）

——今日個誰非誰是都休論，婆婆也早則有了拖麻拽布的人。（《元曲選》同上）

"V了O"是元明的常用句式，吳福祥（1998）指出典型的完成體助詞"了"是在宋代才能見到，不晚於八世紀末，"V了O"格式在宋代已完成。《元曲選》在VO中間添加了"了"，不僅更加符合漢語的表達，而且更具明代的句法特點。

三、小結

《元曲選》是在元雜劇基礎上產生的衍生性文本，其自身構成的多源性，影響或決定了文本所反映的語言的多元性。編者在改編的過程中有所刪減，其語言成分與不同始源性文本有繼承更有發展。我們曾經通過《元刊》與《元曲選》相同片段的異文對比，專題討論過《元刊》與《元曲選》俗雅之間、受蒙古語北方阿爾泰語語言接觸影響與漢語的回歸之間的差異。本文仍從異文對比的角度，從元明之間歷時發展的角度看《元曲選》的明代成分，充分說明了《元曲選》衍生性文本的個性特點。

我們認爲，《元曲選》作爲漢語史研究的材料，必須認識其構成與性質的複雜性，並進一步認識它所反映的語言現象的複雜性；切不可只是利用一般的語料庫語言資料的檢索資料"拿來"使用，必須樹立語料歷史觀，靈活運用語料，分析語料。《元曲選》不能單純看作元代的材料，而是在元代的基礎上，增加了明代的語言成分。

（1）明代新出現的語言現象在《元曲選》中出現了。如副詞"原來"。

（2）明代重新興起的語言現象替代了元代的成分，在《元曲選》中得到體現。如：假設助詞"時"的重新興起，漸漸替代了元代的"呵"。"你"替代了金元常用的"您"，"爹"替代了"爺"。在賓白中複數詞尾"們"的重新興起，促使"每"的衰減。

（3）元代新出現的語言現象在明代得到進一步發展，在《元曲選》中也用的更加普遍。如像義動詞"似"的頻率更頻繁，比擬助詞"也似"使用比例在增多。北方口語中的自稱代詞"嗏""咱"，表示完成態的"V了O"句式都在增多。不僅在賓白中，也存在于曲文中。

當然，我們要說明的是，《元曲選》對《元刊》的元代成分並非整齊劃一地刪改，同一語言現象，有的曲文中刪改了，有的曲文中仍保留着。這也是值得注意的現象。本文的分析只是建構在相同篇目異文表達的基礎上，相信擴大範圍，我們還能得到更多的新見。

參考文獻

陳垣. 史諱舉例. 北京：中華書局，2004.
儲泰松. 中古漢譯佛經與漢語"父親"稱謂的來源. 中國語文，2016（5）.
郭熙. 對漢語中父親稱謂系列的多角度考察. 中國語文，2006（2）.
胡振遠. 《元曲選》賓白"好不X"格式時代特徵研究. 商洛學院學報，2017（1）.
胡振遠. 《元曲選》賓白助詞研究. 蘭州大學碩士學位論文，2014.
江藍生. 從語言滲透看漢語比擬式的發展. 中國社會科學，1999（4）.
蔣紹愚，曹廣順. 近代漢語語法史研究綜述. 北京：商務印書館，2005.
李崇興，祖生利，丁勇. 元代漢語語法研究. 上海：上海教育出版社，2009.
李泰洙. 《老乞大》四種版本語言研究. 中國社會科學院博士學位論文，2000.
林春香. 從"若+X+假設助詞"看假設助詞的歷時演變. 肇慶學院學報，2014（6）.
劉堅，江藍生，白維國，曹廣順. 近代漢語虛詞研究. 北京：語文出版社，1992.
劉金勤. 程度副詞"好"的共時分佈與歷時流變. 湖北社會科學，2013（6）.
呂叔湘. 漢語語法論文集. 北京：商務印書館，1984。
呂叔湘，江藍生. 近代漢語指代詞. 上海：學林出版社，1985.
彭瑜. 《老乞大》四版本中的指稱類詞語考察，四川外語學院碩士學位論文，2012.
任曉彤. 《元曲選》中的語氣詞"呀"及其相關問題. 內蒙古工業大學學報，2010（1）.
尚紅. 《元刊古今雜劇三十種》助詞研究. 山西大學碩士學位論文，2006.

唐韻. 《元曲選》中"兀的"及其句式. 古漢語研究, 2005 (1).

王華. 晚唐五代至明初漢語助詞演變研究. 蘇州大學博士學位論文, 2016.

吳福祥. 重談"動+了+賓"格式的來源和完成體助詞"了"的產生. 中國語文, 1998 (6).

徐沁君. 新校元刊雜劇三十種. 北京: 中華書局, 1980.

臧晉叔. 元曲選. 北京: 中華書局, 1958.

張家合. 《元曲選》曲文跟賓白的語言差異——以常用詞"若-如""立-站"爲例. 浙江師範大學學報, 2016 (2).

張涌泉. 說"爺"道"娘". 中國語文, 2016 (1).

鄭騫. 校訂元刊雜劇三十種. 臺北: 世界書局, 1962.

The Language Elements of Ming Dynasty in *Selected Yuan Dramas* from the Perspective of Textvarianten

Zhang Meilan

Abstract: This paper studies the textvarianten of thirteen drama scripts in *Selected Yuan Dramas* and *Thirty Kinds of Yuan Dramas*. It is found that there are some language features of Ming Dynasty in *Selected Yuan Dramas*, which shows that the *Selected Yuan Dramas* was adapted on the dramas of Yuan Dynasty, and reflects the language features from Yuan to Ming Dynasty. Therefore, the *Selected Yuan Dramas* is also a document with the language features between Yuan and Ming Dynasties.

Keywords: text comparison; *Thirty Kinds of Yuan Dramas*; *Selected Yuan Dramas*; language elements of Ming Dynasty

(張美蘭, 香港浸會大學文學院中文系)

從《四聲聯珠》看清末北京話中滿語干擾特徵存留情況
——兼論清末旗人漢語的傳承語性質[*]

王繼紅　全文靈　奎雨含

提　要：《四聲聯珠》(1886)是日本明治時期編著的漢語教科書，保留了清末北京話和旗人漢語的真實樣貌。通過考察清代中前期滿漢合璧文獻可知，滿語干擾特徵是滿漢語言接觸的產物與表徵，包括與滿語後置詞和格尾相關、與句末語助詞相關，以及與詞彙和語序相關等十餘種。《四聲聯珠》所記錄的清末北京話口語中，多數滿語干擾特徵使用頻率顯著降低甚至消失，但少數滿語干擾特徵不但存留甚至出現回流趨勢。這在整體上符合清代中後期滿語逐漸走向衰落的情況；特殊的滿語干擾特徵遺留現象反映了清末旗人漢語的傳承語特徵。

關鍵詞：《四聲聯珠》；滿語干擾特徵；清代北京話；旗人漢語；傳承語

一、前言

《四聲聯珠》，全稱《自邇集平仄編四聲聯珠》(以下簡稱《四聲聯珠》)，是日本明治時期的一部漢語教科書，最早由日本陸軍文庫於 1886 年出版發行。作者是日本人福島安正，校訂者爲其漢語教師紹古英繼。關於紹古英繼，卷首總目部分有"大清滿洲旗士"的字樣，故此推斷他應是一個滿洲旗人。

《四聲聯珠》開篇有榎本武揚所作之《敘》[①]："福島大尉原《自邇集平仄編》作《四聲聯珠》十卷，以便武弁之學燕話者。蓋學燕話者，不熟四聲，不特混死活之別字，且混同字之死活。然四聲既熟，而不熟言語，其如學燕話者何哉。此書以聲系言，以言系語，風土人情以至軍國重事，網羅搜討，殆無餘蘊，而其千言萬語

---

[*] 基金項目：中央高校基本科研業務費專項資金資助項目"從話語互動看威妥瑪北京話系列教科書(1860—1903)的互文性特徵"(2020JX036)。

[①] [日]福島安正《四聲聯珠》(1886)，收於"早期北京話珍本典籍校釋與研究"叢書，北京大學出版社，2018年。

悉用四聲以貫之，如聯珠於絲，聯珠之名洵不虛也。大尉居燕不過二年，公暇所著有《鄰邦兵備略》若干卷，《清國兵制類聚》若干卷，《四聲聯珠》其緒餘耳。"

書後所附《序》又做詳細說明："英國公使妥瑪威德氏所著《自邇集》，爲清國語學書之簡便者。步兵大尉福島安正，曩在北京二年，就《自邇集》更編一書，名曰《四聲聯珠》，以便於我學燕語者。"① 由此可知，《四聲聯珠》記錄的應是清末的北京話口語，而且內容改編自威妥瑪的《語言自邇集》。

《四聲聯珠》全書共爲九卷，另附一卷《俗語注釋》。書中每章不僅以對話形式介紹了北京的歷史地理、風土人情等，含有大量北京口語詞彙，還收集了大量晚清社會歷史文化資料。因此這本書不但對早期北京話口語語言現象的研究具有重要意義和價值，也是探究清代末年北京旗人群體語言狀況的重要語料。陳曉（2018）對《四聲聯珠》的編寫體例進行了說明，又以《四聲聯珠》爲例，在太田辰夫（1950/2013）所概括的7個北京話特點之外，以舉例的形式列出了32個具體的北京話詞彙和語法現象，據此討論《四聲聯珠》對早期北京話研究的價值。

二、《四聲聯珠》的旗人漢語性質

《四聲聯珠》確爲清末北京話研究的重要語料，但是考慮到福島安正的日本官方背景，《四聲聯珠》的研究價值是複雜而多重的，絕非是一部單純以漢語教學爲目的，或者以普通漢語學習者爲教學對象的教科書。不可忽視之處還在於，此書由旗人紹古英繼合作編寫而成並且校訂，書中從多個層面對旗民與漢民的生活狀況做了描寫，語言上體現出生活在北京的旗人群體的語言特徵。比方說，《四聲聯珠》第七卷詳細討論北京旗人的社會生活，在討論內城旗人之時，對話如下：

  A：內城之內，人戶不少啊！

  B：京城內城之內，都是八旗滿、蒙、漢軍人，各按本旗地段住，所有民人都在外城住。

  A：沒有的話！我看見四牌樓北邊一個胡衕兒裡，就有民人住家兒的麼！您怎麼說是內城之內盡是旗人呢？

  B：嗐，我先說的那是老例。如今准其旗民交產，也可以隨便住了，老例和新例不同。

  A：是了，怪道呢。

  B：從前旗人各按本旗住，不許一個人逃出境外，即或有因病走失，或私逃的，一定要緝捕回來，不許失落在外。近年旗人生齒日繁，有許往吉林開墾

---

① ［日］福島安正《四聲聯珠》(1886)，收於"早期北京話珍本典籍校釋與研究"叢書，北京大學出版社，2018年。

種地的，有許往四外各省各覓生理的，自願出旗，往外省皆可以。所以那八九十的老人，都以爲旗人出外不好。

　　A：那也是固執不通的話，與其坐守窮苦，爲何不想生財之道呢？

　　B：老年旗人，多有戶下壯丁，預備使喚。如今很少，不差什麼都是自己去作，而且作小本營生、手藝買賣的不少，總得有一個大小事情，纔能餬口過日子。

　　A：本來是那麼著好。

　　B：因爲只靠挑錢糧當兵，人多缺少，如何能養身呢？所以朝廷恩典，也是聽其自便就是了。

　　A：到底出外的多，在京的多呢？

　　B：還是在京的多，因爲人多疎懶，不愛出外的緣故。

　　A：也真無法。

《四聲聯珠》凡例部分有所說明："各章所述。皆據實事而措語，乃使熟語學並知實況。學者於是乎可博一箭兩鳥之利矣。凡語因人情風俗而生。故此書自人情風俗敘起，繼以國體兵制等。"滿洲旗人與北京漢民的對比描寫呈現，成爲了《四聲聯珠》描寫北京，乃至清末中國國情的重要線索，貫穿此書始終，上至政治軍事、地理人文，下至婚喪嫁娶、街巷俗語，大多可見旗人視角。全書以一問一答的方式設置行文，但其實質便是一部清末旗人口述歷史。書中卷八詳細說明八旗有京旗與駐防八旗之分：

　　A：請教，何爲旗人駐防呢？

　　B：當初在二百年前，國初的時候，多用八旗的兵下江南征戰，平定三藩的那些個事。後來平定了各處，就留下旗人當兵的，在那各處駐劄防備，所以爲駐防，年久日深，旗兵在那兒生兒女，長大配偶，子子孫孫很多，就是駐防旗人。

　　A：是了，都是那一省有呢？

　　B：陝西有西安將軍，廣東有廣州將軍，福建有福州將軍，四川有成都將軍，湖北有荊州將軍，浙江有杭州將軍，兩江有江寧將軍，山東有青州副將都統，有別處也有，不能細說。

　　A：他們都是管本處駐防旗兵的麼？

　　B：是。

　　A：他們所管的旗人的規矩，也和京城是一樣麼？

　　B：大規矩都是一樣，駐防的人雖然在各處，他們本旗的都統，還是屬京城都衙門管。讀書的也可以鄉試考舉人，在本省的貢院考，或是讀滿洲書考翻譯舉人。那可是從京城裡出題去到那裡，考官考完了，把文卷送到京裡來看了，然後取中。但是一件。

A：甚麼？

B：天地之氣，各省不同，在某省的旗人，也就像某省種莊田的民人樣兒差不多了，說話的口音，也就各隨各省了。

這種清末旗人對八旗歷史的講述，使得《四聲聯珠》具備了珍稀旗人口述歷史文獻所特有的史料與語料價值。比方說，《四聲聯珠》會討論旗人與漢人守孝觀念與形式的差異，"旗人們可又是有穿一百天孝的，百日孝滿，可以素服當差，這可是京官。在外任的大員，回京穿百日孝，百日滿了，在京當差，二十七個月完了，纔升外任。小官們，文外官旗人，也是丁憂，回旗守制，二十七個月滿，纔能選缺呢！"甚至連棺材都存在旗人與民人的差異：

A：可是聽見說，現在死人的棺材，有兩樣兒麼？

B：不錯，有滿洲材，是旗人用的；有漢材，是漢人用的。

清代由於滿語和漢語的接觸和融合，旗人使用漢語成爲普遍現象。清代旗人群體所使用的漢語變體，我們稱之爲旗人漢語，包括關東旗人漢語、駐防八旗漢語和京旗漢語。旗人漢語中帶有滿語的干擾特徵，我們稱之爲滿語干擾特徵。季永海（2004）指出，清代滿語和漢語的接觸可劃分爲三個階段：第一階段是清入關前和清初期，滿漢語言開始接觸，但仍以滿語爲主要交際工具；第二階段是康熙中後期至乾隆年間，滿漢語接觸加深並逐步融合，京旗滿洲人員已經普遍進入滿漢雙語階段；第三階段是從乾隆後期至清末，旗人使用滿語的情況日漸減少，漢語逐漸取代滿語，至清朝末年，滿族已全面放棄滿語，轉用漢語。這種階段的劃分得到了普遍支持。至於滿語對清代漢語和北京話的形成所產生的影響，愛新覺羅·瀛生（1987）總結了北京漢語方言中存在的滿語詞痕跡和滿語對漢語語法結構的影響，就具體例證而言，這些具有滿語構造格式的漢語在清代早期的滿語學習書籍的漢語注釋以及反映清代早期北京話面貌的名著《紅樓夢》中都十分常見。

祖生利（2013）和張美蘭（2016）較早在漢語研究領域使用滿語干擾特徵這一概念。他們都曾利用清代中前期滿漢合璧會話教材深入地考察過清代早期北京話中的滿語干擾特徵，揭示滿語與漢語接觸情況。祖生利（2013）考察了三種兼漢滿語會話材料中十種滿語干擾特徵，並追溯其具體來源，對清代旗人漢語的形成、演變過程進行了梳理。張美蘭（2016）以滿漢合璧文獻《清文指要》（百章）部分虛詞爲研究對象，探討八種滿語形態對漢語干擾現象逐漸消失的過程。

上述研究大致勾勒出清代初期到中期滿語與漢語接觸、融合、最終被漢語代替以致衰落的歷程。以具體語言現象變化爲例證，可以將滿漢語言接觸歷史發展情況描寫得更爲準確而有說服力。《四聲聯珠》中有些詞彙和語法現象明顯可以看出帶有滿語干擾特徵，但是它們的出現頻率與清代中前期的滿漢合璧文獻等有所不同。本文以滿漢合璧文獻《清文啟蒙》（1730）、《清文指要》（1809）和西人北京話教科書《語言自邇集》談論篇（1867）作爲參照，分析《四聲聯珠》中的滿語干擾特徵，研究清末民初北京話口語中滿語干擾特徵的存留與消失情況，嘗試描寫清代滿語在與漢語接觸後變化的過程，並進一步探討旗人漢語與北京話發展的歷史關係。

三、《四聲聯珠》滿語干擾特徵使用頻率降低

隨著滿漢語言接觸程度的加深，原來的滿語使用者逐漸捨棄滿語，改用漢語，漢語成爲其日常生活中的主要交際語言。與此同時，滿語在優勢語言漢語中的底層遺留也不斷減少。到了清末的《四聲聯珠》，其中滿語干擾特徵的使用頻率與之前的語料相比，總體呈下降趨勢。

滿語干擾特徵	《清文啟蒙》	頻率	《清文指要》	頻率	《自邇集》	頻率	《四聲聯珠》	頻率
V1 著（O）V2	27	0.25%	55	0.20%	95	0.33%	83	0.04%
句末助詞"來著"	24	0.22%	56	0.20%	44	0.15%	13	0.006%
句末領有、存在義"有"	13	0.12%	9	0.03%	8	0.03%	5	0.002%
罷咧、罷了	47	0.43%	71	0.26%	31	0.11%	9	0.004%
這麼著、那麼著、怎麼著	11	0.10%	0	0	17	0.06%	115	0.06%

（一）"V1 著（O）V2"結構

在滿漢合璧文獻中，時態助詞"著"有一種特殊用法，與地道的漢語表達不同，是受滿語影響形成"V1 著（O）V2"的結構。祖生利（2013）發現，清代中期有關旗人漢語的會話材料中存在不少這樣的例子，表示前後兩個動作同時或緊接著發生，是並列狀態，但是漢語中的謂詞性聯合短語通常不會在兩個並列的動詞中間加"著"，這一特殊用法與滿語並列副詞息息相關。王繼紅、彭江江、楊麗娟（2017）認爲，在旗人漢語中"V1 著（O）V2"是一種較爲常見的構式，滿漢合璧語料中 V1 的開放程度更大，結構更複雜，語義更多樣，[＋持續性]並非進入 V1 的唯一標準，這些是受到滿語影響的結果。例如：

(1) 我無有書，我合朋友們尋著瞧，若是得，使人送到你跟前去。（《清文啟蒙》，卷二）

(2) 加著鞭子催著馬，一氣兒跑著趕，趕上了個末尾兒。（《清文指要》，卷下）

《四聲聯珠》中"V1 著（O）V2"結構仍然大量使用，出現 83 例，相比《清

文啟蒙》和《清文指要》的 27 例、55 例明顯增多，但全篇的使用頻率卻大大下降。其構成形式與現代漢語基本一致。但一些用例明顯不是漢語的表達習慣。例如：

(3) 你幹甚麼？在這兒<u>叉著手兒站著</u>。（《四聲聯珠》，卷一）

(4) 你瞧，我聯了這半天的話，有甚麼錯的地方兒，竟管言語，我好和你<u>商量著改</u>。（《四聲聯珠》，卷二）

(5) 那也得<u>想著方法兒說</u>。（《四聲聯珠》，卷二）

(6) 到去年補缺之後，又出兵，<u>騎著那個馬追賊</u>，了不得！（《四聲聯珠》，卷二）

(7) 是這麼著，我在家裡<u>躺著瞧書</u>來著。（《四聲聯珠》，卷二）

(8) 他家裡父母性兒好，沒脾氣，而且弟兄少，妯娌們和睦，怎麼彼此<u>幫助著幹事</u>，並且家裡怎麼財主，怎麼有產業，將來小人兒念書下場，必可以金榜題名，連中三元，姑娘將來是一品夫人的造化。（《四聲聯珠》，卷五）

以上"V1 著（O）V2"的結構中，前一動詞通常作爲方式狀語修飾後一動詞。"叉著手站著""躺著瞧書""騎著那個馬追賊"等 V1 明顯表示方式的結構已經被漢語吸收，但"商量著改""幫助著幹事"等形式現代漢語中通常不會這麼說，而是用"商量著改一改""幫忙做事"。另外，用例中 V1 和 V2 都可以帶賓語或不帶賓語。

（二）句末時體助詞"來著"

在清初旗人漢語中，句末時體助詞"來著"就已經頻繁出現，清代中期的《清文啟蒙》《清文指要》中也有大量用例，直至清末的《四聲聯珠》，"來著"也是接在句中主要動詞之後，表示動作或事件在說話之前發生。因此其作爲時體助詞的意義和用法並未發生大的改變。祖生利（2013）指出清代旗人漢語中經常使用的"來著"主要是對應滿語特殊動詞 bi-的陳述式過去時終止形 bi-he 及由其構成的相關時體構式的結果。

《四聲聯珠》中共有"來著"13 例，還不及《清文啟蒙》用例的一半。"來著"既可以用於陳述句，如例（11），也可以用於疑問句，單獨出現在句末，如例（10）。另外，"來著"還可以與語氣助詞"呢""麼"和否定詞"沒有"連用，如例（9）（12）（13）。

(9) 原來情由是這樣<u>來著</u>呢。（《清文啟蒙》，卷二）

(10) 這一向你在那裡<u>來著</u>？（《清文啟蒙》，卷二）

(11) A：你怎麼把這一個書給拆了？B：我拿他打狗<u>來著</u>。（《四聲聯珠》，卷一）

（12）這幾天，竟在家裡來著麼？（《四聲聯珠》，卷一）

（13）我看見昨兒晚上，月亮又圓又好，您也賞月來著沒有？（《四聲聯珠》，卷一）

（三）句末表示領有、存在的"有"

現代漢語中的存現句"有字式"的標準結構是"有＋賓語"，但是由於受滿語表領有、存在的動詞 bi 居於句末的語序位置的影響，滿漢合璧文獻中"有"字句會發生語序的變化，如祖生利（2013）所舉的例子：

（14）我連幾本書不尋給你抄的理有麼？（《清文啟蒙》，卷二）

清末的《四聲聯珠》中仍然存在這種受滿語語序影響的"賓語＋有"結構。例如：

（15）不定，十兩銀子一間的還有呢！（《四聲聯珠》，卷一）

（16）寔在是那麼著，欲令智昏，見財亡命，所以貪贓愛賄的官，往往要了命的還有呢！（《四聲聯珠》，卷三）

（17）有錢的人租十來間，帶廚子、跟人，狠闊。若是狠窘迫的舉子，幾個人租一間的也有。（《四聲聯珠》，卷一）

（18）敢則是不少，同著文官一塊兒會銜報地方的事情的時候兒也有，自己單銜報事的事情也有。（《四聲聯珠》，卷三）

（19）有錢有勢的人家，大殯出來走到街上，真是兩邊的人，填街塞巷，甚至上房，把瓦壟兒踹壞了的都有。（《四聲聯珠》，卷五）

上述例句中的"十兩銀子一間的還有呢""往往要了命的還有呢""幾個人租一間的也有""同著文官一塊兒會銜報地方的事情的時候兒也有""自己單銜報事的事情也有"和"把瓦壟兒踹壞了的都有"具有旗人漢語的特色，現代漢語裡通常直接說成"還有十兩銀子一間的呢""往往還有要了命的呢""也有幾個人租一間的""也有同著文官一塊兒會銜報地方的事情的時候兒""也有自己單銜報事的事情"和"都有把瓦壟兒踹壞了的"，但這裡表領有、存在的"有"後置加強了感歎的語氣。

（四）句末語氣詞"罷咧""罷了"

清代中前期的滿漢合璧文獻中句末語氣詞"罷咧""罷了"使用非常普遍，主要對應滿語"dabala"。關於滿語詞 dabala 與漢語句末助詞"罷了/罷咧"之間的關係問題，前人研究主要有三種觀點，第一種，由漢語歷史上表完結的謂動詞"罷"和"了"演變形成（太田辰夫，2003；孫錫信，1999）。第二種，"罷了/罷咧"是滿漢語言接觸的結果（愛新覺羅·瀛生，1993；張美蘭，2016）。第三種，清代之前已經出現"罷了/罷咧"，但受滿語影響又出現了有別于漢語的意義用法，代表人物是祖生利（2013）。竹越孝、陳曉（2016）也認爲"罷了/罷咧"的句末助詞功能來源於漢語內部"罷"＋"了"的演變，並非來源於滿語的dabala；但在使用和流傳過程中應受到了滿語dabala的影響。

祖生利（2013）描寫了"罷咧""罷了"的三種用法。一是表示積極肯定判斷，有勤勉、鼓勵之義，相當於"呢"，如例（20）；二是帶有不滿不屑的意味，相當於"而已"，更偏消極，如例（21）；三是表示容忍、商榷，相當於"算了""吧"，如例（22）。

(20) 學他的學問、仿他的品行的時候，纔可以長成一個好人罷咧。（《清文啟蒙》，卷二）

(21) 他也是學會的罷了，並非生來就會的。（《清文指要》，卷中）

(22) 等客散了的時候，再說罷咧。（《續清文指要》，卷下）

不同於早期滿漢合璧文獻中句末大量使用語氣詞"罷咧"或"罷了"，如《清文指要》71例。《四聲聯珠》中"罷了"或"罷咧"數量很少，僅有9例，且都表示消極否定，或帶有無奈不滿的意味，相當於"而已"。沒有表示積極肯定和表示容忍商榷等兩種用法。例如：

(23) 閑著沒事兒，因話兒題話兒罷咧！（《四聲聯珠》，卷四）

(24) 那邊只好是怨命，再說東西罷咧，有了置，沒了棄，算甚麼！（《四聲聯珠》，卷五）

(25) 那總是讀書人們的高傲罷了，所以纔不以西學爲好。（《四聲聯珠》，卷八）

(26) 左右不過在店裡住罷了。（《四聲聯珠》，卷九）

（五）滿式固定短語"(是) 這麼著/那麼著/怎麼著"

《四聲聯珠》中還有一些常見的固定短語反映出滿語干擾特徵，最具代表性的就是"(是) 這麼著/那麼著/怎麼著"。在滿漢合璧文獻和旗人文學作品中，"這麼著""那麼著""怎麼著"大量用於構成條件、假設或因果複句的前一小句，以引起下文。這是滿漢語言接觸的結果。《四聲聯珠》中"這麼著""那麼著""怎麼著"共有115例，其中"這麼著"和"那麼著"作指示代詞，指示方式或動作、情況。"怎麼著"用作疑問代詞。例如：

(27) 說起出花兒來，是這麼著，出三天，長三天，灌漿兒三天，回頭三天，所以說，七漿，八蠟，九回頭。（《四聲聯珠》，卷二）

(28) 那麼著，咱們不說閑話兒了，還有請問的事。（《四聲聯珠》，卷四）

(29) 不是那麼著，比方大人衙門，提、鎮和副將，都稱呼大人。（《四聲

從《四聲聯珠》看清末北京話中滿語干擾特徵存留情況——兼論清末旗人漢語的傳承語性質

聯珠》，卷三）

(30) 我先問您，提標是<u>怎麼著</u>？（《四聲聯珠》，卷八）

(31) 纔說的西藏的事，後來<u>怎麼著</u>？（《四聲聯珠》，卷八）

《清文啟蒙》11例（0.10%），《清文指要》沒有用例，《語言自邇集》談論篇17例（0.06%），《四聲聯珠》有115例（0.06%）。與滿漢合璧文獻《清文指要》比較可知，在記錄清末旗人漢語的《四聲聯珠》中，一些滿語干擾特徵不但存留，甚至出現了回流趨勢。

四、《四聲聯珠》滿語干擾特徵消失

清代中前期旗人漢語的部分滿語干擾特徵到《四聲聯珠》中完全消失。其中一些滿語干擾特徵直接被替換。如表示原因，相當於"因爲這個（那個）"的位格標記"……的上（上頭）"。還有一些則是爲漢語表達所取代且基本不再使用，例如用"故此、所以"代替表示因果關係的連詞和短語結構"因爲這樣、因此上、因爲這麼著"；句末語氣詞"是呢"在表祈使語氣，表達對他人的命令、建議、請求、勸阻時被"才是呢"或"才好呢"取代。

滿語干擾特徵	《清文啟蒙》	頻率	《清文指要》	頻率	《自邇集》	頻率	《四聲聯珠》	頻率
（的）上/上頭	1	0.01%	37	0.13%	1	0.003%	0	0
因爲這樣、因此上	0	0	25	0.09%	10	0.03%	0	0
是呢	1	0.01%	9	0.03%	0	0	8	0.004%
罷呀、哦	15	0.14%	2	0.007%	1	0.003%	8	0.004%

（一）（的）上/上頭

在清代中前期滿漢合璧文獻中，方位詞"上""上頭"常常後置表示原因[①]，這與對滿語位格後綴-de的翻譯相關。（祖生利，2013；張美蘭，2016）例如：

(32) 我想著這無事<u>的上頭</u>怎麼得一個人來，坐著說說話兒。（《清文指要》）

  bi ere baita akū de adarame baha-fi emu niyalma
  我 這 事情 否定詞 位置格 如何 得到一順序副動詞 一　人
  ji-fi   gisure-me te-ce-ki+se-re-de,
  來一順序副動詞　說話一並列副動詞　坐一齊動態一情願式一現將時一後置詞

[①] 馮赫（2010）指出，元代在北方漢族人群中流行的元刊雜劇與元代蒙式漢語語料中用"X+上/上頭"的形式表示原因的情況並不少見，從語言結構方面看，蒙式漢語裏"X+上"具有後置詞短語的性質，因此漢語方位詞"上""上頭"表原因的用法很有可能最早是受到蒙語的影響而出現的。

(33) 他那求的上頭，我的心就回了。(《清文啟蒙》，卷二)
ini tere bai-re-de   min-i mujilen geli nitara-fi.
他   那   央求的上   我的   心   又   回了

在《四聲聯珠》中，"上頭"作方位名詞共有35例，沒有發現表示原因的用例。例如：

(34) 木頭作的板子，上頭圓，下頭方，有四尺多長，就叫棍。(《四聲聯珠》，卷二)

(35) 像這地方的人，我瞧都是愛議論人的短長，軟的欺，硬的怕，敬光棍，怕財主，說話是嘴甜心苦，作事是上頭說話，腳底下使絆子，沒有一點兒誠寔。(《四聲聯珠》，卷三)

(36) 一色紅邊兒、藍心兒的坎肩，有一個圓光兒，可是分五色，因爲按著五管分的，上頭寫著某營某汛的字樣，你沒看見過麼？(《四聲聯珠》，卷七)

《四聲聯珠》中方位詞"(的)上/上頭"全部表示方向和位置，例(34)用於空間，指事物的上部或上面；例(35)用於人體，指示與腳部相對的頭部（嘴）；例(36)用於範圍，指物體的某部分，不存在與表原因有任何關聯的用法。

(二) 因此上、所以那個上

uttu ofi 或 tuttu ofi 是滿語表示因果關係的短語，它們在《清文指要》等滿漢合璧文獻中譯爲"因爲這樣""因此上""因爲這個"。例如：

(37) inu waka oci ai, bi juwan aniya funce-me nikan bithe taci-ha, te-tele umai dube da tuci-rakū, jai aikabade manju bithe hūla-rakū, ubaliyambure be tacirakū oci, juwe de gemu sartabu-re de isina-mbi, uttu ofi, bi emde oci, age be tuwanji-ha, jai de oci, geli sakda ahūn de baire ba bi, damu baibi angga juwa-ra de mangga

是，可不是什麼？我學漢書十多年，至今並無頭緒。再要是不念滿洲書，不學翻譯，兩下裡都至於尣攔。因此上，我一則來瞧阿哥，再還有懇求老長兄的去處，但只難於開口。(《清文指要》)

(38) angga de uttu gisurecibe beye serebu-me katunja-me mute-ra-kū tuttu ofi, bi age si sure niyalma kai mi-ni fulu gisure-re be baibu-mbi-o

嘴裡雖然這樣說著，身子顯著勉強不住。所以那個上，我說：阿哥你是個明白人啊。(《清文指要》)

清末《四聲聯珠》中使用"所以""所以了""所以說了""所以然"表達句子的因果關係更爲普遍。例如：

（39）京城是提督衙門管，因爲這些兵都是八旗的召募步甲，所以管得著。（《四聲聯珠》，卷一）

（40）所以說了，比方各處的稅則，每年有正額，有盈餘，該當多少，交得了沒事，交不足，稅官監督有處分，還得賠出來呢！（《四聲聯珠》，卷二）

（41）所以然，爲得是蔭涼兒照著墳墓，不叫日頭曬著的意思。（《四聲聯珠》，卷四）

（42）所以了，他這些惡人，也不過是不守本分，不務正事，或是吃、喝、嫖、賭，或是惧作非爲。（《四聲聯珠》，卷六）

（三）句末表示祈使的語氣助詞"是呢"

祖生利（2013）指出，清代中期旗人漢語中常常將語氣助詞"是呢"放在句末使用，表祈使語氣，表達對他人的命令、建議、請求、勸阻等，相當於"吧"。其中"是呢"應用廣泛，主要對應滿語動詞祈使式後綴，尤其是第二人稱祈使式-cina。例如：

（43）我是不到醉也不歇手的人啊，眾位阿哥們你們也呵幾鐘是呢！（《清文啟蒙》，卷二）

（44）這一向你又往那裡奔忙去了，間或到我這裡走走是呢，怎麼總不見你的面目？（《清文指要》，卷中）

上述例子中"是呢"作爲句末語氣助詞可單獨使用表示祈使，帶有說話者強烈的主觀色彩。如例（44）中"是呢"已經不僅僅表示建議，甚至帶有責怪的意味。竹越孝（2015）發現，在滿漢或蒙漢合璧教材中，句末語氣助詞"是呢"仍部分被沿用，但到了漢語教材階段，"是呢"已經從旗人漢語裡完全消失了，取而代之的是"才是呢""才好呢"這樣三音節的句末情態成分。其中《清文啟蒙》出現1例，《清文指要》出現9例，《語言自邇集》談論篇中沒有用例。而依據我們的調查，發現"是呢"的上述用法在《四聲聯珠》中已經消失。書中出現的8例"是呢"都不作爲一個詞單獨使用。其中"誰說不是呢！"7例，"說的是呢！"1例。例如：

（45）A：我看，佛經這些事，與亾人毫無益處，與本家大有損處，不過是拿出些個錢來，花完了就算是完了而已。

B：誰說不是呢！有這個錢，施捨給窮人們，憐憫那些鰥寡孤獨的人，好不好？

A：說的是呢！（《四聲聯珠》，卷五）

（四）感歎詞"罷呀""哦"

祖生利（2013）提出，感歎詞"罷呀"在清代中期的滿漢合璧文獻中表示委婉的拒絕，相當於"算了吧"，通常單獨在句中作獨立語，對應滿語的 joo bai 或 joo。如"罷呀，我不進去，告訴了你話就走。"（清文啟蒙）"罷呀，一遭認得你家了，另日特來坐著說一天的話兒罷。"（清文指要）。但是《四聲聯珠》中沒有"罷呀"的用例。

清中前期滿漢合璧文獻中另有感歎詞"哦""咢""遮"等，表示應允和贊同，常常單獨成句，譯自滿語感歎詞 je。例如：

(46) A：大小子在那裡呢？接馬！　B：<u>哦</u>！（《清文啟蒙》，卷二）
(47) A：無妨，晾一晾罷。　B：<u>咢</u>。（《清文指要》，卷中）
(48) A：酒又不是毒藥，難道怕藥殺了麼？

B：<u>遮、遮</u>，完了，這有何妨？這三狂鍾酒，就便醉死也罷，我呵！（《清文啟蒙》，卷二）

《四聲聯珠》中"哦"共有 8 例，相比《語言自邇集》談論篇的 1 例數量是有所提升的。但用法與滿漢合璧文獻有不同之處。例如：

(49) 底下人吩附外頭，娶親太太走了，外頭眾人都站起來，"<u>哦</u>"一聲答應，送親的送他回去，這時候兒，轎子也就到了。（《四聲聯珠》，卷五）
(50) A：學政看他的文章好歹，人品邪正，好的就中他爲秀才，後來鄉試考舉人，會試考進士作官。

B：<u>哦</u>。（《四聲聯珠》，卷七）

例 (49) "哦"是擬聲詞；例 (50) "哦"是感歎詞，能作獨立語或獨立成句，但是意義發生了改變，表示應諾或者已經知曉，並不表示應允與認同。《四聲聯珠》裡一般用"好"和"是"等來表示認同，而且"好"和"是"在口語中不僅可以單字使用，還可以兩個或兩個以上疊加使用，凸顯出旗人說話的語氣和腔調，強調認同態度。例如：

(51) A：我和您作爲兩個人，彼此問答，好不好？B：<u>好</u>，您問，我答。《四聲聯珠》，卷一）
(52) A：現成兒的兩句俗語兒，怎麼不說？是"天有不測風雲，人有旦夕禍福。"

B：<u>好，好</u>，這兩句成語好。（《四聲聯珠》，卷三）
(53) A：你要記准了，六部和通政司、都察院、大理寺爲九卿。

B：<u>是</u>，纔不是說過了麼？（《四聲聯珠》，卷六）
(54) A：不錯，您能把世情看淡點兒，就心裡舒服了。

B：<u>是，是</u>。提起戲來，我早晚這兩天，還要請您聽一天戲呢！（《四聲聯

珠》，卷一）

五、清末旗人漢語的傳承語特徵

《四聲聯珠》是記錄清末北京話的域外漢語教科書，但由於其主要作者之一是旗人紹古英繼，所以《四聲聯珠》也體現了清末旗人漢語的特徵。

清朝初期爲鞏固政權，統治者從中國北部、尤其是東北部遷移了大量旗人到北京居住，旗人語言與北京原來居住者語言發生接觸。滿族八旗子弟需要學習母語與漢語。《四聲聯珠》卷七記載，"八旗兩翼，各設世職官學二所，左翼鑲黃正白相兼，鑲白正藍相兼；右翼正紅正黃相兼，鑲紅鑲藍相兼。凡世職官員，世管佐領等，年幼十歲以上，即入學讀書，學習清漢文義、清語、騎射，給與半俸。""八旗各設官學，以教官軍之子弟之穎秀者，國子監掌之。滿洲選額六十人，蒙古、漢軍各二十人。滿助教教以清文國語，蒙古助教教以蒙古語言文字，漢教習教以經書文藝，本旗月委參領稽察。"

這種雙語學習使用，使得旗人語言中的滿語特徵與漢語北京話相互影響從而形成旗人群體所使用的帶有滿語干擾特徵的旗人漢語。傳承語（heritage language）作爲移民群體的一種語言現象，通常指雙語環境中的少數語言持續爲移民及其子女所使用和保留。判定一種語言是否是傳承語的關鍵就是看其所在地的社會語言環境。通常，傳承語是雙語環境中的少數語言，多數與少數之分不僅僅是人口統計上的，更是社會政治的。"傳承語具有如下特徵：（1）使用者成長於雙語家庭，熟悉兩種或幾種語言；（2）第一語言或者第一語言之一種，在家使用，是一種社會語言學上的少數語言；（3）雙語者通常更熟練掌握社會多數語；（4）通常是弱勢語言；（5）精通度的個體差異很大：從極少語言知識到類似母語；（6）對社會多數語的精通度通常達到母語水準或類似母語水準。"（李計偉，2019：315）

滿洲八旗入關數十年後，由於政治、經濟、文化情況的變化，滿族各階層逐漸熟悉並接受中原文化。定居中原後的滿人上至帝王公卿，下至旗人百姓紛紛學習漢語，開始了由滿語向漢語的轉用。到康雍之際，滿語滿文已逐漸被漢語漢文所取代，連滿族官員不會講滿語、不識滿文的情況都很普遍。乾隆二十六年（1761 年）的一件上諭中指出，"今日理藩院侍班官內有四員，不惟清話生疏，甚至竟不能者習伊等俱系滿洲人員，所司又系清字事件，若全然不曉，何以辦事？由此而推，則衙門各員內不能清話者，當複不少。清話原滿洲根本，旗人首當以此爲務。倘不專心習學，以至日久生疏，則成何體制？"滿族人博赫於乾隆三十一年（1766）在其《清語易言》自序中提到："清語者，我國本處之語，不可不識。但旗人在京與漢人雜居年久，從幼即習漢語。長成以後，始入清學讀書，學清語。讀書一二年，雖識字曉話，清語不能熟言者，皆助語不能順口，話韻用字字意無得講究之故耳。所以清語難熟言矣。"

　　由於多數滿人已經不能講流利的滿語，只是滿語的不完全習得者，因此當時旗人漢語裡的滿語干擾特徵可能是他們操滿語的先輩在不完全習得漢語的過程中所固化並傳承下來的民族方言特徵。（祖生利，2013）雖然《四聲聯珠》記錄的清末北京話在詞彙結構和句法形式上仍能看出受到滿語的影響，但滿語干擾特徵逐漸減少甚至消失，這說明滿語對於北京話的影響不斷減小，清末北京話在語義和語用上越來越接近標準漢語的表達習慣。此外，書中少數滿語干擾特徵的保留甚至回流現象說明旗人漢語作爲語言接觸中的弱勢語言仍然存在底層遺留。

　　旗人的後代對傳承語，即滿語不同等級的精通度，與其對母語（滿語）的不完全習得、第一語言磨損和上一代所提供的輸入等相關。早期旗人移民母語在某些語法項上經歷磨損，這些語法項又被傳承語者不完全習得；由於不完全習得和磨損，會導致新語言特徵的出現。這說明清代末年作爲旗人移民及其子女所保留使用的旗人漢語已經具有了一定的傳承語色彩，符合傳承語的特徵。帶有傳承語性質的旗人漢語在發展過程中甚至演變成了旗人民族文化的一種身份認同標誌。

　　需要指出的是，清代北京話與旗人漢語雖然關係密切但二者並不能完全等同，旗人漢語只是清代北京話的來源之一，但後者在形成過程中保留了部分旗人漢語中的滿語干擾特徵。旗人漢語並不等同於清代的北京話。旗人漢語是指清代旗人群體所使用的漢語變體，包括關東旗人漢語、駐防八旗漢語和京旗漢語。《四聲聯珠》所反映的是居住在北京一帶的旗人所使用的京旗漢語。雖然京旗漢語產生過程中肯定會受到清代北京話的影響，但清代北京話內部成分本身就很複雜，因此只能推斷旗人漢語是其來源之一。從教材編寫者角度來看，《四聲聯珠》（1886）、《北京官話談論新篇》（1898）、《華言問答》（1903）、《北京官話今古奇觀》（1904）、《北京官話虎頭蛇尾》（1906）、《改訂官話指南》（1903）等清末域外北京話教材都是由外國人和北京旗人合作編寫而成，那麼這些合作者的旗人漢語必定會對教材中的北京話及北京話的學習傳播產生影響。從旗人自我語言認知方面來說，旗人作家老舍在自傳體小說《正紅旗下》中便提到北京話中不但收納了旗人漢語中的一些滿文詞，甚至還沿用了旗人所創造的那種"輕脆快當的腔調"，因此旗人至少可以說是"京腔"的創造者之一。

　　總之，旗人漢語與清代北京話關係密切。清代北京話中不僅存在旗人漢語的影子，而且保留了部分旗人漢語中的滿語干擾特徵。作爲旗人身份認同標誌的旗人漢語到了清末的《四聲聯珠》中已經帶有傳承語的特徵。

參考文獻

　　愛新覺羅・瀛生. 北京土話中的滿語. 北京：北京燕山出版社，1993.

愛新覺羅・瀛生. 滿語和漢語的互相影響. 滿族研究, 1987 (1).

陳前瑞. "來著"的發展與主觀化. 中國語文, 2005 (4).

陳曉. 清後期北京話集萃——《四聲聯珠》. 語言學論叢, 2018.

馮赫. 元刊雜劇與蒙式漢語文獻方位詞"上"特殊功能研究. 古漢語研究, 2010 (3).

季永海. 從接觸到融合——論滿語文的衰落（上）. 滿語研究, 2004 (1).

季永海. 從接觸到融合——論滿語文的衰落（下）. 滿語研究, 2005 (1).

季永海. 論漢語中的滿語借詞. 滿語研究, 2006 (1).

李計偉. 《傳承語習得》述評. 外語教學與研究, 2019 (2).

劉雲. 早期北京話的新材料. 中國語文, 2013 (2).

彭江江. 滿漢合璧會話書"X著"類複音介詞考察. 語文學刊, 2016 (6).

孫錫信. 近代漢語語氣詞. 北京：語文出版社, 1999.

王敵非. 滿語後置詞研究. 黑龍江民族叢刊, 2010 (4).

王繼紅, 彭江江, 楊麗娟. 清代滿漢合璧文獻中的"V1 著（O）V2"構式. 語言與翻譯, 2017 (2).

張美蘭, 綦晉. 從《清文指要》滿漢文本用詞的變化看滿文特徵的消失. 中國語文, 2016 (5).

張誼生. 略論時制助詞"來著"——兼論"來著1"與"的2"以及"來著2"的區別. 大理師專學報, 2000 (4).

竹越孝, 陳曉. 滿語助詞 dabala 與漢語句末助詞"罷了/罷咧"相關關係研究. 民族語文, 2016 (6).

竹越孝. 從滿語教材到漢語教材——清代滿漢合璧會話教材的語言及其演變. 民族語文, 2015 (6).

祖生利, 畢曉燕. 清代句末語氣助詞"是呢""才是呢". 歷史語言學研究, 2017 (1).

祖生利. 代詞詞尾"著"的來源. 歷史語言學研究：第 8 輯, 2014 (2).

祖生利. 清代旗人漢語的滿語干擾特徵初探——以《清文啟蒙》等三種兼漢滿語會話教材爲研究的中心. 歷史語言學研究：第 6 輯, 2013.

[日] 福島安正. 四聲聯珠. 东京：陸軍文庫, 1886.

[日] 太田辰夫. 中國語歷史文法（修訂譯本）. 蔣紹愚, 徐昌華, 譯. 北京：北京大學出版社, 2003.

[日] 太田辰夫. 論清代北京話. 陳曉, 譯. 語言學論叢, 2013 (2).

[英] 威妥瑪. 語言自邇集. 北京：北京大學出版社, 2017.

The Survival of Manchu Interference Features in Beijing Dialect in Late Qing Dynasty from *Sisheng Lianzhu*
—On the Nature of Heritage Language in Chinese used by Bannermen in the Late Qing Dynasty

Wang Jihong, Quan Wenling, Kui Yuhan

Abstract: Through the study of Manchu and Chinese literature in the middle and early Qing Dynasty, it can be seen that Manchu interference features are the product and reflection of Manchu-Chinese language contact. This paper examines in detail more than ten kinds of Manchu interference features including Manchu postposition and case endings, final modal particles, vocabulary and word order in *Sisheng Lianzhu* which records Beijing dialect in the late Qing Dynasty. On the whole, most of the Manchu interference features have been significantly reduced or even abandoned, while a few Manchu interference features not only remain but also show a trend of reflux. This is in line with the gradual decline of Manchu language as well as the integration of Manchu and Chinese in the middle and late Qing Dynasty. Furthermore, the special phenomenon demonstrates the characteristics of heritage language in Chinese used by bannermen in the late Qing Dynasty.

Keywords: *Sisheng Lianzhu*; Manchu interference features; Beijing dialect in Qing Dynasty; heritage language

(王繼紅,北京外國語大學中國語言文學學院;
全文靈,北京外國語大學中國語言文學學院;
奎雨含,英國杜倫大學 Durham University)

近代漢語中副詞"回來"的形成及其歷時發展考察[*]

張言軍

提　要："回來"在近代漢語中除了具有位移動詞和趨向動詞的用法外，還有一種時間副詞的用法，這一用法是在"回來VP"的句法環境中由位移動詞"回來"演化而來的，它在明代萌芽，到了清代，其使用達到了頂峰。但在此後的發展中副詞"回來"卻從漢語共同語中慢慢衰落，原因有二：一是其時間副詞用法對語境的依賴度過高，表意的明晰性不强；二是在清代出現了另一個表達相同語法意義的時間副詞"回頭"，兩者在競爭中，"回頭"逐漸佔據了上風，而"回來"則慢慢走向消亡。

關鍵詞：副詞；回來；形成機制；歷時發展

一、引言

現代漢語中，一般認爲"回來"具有位移動詞和趨向動詞兩種屬性（《現代漢語詞典》2016：580），前者常獨立作謂語，表示"從別處到原來的地方來"，如例（1）；後者用在動詞後面，表示"到原來的地方來"，如例（2）。

(1) 過了一會，她沒回來，一場批判會就在無言之中結束了。（梁小民《黑板上的經濟學》）

(2) 我對你說，你不把東西取回來，我要在爹的牌位面前好好地教訓你一頓。（巴金《秋》）

但是《現代漢語詞典》的上述釋義卻不能涵蓋下面材料中"回來"的用法，

---

[*] 基金項目：2017年度國家社會科學基金一般項目（17BYY141）、2017年度河南省高等學校青年骨幹教師培養計劃以及信陽師範學院"南湖學者青年項目"。論文初稿曾在"第五屆漢語副詞研究學術研討會"（2019年，上海外國語大學）上宣讀，得到了與會專家學者的指正，在此一併致謝！

如：

(3)"到書房去！"她笑嘻嘻的說："回來咱們在這裡吃飯。不聽見鈴聲別下來，聽見沒有？"（老舍《二馬》）

(4)馬先生，我已經給你們找好了房，回來我帶你們去，你得好好的歇一歇！（老舍《二馬》）

(5)楊媽陪著他往院門走，叮囑道："老爺子，別忘了，回來見著金枝，可得有點兒笑模樣兒……"（陳建功、趙大年《皇城根》）

例（3）—（5）中的"回來"既沒有出現在其他動詞後面作趨向補語，也不是單獨作謂語時表示從別處到原來的地方來的位移動詞。因此，用《現代漢語詞典》的釋義來解釋上面各句中"回來"的用法顯然是不合適的。根據上下文，可以看出"回來"在上面語句中所表達的都是一個時間概念，功能上類似於普通話中的"回頭"。而我們在《漢語大詞典》對"回來"所做的釋義中，也的確能夠看到上述用法的歷史證據。

回來：①歸來。唐王建《宮詞》："恐見失恩人舊院，回來憶著五弦聲。"②用在動詞後，表示到原來的地方。《兒女英雄傳》第二十四回："舅太太年前忙忙地回家走了一回，料理畢了年事，便趕回來。"③一會兒，過一會兒。《紅樓夢》第九十二回："我媽媽先叫我來請安，陪著老太太說說話兒，媽媽回來就來。"（《漢語大詞典》卷三 1989：611）

觀察《漢語大詞典》對"回來"的釋義，可以看到，其前兩項釋義內容跟《現代漢語詞典》基本上是一致的。兩者最大的不同，是《漢語大詞典》還給"回來"列出了第三個義項，即"一會兒，過一會兒"。參考《現代漢語詞典》對"回頭"的分析，我們認爲《漢語大詞典》給"回來"所設立的第三個義項也應歸入時間副詞這一小類。

本文較爲感興趣的問題是："回來"是何時又是怎樣發展演化出時間副詞的用法的？這一用法又經歷了怎樣的歷史發展，它爲何會在後來的發展中衰落乃至消失（主要是指在漢語共同語中），其背後的動因有哪些？

就目前所搜集的文獻資料來看，學界對這一現象的關注還極不充分，除李宗江（2006，2011：173—174）略有描寫外，還未見其他學者對這一問題做過專題的討論。基於此，我們將在對歷史語料調查統計的基礎上，嘗試對以上問題做一些考察與分析。

二、時間副詞"回來"的來源及其形成機制

（一）時間副詞"回來"的出現時間

從《漢語大詞典》所給出的例證來看，"回來"的時間副詞用法是在清代中葉才出現的。爲了進一步考證這一用法的形成時間，我們對明清及其之前的歷史文獻語料又做了較爲全面的考察，考察發現在明代之前的語料中，"回來"的使用基本上可以歸結爲兩種用法：一是用作位移動詞，表示"從別處回到原來的地方"，如例（6）；一是用作趨向動詞，用在其他動詞後面作補語，表示"回到原來的地方"，如例（7）。

（6）探得軍機，即便回來。到將軍帳前唱喏便報。（《敦煌變文集新書》卷六）

（7）送回來，男女鬧，爲分財物不停懷懊惱，看看此事到頭來，猶不悟無常拋暗號。（《敦煌變文集新書》卷二）

而在明代的語料中，我們發現了1例可以做其他用法解讀的用例。如：

（8）只見那婦人先叫一個後生來面前篩酒，一面做飯，一邊炒肉，都把來楊志吃了。楊志起身，綽了樸刀，便出店門。那婦人道："你的酒肉飯錢都不曾有！"楊志道："待俺回來還你，權賒咱一賒。"說了便走。（《水滸傳》第十六回）

如果單獨看"待俺回來還你"這一小句，那其中的"回來"理解爲從他處回到原處的位移動詞也是合情合理的。但是如果結合上下文來看，此時的"回來"可能就展現了新的功能，因爲此時楊志因生辰綱被劫，並不知道自己究竟要去向何方，所以他此刻在店裡吃了飯就想走，走之前丟下的一句"待俺回來還你"就並不具有一個實際的從他處回到原處並償還店家飯錢的可能。因此，結合上下文，我們認爲這裡的"回來"理解爲"過一段兒時間"就也是有可能的。換言之，如果將例中"回來還你"理解爲楊志離開之後很快又回到酒店還錢，那麼"回來"就是明確的位移動詞；如果將其理解爲只是楊志的一種推脫藉口，楊志並無打算很快回來還錢的意願，那就可將"回來"看作是一個時間副詞，即"待俺回頭再來還你"。

當然，在明代語料中，類似例（8）的用例並不多見。不過，該例的出現仍使我們有理由相信"回來"的時間副詞用法應該在清代之前就已展露出了萌芽的態勢，只是到了清代，它的這一用法就逐漸成熟穩定下來，並且使用頻率也有了較大的提升。

(二) 時間副詞"回來"形成的動因和機制

那麼，"回來"的時間副詞用法又是如何形成，其背後的動因和機制又是什麼呢？本節將對這一問題作一分析。

首先我們需要考察清楚時間副詞"回來"所出現的句法環境，即它常出現在什麼樣的句法環境中。下面先通過一組材料來認識它的句法分佈特點：

(9) 錢典史見他如此，倒也動手不得，嘴裡吆喝："好個撒野東西！回來寫信給你老爺，他薦的好人，連我都不放在眼裡！"（《官場現形記》第二回）

(10) 王夫人笑指向黛玉道："這是你鳳姐姐的屋子，回來你好往這裡找他來，少什麼東西，你只管和他說就是了。"（《紅樓夢》第三回）

(11) 如今出挑的美人兒似的，少說著只怕有一萬心眼子，再要賭口齒，十個會說的男人也說不過他呢。回來你見了就知道了。就只一件，待下人未免太嚴些兒。（《紅樓夢》第六回）

(12) 十三妹道："不然。一則這裡頭有我的鞋腳，不好交在他們手裡；再說，回來難道我一個人兒還在這山裡住不成？自然是跟了你老人家去，那時我短甚麼要甚麼，還怕你老人家不給我弄麼？"（《兒女英雄傳》第十七回）

上面幾例中"回來"都用作時間副詞，可以看到，它常出現在謂詞性成分的前面，有時直接出現在動詞短語的前面，如例（9）；有時直接出現在主謂短語的前面，如例（10）—（12）。我們初步概括為"回來VP"結構。

這樣一來，就可以看出時間副詞"回來"的這一分佈跟趨向動詞"回來"的區別是較為明顯的，因為後者常出現在"VP回來"的結構中。因此，時間副詞"回來"就不太可能是從趨向動詞演化而來的。下面將主要討論位移動詞"回來"與時間副詞"回來"之間所發生的演變。

眾所周知，"時間概念和空間概念是兩個基本概念，它們在語言中的表達式是成系統的，並且主要通過空間概念表示時間"（林書武2002）。這是因為"時間是抽象的，人無法直接感知，也很難直接把它描述出來，這就需要借助其他事物，採用隱喻的方式來表達"（史佩信2004）。就漢語的時間表達而言，人們常常會選擇空間方位詞（如"前、後"）以及空間位移動詞（如"來、去"）來表達時間概念。所以，空間位移動詞"回來"發展演化為表示時間的副詞也是符合一般的認知規律的。下面將重點分析這一演變是如何發生的：

我們看到，在明代之前的文獻語料中，位移動詞"回來"除了在句中單獨作謂語外，也常出現在"回來VP"這樣的連動結構中，此時，"回來"與後續VP在時間上是先後發生的兩個動作行為。如：

(13) 汝是具足凡夫，如何得識於吾所講涅盤之義。早是入吾師位，待我

拜謝相公，回來與汝宣揚正法。(《敦煌變文集新書》卷六)

（14）座主不在意，便出。才下階大悟，回來禮謝。(《祖堂集》第十四卷)

可以看到，在以上語例中，"回來 VP"在語義上有時並不自足，它常在語義上還關聯著先前的另一個行為。因此，可以將"回來"的句法環境進一步刻畫爲：

VP₁，回來 VP₂

如例（13），VP₁是"待我拜謝相公"，VP₂是"與汝宣揚正法"，而"回來"則是兩個行為之間的過渡行爲或中介行為。因爲 VP₁ 發生後就要/會離開當前立足的處所，行為主體必須實施了位移動作"回來"之後才能進一步實施 VP₂。具體來說，例（13）中說話人先去"拜謝相公"，然後再從他處回到原處，接著才能進一步實施"與汝宣揚正法"。雖然從形式上看這兩例跟前文例（9）—（12）具有一定的相似之處，但在這兩例中"回來"卻都是明確的位移動詞，而不能看作時間副詞，原因有二：

其一，如例（14）所呈現的，VP₁ 和 VP₂ 都是已然的動作行為，特別是對於 VP₂ 而言，如果它是一個已然的動作行為，那麼它之前所出現的"回來"就無法解讀爲時間副詞。因爲時間副詞"回來"表達的是一個未來的時間，如果位於其後的 VP₂ 卻是已然狀態的，那麼兩者在語義上是相衝突的。

其二，句中 VP₁ 具有或蘊含明顯的位移義，即表現出說話人要離開當下處所位移到另一個空間處所的意圖，那麼，"回來 VP₂"中的"回來"也就傾向理解爲表示位移意義的動詞，以與前面的 VP₁ 在行為關係上相互照應，如例（13）。

不過也要看到，雖然例（13）（14）中的"回來"還不能理解爲表示時間意義的副詞，但是"VP₁，回來 VP₂"這樣的句法環境還是爲"回來"功能的轉變提供了必要的句法基礎，因爲"誘發漢語實詞副詞化的句法結構關係主要有三種：動賓、連動和聯合"（張誼生 2000）。而上面用例中的"回來"與 VP₂ 正好構成了連動關係，"連動結構中的兩個動詞本來都是主要動詞，隨著表義重點經常落在後一個動詞上，前面的動詞就會趨向虛化"（張誼生 2000）。具體來說，就我們對明代之前的歷史語料所做的調查來看，位移動詞"回來"所能出現的句法環境，基本上都類似於例（13）（14）所在語句的特點。所以，明代之前"回來"是不具有進一步虛化的條件的。但是到了明清，這種限制就開始出現了變化，主要表現在以下兩個方面：

其一，"回來 VP₂"開始較爲頻繁地出現在未然的句法環境中，雖然在未然事態中，"回來"並不必然表示的都是時間副詞的用法，但這卻是"回來"發生重新分析時所不可缺少的句法語義環境。如：

（15）眾人都笑道："你看他那裡演帳演帳，回來搗鬼，我們且落得吃酒。"

(《初刻拍案驚奇》卷九)

(16) 桂姐連忙就與來保下禮。慌的來保頂頭相還，說道："桂姨，我就去。"……桂姐便歡喜了，拿出五兩銀子來與來保做盤纏，說道："回來俺媽還重謝保哥。"(《金瓶梅》第五十一回)

以例（15）來看，"回來"之前的VP₁是"他那裡演帳演帳"，之後的VP₂是"搗鬼"，而現在不論是VP₁還是VP₂在眾人嘲笑之時都是尚未發生的，雖然在例句中，"回來"受到上下文語義背景的約束，還應該理解爲表示位移意義的動詞，但這種未然的事態環境還是爲"回來"的演化提供了必要的基礎，爲重新分析提供了可能。

其二，"VP₂"的實施或發出並不依賴於行爲主體從他處回到原處之後才會發生，並且"回來VP₂"開始脱離了對VP₁的依賴，即在具體使用中行爲主體並未有離開或將要離開當前空間處所的行爲。既然沒有離開，也就不需要從他處回到原地。那"回來VP₂"表達中行爲主體從他處回到原處之後進一步實施VP₂的語義表達就有落空的可能。而爲了不使自身成爲在語義上冗餘的信息，"回來"就需要轉變自身的職能。而從所出現的句法位置來看，由於"回來VP₂"結構中VP₂才是主要的行爲意圖，且該行爲又是說話時間之後將要發生的，在這種語境中表示說話時間之後的時間意義就會凝聚或凸顯在"回來"的身上，導致它從動詞向時間副詞的身份轉變。如：

(17) 鳳姐兒說："蓉哥兒，你且站著。你媳婦今日到底是怎麼著？"賈蓉皺皺眉兒說道："不好呢。嬸子回來瞧瞧去就知道了。"(《紅樓夢》第十一回)

"瞧瞧去就知道了"在此例中，一方面是未然的動作行爲，另一方面它的實施也並不需要行爲主體（即王熙鳳）從其他地方回到原地之後才可行，而且上下文的背景信息也顯示王熙鳳在此刻並未有移動到其他處所的意圖。這樣一來，"回來"的位移動詞意義"從別處到原來的地方"在實例中就會落空，這就具備了將其解讀爲時間用法"過一會兒，過一段時間"的可能。

在時間副詞"回來"的形成過程中，除了上面需要動用的語用推理之外，語境吸收也發揮了重要的作用，即在推理機制的作用下，"回來"的將來時間意義最初是在相關句法環境中漸漸浮現出來的，而在語用推理下這種語法意義的反復呈現，便使它具有了逐漸吸收隱含在語境之中的將來時間意義的可能，並最終內化成了它自身的功能。

三、時間副詞"回來"的歷時發展

（一）時間副詞"回來"在清代語料中的使用情況

通過前文的考察，我們認爲時間副詞"回來"應該在清代之前已然萌芽，但是由於它所出現的句法環境並不典型，所以這一用法的實例並不多。進入清代，"回來"的時間副詞用法開始有所提升。下面是對清代一些代表文獻檢索統計的結果（見表1）：

表1 清代文獻中時間副詞"回來"的使用情況

文　獻	地　域	出現頻次
《紅樓夢》（前80回）	北京[1]	32
《兒女英雄傳》	北京	38
《品花寶鑒》	北京	1
《歧路燈》	河南	2
《醒世姻緣傳》	山東	0
《聊齋俚曲集》	山東	1
《儒林外史》	江淮	0
《老殘遊記》	江淮	0
《官場現形記》	江淮	13
《二十年目睹之怪現狀》	江淮	22
《海上花列傳》	吳語	0
《九尾龜》	吳語	7

下面看幾條具體的用例：

（18）寶玉道："放心，放心。咱們回來告訴你姐夫姐姐和璉二嫂子。你今日回家就稟明令尊，我回去再稟明祖母，再無不速成之理。"（《紅樓夢》第七回）

（19）張老道："等我去看看牲口，把草口袋拿出來，先喂上他，回來好走路。"安公子道："我也去，我在這裡閑著作甚麼！"（《兒女英雄傳》第十回）

（20）女人道："回來了。今日早晨出門去，只怕上酒館去。客姓啥？有啥話說，我好學與他。"紹聞抽身而退，說道："白大嫂，你回來向白大哥說，就說是蕭牆街，他就明白。"（《歧路燈》第十三回）

---

[1] 表中文獻的地域特徵參考了劉寶霞、張美蘭（2014）的有關判斷，具體參見劉寶霞、張美蘭《"迎接"義動詞的歷時演變和地域分布》，《語文研究》，2014年第3期，第16—21頁。

(21) 錢典史見他如此，倒也動手不得，嘴裡吆喝："好個撒野東西！回來寫信給你老爺，他薦的好人，連我都不放在眼裡！"（《官場現形記》第二回）

(22) 秋穀便道："你不聽我的說話，回來你有什麼事情，可不必再來找我。"春樹忙陪笑道："你不要著急，我倒不是不答應，倒是怕你要吃……"（《九尾龜》第十二回）

通過對上述語料的調查，我們看到時間副詞"回來"在這一時期的使用具有如下兩個特點：

其一，時間副詞"回來"在這一時期的分佈區域還是較爲廣泛的，在作品語言所反映的北京方言、河南方言、山東方言以及江淮方言、吳方言等區域都有使用。也就是說，"回來"在這一時期還是一個較爲通用的時間副詞。

其二，雖然在不同作品中，由於作者的言語習慣或選擇傾向，時間副詞"回來"的使用也呈現出明顯的差異，但總的來看，時間副詞"回來"在這一時期的使用頻率還是相對比較高的（從下文跟另一個時間副詞"回頭"的用例對比中也可以看出這一點），特別是在反映北京方言以及江淮方言的四部作品中，它們的使用頻次都達到了兩位數。

（二）時間副詞"回來"在共時層面的使用情況

由上文《現代漢語詞典》的釋義可以看出，編撰者們並不認同"回來"在現代漢語共同語中還具有時間副詞的用法。但是在老舍等作家的作品中，又的確檢索到了一些用例。那麼作爲時間副詞的"回來"在現代漢語這一共時層面中究竟是一種怎樣的存在狀態呢？我們看到《漢語方言大詞典》對"回來"作了這樣的解釋：

回來：①〈動〉回家。㊀中原官話。河南原陽。㊁晉語。內蒙呼和浩特。㊂江淮官話。安徽安慶。②〈副〉回頭；一會兒。㊀北京官話。北京：回來我再跟你說｜回來見。（老舍《二馬》）："回來李子榮都得來瞧我！"㊁中原官話。江蘇徐州：回來再來。（《漢語方言大詞典》1999：1970）

對於"回來"在方言中的動詞用法我們暫且擱置不論，我們較爲關注的是它所描寫到的北京官話和中原官話中的副詞用法。那麼這一副詞用法是不是僅存在於漢語方言中，在現代漢語共同語中完全消亡了呢？此外，在方言中它又有怎樣的分佈傾向？這是接下來我們將要解答的問題。

首先我們對國家語委現代漢語平衡語料庫中"回來"的使用做了檢索統計，在2491條用例中，"回來"基本上都是用作位移動詞和趨向動詞，只有下面2條用例具有理解爲表示時間用法的可能，僅占全部用例的0.08%；另外2條因上下文背景不清晰，無法判定是位移動詞用法還是時間副詞用法。

(23) 還是到了後來，有一次，一個比我大很多的叫二堂的孩子打了我，我哭著說："我叫我爸回來揍你……"（王大鵬《長輩》）

(24) 想到這裡，他馬上轉了話題，笑著問王主任："最近省裡要舉行馬拉松比賽，能不能先讓我去試試，來體委的事咱回來再說。"（張立中《臨時工傳奇》）

此外，我們在北京大學 CCL 現代漢語語料庫中，也對一些現當代代表作家的作品進行了檢索，① 發現在個別北方籍作家的作品中還能找到"回來"用作時間副詞的用例，而在南方籍作家的作品中則未找到"回來"用作時間副詞的用例。如：

(25) 楊太太：怪可憐的！芳蜜，回來咱們陪老太太打幾圈？（老舍《殘霧》第四幕）

(26) 傻小子大成拿著塊點心跑來了："胖叔！你又欺侮媽哪？回來告訴爺爺，叫爺爺揍你！"（老舍《新時代的舊悲劇》）

(27) 徐伯賢站起來，指指手錶："好太太，放我走吧！回來再慢慢跟你說。"（陳建功、趙大年《皇城根》）

此外，我們也就"回來"在漢語方言中的分佈做了一個簡單的調查，② 發現除了《漢語方言大詞典》所給出的北京官話以及中原官話（江蘇徐州）中存在"回來"用作時間副詞的用法外，在以下官話區域也都存在時間副詞"回來"的用法：屬於北京官話的遼寧朝陽；屬於中原官話的台前縣、新鄉縣、尉氏縣、新鄭市、孟州市、博愛縣、上蔡縣、西華縣、淮陽縣、鹿邑縣、鄢陵縣、息縣、固始縣，以及江蘇邳州、安徽淮北；屬於冀魯官話的河北唐山；屬於膠遼官話的山東煙臺、山東青島；屬於江淮官話的南京、淮安；屬於西南官話的雲南雲龍、文山等地。

在官話方言區之外的一些區域也有散狀的使用，如屬於贛方言的湖北咸寧嘉魚縣。

由此可以看出，"回來"用作時間副詞在現代漢語方言中的分佈主要集中在官話區域，而且是北方多於南方，這跟我們上述對現當代作家作品的檢索結果是比較接近的。我們進一步的推測是"回來"用作時間副詞在歷史上的核心區域可能就是北京官話和中原官話這一帶，後來向周邊逐漸輻射。而在受到強勢崛起的"回頭"的挑戰時，也是非核心區先放棄了"回來"，而核心區域則因為語言表達的慣性而延續了"回來"的使用。

---

① 檢索作家的範圍是：老舍、王朔、鄧友梅、王小波、史鐵生、陳建功、趙大年、葉廣芩、余華、蘇童、畢飛宇、葉兆言、方方、池莉、林白、殘雪、嚴歌苓、範小青等。

② 承蒙劉永華、趙春利、洪帥、張金圈、金鑫、趙雅青、孫紅舉等師友的幫助，在此一併致以誠摯的謝意！

四、時間副詞"回來"衰落消亡的動因

蔣紹愚（2005）指出："語法的發展不是雜亂無章的，往往有一定的規律；一種語法形式爲什麼是這樣發展而不是那樣發展，往往也有道理可講。在漢語語法史的研究中，除了客觀地描寫出語法演變的趨勢外，還要探究語法爲什麼這樣發展，這是研究工作深入的表現。"吳福祥（2015：3）也指出："近代漢語語法研究，既要研究某一語法現象的來源和產生過程，也要研究其發展演變乃至消亡的過程，還要解釋其中的動因與機制，總結其中的規律。"因此，對於時間副詞"回來"的考察，如果僅止步於以上的歷時與共時描寫的話，那麼這種研究是遠遠不夠的，我們還需要進一步解釋時間副詞"回來"爲何會在後來的發展中逐漸衰落乃至退出了漢語共同語系統？這其中的原因有哪些？通過對語料的考察分析，我們認爲以下兩個因素可能對"回來"的發展產生了較大的影響：

（一）時間副詞"回來"的表義不清晰，過於依賴上下文語境

從組配特徵看，"回來"作爲時間副詞的解讀常常需要借助於語境，或者說對語境的依賴性更強一些，脫離了一定的上下文背景，對於孤立狀態下的"回來VP"而言，聽讀者是很難判斷"回來"的具體屬性及其用法的。如：

（28）便來動手揪扭孫氏，誰知孫氏大娘雖是女流，卻是一身好本事，撒開手一頓拳頭，把四個家人只打得鼻塌嘴歪，東倒西跌，站立不住，一齊跑出，口中駡道："賤人！好打，好打，少不得回來有人尋你算帳就是了！"說罷，一溜煙跑回去了。（《粉妝樓》第二十二回）

（29）李嬷嬷道："我有那樣工夫和他走？不過告訴了他，回來打發個小丫頭子或是老婆子，帶進他來就完了。"（《紅樓夢》第二十六回）

上面兩例中，就"少不得回來有人尋你算帳就是了"和"回來打發個小丫頭子或是老婆子"這兩個小句而言，其中的"回來"到底是用作位移動詞還是時間副詞？在脫離兩個小句各自所在的上下文語境後是說不清楚的。例（28）中，黃家的四個打手在一溜煙逃跑之前說了一句壯膽的話"少不得回來有人尋你算帳"，那麼這裡的"回來有人尋你算帳"是說話人"從別處回到原處"後找孫氏大娘算帳呢，還是說"過一段時間"再找孫氏大娘算帳呢？由文中的描述可知，黃府的打手們離開客店之後，在第二天的早晨又重來到客店尋找孫氏大娘，因此對"回來"的理解就偏向於位移動詞。而例（29）中，李嬷嬷口中所說的"回來打發個小丫頭子或是老婆子"卻並不具有位移的特徵，一是李嬷嬷在該情境中並不需要再次回到她和紅玉對話的場地，二是"打發個小丫頭子或是老婆子"並不需要說話人回到原處才能實施。因此，這裡的"回來"就偏向於時間副詞。

這樣一來，我們就可以看到，語言使用者在選用"回來"時就需要特別的謹慎，而為了使話語信息更為明確、清晰地傳遞給聽話人，在有其他的表達形式可以替代的情況下，選擇其他表義明晰性更高的表達形式，自然要比選用表義相對模糊的"回來"更為可取。

（二）可以表達相同語法意義的副詞"回頭"在系統調整中逐漸佔據上風

從時間副詞系統內部來看，在清代另一個具有相同語義表達功能的副詞"回頭"也出現了。據李宗江（2006）的研究，典型的作為時間副詞的"回頭"在清代已經出現，而且它在近代漢語中既可以用在兩個客觀發生的動作之間，表示一個動作後於另一個動作發生，如例（30）；也可以用在將要發生的動作之前，表示在說話後發生某一動作行為，如例（31）。

（30）狄周媳婦走到跟前說道："俺爹叫留薛大爺吃飯，我裝了一碗雞，回頭少了一半，我說：'再沒人來，就只小玉蘭來走了一遭，沒的就是他？'就只這一句，要第二句話，也敢說個誓。"（《醒世姻緣傳》第四十八回，轉引自李宗江 2006）

（31）吳贊善聽到這裡，便氣得不可開交了，嘴裡一片聲嚷："退還給他，我不等他這二兩銀子買米下鍋！回頭他……叫他不要來見我！"（《官場現形記》第二回）

我們看到，"回來"在歷史上並不具有"回頭"的第一種用法，即"回來"用在兩個客觀發生的動作之間時，不具有時間標記功能，而只能呈現出位移動詞的屬性。如：

（32）卻說玄德引兵東取廣陵，被袁術劫寨，折兵大半。回來正遇呂布之使，呈上書札，玄德大喜。（《三國演義》第十五回）

上例中的"回來"就是玄德從東取廣陵的路上回到原來的處所徐州，所以"回來"在語句中體現出來的仍是表示位移意義的動詞用法。

但是"回來"用在將要發生的動作之前時，其所體現出來的詞彙、語法意義跟"回頭"卻是一樣的。這樣一來，因為兩者在用法上的趨同，從系統的經濟性出發，兩者必然會形成一種競爭關係。而從表義的清晰性來看，"回頭"則要優於"回來"，這表現在雖然"回頭"在演化出時間副詞用法後，其原有的動詞用法並未消失，但是兩者的區分卻是相對清晰的，如：

（33）老船夫把篙子槳片擱在石壙上，解開昨夜系在老柳樹上的渡船，移到正碼頭上，把槳片套上木樁，篙子插在梢頭的漏洞裡，回頭從後艙裡拖出一把竹帚，艙前艙後，打掃得一乾二淨。（楊志粹《外鄉人》）

(34) 徐主任說："你上北京看見有好的皮筒子，給我淘弄一件，回頭給你拿錢。"（張抗抗《隱形伴侶》）

上面兩例中，前一例"回頭"表示動作"向後轉頭"，後一例表示時間"過一段時間"。一般來說，"回頭"後面如果緊跟的是視覺類動詞、言語動詞或運動動詞的話，那麼"回頭"傾向於理解爲表示頭部轉動的動詞，因爲"在概念結構裡，轉頭的動作一般是與視覺的需要和改變身體運動的方向有關，因而'回頭'主要與視覺動詞、言語動詞和運動動詞構成符合時間順序原則的連動結構"（李宗江 2006）。而如果後面緊跟的是其他類型的動詞，則"回頭"傾向於理解爲表示時間意義的副詞。換言之，"回頭"緊鄰的動詞的類型不同，其所表現出來的語法屬性和語法功能也不同。而"回來"則在副詞用法和動詞用法之間沒有形成這樣的組配差異，這樣一來，"回來"究竟表達什麼樣的功能就必須在特定的語境中才能明確，這就會給說寫者/聽讀者帶來一定的麻煩，他們需要額外給予更多的關注才能表達/理解清楚。在系統中有其他的個體可以更爲清晰地表達相同的詞彙、語法意義時，那麼語言使用者自然是沒有必要選擇一個可能會帶來誤解的表達形式的。所以後期"回頭"逐漸取代"回來"也就成爲必然的發展趨勢了。

從歷時的發展來看，表達跟"回來"相同語法意義的副詞"回頭"在清代雖已產生，但是使用頻率還極低，在前文表 1 中所調查到的清代文獻中，"回頭"僅在《兒女英雄傳》和《官場現形記》中各出現 1 例。單從使用頻率上來看，這一時期它還不足以撼動或抑制"回來"的發展態勢。所以，在清代，雖然時間副詞"回來"在表達上具有這樣或那樣的缺陷，但因在系統中還沒有一個能完全取代它的詞語，將其放棄之後就可能會形成一個語義表達的空位，因此它也就沒有呈現出急速衰落的趨勢。而到了晚清、民國初期，"回頭"可能就已經逐漸佔據上了優勢，到了現代漢語中，"回頭"的優勢已是極爲明顯的了，首先在北京籍作家老舍先生的作品中，時間副詞"回來"出現了 6 次，而時間副詞"回頭"則出現了 35 次，也就是說，即使在保留時間副詞"回來"的北方作家作品中，也仍展現出"回頭"佔據上風的發展態勢。而在國家語委現代漢語平衡語料庫中，"回來"用作時間副詞僅有 2 例，而"回頭"用作時間副詞則有 64 例。這說明在現代漢語共同語中，"回頭"已經基本上取代了"回來"，成爲表示"過一段時間、過一會兒"這一概念域的首選詞語。①

---

① 既然如此，爲何中原官話的很多方言點沒有選擇"回頭"，而將"回來"淘汰？我們的看法是在這些方言點中，由於語言使用的慣性，加之口語交際中語境信息的充足，在理解"回來"的具體用法時並不會出現太大的困難。此外，處於社會底層的老百姓也並不熟悉書面寫作用語的變遷，這就使得他們仍能延續口耳相傳的表達方式，同時，"回頭"沒有真正進入到他們的口語中去。這樣，沒有表達相同功能語法詞的競爭，"回來"也就能一直沿用下來。

五、結語

　　本文對時間副詞"回來"的歷時演變情況進行了考察和分析，通過上文的分析可以看到，"回來"在近代漢語中由位移動詞又發展出了時間副詞的用法，這一用法是在"回來 VP"的句法環境中逐漸演變而來的。而發生演變的基本動因是"回來 VP"出現在未然的事態中，這樣"回來"就具有了重新分析的可能。特別是當 VP 的發生或實施不再需要行爲主體回到原來的處所時，"回來"在語句中由於位移意義的弱化，從而實現了從動詞向表示時間指示功能的副詞的轉變。這一用法可能在明代已然萌芽，到了清代開始大量使用。但是"回來"的這一用法並未進一步延續到現代漢語共同語中，當下僅在偏向北方的一些方言點中還有使用，而在偏向南方的大部分方言中則基本沒有保留。造成"回來"在漢語共同語中衰落的動因主要有兩點：內在因素是因爲"回來"的時間副詞用法跟其原有的位移動詞用法在句法組配形式上區別度不高，識解時對語境的依賴度過高，造成其在使用中會對言語交際雙方帶來諸多的不便；外在因素是在清代產生了另一個在句法功能和語義表達上跟"回來"一樣的"回頭"，且"回頭"的時間副詞用法在使用中明晰度更高，自然比"回來"具有更多的優勢。這樣，在相互的競爭中，"回來"不斷受到排擠並逐漸從漢語共同語中消亡。

參考文獻

蔣紹愚. 關於漢語史研究的幾個問題//漢語史學報：第五輯. 上海：上海教育出版社，2005.

李宗江，王慧蘭. 漢語新虛詞. 上海：上海教育出版社，2011.

李宗江. "回頭"的詞彙化與主觀化. 語言科學，2006（4）.

林書武. 隱喻研究的基本現狀、焦點及趨勢. 外國語，2002（1）.

羅竹風主編. 漢語大詞典（卷三）. 上海：上海辭書出版社，1989.

史佩信. 漢語時間表達中的"前後式"與"來去式". 語言教學與研究，2004（2）.

吳福祥. 近代漢語語法. 北京：中國社會科學出版社，2015.

許寶華，宮田一郎主編. 漢語方言大詞典. 北京：中華書局，1999.

張誼生. 論與漢語副詞相關的虛化機制——兼論現代漢語副詞的性質、分類與範圍. 中國語文，2000（1）.

中國社會科學院語言研究所詞典編輯室. 現代漢語詞典（第 7 版）. 北京：商務印書館，2016.

The Formation and Diachronic Development of the Adverb "Huilai (回來)" in Modern Chinese

Zhang Yanjun

Abstract: In modern Chinese, "huilai (回來)" is not only a verb of displacement and trend, but also an adverb of time, which is developed from the verb of displacement "huilai (回來)" in the syntax of "huilai (回來) VP". It sprouted in Ming Dynasty and reached its peak in Qing Dynasty. However, in the later development, the adverbial use gradually declined and even disappeared from common Chinese. On the one hand, the use of adverb depends too much on the context, and its meaning is not clear; on the other hand, in the Qing Dynasty, there was another adverb "huitou (回頭)", which expressed the same grammatical meaning. In the competition of the two words, "huitou (回頭)" gradually took the upper hand, while the "huilai (回來)" declined and died out.

Keywords: adverb; huilai (回來); formation mechanism; diachronic development

（張言軍，信陽師範學院文學院）

《李玉戲曲集》特殊語法現象考察

崔山佳

提　要： 李玉是清代的戲曲大家，是著名的"蘇州派"最突出的代表。《李玉戲曲集》不僅在文學上有其重要的價值，在語法上也有不少語法現象比較特殊，很有價值，如："VP一VP"動詞重疊、動詞重疊＋看、量詞"幾CC"重疊、V＋快、A得緊、指示嘆詞"哪"、嘆詞"嘚""啲"、連介詞"爲因"、介詞"並列刪除"現象、介詞"被""把"同現句。

關鍵詞： 李玉；《李玉戲曲集》；特殊語法現象；普通話；方言；考察

一、引言

　　李玉是清代的戲曲大家，是著名的"蘇州派"最突出的代表。《李玉戲曲集》不僅在文學上有其重要的價值，在語法上也有不少語法現象比較特殊，很有價值。有的與普通話有關，如介詞"並列刪除"現象，介詞"被""把"共現現象等，普通話中也有，又如"還是……是"選擇問句等，普通話已經消失。有的還與歐化語法有關，如"VO＋O"格式、人稱代詞帶修飾語、連詞"和"連接謂詞性成分、"被"字句主語生命度等。更多的與方言有關，主要是吳語。本文主要就與普通話有關、與方言有關的語法現象作一番考察。與歐化語法有關的問題，將另撰文考察。

二、"VP一VP"動詞重疊

（一）關於漢語方言動詞雙音節重疊形式"VP一VP"

　　關於雙音節動詞的重疊形式"VP一VP"，有學者認爲在近代漢語時期使用時

---

* 基金項目：國家社會科學基金項目"明清白話文獻與吳語語法專題比較研究"（18BYY047）。

間不長就消失了，如趙克誠（1987：28）、劉堅（1992：92）、邢福義等（2004：30）等。其實，"VP一VP"有頑強的生命力，現代漢語早期仍有不少用例，單是從吳語區作家的作品看，郁達夫、柔石、巴人等作品中就有"VP一VP"式重疊（參見崔山佳，2018），又如錢乃榮（2003：284）說："雙音節詞在30年代也能用'V一V'，如：'現在有交關人家用奶孃孃前頭，先到醫生搭去檢查一檢查。'（布251頁）現今不能用。"其實，漢語方言如浙江紹興（王福堂，2003）、江蘇蘇州（劉丹青，2012a）就有"VP一VP"。而且屬晉語的山西五台（崔麗珍，2010）現在也仍然運用，據本校楊建忠教授說，其家鄉山西靜樂方言（也屬晉語）也有。邢向東（2004：8）在說到其家鄉陝西神木方言（也屬晉語）動詞重疊式"動＋給下兒/給陣兒"加"價"時說："延川：走一走價　看一看價　複習一複習價。""複習一複習"就是"VP一VP"。

其他方言區作者也有一些例子，但遠遠不如吳語作家多。如梁啟超《評胡適之〈中國哲學史大綱〉》的"發表一發表"，梁啟超《科學精神與東西文化》的"檢查一檢查"，丁玲《水》的"打算一打算好"，馮文炳（廢名）《竹林的故事》的"梳理一梳理"，馮文炳《茶鋪》的"回首一回首"等。

書面語的例子最遲到20世紀40年代的作品還有，例如：

（1）要是把這兩者的大小輕重<u>較量一較量</u>，那寶玉實在是個大大的成功者。（張天翼《賈寶玉的出家》）

（二）李玉戲曲中的重疊形式"VP一VP"

李玉的戲曲中也有"VP一VP"，例如：

（2）（末）請湯官人仔細<u>簡點一簡點</u>，也脫了我送來的干係。（《一捧雪》第8齣）

（3）（淨）望大叔納了這銀子，寬我一限，容小人在家，將身上衣服<u>漿洗一漿洗</u>，我有一個親戚在關上，去求告他，再將些銀子來完納。（《人獸關》第3齣）——另第11齣有"探望一探望"。

（4）（對末介）沈明，目下事體大率不妥，你們也把家中<u>打點一打點</u>，看了大勢，以作行止。（《占花魁》第2齣）——另第25齣有"檢點一檢點"。

（5）（外）今日公堂之上，你可<u>廝認一廝認</u>。（《永團圓》第14齣）

（6）（付）皇爺如今先與黃左相入宮<u>收拾一收拾</u>，待臣去整備船隻，在江口候聖駕同行便了。（《牛頭山》第7齣）

（7）（小生）請大人到裏面去，將太平錢<u>檢點一檢點</u>。（《太平錢》第23齣）

（8）有兩卷文字在此，要你<u>批閱一批閱</u>。（《眉山秀》第3齣）

(9) 今日就要起身了，且把諸般事體<u>停當一停當</u>。(《意中人》第 16 齣)

　　李玉（公元 1612—1681）的戲曲比較差不多時間的李漁（公元 1611—1680）的戲曲，一是"VP一VP"的數量不如李漁多，二是沒有變式，如"VP一OVP""VPOVP"。但蘇州方言現在還存在"VP一VP"，則是一脈相承的。

三、動詞重疊＋看

(一) 關於漢語方言動詞重疊＋看

　　近代漢語動詞重疊後帶嘗試助詞，最常見的是"看"，應該是典型用法。其次是"瞧"，散見於《紅樓夢》及以後的一些作品中。最少見的是"相"，都見於傳教士文獻。如美國旅甬傳教士睦禮遜（William T. Morrison）編著的《寧波方言字語彙解》提到寧波方言中有"VV 相"，如第 280 頁的"看看相"，第 384 頁的"忖忖相""掗掗相"。清末台州土白聖經中也有"VV 相"，例如：

　　　　(1) 爾許有幾個饅頭在以三達兒好去<u>望望相</u>。(馬可 6：38)(阮詠梅，2019：186)

以上可證明清末傳教士文獻的重要價值。

(二) 李玉戲曲中的動詞重疊＋看

1. VV＋看

　　　　(2)（淨）小老爺<u>戴戴看</u>。(《清忠譜》第 7 齣)——另第 17 齣有"想想看"。

　　　　(3) 我看渠瓦缸裏有白酒瓦，我說："老親娘，個白酒不兩碗拉我<u>嘗嘗看</u>?"(《萬里圓》第 25 齣)

2. V一V＋看

　　　　(4)（淨）先生，你仔細<u>相一相看</u>。(《風雲會》第 21 齣)

　　　　(5)（行到門外望）待我<u>望一望看</u>。(《太平錢》第 10 齣)——另第 12 齣有"望一望看"。

　　　　(6)（付）正是。你<u>猜一猜看</u>。(《五高風》第 11 齣)

　　　　(7) 待我<u>想一想看</u>。(《萬里圓》第 7 齣)——另第 13 齣有"聞一聞看"。

　　近代漢語中的動詞重疊帶嘗試助詞，應該是"VV＋看"比"VV一看"式多。但李玉的戲曲則反之。這可能與作家的語言風格有關。

(三) 吳語与普通话動詞重疊＋看的区别

　　普通話中也有"VV＋看"，但吳語與普通話有區別。袁毓林等（2005：12—

13）说："趙元任（1968）說得更爲明確：動作動詞讀輕聲（neutral tone）重疊時，可以看作動詞的一種體貌（即嘗試式，tentative aspect），就跟進行式、完成式一樣。比如，"看著"是進行式，"看了"是完成式，"看看"就是嘗試式。也就是說，在官話中，動詞重疊式可以獨立地表示嘗試意義。"袁毓林、王健（2005：13）小结说："可见，动词重叠式在能否独立表示尝试意义方面，吴语和官话有着重大的区别。"這說明，吳語要後面加助詞才能表示嘗試。

四、量詞"幾CC"重疊
（一）近代漢語與現代漢語中的量詞"幾CC"重疊
1. 近代漢語中的量詞"幾CC"重疊

（1）記得舊江臯，綠楊輕絮<u>幾條條</u>。（宋·張先《南鄉子（中呂宮）》）

（2）又是重陽近也，<u>幾處處</u>，砧杵聲催。（宋·秦觀《淮海詞》）

（3）<u>幾處處</u>莓苔鋪繡、碎紅堆纈。（明·劉基《太師誠意伯劉公文集》滿江紅詞）

（4）小行者道："不瞞賢弟說：若論我這個頭兒，就是泰山也還頂得一兩座起。不知有甚緣故，那些些竹管<u>幾根根</u>羊毛到了頭上，就壓得骨軟筋酥，莫想支撐得起，連我也不明白。"（明·天花才子《後西遊記》第 24 回）——另第 29 回有"幾曲曲，幾彎彎"。

（5）但見：城門燒毀，垛口堆平。一堆堆白骨露屍骸，<u>幾處處</u>朱門成灰燼。（清·丁耀亢《續金瓶梅》第 2 回）

又如"幾輩輩"（清·厲鶚《南宋襍事詩》）、"幾句句"（民國·朱瘦菊《歇浦潮》第 31 回）、"幾點點"（邵長平《邵氏詩詞庫》卷 277）、"幾根根"（《靖江寶卷》第 4 部分）。

2. 現代漢語中的量詞"幾CC"重疊

現代漢語普通話也偶爾有"幾CC"的說法。賀之敬的《回延安》有如下句子：

（6）<u>幾回回</u>夢裏回延安，雙手摟定寶塔山。

北京大學現代漢語語料庫中也有幾例"幾CC"，如："幾星星"（馬烽、西戎《呂梁英雄傳》第 64 回）、"幾回回"（梁曉聲《弧上的舞者：冉之父》）、"幾回回"（阿葦《信鴿》）、"幾回回"（changeyiqu的博客《"孤島"拾趣》）、"幾次次"（韓寒《再見四川》）、"幾輩輩"（張嚴平、屈勝文《山溝溝裏的共產黨人——追記陝西銅川惠家溝村黨支部書記郭秀明》）。

現代漢語方言"幾CC"更多，分佈範圍也較廣，使用頻率是昆明方言最高。

具體可參看崔山佳（2021）。

（二）李玉戲曲中的量詞"幾CC"重疊

(7) 若不是株連詞訟<u>幾椿椿</u>，多遭負子母怎賠償。（《占花魁》第 9 齣）

雖然近代漢語中的 5 例"幾CC"比李玉的戲曲還要早，但李玉的《占花魁》是唯一的戲曲的例子，還是珍貴的。

五、V＋快

關於"V快"的"快"有不同的看法。如馮力（2007：249）認爲"V快"的"快""是從處於中心謂語位置的第二個謂詞虛化而來的體助詞"。我們認爲這不符合語言事實。其實，至少自明代開始，吳語就有不少"V快"用例。游汝傑（1988）認爲，"V快"中的"快"是受古越語底層狀語後置的語序影響而被後置的副詞。而馮力（2007）不同意游汝傑（1988）的看法，認爲這個"快"是從處於中心謂語位置的第二個謂詞虛化而來的體助詞。崔山佳（2018，2020a）都對此進行過商榷，認爲游汝傑（1988）是對的，而馮力（2007）不符合漢語事實，可參看。

李玉戲曲中也有例子，如：

(1)（淨）瞻老，你催這些貨起來，咱要<u>起身快了</u>。（《占花魁》第 11 齣）

(2) 都禦史楊爺，打了一百鐵扛子，<u>死快了</u>，讓俺收監去！（《清忠譜》第 15 折）——另第 4 折有"到快"，第 25 折有"到門快了"。

(3)（淨）這是都禦史楊大洪老爺，打了一百鐵扛子，<u>死快了</u>，馱去收監的。（《清忠譜》（吳梅鈔本）第 19 齣）——另同齣有"死快了"。

石定栩（2010）也認爲"V快"中"快"的功能非常接近北京話的"了$_2$"，或者是粵語的"住"，表示一種類似於體貌標記的意義，但卻並非附著在動詞上，也不是附著在嚴格意義的小句上。"快"應該是主句的附屬成分，也就是通常所說的句末助詞。

我們以爲，"V快"中的"快"是副詞，還是有實在意義的，因爲它可以移位到中心語前面。而且，上面例子中有的"V快"後面還有真正的句末助詞"了"，更證明"也就是通常所說的句末助詞"的說法是不符合漢語事實的。

六、A得緊

（一）李玉戲曲中的"A得緊""V得緊"

1. A得緊

(1) 俺<u>餓得緊</u>了，快縛起來！（《一捧雪》第 5 齣）——另第 6 齣有"妙得緊"，第 11 齣有"倦得緊""奇怪得緊"，第 23 齣有"遙遠得緊"，第 29 齣有"奇得緊"。

(2) 你看雪越下得大了，<u>冷又冷得緊</u>，身子又麻木了。(《人獸關》第 10 齣)——另第 16 齣有"乾淨得緊"，第 19 齣有"好笑得緊"，第 22 齣有"奇得緊"，第 24 齣有"齊整得緊"。

(3)（外背介）我道他像施大嫂的模樣，恰好也是姓施，這也<u>奇得緊</u>。(《人獸關》第 22 齣)——另第 24 齣有"齊整得緊"。

(4) 我兒，你不要慌，事體還<u>大得緊</u>哩。(《占花魁》第 2 齣)——另第 19 齣有"短得緊"，第 23 齣有"疼得緊"。

(5) <u>好笑得緊</u>！(《永團圓》第 11 齣)——另第 25 齣有"好笑得緊"。

(6)（蘇白）好馬！好馬！雖然落膘，韁口<u>硬得緊</u>。(《麒麟閣》第一本第 7 齣)——另第一本第 15 齣有"長得緊"，第一本第 17 齣有"空閒得緊"，第一本第 19 齣有"好得緊"，第一本第 22 齣有"熱鬧得緊"，第一本第 26 齣有"冷落得緊"，第二本第 3 齣有"快活得緊"。

(7) 俺們許多兵馬到了，供應又少，船隻又少，你又不來領路到黃家溪去，兩位老爺<u>惱得緊</u>，著咱們來鎖你這狗官去，砍你這驢頭下來。(《千忠祿》第 10 齣)——另第 23 齣有"冷得緊"。

(8)（丑）<u>好笑得緊</u>，他是個欽犯，怎麼與他聯姻結黨？(《清忠譜》第 5 折)——另第 6 折有"好得緊，好得緊""多得緊"，第 9 折有"可笑得緊"，第 22 折有"多得緊""大得緊"。

(9)（生）領教！(吟介)"落花飛絮滿階苔，似我愁縈掃不開。"<u>妙得緊</u>，自然之極！"仰看泥巢雙燕語，似曾相識故飛來。"(《意中人》第 8 齣)

(10)（丑）只是<u>冷淡得緊</u>，怎生過得日子？(《萬里圓》第 7 齣)——另第 13 齣有"重得緊"。

2. 程度副詞＋A 得緊

或可寫作"前置狀語與補語同現"。例如：

(11)（淨）你念頭<u>好緩得緊</u>！(《人獸關》第 7 齣)

(12) 就是退了婚，什麼大事，就去投江，<u>忒癡得緊</u>！(《永團圓》第 13 齣)

(13) <u>一發可笑得緊</u>！(《永團圓》第 26 齣)

(14)（末）便是。況且聲音恍似大師，<u>一發奇得緊</u>。(《千忠祿》第 12 齣)

(15)（副淨、丑）老先生不知那裏去了這幾日，教我兩人<u>好生惶惑得緊</u>。(《兩鬚眉》第 28 折)

"好生",《現代漢語詞典》(第 7 版,下同) 收,義項有二,其一是:"多麼;很;極。"

(16)(淨) 哦!不是嚇,小弟來得日子長了,盤纏多用盡;敝司主<u>太狠得緊</u>,一連七八個違限,拿得小弟沒主意了。今日會見了老親翁,及妙的了;蘇州大方的朋友,怎的分付?小弟一一從命!(《萬里圓》第 22 齣)

(17)(小生) 呀,<u>一發古怪得緊</u>!(唱) 形容別語言非。(《萬里圓》第 23 齣)

上面幾例,一是"好……得緊",二是"忒……得緊",三是"一發……得緊",四是"好生……得緊",五是"太……得緊"。前後分別是程度副詞,加重副詞所表達的程度。

還有如下的例子:

(18)(生笑介) <u>一發官體俱熟得緊</u>。妙,妙!(《一捧雪》第 9 齣)

上例與前面例子的區別是,前面的程度副詞不是放在中心語"熟"前面,而是放在句首,這是比較特殊的。

據我們考察,明清白話文獻中有不少"A 得緊"。

3. V 得緊

(19)(旦) 我夜來<u>醉得緊</u>了。(《占花魁》第 20 齣)——另第 23 齣有"即景得緊"。

(20)(生) 咳,可惜這殿宇<u>破壞得緊</u>了。(《千忠祿》第 12 齣)

白維國 (2010) "緊"義項有八,其八是:"用在動詞或形容詞加助詞'得'(的) 後面充當補語。"又分 3 小點。a) 表示急迫、迅速。例如:

(21) 只是那書辦<u>催的緊</u>。(《醒世姻緣傳》第 98 回)

(22) 你魘醒轉來就害頭疼,怎便這等<u>有顯應得緊</u>?(《醒世姻緣傳》第 3 回)

b) 表示程度深;很。例如:

(23) 大奶奶卻是<u>利害得緊</u>。(《水滸傳》第 103 回)

(24) 只要有一個,也就<u>勾得緊</u>了,怎敢做那貪得無厭之事?(《肉蒲團》第 6 回)

(25) 聽起安老爺這幾句話,說得來也平淡無奇,<u>瑣碎得緊</u>。(《兒女英雄傳》第 19 回)

c) 表示嚴密、牢固。例如:

(26) 昨夜賊兵過河來劫營，吃軍師**防備得緊**，只傷了些伏路兵。(《蕩寇志》第 94 回)

李玉戲曲中的"A 得緊""V 得緊"都"表示程度深；很"。

(二) 現代吳語中的"A 得緊"

"緊"作補語在普通話中已消亡。但據曹志耘等（2016：598），"A 得緊"在浙江金華方言中僅見于浦江話，如"香得緊、暖得緊、大得緊"等。又據曹志耘（2008：22），除浦江外，還有義烏、分水舊、淳安、遂昌，又據王洪鐘（2019），浙江衢州方言也有"A 得緊"。顯然，浦江、義烏、衢州、分水舊、淳安、遂昌方言的"A 得緊"與近代漢語、李玉的戲曲中的"A 得緊"是一脈相承的。當然，又有變化，如浦江等方言的"程度副詞＋A 得緊"已經消失。

七、指示嘆詞"哪"

(一) 李玉戲曲中的指示嘆詞"哪"

(1)（生白）天下大勢已去，京城已破；**哪、哪、哪**，宮殿已焚；嚇，中宮已死，我還要想做什麼事來嚇！《千忠祿》第 7 齣）

(2)（付）妙嚇！吳師兄改扮大師，**哪**，我就扮做程師兄，雙雙自盡便了。(《千忠祿》第 13 齣)

(3)（徐唱）**哪**！只有這一軸、丹青像，能模樣。真個是威凜凜，貌堂堂。(《麒麟閣》第二本第 24 齣)

(4)（生白）既是五伯諸侯，如何損了一目？（外）**哪**！（唱）註定你不帶破多殘病，命中有愁甚眼睛？兀那明朗朗的群星雖盛，不如孤月偏明。(《風雲會》第 10 齣)

(5)（作撞，白）**哪**！一顆送與列位，一顆帶去送與韋老爺，以作我野人之獻。(《太平錢》第 4 齣)——另第 10 齣、第 13 齣、第 17 齣各有 1 例"哪"。

(6)（淨指）**哪、哪、哪**！過了這仙遊湖百里水面，那隱隱望見的，就是王屋山了。(《太平錢》第 17 齣)——另同齣也有 1 例"哪、哪、哪"。

(7)（淨）**哪**，打從浙江、福建、廣東、廣西轉行出貴州，今日才到雲南。嚇，不知幾時才得到家哩？(《萬里圓》第 10 齣)——另同齣、第 13 齣、第 21 齣各有 1 例"哪"，第 21 齣還有 1 例"那"。

(8)（生）**哪、哪、哪**，須問過來人。(《萬里圓》第 11 齣)——另同齣也有 1 例"哪、哪、哪"。

（二）辭書中的指示嘆詞"哪""喏"

石汝傑等（2005：444）收"哪"，義項有四，其一是："＜嘆＞表示讓人注意自己所指示的人或事。"例如：

（9）阿虎……回頭指著阿巧道："哪，是俚個家主公呀。"（《海上花列傳》第64回）

（10）一根一根介拔，拔到幾時？哪！有剪刀拉裏。（《綴白裘》10集4卷）

（11）吃藥嘿有個吃法個，哪，伸長子個頭頸，張開子嘴，大大能介撮一把放拉舌頭浪，唾津咽下去。（《綴白裘》12集4卷）

其二是："＜嘆＞表示讓人注意自己列舉的情況。"例如：

（12）我裏賊介哉，哪，飯沒吃子孫家裏個，困沒困子王家裏罷。（《綴白裘》3集1卷）

（13）（付）走得來，吓是囉裏個幾分，說來我聽聽？（丑）哪，方頭野貓、鐵尾巴雌狗、火夾浪老蟲、過街黃鼠狼。（《綴白裘》1集2卷）

石汝傑等（2005：462）收"喏"，義項有二，其一是："＜嘆＞提醒對方注意，常用於指示方向、傳遞東西或說明理由。可連用。"例如：

（14）大爺，喏喏，前頭就是法華庵哉。（生）果然妙嚇。（《白雪遺音》4卷）

（15）喏喏喏，犯人迎出來哉。（《十五貫彈詞》第9回）

（16）全仗大叔幫襯幫襯。停歇香金、福雞、三果才搭吓八刀。[末]什麼八刀？[淨]喏！少頃事畢搭吓分。（《綴白裘》10集3卷）

（17）王先生，喏，故位是我裏二朝奉。（《描金鳳》第9回）

（18）喏，帳簿在此，客人自己去看。（清·吳璿《飛龍全傳》第13回）

又作"諾"。例如：

（19）諾，姜薑買肉剩個十三個塔比特黃邊拉裏，先拿子去。（《綴白裘》12集2卷）

其實，不但"喏"可連用，"哪"也可連用。例如：

（20）（末、小生、外、旦）哪哪哪，僵屍又出來了，大家走嘅！（又同下）（明·無名氏《缽中蓮》第8齣）

石汝傑（2009：242）對"哪"有注釋："哪：嘆詞，用於指示事物，以引起對方的注意。可幾個連用。"

鍾兆華（2015：443）收"哪"，音爲"nuō"，是嘆詞："表示讓對方注意自己的示意。同'喏'。"例如：

（21）哪，哪，我的手還捆在這裏，怎的個走法？（清·文康《兒女英雄傳》第6回）

上例說明，明清時期並非只有吳語有指示嘆詞，其他方言也有，《兒女英雄傳》一般認爲屬於北京方言。

"哪"音爲"nuō"，其義同"喏"（"nuò"）。但就寧波方言來看，"哪"有幾個音，音爲"nà"，往往表示給予。音爲"nǎ"，往往表示指示、提醒。

鍾兆華（2015：443）收"喏"，音爲"nuò"是嘆詞："表示讓對方注意自己的示意。"例子爲《飛龍全傳》第13回。

白維國（2010：1122）收"喏"："嘆詞。表示讓人注意自己所指的事物。"例如：

（22）我說得幾句，他就一掌，險些兒跌個沒命。喏，臉上兀是這般青腫。（清·吳璿《飛龍全傳》第40回）

就是《現代漢語詞典》也收"喏[1]"，認爲是方言，是嘆詞："＜方＞表示讓人注意自己所指示的事物：～，這不就是你的那把雨傘？｜～，～，要這樣挖才挖得快。"其實，這裏的"喏"就是本文所說的指示嘆詞。只是未注明是哪個方言。

（三）現有研究中的指示嘆詞

明確提出"指示嘆詞"的是陸鏡光（1996），但早在此前，已有方言學者指出漢語方言有"指示嘆詞"用法。具體見黃伯榮主編（1996：651）。但影響更大的是陸鏡光（2005）。

陸鏡光（2005：93）把指示嘆詞的定義歸納如下：（1）可以單說。（2）現場用法必須有手勢或眼神的伴隨。（3）獨立於其他詞類（而不是其他詞類的活用或轉類）。（4）有指示的功能。

現在寧波方言中，"哪"還有"給予"的功能。

陸鏡光（2005：94）在"餘論"中提出了4個問題的思考，其三是："Dixon（2003）用語言類型學的方法來研究指示詞。文章指出，世界上各種語言當中，能表達指示意義的詞一般只有三種，一種是名詞性的（如'這'），一種是副詞性的（如英語的there），還有一種是動詞性的。本文提出的指示嘆詞，既不是名詞性的，也不是副詞或動詞性的，反而是嘆詞性的。這很可能是人類語言裏的第四種指示詞；"以上充分說明指示嘆詞的重要性。

據石汝傑等（2005），明清吳語文獻的指示嘆詞有"哪"與"喏"2個，但李玉的戲曲只有"哪"。

八、嘆詞"嗲""哟"

(一)"嗲"

《漢語大詞典》收"嗲（dāi）"："嘆詞。招呼以引起對方注意。多用於戲曲中。"例如：

(1) 嗲，你每是那裏來的？（清·李玉《牛頭山》第3齣）

(2) 嗲，關羽明日可戰？（徽劇《水淹七軍》）

我們在《牛頭山》第16齣中也找到1例，如：

(3) （小生內喊介）嗲，強盜，你來得好嚇！

李玉的其他戲曲也有，例如：

(4) （外、生）嗲，相爺分付快些趲行！（《萬里圓》第3齣）——另第16齣、第22齣、第26齣各有1例"嗲"。

《漢語大字典》（第二版）收"嗲（dāi）"："嘆詞。表示招呼，引起對方注意。"例句只有例（2）。這顯然有問題，例（1）比例（2）要早。

許少峰（2008）也收"嗲（dé）"："嘆詞。用於打招呼，但語氣不友好。"例句只例（1）。

(二)"哟"

還有"哟"，也是嘆詞。但《漢語大詞典》《漢語大字典》（第二版）都未收"哟"，許少峰（2008）也未收。《中華字典》收"哟"，音爲"dī"，是方言，義項有二，其一是："表數量，若干。"如："畀哟錢佢（給他些錢）。"義項二是："少許；一點。（大致有個確定數量）"如"落哟胡椒粉（灑點胡椒麵）""炆豬肉要落哟糖（燜肉得擱點糖）"。並有"見《簡明香港方言詞典》"的說法。但與本文所說的"哟"不同，即"哟"也有作嘆詞用法，也是用於戲曲中。例如：

(5) 哟！我乃韋馱尊者，和尚不守清規，夢中囉唣，觀音菩薩命我護法尊神，打你三百杵，一下不饒。（明·沈自晉《翠屏山》第7齣）——另第9齣也有1例"哟"。

沈自晉（1583—1665）是江蘇吳江人，生卒年及生平事蹟未詳。

李玉的戲曲用得更多。例如：

(6) （羅）哟，老婆子！你有甚冤枉，一路喊叫前來？細細說明，與你解憂出力。(第一本《麒麟閣》第 26 齣)——另第一本第 27 齣也有 1 例 "哬"。

(7) (二名把門卒上) 哬！你這道人那裏走？怎麼直闖到裏頭來？《麒麟閣》第二本第 24 齣)

(8) (小生) 哬，你怎好奪我的？《風雲會》第 22 齣)

(9) (小生趕上) 哬！好強盜吃俺一槌。《牛頭山》第 16 齣)——另同齣還有 1 例。

同是《牛頭山》第 16 齣，上例用 "哬"，例 (3) 用 "嗄"，再說例 (3) 是對 "強盜" 而言，上例也是針對 "強盜" 而言，語言環境一樣，一用 "嗄"，一用 "哬"，可見，"嗄" 與 "哬" 是同一個字，只是聲旁不同，但其音義應該是相同的，可以說是異體字。

(10) (二旦) 哬，瞎婆子，老爺問你，爲著何事，在此叫枉？《太平錢》第 8 齣)

(11) (眾) 哬，你這兩個女子好大膽！什麼所在，這般亂嚷，還不走！《五高風》第 19 齣)——另同齣還有 4 個 "哬"，第 23 齣、第 24 齣各有 1 例 "哬"。

(12) (向內介) 哬！你們好生伺候，老爺就出來了嗄！《意中人》第 30 齣)

李玉的戲曲既有嘆詞 "嗄"，又有嘆詞 "哬"，以後者爲多。

九、"爲因"

(一) 李玉戲曲中的 "爲因"

1. 介詞 "爲因"

(1) 自家沈仰橋，爲因轄虜之變，汴京殘破，士女逃亡，我只得和妻子領了小姐隨從南奔。《占花魁》第 5 齣)

2. 連詞 "爲因"

(2) 爲因我夫將長女蘭芳悔卻前姻，我女立志不移，故此特來寬慰一番。《永團圓》第 10 齣)

(3) 爲因緝獲剪徑，捕捉盜賊，這皂角林乃是強寇匪類出沒之所，爲此開了個旅店，招接客商過宿，觀他動靜，倘遇歹人，即可就中取事。《麒麟閣》第 10 齣)——另第 13 齣也有 1 例 "爲因"。

(4) (福介) 老身爲因閒事纏身，不曾來拜望，多多有罪！《太平錢》第 11 齣)

（5）（付白）爲因你每要做忠臣，故此聖上特來奉請。（《千忠祿》第11齣）——另第14齣有2例"爲因"，第17齣有1例"爲因"。

（6）爲因要假妝秦學士，我把前日在文家所取這本詩稿教了幾日，念熟了一首詞兒。（《眉山秀》第12齣）

（7）爲因拿得叛將周敵，不肯服罪。（《五高風》第27齣）——另同齣也有1例"爲因"。

（二）學界對"爲因"的研究

瑞典漢學家高本漢曾對明清五部小說作過統計，結論是"爲因""甚""兀"等明代白話小說中使用的詞語在《紅樓夢》中已經消失，而將近30種現代漢語中常用的詞語和格式在《紅樓夢》中都已出現（見B. Karlgren, *New Excurions on Chinese Grammar*, BMFEA 24, 1952）（蔣紹愚，2017：6）後來，蔣紹愚（2017：364）說："（3）有些AB或BA中一種形式的消失，是在現代漢語之前。如'爲因'這種形式，在《西遊記》中就已經消失。"

我們對明清白話文獻進行過考察，發現《西遊記》以後的明清白話文獻中"爲因"有不少例子。一些詞典也收"爲因"，如白維國（2010：1617），例如：

（8）城外村中有個財主，爲因無子，他大娘欲爲取妾。（《五色石》第2回）

（9）主管道："在城人家。爲因里役，一時間無處尋屋，央此間鄰居范老來說，暫住兩三日便去。……"（明·馮夢龍《喻世明言》卷3）

上例的"爲因"後面的"里役"是名詞，"爲因"是介詞，應該另外設義項。鍾兆華（2015：644）收"爲因"，例如：

（10）爲因不忍一時之忿，以致失地喪將。（清·俞萬春《蕩寇志》第128回）

顯然例子要遲得多。

但到目前爲止，未見到有詞典爲"爲因"設立介詞這一義項。

（三）漢語方言中的"爲因"

現代漢語方言也有連詞"爲因"。許寶華、宮田一郎（1999）收"爲因"："<連>因爲。"方言點有二，一是西南官話。雲南玉溪。二是粵語。廣東廣州。但都未舉例。李榮主編（2002）也收"爲因"："連詞。因爲。"方言點是廣州。也未舉例。

據筆者的學生黃夢娜說，其家鄉浙江余姚也有連詞"爲因"。例如：

（11）小王讀書沒去，爲因生毛病浪 小王沒去上學，因爲生病了。

（12）爲因走路看手機河裏翻翻落 因爲走路看手機掉河裏了。

黃夢娜說，"爲因"現在少用，她基本不用，只是聽別人有運用的。

現代漢語中，"因爲"既可作連詞，也可作介詞。余姚方言的"爲因"也是如此，例如：

(13) 爲因噶小眼事體尋相罵勿值當 _{爲了這麼點小事吵架不值得的。}

由上可見，"爲因"在通語中消失了，但在一些方言中仍然存在，如西南官話的雲南玉溪話、粵語的廣東廣州話，還有吳語的余姚話。

十、介詞"並列刪除"現象

呂叔湘（1984）舉有一個特殊的例子——"能一氣管兩個不連在一起的賓語"的介詞"把"字用法，例如：

(1) 媽媽可驚了神，把地擦了又擦，桌子抹了又抹。

呂叔湘（1984）認爲這個"把"字在很多地方超出了一般介詞的用法。上句一般情況下應該是這樣表述的：

(2) 媽媽可驚了神，把地擦了又擦，把桌子抹了又抹。

例（1）把後一個介詞"把"承前省略了，的確是超出了一般介詞的通常用法。董秀芳（2009：26）把這種用法稱作介詞"並列刪除"現象。崔山佳（2008，2010，2015）都有論述，古代漢語、近代漢語、現代漢語共計有 26 個介詞有"並列刪除"現象。

(一)"把"字並列刪除

(3) 也罷，把他拔下簪珥，剝下衣服，脫下鞋子，撇在十錦塘上，奈何這小賤人一番。（《占花魁》第 23 齣）

(4)（付淨）快把金銀貢，獻寶珍，我刀下命難存。（《永團圓》第 18 齣）——另第 8 齣有"把言詞辨，情意陳"，第 28 齣有"把彩袍掛體、玉佩垂腰"。

我們懷疑"獻寶珍"可能是"寶珍獻"，這才能與前句的"金銀貢"對應，都是"名詞＋動詞"。

(5) 只索把金錢蔔，燈光盼；何日裏重執手，喜盈盈？（《麒麟閣》第 9 齣）

(6) 車夫們，把車緊趕，腳步挪高。（《風雲會》第 20 齣）

(7) 公子就把紫金冠按一按，獅蠻帶緊一緊，手執金錘，直望金營殺去。（《清忠譜》第 2 齣）——另第 3 齣有"把紫金冠按了這麼一按，絲鸞帶緊了這麼一緊"。

(二) "將"字並列刪除

（8）他<u>將金釧一對</u>，<u>送與安人</u>；<u>白銀十兩</u>，<u>送與官人</u>，爲讀書之費。（《人獸關》第 21 齣）

（9）我被許多狼僕搶至舟中，那萬俟公子百般凌虐，已後<u>將我拔去簪珥</u>，<u>剝去衣服</u>、<u>鞋子</u>，<u>撇在十錦塘上</u>。（《占花魁》第 23 齣）

(三) "與"字並列刪除

（10）幾度粗疏豪放，<u>與劉伶伯仲</u>，<u>阮籍頡頏</u>。（《占花魁》第 23 齣）

關於介詞並列刪除現象，除呂叔湘（1984）最早指出外，其他學者也提及過。如馮春田（1991：57）認爲介詞並列刪除現象是"合用"，是"承前省略"，從結構關係上說，也可說是一個"把"字轄兩項"N＋VP"。其實，據崔山佳（2015）等，有不少例子是一個介詞轄 3 項甚至更多的"N＋VP"。刁晏斌（2001：58—59）認爲是"省略"，嚴格說來是"合用"，與馮春田（1991）說法基本相同。蔣冀騁、吳福祥（1997：589）也提到這種用法，認爲是"同一個介詞控制兩個或兩個以上的賓語"。這種說法也不確切，因爲這介詞並非只是控制"賓語"，其實也與後面的謂語有聯繫。具體可參看崔山佳（2015）等。

十一、"被""把/將"同現句

所謂"被……把/將"共現，就是指被動句與處置句的套合。又可分爲兩種。

(一) "被""把"同現句

（1）好一場大事，<u>被我把舌尖兒輕輕幾句</u>，脫卸去了。（《一捧雪》第 10 齣）

（2）近日有個金公子，慕他才貌，肯出一注大財梳攏他，<u>被我把他灌醉了</u>，成其好事。（《占花魁》第 9 齣）——另第 23 齣有"被我夫婦把他哄入箱中"。

（3）我們不忿爭執，<u>被他白白的把貨物搶去</u>。（《風雲會》第 20 齣）

(二) "被""將"同現句

（4）喜得咸兄復任，那湯賊欲把雪姬奸占，<u>被雪姬將此賊呵</u>，屠腸截腦，痛貞姬一死鴻毛。（《一捧雪》第 28 齣）

（5）<u>被我將人馬紮在六安州數十里之外</u>，鎮日放炮吶喊。（《兩鬚眉》第 9

折）

(6) 被毛一驚出疏，將五人斬首。（《清忠譜》第 23 齣）

關於"被……把"共現句，有不少學者討論過，如曾常紅（2004）、唐鈺明、朱玉賓（2008）等。唐鈺明、朱玉賓（2008）認爲"自宋代開始使用"。袁賓等（2001）對"被、把"和"把、被"共現句既作了歷史考察，又對元代前後、明代晚葉兩個橫斷面的"被、把"和"把、被"共現句作了橫向比較。文章認爲，"被、把"共現句約產生于唐五代（比唐鈺明、朱玉賓（2008）所說的要早），而"把、被"共現句產生較晚，元代始見個別用例，明代下半葉用例漸多。

也有人認爲現代漢語"幾乎見不到了"（刁晏斌，2007：215－216），也有人認爲"在現代漢語中又不見了"（石毓智、李訥，2001：120）。其實，崔山佳（2008）所舉例子中，就有現代作品、當代作品的例句。以上可見，被動句與處置句共現句有較悠久的歷史，是很有特色的語法現象。

參考文獻

白維國．白話小說語言詞典．北京：商務印書館，2010.

曹志耘，秋谷裕幸．吳語婺州方言研究．北京：商務印書館，2016.

曹志耘．漢語方言地圖集（語法卷）．北京：商務印書館，2008.

崔麗珍．山西五台方言的重疊式研究．山東大學碩士學位論文，2010.

崔山佳．"VV 瞧"中"瞧"的语法化//吳福祥，吳早生．語法化與語法研究（九）．北京：商務印書館，2019.

崔山佳．《笠翁傳奇十種》特殊語法現象考察//漢語史研究集刊：第二十八輯．成都：四川大學出版社，2020b.

崔山佳．漢語方言數量詞特殊用法研究．北京：語文出版社，2021（即出）．

崔山佳．漢語語法歷時與共時比較研究．北京：語文出版社，2015.

崔山佳．介詞"把"等特殊用法歷時考察//中國語言學報：第十四期．北京：商務印書館，2010.

崔山佳．近代漢語動詞重疊專題研究．成都：巴蜀書社，2011.

崔山佳．吳語語法共時與歷時研究．杭州：浙江大學出版社，2018.

崔山佳．現代漢語"潛顯"現象研究．成都：巴蜀書社，2008.

崔山佳．語言類型學視角下漢語方言"V＋快"歷時與共時考察//劉丹青．語言類型學集刊：第二輯．上海：上海教育出版社，2020a.

戴昭銘．天台方言初探．北京：中國社會科學出版社，2003.

刁晏斌．初期現代漢語語法研究（修訂本）．瀋陽：遼海出版社，2007.

刁晏斌．近代漢語句法論稿．大連：遼寧師範大學出版社，2001.

董秀芳．現實化：動詞重新分析爲介詞後句法特徵的漸變//吳福祥，崔希亮．語法化與語法研究（四）．北京：商務印書館，2009．

馮春田．近代漢語語法問題研究．濟南：山東教育出版社，1991．

馮力．從北部吳語的"V快"看中心謂語成分虛化爲助詞的現象．中國語文，2007（3）．

漢語大字典編輯委員會編纂．漢語大字典（第二版）．成都：四川辭書出版社，2010．

黃伯榮主編．漢語方言語法類編．青島：青島出版社，1996．

黃夢娜，崔山佳．余姚方言的指示嘆詞．溫州職業技術學院學報，2019（3）．

蔣冀騁，吳福祥．近代漢語綱要．長沙：湖南教育出版社，1997．

蔣紹愚．漢語史的研究和漢語史的語料．語文研究，2019（3）．

蔣紹愚．近代漢語研究概要（修訂本）．北京：北京大學出版社，2017．

解洪科，萬森．中華字典．北京：商務印書館國際有限公司，2007．

李榮主編．現代漢語方言大詞典．南京：江蘇教育出版社，2002．

李玉．李玉戲曲集．陳古虞，陳多，馬聖貴，校點．上海：上海古籍出版社，2004．

劉丹青．漢語史語法類型特點在現代方言中的存廢．語言教學與研究，2011b（3）．

劉丹青．實詞的嘆詞化和嘆詞的去嘆詞化．漢語學習，2012b（3）．

劉丹青．嘆詞的本質——代句詞．世界漢語教學，2011a（2）．

劉丹青．原生重疊和次生重疊：重疊式歷時來源的多樣性．方言，2012a（1）．

劉堅．《訓世評話》中所見明代前期漢語的一些特點．中國語文，1992（4）．

陸鏡光．漢語方言中的指示嘆詞．語言科學，2005（6）．

呂叔湘．"把"字用法二例．語文雜記．上海：上海教育出版社，1984．

錢乃榮．上海話的五花八門．上海：上海書店出版社，2017．

錢乃榮．上海語言發展史．上海：上海人民出版社，2003．

阮詠梅．從西洋傳教士文獻看台州方言百餘年來的演變．北京：中國社會科學出版社，2019．

阮詠梅．溫嶺方言研究．北京：中國社會科學出版社，2013．

石定栩．上海話的句末"快"//林華東．漢語方言語法新探索．廈門：廈門大學出版社，2010．

石汝傑，[日]宮田一郎．明清吳語詞典．上海：上海辭書出版社，2005．

石毓智，李訥．漢語語法化的歷程——形態句法發展的動因和機制．北京：北京大學出版社，2001．

唐鈺明，朱玉賓．漢語被動/處置共現句略論．中山大學學報（社會科學版），2008（1）．

汪化雲，姜淑珍．吳語中的後置副詞狀語．中國語文，2020（2）．

汪化雲．黃孝方言語法研究．北京：語文出版社．

汪維輝．漢語史研究要重視語體差異．南京師範大學文學院學報，2020（1）．

王福堂．紹興方言中的兩種述語重疊方式及其語義解釋//吳語研究（第二屆國際吳方言學術研討會論文集）．上海：上海教育出版社，2003．

王洪鐘．浙江方言資源典藏：衢州．杭州：浙江大學出版社，2019．

王文勝．吳語處州方言的地理比較．杭州：浙江大學出版社，2012．

王文勝．吳語處州方言的歷史比較．北京：中國社會科學出版社，2015．

邢福義，劉培玉，曾常年，朱斌. 漢語句法機制驗察. 北京：三聯書店，2004.

許寶華，［日］宮田一郎. 漢語方言大詞典. 北京：中華書局，1999.

許少峰. 近代漢語大詞典. 北京：中華書局，2008.

顏逸明. 吳語概說. 上海：華東師範大學出版社，1995.

游汝傑. 上海市區方言志. 上海：上海教育出版社，1988.

袁賓，何天玲，陳效勝. 被動式與處置式的混合句型//范開泰，齊滬揚. 語言問題再認識——慶祝張斌先生從教五十周年暨八十華誕. 上海：上海教育出版社，2001.

袁毓林，王健. 吳語的动词重叠式及相关的类型学参项——从几种语法格式的分布地域看古吳語的北界//上海市语文学会，香港中国语文学会. 吳語研究——第三届国际吳方言学术研讨会论文集. 上海：上海教育出版社，2005.

曾常紅. 現代漢語中"被"字與"把"字套用的句式. 語言研究，2004（1）.

趙克誠. 近代漢語語法. 西安：陝西師範大學出版社，1987.

中國社會科學院語言研究所詞典編輯室. 現代漢語詞典（第7版）. 北京：商務印書館，2016.

鍾兆華編著. 近代漢語虛詞詞典. 北京：商務印書館，2015.

［美］睦禮遜（William T. Morrison）. 寧波方言字語彙解. 朱音爾，姚喜明，楊文波，校注. 游汝傑，審訂. 上海：上海大學出版社，2016.

Study on the Special Grammatical Phenomena in *Li Yu's Play Works*

Cui Shanjia

Abstract：Li Yu was a famous opera master in the Qing Dynasty and the most prominent representative of the famous "Suzhou School". *Li Yu's Play Works* not only has its important value in literature, but also has many special and valuable grammatical phenomena, for example：verb reduplication VP一VP form, verb reduplication ＋看, classifier reduplication "幾CC", V＋快, A 得緊, demonstrative interjection "哪", interjection "嗱""啲", conjunction-preposition "爲因", preposition coordinate deletion, "被""把" co-present sentence.

Keywords：Li Yu；*Li Yu's Play Works*；special grammatical phenomena；standard mandarin；dialect；study

（崔山佳，浙江財經大學人文與傳播學院）

基於語料庫的《紅樓夢》文本分析：
以程度副詞爲例*

張家合　張　藝　殷曉傑

提　要：《紅樓夢》的作者問題，語言學界有過很多討論。語料庫語言學作爲一種新的研究範式具有獨特優勢，對數似然率是用來判定不同語料庫的詞彙是否存在差異的常用方法。本文以程度副詞爲切入點，利用對數似然率來考察《紅樓夢》前80回與後40回是否存在差異，進而管窺《紅樓夢》前後兩部分是否爲同一作者所作。總體來看，《紅樓夢》前80回與後40回在程度副詞的使用上具有顯著的差異，說明這兩部分可能不是同一人所作。具體而言，《紅樓夢》前80回與後40回程度副詞的使用有同有異，存在四種不同的類型，需加以區別分析。

關鍵詞：《紅樓夢》；前80回；後40回；對數似然率；程度副詞

一、研究背景

語料庫不僅是一種研究資料和資源，更是一種研究方法和途徑。(Leech 1997)語料庫語言學給語言研究帶來了深刻的變化，在語言研究中起著越來越重要的作用，目前已經成爲語言研究的主流之一。語料庫方法論是語言研究中一種全新的範式，具有獨特優勢，已經廣泛地運用於語言研究的方方面面。

《紅樓夢》是不是同一作者所作，前80回和後40回的語言是否存在著明顯的差異，不少學者從語言學的角度進行過討論，得出了兩種不同的結論。一種觀點認爲《紅樓夢》前80回與後40回的語言沒有差別或差別不大，全書是一人所作，如高本漢(B. Karlgren 1952)、陳炳藻、胡晴(2002)等；另一種觀點認爲《紅樓夢》前80回與後40回的語言存在明顯的差異，全書並非一人所作，如蔣文野

---

* 基金項目：國家社會科學基金一般項目"基於語料庫的漢語程度副詞歷史演變與跨語言比較研究"(15BYY128)。

(1983)、王世華（1984）、劉鈞傑（1986）、陳大康（1987）[①]、張衛東、劉麗川（1986）、嚴安政（1991）、俞敏（1992）、晁繼周（1993）、鄭慶山（1993）、陳繼征（1997）、汪維輝（2010）、施建軍（2011）等。目前的研究表明，《紅樓夢》前80回與後40回應不是一人所作，它們在語言的使用上確實存在較多的差異。下文將比對《紅樓夢》前80回與後40回的程度副詞，借助對數似然率（log-likelihood ratio，LLR）的統計方法（詳見下文），考察二者在程度副詞使用上的異同，爲判定《紅樓夢》的作者問題提供材料，以期有所發現。

二、研究目的

本文借助臺灣"中研院"的標記語料庫，嘗試採用語料庫語言學的理論和方法，對比考察《紅樓夢》前80回與後40回程度副詞的使用情況，研究目的是：(1)前80回與後40回在程度副詞的使用上是否存在差異？如果存在差異，究竟存在著怎樣的差異，差異是否顯著？(2)語料庫語言學的研究方法，是否適用於歷史漢語的研究？統計方法中的顯著性檢驗是否能夠運用在語料的性質判定方面，其適用性如何？

三、研究方法

不同語料庫之間語言特徵的比較研究是語料庫語言學的一項基本研究內容，經常使用的統計方法主要有卡方檢驗（χ^2）、對數似然率（loglikelihood ratio，LLR）和秩和檢驗（又稱 Mann-Whitney 檢驗或 Wilcoxon 檢驗）。各種統計方法都是建立在堅實的數學基礎上的嚴格的邏輯系統，具有自身的適用性。比較不同語料庫差異性方面，上述三種檢驗方法各有得失。Dunning（1993）認爲，相對低頻語言特徵的統計研究，對數似然率的研究會比較適合[②]。本文對《紅樓夢》前80回與後40回中程度副詞的使用情況進行考察，由於不少詞語的使用量不高，因此下文選擇對數似然率（LLR）來考察《紅樓夢》前80回與後40回程度副詞的使用是否存在顯著差異。

在語料庫語言學中，對數似然率檢驗法主要是用來檢驗兩個頻率（詞頻、詞類的頻率等）數值間的差異是否具有統計顯著性的常用方法。本文使用北京外國語大學語料庫語言學團隊發佈的"對數似然率"軟件，使用本軟體需要四項資料，分別是：《紅樓夢》前80回的總詞數，後40回的總詞數，《紅樓夢》前80回中程度副詞的頻數，後40回中程度副詞的頻數。運行該軟件，當LLR（自由度爲1時）的

[①] 陳大康（1987）討論過程度副詞"越發"和"更加"。
[②] 參葛詩莉（2010）。

數值大於 3.84、6.83 和 10.83 時，則表明該值在 0.5、0.01 和 0.001 的顯著性水平是有意義的，即程度副詞在《紅樓夢》前 80 回與後 40 回的使用上具有顯著性的差異。另需說明的是，該軟件將 0.05、0.01 和 0.001 的顯著性水平分別被標記爲"*"、"**" 和 "***"；"＋" 表示前 80 回中程度副詞過度使用 (overuse)，"－" 表示前 80 回中程度副詞使用不足 (underuse)。

四、總體特徵

統計發現，《紅樓夢》前 80 回詞語總數爲 380683 個，前置程度副詞 1478 個，標準化頻率爲 3882.5。後 40 回的總詞數爲 178396 個，前置程度副詞 804 個，標準化頻率爲 4506.8，略高於前 80 回，表明程度副詞在後 40 回比前 80 回更爲頻繁。《紅樓夢》前 80 回與後 40 回在前置程度副詞使用上的差異性是顯著的（Log-likelihood＝11.4，P＜0.01），即本文有 99％ 以上的把握認爲《紅樓夢》前 80 回與後 40 回在程度副詞的使用上確實存在差異，而且隨機誤差造成這一差異的可能性不會多於 1％；《紅樓夢》後置程度副詞的使用遠不及前置程度副詞，前 80 回共使用 76 次，標準化頻率爲 199.6。後 40 回共使用 43 次，標準化頻率爲 241，略高於前 80 回。《紅樓夢》前 80 回與後 40 回在後置程度副詞的使用上不具有統計學的意義（Log-likelihood＝0.96，P＞0.05）。有鑒於此，下文僅以前置程度副詞進行考察。

表 1 《紅樓夢》前 80 回與後 40 回程度副詞對比表

程度副詞	前 80 回	標準化頻率	後 40 回	標準化頻率	LLR	Sig. (P)	顯著性水平	
前置	1478	3882.5	804	4506.8	11.4	0.001	***	－
後置	76	199.6	43	241	0.96	0.328		－

注：上表 "－" 表示前 80 回中程度副詞具有使用不足 (underuse) 的特徵。顯著性水平標示分別是："***" 表示存在極爲顯著性差異，"**" 表示存在顯著性差異，"*" 表示存在統計學意義上的差異。下同。

前置程度副詞在《紅樓夢》前 80 回與後 40 回的使用情況，可以分爲四種情況：（一）前 80 回使用而後 40 回不用，（二）前 80 回不用而後 40 回使用，（三）二者都使用且存在顯著性差異，（四）二者都使用但差異性不顯著。

五、具體分析

（一）前 80 回使用而後 40 回不用

【這等】近代時期產生，明清時期常見。《紅樓夢》中僅見於前 80 回，共 13 例，如：大家又笑道："怎麼這等高興！"（第 50 回）原來尤三姐這樣標緻，又這等剛烈，自悔不及。（第 66 回）

【那等】近代時期產生，常見於明清漢語。《紅樓夢》中僅見於前 80 回，共 7 例，如：至二十二日，一齊進去，登時園內花招繡帶，柳拂香風，不似前番那等寂寞了。（第 23 回）

【酷】中古時期產生，近代繼續使用，但總量不多。《紅樓夢》中僅見於前 80 回，5 例，如：長到十八九歲上，酷愛男風，最厭女子。（第 4 回）

【這們】見於明清時期，用例不多。《紅樓夢》中僅見於前 80 回，4 例，如：周瑞家的又問板兒道："你都長這們大了！"（第 6 回）

【好生】近代時期產生，並有較多的使用。《紅樓夢》中僅見於前 80 回，1 例，如：黛玉一見，便吃一大驚，心下想道："好生奇怪，倒像在那裏見過一般，何等眼熟到如此！"（第 3 回）

【何其】近代時期產生，使用不多。《紅樓夢》中僅見於前 80 回，1 例，如：門子笑道："老爺當年何其明決，今日何反成了個沒主意的人了！小的聞得老爺補升此任，亦系賈府王府之力；此薛蟠即賈府之親，老爺何不順水行舟，作個整人情，將此案了結，日後也好去見賈府王府。"（第 4 回）

【較】中古時期產生，近代以後有較多使用。《紅樓夢》中僅見於前 80 回，1 例，如：因這事更比晴雯一人較甚，乃從襲人起以至於極小作粗活的小丫頭們，個個親自看了一遍。（第 77 回）

【如是】僅見於《紅樓夢》，1 例，其他文獻不見，如：既爲菊如是碌碌，究竟不知菊有何妙處，不禁有所問，第八便是《問菊》。（第 37 回）

【這麼樣】僅見於《紅樓夢》，1 例，其他文獻不見，如：襲姑娘從小兒只見寶兄弟這麼樣細心的人，你何嘗見過天不怕地不怕、心裏有什麼口裏就說什麼的人。（第 34 回）

（二）前 80 回不用而後 40 回使用

【甚實】近代時期產生，使用不多。《紅樓夢》中僅見於後 40 回，3 例，如：這裏賈母忽然想起，和賈政笑道："娘娘心裏卻甚實惦記著寶玉，前兒還特特的問他來著呢。"（第 84 回）

【更自】近代時期產生，使用不多。《紅樓夢》中僅見於後 40 回，3 例，如：自己坐著，覺得一股香氣透入囟門，便手足麻木，不能動彈，口裏也說不出話來，心中更自著急。（第 112 回）

【益】上古漢語頻見，中古亦有較多的使用，近代以後漸少。《紅樓夢》中僅見於後 40 回，2 例，均見於第 120 回。如：原來當初只知是賈母的侍兒，益想不到是襲人。又如，今日幸得相逢，益歎老仙翁道德高深。（第 120 回）

由於上述（一）和（二）部分所列詞語均僅見於前 80 回或後 40 回，這裏將它們放在一起討論。對於上述詞語所反映的語言現象，需要加以區分：

第一，使用頻率很低，僅在前 80 回或後 40 回中使用但次數很少的詞語，在判定語言性質方面的價值時需要審慎考慮。因爲語言的使用，與不同語體的語言特徵、作者的言語風格有關，也和語言所描寫的內容有著密切的關係。內容不同使用的語言詞彙必然不同，低頻使用的詞語很可能就是由於描寫對象的不同而導致的，因此它們對判定《紅樓夢》前 80 回與後 40 回的語言差異不一定具有特殊的價值。"好生""何其""較""酷""如是""怎麼樣"和"益"等，是僅見於前 80 回或後 40 回的詞語，但使用頻率都很低（多數使用 1 例，個別使用 2 例）。

第二，使用頻率較高，使用範圍廣，僅見於前 80 回或後 40 回中的程度副詞具有很高的價值。"這等"在近代漢語使用較多，明清文獻中尤爲頻繁，該詞僅出現在《紅樓夢》前 80 回而不見於後 40 回，顯示了二者的顯著差異。

第三，對於使用頻率不太高，僅見於前 80 回或後 40 回中的程度副詞，如"那等""這們""更自"和"甚實"。我們認爲需要考察曹雪芹和高鶚的其他文本，與之進行比對，方能確認它們的來源和性質。鑒於本文沒有進行這方面的研究，因此尚不能確定其價值。

（三）二者都使用且存在顯著性差異

不少程度副詞在《紅樓夢》前 80 回和後 40 回都有使用，從使用頻率上看，有些多見於前 80 回，有些多見於後 40 回。通過對數似然比進行計算，一些成員在前 80 回和後 40 回的使用上存在顯著性差異，另有一些成員不存在顯著性差異。存在顯著差異的程度副詞中，有些成員的使用頻率很高，甚至是程度副詞的主要成員，如"更""越發""很""太""極""甚""這樣"，有些成員的使用頻率雖不及上述成員，但也較爲常用，如"愈""忒""多"。它們在前 80 回與後 40 回的使用都存在著顯著性差異（$p<0.05$），或者是在前 80 回中過度使用（overuse），其顯著性高於後 40 回（下表記爲"＋"，下同），如"越發""太""極""多"；或者是前 80 回中使用不足（underuse），其顯著性低於後 40 回（下表標記爲"－"，下同），如"更""很""甚""這樣""愈""忒"。下文分述如下：

【越發】前 80 回中使用 165 次，如：賈政在旁聽見這些話，心裏越發難過，便喝退趙姨娘，自己上來委婉解勸。（第 25 回）後 40 回使用 35 次，如：襲人才將心事說出，蔣玉菡也深爲歎息敬服，不敢勉強，並越發溫柔體貼，弄得個襲人真無死所了。（第 120 回）

【太】前 80 回中使用 138 次，如：平兒又把方才的話說與襲人聽道："真真這話論理不該我們說，這個大老爺太好色了，略平頭正臉的，他就不放手了。"（第 46 回）後 40 回使用 43 次，如：賈薔便說："你們鬧的太俗。我要行

個令兒。"（第117回）

【極】前80回中使用117次，如：雨村道："當日甯榮兩宅的人口也極多，如何就蕭疏了？"（第2回）後40回使用31次，如：內中有個極富的人家，姓周，家財巨萬，良田千頃。（第119回）

【多】前80回中使用20次，如：咱們村莊人，那一個不是老老誠誠的，守多大碗兒吃多大的飯。（第6回）後40回使用2次，如：雨村心想，"這也奇怪，我才出來，走不多遠，這火從何而來？莫非士隱遭劫於此？"（第104回）

以上的程度副詞在前80回的顯著性高於後40回，以下的程度副詞在前80回的使用顯著性低於後40回，舉例如下：

【更】前80回中使用243次，如：賈環素日怕鳳姐比怕王夫人更甚，聽見叫他，忙唯唯的出來，趙姨娘也不敢則聲。（第20回）後40回使用195次，如：老太太想想，這倒是近處眼見的，若不好更難受。（第100回）

【很】前80回中使用87次，如：昨日馮紫英薦了他從學過的一個先生，醫道很好，瞧了說不是喜，竟是很大的一個症候。（第11回）後40回使用100次，如：薛姨媽便問道："剛才我到老太太那裏，寶哥兒出來請安還好好兒的，不過略瘦些，怎麼你們說得很利害？"（第97回）

【甚】前80回中使用80次，如：太爺聽了甚喜歡，說："這才是"。（第11回）後40回使用61次，如：賈母提起他女婿甚好，史湘雲也將那裏過日平安的話說了，請老太太放心。（第108回）

【這樣】前80回中使用69次，如：又想了一想，托主子洪福，想不到的這樣榮耀，就傾了家，我也是願意的。（第45回）後40回使用57次，如：我恨他為什麼這樣膽小，一身作事一身當，為什麼要逃。（第92回）

【愈】前80回中使用14次，如：自此鳳姐膽識愈壯，以後有了這樣的事，便恣意的作為起來，也不消多記。（第16回）後40回使用23次，如：自此賈璉心裏愈敬平兒，打算等賈赦等回來要扶平兒為正。（第119回）

【忒】前80回中使用14次，如：人都別忒勢利了，況且都作的是什麼有臉的好事！（第10回）後40回使用14次，如：鶯兒背地也說寶釵道："姑娘忒性急了。"（第98回）

表2　前80回和後40回都使用且存在顯著性差異程度副詞表

	前80回	後40回	總量	LLR	Sig.（P）	顯著性水平
更	243	195	438	30.35	0	***	−
越發	165	35	200	21.3	0	***	＋
很	87	100	187	37		***	−

續表 2

	前 80 回	後 40 回	總量	LLR	Sig.（P）	顯著性水平	
太	138	43	181	5.84	0.016	*	+
極	117	31	148	8.83	0.003	**	+
甚	80	61	141	7.95	0.005	**	
這樣	69	57	126	9.73	0.002	**	
愈	14	23	37	14.22	0	***	
忒	14	14	28	3.93	0.047	*	—
多	20	2	22	6.54	0.011	**	+

上表所列的程度副詞多有較高的使用頻率。這些詞語，特別是高頻程度副詞在《紅樓夢》前 80 回與後 40 回使用上的差異，絕非偶然，應當是語言事實的客觀反映。據此來判定《紅樓夢》前 80 回與後 40 回的語言是否存在差異，乃至是否爲同一作者所作，具有較高的可信度。按照常理，前 80 回與後 40 回若爲一人所寫，那麼它們在語言的使用上，尤其是在常用詞語的使用上應該具有一致性。"更""越發""很""太""極""甚"等都是漢語史中極爲重要的程度副詞，都有著較高的使用頻率，均是其所屬類別的主要成員。這些詞語在《紅樓夢》中使用很頻繁，但在前 80 回與後 40 回的使用存在著顯著性差異（p＜0.05），或是前 80 回中的使用顯著高於後 40 回，抑或是前 80 回中的使用顯著低於後 40 回（見前論述）。對於這些詞語，我們有 95％以上的把握認爲，它們在《紅樓夢》的前 80 回與後 40 回的使用上存在著顯著性的差異。根據這些詞語，我們認爲《紅樓夢》的前 80 回和後 40 回的語言確實存在著差異。

（四）二者都使用但差異性不顯著

一些程度副詞在《紅樓夢》前 80 回和後 40 回中都使用，但不存在顯著性的差異。"最""這麼""越""還"在近代漢語中使用頻繁，是很常見的程度副詞，它們在《紅樓夢》的前 80 回與後 40 回沒有明顯的差異，如：

【最】前 80 回中使用 135 次，如：長到十八九歲上，酷愛男風，最厭女子。（第 4 回）後 40 回使用 52 次，如：我們家的親戚只有咱們這裏和王家最近。（第 114 回）

【這麼】前 80 回中使用 91 次，如：孩子們已長的這麼大了，"沒吃過豬肉，也看見過豬跑"。（第 16 回）後 40 回使用 56 次，如：平兒聽說，連忙止住哭，道："奶奶說得這麼傷心。"（第 101 回）

【越】前 80 回中使用 77 次，如：探春道："越往前去越冷了，老太太未必高興。"（第 39 回）後 40 回使用 33 次，如：自己假裝睡著，偷偷的看那五兒，

越瞧越像晴雯，不覺呆性復發。（第109回）

【還】前80回中使用50次，如：但這一個學生，雖是啟蒙，卻比一個舉業的還勞神。（第2回）後40回使用19次，如：後來聽見鳳姐叫他進來伏侍寶玉，竟比寶玉盼他進來的心還急。（第109回）

另有一些程度副詞的使用頻率不及上述詞語，它們在《紅樓夢》的前80回與後40回均有使用，但二者對比也無顯著性差異。如：

【怪】前80回中使用29次，如：寶玉推他道："我往那去呢，見了別人就怪膩的。"（第19回）後40回使用10次，如：寶玉道："問他作什麼，咱們吃飯罷。吃了飯歇著罷，心裏鬧的怪煩的。"（第85回）

【益發】前80回中使用29次，如：寶玉聽了，益發疑惑起來，忙轉過山石看時，只見藕官滿面淚痕，蹲在那裏，手裏還拿著火，守著些紙錢灰作悲。（第58回）後40回使用18次，如：大凡人念書，原爲的是明理，怎麼你益發糊塗了。（第100回）

【何等】前80回中使用13次，如：竟不如寶二爺應了，大家無事，且除這幾個人皆不得知道這事，何等的乾淨。（第61回）後40回使用6次，如：追想在園中吟詩起社，何等熱鬧，自從林妹妹一死，我鬱悶到今，又有寶姐姐過來，未便時常悲切。（第106回）

【至】前80回中使用13次，如：只有幾個親戚是至近的，等做過三日安靈道場方去。（第15回）後40回使用3次，如：便道："世兄謬讚，實不敢當。弟是至濁至愚，只不過一塊頑石耳，何敢比世兄品望高清，實稱此兩字。"（第115回）

【那麼】前80回中使用7次，如：前兒虧你還有那麼大臉，打發人和我要鵝黃緞子去！（第29回）後40回使用8次，如：賈母笑道："鳳丫頭病到這地位，這張嘴還是那麼尖巧。"（第105回）

【那樣】前80回中使用11次，如：如今雖說不及先年那樣興盛，較之平常仕宦之家，到底氣象不同。（第2回）後40回使用4次，如：探春因囑咐湘雲道："妹妹，回來見了老太太，別像剛才那樣冒冒失失的了。"（第83回）

【過】前80回中使用12次，如：賈母笑道："姨太太今兒也過謙起來，想是厭我老了。"（第40回）後40回使用7次，如：衆人原恐寶玉病後過哀，都來解勸，寶玉已經哭得死去活來，大家攙扶歇息。（第98回）

【這般】前80回中使用8次，如：今日這般熱鬧，想那裏自然無人，那美人也自然是寂寞的，須得我去望慰他一回。（第19回）後40回使用5次，如：不一時，寶釵襲人也都起來，開了門見寶玉尚睡，卻也納悶："怎麼外邊兩夜

睡得倒這般安穩?"(第109回)

【好不】前80回中使用7次,如:所以我這兩日好不煩心,焦的我了不得。(第10回)後40回使用4次,如:西平王領了,好不喜歡,便與北靜王坐下,著趙堂官提取賈赦回衙。(第105回)

【頗】前80回中使用10次,如:原來這夏家小姐今年方十七歲,生得亦頗有姿色,亦頗識得幾個字。(第79回)後40回使用1次,如:賈母道:"近來頗肯念書。因他父親逼得嚴緊,如今文字也都做上來了。"(第83回)

【極其】前80回中使用4次,如:兩家來往,極其親熱的。(第2回)後40回使用1次,如:豈知過了門,見那蔣家辦事極其認真,全都按著正配的規矩。(第120回)

【尤】前80回中使用4次,如:賈璉之俗,鳳姐之威,他竟能周全妥貼,今兒還遭茶毒,想來此人薄命,比黛玉猶甚。(第44回)後40回使用3次,如:寶玉是從來沒有經過這大風浪的,心下只知安樂、不知憂患的人,如今碰來碰去都是哭泣的事,所以他竟比傻子尤甚,見人哭他就哭。(第107回)

【絕】前80回中使用2次,如:中間雖說不是玉,卻是絕好的硝子石,石上鏤出山水人物樓臺花鳥等物。(第92回)後40回使用2次,如:我那裏還有兩個絕好的孩子,從沒出門。(第47回)

【頂】前80回中使用1次,如:再要頂細絹籮四個,粗絹籮四個……生薑二兩,醬半斤。(第42回)後40回使用1次,如:臨安伯過來留道:"天色尚早,聽見說蔣玉菡還有一出《占花魁》,他們頂好的首戲。"(第93回)

【那般】前80回中使用1次,如:鳳姐兒見人來了,便不似先前那般潑了,丟下眾人,便哭著往賈母那邊跑。(第44回)後40回使用1次,如:那身子頓覺健旺起來,只不過不似從前那般靈透……卻與病時光景大相懸絕了。(第97回)

【偌】前80回中使用1次,如:若直待貴妃游幸過再請題,偌大景致,若干亭榭,無字標題,也覺寥落無趣,任有花柳山水,也斷不能生色。(第17回)後40回使用1次,如:又想:"老太太偌大年紀,兒子們並沒有自能奉養一日,反累他嚇得死去活來。種種罪孽,叫我委之何人!"(第106回)

【特】前80回中使用1次,如:再者,市井俗人喜看理治之書者甚少,愛適趣閒文者特多。(第1回)後40回使用1次,如:大爺說自從家裏鬧的特利害,大爺也沒心腸了,所以要到南邊置貨去。(第86回)

【怎麼】前80回中使用1次,如:又有二奶奶在旁邊湊趣兒,誇寶玉又是怎麼孝敬,又是怎樣知好歹,有的沒的說了兩車話。(第37回)後40回使用1次,如:賈政又命賈璉:"打聽好大夫,快去請來瞧老太太的病。咱們家常

請的幾個大夫，我瞧著不怎麼好，所以叫你去。"（第109回）

表3 前80回和後40回都使用但無顯著性差異程度副詞表

	前80回	後40回	總量	LLR	Sig.（P）	
最	135	52	187	1.48	0.223	＋
這麼	91	56	147	2.51	0.113	－
越	77	33	110	0.19	0.666	＋
還	50	19	69	0.62	0.43	＋
怪	29	10	29	0.73	0.392	＋
益發	29	18	47	0.86	0.355	－
何等	13	6	19	0	0.975	＋
至	13	3	16	1.4	0.236	＋
那麼	7	8	15	2.93	0.087	－
那樣	11	4	15	0.2	0.658	＋
過	12	7	19	0.21	0.649	－
這般	8	5	13	0.25	0.628	－
好不	7	4	11	0.1	0.754	－
頗	10	1	11	3.27	0.071	＋
極其	4	1	5	0.36	0.551	＋
尤	4	3	7	0.37	0.544	－
絕	2	2	4	0.56	0.454	－
頂	1	1	2	0.28	0.596	－
那般	1	1	2	0.28	0.596	－
偌	1	1	2	0.28	0.596	－
特	1	1	2	0.28	0.596	－
怎麼	1	1	2	0.28	0.596	－

如上文（一）、（二）和（三）所示，《紅樓夢》前80回和後40回中程度副詞的使用上存在著很明顯的差異，或者是僅出現在前80回或後40回，或者是雖然在前80回或後40回都使用，但在兩部分之間卻具有統計學上的差異性。那麼，是否可以依據（四）所述不具備顯著性差異的程度副詞，進而判定《紅樓夢》前80回和後40回沒有差異呢？我們認爲，這種現象是語言使用過程中的正常現象，並不能據此就簡單地否定《紅樓夢》內部語言的差異，進而認爲前80回和後40回之間沒有差異。觀察上表發現，這些詞語的使用情況差別很大：既有近代漢語時期使用極多的"最""這麼""越""還"，它們是近代漢語時期使用最爲頻繁的程度副詞成員，不同的作者、不同的文獻都會使用，因此它們在《紅樓夢》的前80回與後40

回沒有明顯的差異，實屬正常；也有使用較頻繁的"怪""益發""何等""過""至"，更有不少使用頻率較低的"尤""絕""極其""頂"等詞語。我們推測大致有兩種可能：一種可能是反映了當時語言使用的真實情況，它們在不同的文獻、不同的作者筆下均有使用且不存在明顯差異，因此在《紅樓夢》的前80回和後40回使用且不存在明顯差異；另一種可能是偶然因素所致，也就是說，雖然《紅樓夢》的前80回與後40回的作者不同，但不同作者在這些詞語的使用上並沒有明顯的差異[①]。

六、結語

考察發現，《紅樓夢》前80回與後40回在程度副詞的使用上有同有異。從分佈情況來看，一些成員在二者之中均有使用，還有一些成員僅見於前80回或僅見於後40回。一般而言，詞語數量多的文本，其使用程度副詞應該多於詞語數量少的文本。不過，也存在不少的例外情況，如"愈""很""那麼"等詞在《紅樓夢》前80回中的使用數量反而不及後40回，說明程度副詞的數量與文本的大小並不一定成正比關係。

對數似然率可以爲不同語料庫之間的語言差異提供可供參考的檢驗標準。通過考察發現：從總體上看，程度副詞在《紅樓夢》前80回與後40回中的使用上存在著顯著性的差異，我們有99％以上的把握認爲《紅樓夢》的前後兩部分存在差異，隨機誤差造成這一差異的可能性不會多於1％。具體而言，從差異的顯著性來看，哪些程度副詞在前80回或後40回的使用上存在顯著性差異，並無特別的規律。也就是說，程度副詞在《紅樓夢》的前後兩部分之間是否存在顯著性差異，與它們的使用頻率並無直接關聯。結合表2和表3可知，常用的程度副詞如"更""越發""很""太""極""甚"等在前後兩部分之間存在顯著性差異，而"最""這麼""越"等在前後兩部分之間卻不存在顯著性的差異。如上文所述，其他程度副詞，在《紅樓夢》中的使用情況也是這樣，此不贅述。

參考文獻

晁繼周. 曹雪芹與高鶚語言的比較. 中國語文, 1993 (3).
陳炳藻, 胡晴. 關於《紅樓夢》後四十回. 紅樓夢學刊, 2002 (3).
陳大康. 從數理語言學看後四十回的作者——與陳炳藻先生商榷. 紅樓夢學刊, 1987 (1).
陳繼征. 《紅樓夢》後四十回非高鶚續作. 西安交通大學學報（社會科學版）, 1997 (2).
葛詩莉. 語料庫間詞彙差異的統計方法研究. 現代外語, 2010 (3).
蔣文野. 《紅樓夢》中"一起"的詞義考察——兼談《紅樓夢》前八十回和後四十回的語言

[①] 這種現象的具體原因是很複雜的，本文沒有對此進行專門考察，容後專文討論。

差異. 紅樓夢研究集刊, 1983 (11).

勞寧譯. 明清白話小說裏的語言. 語言研究通訊, 1956 (4—5).

劉鈞傑. 《紅樓夢》前八十回和後四十回語言差異考察. 語言研究, 1986 (1).

施建軍. 基於支持向量機技術的《紅樓夢》作者研究. 紅樓夢學刊, 2011 (5).

汪維輝. 《紅樓夢》前80回和後40回的詞彙差異. 古漢語研究, 2010 (3).

王世華. 《紅樓夢》語言的地方色彩. 紅樓夢學刊, 1984 (2).

嚴安政. 從"忙"和"連忙"看後四十回作者問題. 紅樓夢學刊, 1991 (2).

俞敏. 高鶚的語言比曹雪芹更像北京話. 中國語文, 1992 (4).

張衛東, 劉麗川. 《紅樓夢》前八十回與後四十回語言風格差異初探. 深圳大學學報, 1986 (1).

鄭慶山. 從方言看程高本後四十回作者. 蒲峪學刊, 1993 (1).

Karlgren, B. New excursions in Chinese grammar, *BMFEA*, 24, 1952.

Leech, G. Teaching and language corpora: A convergence. In S. Fligelstone & A. McEnery et al (eds.). *Teaching and Language Corpora*. London: Longman, 1997.

Corpus-based Text Analysis on *Red Mansions*: with the Degree Adverbs as Examples

Zhang Jiahe, Zhang Yi, Yin Xiaojie

Abstract: There has been a lot of discussion on the author of *Red Mansions* from linguistic perspective. As a new research paradigm, corpus linguistics has unique advantages, and the log-likelihood ratio is an available method to determine the differences in words of different corpora. This paper takes degree adverbs as the pointcut, using the log-likelihood ratio to examine whether there is a difference between the first 80 chapters and the last 40 chapters of *Red Mansions*, in order to explore whether the two parts are written by the same author. Generally speaking, some significant differences exist between the degree adverbs in the first 80 chapters and the last 40 chapters, which shows that the two parts are not be written by the same author. Specifically, there are four different types need differentiating and analyzing.

Keywords: *Red Mansions*; the first 80 chapters; the last 40 chapters; the log-likelihood ratio; degree adverbs

（張家合，浙江師範大學行知學院；

張藝，浙江師範大學人文學院；

殷曉傑，浙江師範大學人文學院）

句法性構式"V_1多少V_2多少"的來源及句法創新

顧紹通

提　要: "V_1多少V_2多少"的核心意義是按照實際量或任意量對某一事物進行處置。最早出現於明代,到了清代有了較大發展。從語法化過程來看,從最初表示兩個相對自由的並列關係句發展成爲具有事理邏輯的順承關係句,最後再形成一個不可分割的結構。具有順承、條件關係的前後分句結構相同以及賓語中心語語義同指是促發結構緊縮的誘因,句法成分的省略和句法結構的緊縮是"V_1多少V_2多少"形成的主要機制。結構相同的同賓雙小句的省略與緊縮也會導致句法創新。在口語中"V_1多少V_2多少"語速、重音的不同會使語義發生很大的變化。具體來說,當"少"不輕讀時,表示V_2按照"多少"的實際量對事物進行處置;當"少"輕讀時,表示V_2按"多少"的無限量對事物進行處置,具有明顯的非現實性和誇張意味,帶有主觀性。在書面語中,則要結合語境來體會這一結構的具體意義。具體使用中,還會有很多變式,表達不同的結構意義。

關鍵詞: "V_1多少V_2多少";跨層結構;語法化;句法創新

一、引言

語法化通常是指語言中意義實在的詞轉化爲無實在意義、表語法功能的成分這樣一種過程或現象。(沈家煊 1999)國內學者對漢語中實詞的虛化及語法化進行了大量研究。Hopper & Traugott(2003:167—184)認爲,語法化不光可以發生在從句內部的形態演變中,還提出了一個適用於跨語言的跨句語法化鏈:並列句[-非獨立,-包蘊]＞主次關係複合句[＋非獨立,-包蘊]＞主從關係複合句[＋非獨立,＋包蘊]。無論是從句內部的形態演變,還是跨句語法化,都可以看作是跨層結構的語法化。跨層結構是指句法上本來不在同一層次上的兩個成分在發展過程中跨越原有的組合層次,彼此靠攏,逐漸凝固,最後組合成爲一個新的結構體(董秀芳1997）。漢語中跨層結構的語法化作爲語法化研究的重要方面，受到了國內學者的較多關注，如董秀芳（2011）、江藍生（2004）、田範芬（2004）、張誼生（2007）、李小軍（2008）、劉紅妮（2010）、彭睿（2011）等，都對漢語中跨層結構的語法化作了深入探討。這些研究探討的物件基本上都是漢語中跨層組塊的語法化演變機制，大都涉及的是詞彙項，較少注意到把從句組合的發展納入到語法化研究的範圍。汪國勝（2015）認爲，語法化不僅僅會發生在從句層面，也會發生在複合句之間，並以漢語語料爲例進行了個案分析。本文從跨句結構入手，考察句法性構式"V_1多少V_2多少"的構式義、來源、性質和形成過程，以及這一結構與韻律的關係，並分析"V_1多少V_2多少"從兩個相對自由的並列關係的句子到句法和形態上的結合性的變化。

二、"V_1多少V_2多少"的核心意義

（一）"V_1多少V_2多少"的語義解讀

"V_1多少V_2多少"是現代漢語中使用非常頻繁的句式。從內部結構關係來看，"V_1多少"和"V_2多少"都是動賓結構的短語，再組合起來構成連謂短語（V_1和V_2的施事相同）或者聯合短語（V_1和V_2的施事不同）。這種格式的能產性很強，幾乎所有的及物動詞都可以進入這個格式。從動詞V_1和V_2之間的關係來看，可以是條件關係或承接關係。從意義來看，"V_1多少V_2多少"的表層意思是依照與第一個"多少"相等的量對事物進行處置。具體來說，是依照句式中隱含的事物客觀的量或者無限的量對該事物進行處置。在具體使用中，"V_1多少V_2多少"的意義受到語速、重音和停頓的影響而有所不同。例如[1]：

(1) 現在產品不需推銷員；價格在全國同行中最高，但用戶聽說是廣西維尼綸廠的產品，<u>有多少要多少</u>。

(2) 我們現在必須保棉紡廠，保工人吃飯，這是大局，不能不保，因此，國家<u>有多少收多少</u>。

例（1）要表達的意思是，產品價格雖然在全國最高，但是由於非常受用戶歡迎，用戶聽說是廣西維尼綸廠的產品，便願意無論多少數量的產品都會接收多少。受這一語意的限制，該例中"有多少要多少"要連讀，且語速較快，中間一般不能有停頓，"少"要輕讀。例（2）同樣如此。例（2）所要表達的意思是，在保棉紡廠和保工人吃飯的大局下，工人再多國家也會收的。在此兩例中，"V_1多少V_2多少"都要連讀，且語速要快，中間不能有停頓，"少"輕讀。一旦"少"不輕讀，意義

---

[1] 文中未標明出處的語料均來自北京大學現代漢語語料庫。

就會發生變化。例如：

（3）"曉生，你要立刻回鎮去，把現款統統收齊，<u>有多少是多少</u>，就立刻送來！電廠裡壞了一個馬達？我明天就派人去看，總該可以修理的。

（4）主抓林果工作的市人大常委會副主任孫國祥堅決不同意這種隨波逐流的說法，堅持按實事求是的原則糾正虛假數字。市委書記張世軍態度鮮明：<u>有多少算多少</u>，實事求是。爲了用實事求是的思想路線教育各級幹部，在全市宣導求真務實作風，在市委五年任期工作總結會上，市委、市政府如實公佈了林果面積複查結果，糾正了原來的不實數字。

例（3）的語境是時間緊急的情況下讓曉生馬上回到鎮上去把現款按實際存在的量進行收繳，例（4）的語境是表明市委書記的態度，堅持實事求是，數字不得造假，要按照實際的數字公佈。韻律、節奏和重音分別爲"有多少/**是多少**""有多少/**算多少**"（粗体表示重音）。

從上面的例子可以看出，疑問代詞"多少"後省略的賓語論元同指時，脫離語境的"V₁多少V₂多少"的語義解讀會受到韻律、節奏和重音等多重因素的影響。在語境的約束下，"V₁多少V₂多少"的韻律、節奏和重音得以確定，從而與語境配合，結構義得到準確解讀。"V₁多少"與"V₂多少"之間是一種順承兼表條件關係，表示的邏輯關係是：一旦"V₁多少"成立，"V₂多少"則必成立，可以表示爲"V₁多少"→"V₂多少"，這裡的疑問代詞"多少"可以表示任意的或實際的量。"V₁多少V₂多少"的語法意義是按照實際的量或任意的量對某一事物進行處置。

"V₁多少V₂多少"意義的解讀除了受到語境的影響外，還與"V₁""V₂"之間的邏輯關係有密切關係。"V₁多少V₂多少"中，如果動詞V₁和V₂間存在著反承接條件關係，即V₁表示結果，V₂表示條件，那麼結構表達的是按"多少"的實際量對事物進行處置。例如：

（5）據老人自己說，年輕時條件有限，吃剩飯菜是難免的，但年紀大了以後，不管多麼好的飯菜，只要隔夜剩下，他都不會再吃了。因此，老人也養成了看人做飯，<u>吃多少做多少</u>的好習慣。

（6）帶著藕的清香，卻又決不會像藕塊那樣吃了不消化，因爲要乘熱吃才好，最好<u>吃多少炸多少</u>，正因爲它的限量發送，每次上桌這個菜都是被消滅的最快的。

例（5）的語境是老人年紀大了以後，出於健康考慮，不會再吃隔夜的飯了，能吃多少飯就做多少飯，表達的是按實際飯量做多少飯的意思。這裡的"做多少"顯然是按照"多少人能吃多少飯"這一客觀實際的飯量來做飯。例（6）的語境是藕塊要趁熱才好吃，因此不能炸太多，能吃多少的量就炸多少的量。這裡表達的顯然是按照能吃多少的實際的飯量來炸多少藕的。

"V_1多少V_2多少"中，爲什麼前後動詞具有承接關係時結構能夠表達無限量的語義呢？沈家煊（2009）指出，"主觀性"（subjectivity）是指語言的一種特性，話語中多多少少總是含有說話人"自我"的表現成分，說話人在說出一段話的同時表明自己對這段話的立場、態度和感情，從而在話語中留下自我的印記。我們知道，語言是爲交際服務的，人們的交際總是處於一定的交際語境中。這種交際語境對人們的語言表達會產生潛在的影響，表現在話語上，就會體現說話人一定的情緒和態度。當說話人對事件持客觀評述的態度時，語速一般較爲平和舒緩。反之，當說話人對事件的態度有明顯的主觀傾向，甚至情緒激動的時候，語速通常加快，以較快的語速表達說話人的立場、情感和態度。具體到"V_1多少V_2多少"，當說話人持客觀陳述的態度時，語速較慢，表達按事物客觀的量對事物進行處置；而當語速較快時，表達了說話人的立場、情感和態度在裡面，體現出話語的主觀性。動詞V_1、V_2之間具有先後順承關係，表達了V_2可以對某事物消耗、完成、實現的意義。

爲什麼前後動詞反承接條件關係時就只能表示客觀的實際量呢？脫離語境來看，"V_1多少V_2多少"所表示的語法意義不明，既可以指按照事物客觀實際的量對事物進行處置，也可以表示按照事物無限的量對某一事物進行處置。在交際語境中，由於韻律、節奏資訊的加入，這一結構便具有明確的意義。如果V_1與V_2之間順承、條件關係顛倒，那麼邏輯關係"V_1多少"→"V_2多少"便不再成立，而是"V_2多少"→"V_1多少"。由於V_1表示結果，而客觀現實中"V_1多少"一定是客觀的量，因此前後動詞V_1、V_2表示反承接條件關係時就只能表示客觀的量。

(二)"V_1多少V_2多少"使用中的不同變式

"V_1多少V_2多少"中在具體使用時有不同的變式，如"V_1多少N_1V_2多少N_2""V_1多少（N_1）就V_2多少（N_2）"、(S1)V_1多少（N_1），(S2)就V_2多少（N_2）。例如：

(7) 正如有些農民講的，現在生產什麼都能賣掉，<u>生產多少賣多少</u>，而且價錢也好，這是多年來所沒有的。

(8) 住房爲企業所有，職工一旦分上房子，便可長期享用；醫療費用<u>花多少，報多少</u>。

(9) 這幾個老鄉發現羅永發平均的月工資要比他們高五六十元，問羅永發，羅永發說我們班長<u>發多少我就拿多少</u>，我也不知道怎麼會比你們多。

(10) 規劃起點要高，實施可以分步進行，每年搞一點，<u>有多少錢辦多少</u>

事。

（11）他交識的同行和相好免不了向他恭賀，當然少不了向他討酒喝，父親在這時候是極其的慷慨，身上有多少錢就掏多少錢，喝就喝個酩酊大醉。以至後來，有人在哪裡看見我發表了文章，就拿著去見父親索酒。

（12）向來低調的瓜哥，對於節稅方式，他說全權交由會計師專人處理，最好的方式，就是實報實銷，胡瓜笑說："有多少就報多少，這種事還是謹慎的好，一查下來，都清清楚楚。"

（13）有人說報社右派劃得多，這是因爲報社的右派多嘛！我們按政策辦事，不錯劃一個，也不放過一個。有多少，就劃多少，沒有控制數字的。

（14）國務院副總理朱鎔基今年初赴山東考察，向棉農打下保票：你們種多少，國家收多少。

上文已指出，疑問代詞"多少"後省略的賓語論元同指時，脫離語境的"V_1多少V_2多少"的語義解讀會受到韻律、節奏和重音等多重因素的影響。"V_1多少$N_1 V_2$多少N_2"中，當N_1與N_2所指物件不同時，表示動作V_2按照事物的客觀量對事物進行處置。例如：

（15）中央國家機關各部門必須顧全大局，有多少錢辦多少事，少花錢多辦事、辦好事。

（16）過去，北京市的主要體育競賽由市體委競賽處舉辦，因經費有限，有多少錢辦多少比賽，競賽活動只能圍著經費轉，其"杠杆"作用沒有充分發揮。

（17）後現代哲學破壞了理性，原來占統治地位的一元理性被多元化，原來人們共同崇尚的社會性時尚也被多元化或被分割。有多少人就有多少理性，一千個人就有一千個時尚。

（18）有多少力量就辦多少事情，不允許將流動資金拿到內地作固定資產投資，也允許將生產設備更新改造及其他專項費用拿去投資。

在以上例句中，"V_1多少N_1"和"V_2多少N_2"之間存在條件關係，後項以前項爲條件，"多少N_1"表實指，以此爲條件的"V_2多少N_2"也表實指，表示動作V_2按照事物的客觀量對事物進行處置。

當構式"V_1多少（N_1）就V_2多少（N_2）"出現"就"時，無論N_1和N_2是否同指，均表達動作按事物的實際量進行處置。例如：

（19）如果我們的報導確實搞錯了，那就公開進行自我批評，錯多少，就講多少，鄭重更正。

（20）其實，故事說不完。有多少患者就有多少故事。每一個故事都有一個謎結，謎結才是最重要的，也是最難解的。

(21) 關於長江兩則片，他認爲生產有潛力，提高單產要增加技術與物質投入，爭取近兩年平均單產超過200公斤。對咸甯、恩施兩地，他的意見是：能種多少就種多少，不必強求面積。

(22) 用省工商局市場管理部門的話說："河北省的市場有多少年發展，就有多少年管理。"

同樣，在以上例句中，"就"的使用表明"V_1多少N_1"和"V_2多少N_2"之間存在條件關係，後項以前項爲條件，"多少N_1"表實指，以此爲條件的"V_2多少N_2"也表實指，表示動作V_2按照事物的客觀量對事物進行處置。

"V_1多少V_2多少"獨立成句時，句中的施事和受事均已省略，但根據上下文語境，施事和受事可以推知。有時候，句中主語是不確指或是不便指出的事物，如例(4)。脫離上下文的語境，"V_1多少V_2多少"所表達的意義並不確定。在口語中，可以根據句中是否有停頓、"少"是否輕讀以及結合語境來區分這一結構的具體意義。在書面語中，則要根據上下文語境來體會其具體意義。表達動作V_2按照事物的客觀量對事物進行處置時，"V_1多少V_2多少"中間一般會有停頓，重音在"少"。表達動作V_2按照事物的任意量對事物進行處置時，"V_1多少V_2多少"連讀，中間沒有停頓，"少"輕讀。"V_1多少V_2多少"語音形式的差異體現了不同的語義、語用表達需求。

"V_1多少V_2多少"表面上看是動賓短語構成的連謂短語或聯合短語，其實它是由賓語中心語同指的雙分句緊縮而來的。下面我們將利用語料詳細論述。

三、"V_1多少V_2多少"的形成過程

(一)"V_1多少V_2多少"的出現

"多少"本是兩個獨立的表意相反的形容片語成的詞組，後來才發展成爲一個詞。方一新(2007)指出，"多少"通過轉喻以及部分成分的語義失落兩個途徑最終凝固成詞。陳昌來(2009)對"多少"的語法化過程進行考察後指出，東漢時期"多少"已經發展出表達整體意義的名詞用法，魏晉南北朝時期語義開始向抽象的方向發展，由表示"事物數量的大小"進一步發展出表示抽象事物的量。"V_1多少V_2多少"最早是從兩個相對自由的並列關係句發展而來的，最初使用的時候，兩個"多少"位於具有並列關係的分句中。根據搜集到的語料來看，最早見於唐和五代時期。例如：

(23) 前年已來，牒流僧尼，即簡粗行不依本教者盡勒還俗，遞迴本貫；今年不簡高行粗行，不論驗僧大德內供奉也，但到次第，便令還俗。頻有敕

問：已還俗者多少？未還俗者多少？催進其數。外國僧未入條流之例，功德使別聞奏取裁。有敕云：外國僧若無祠部牒者，亦勒還俗，遞迴本國者。（唐《入唐求法巡禮行記》）

（24）於是維摩大士入於善德會中，易長者七日無遮，實即論情不易。施卻多少金玉，俵卻多少綾羅，如斯舍與眾人，實即論情不易。（五代《敦煌變文集新書》）

（25）因雪峰問玄沙："汝還識國師無縫塔也無？"玄沙卻問："無縫塔闊多少？高多少？"雪峰顧示玄沙云："和尚何得自犯？"僧問師："玄沙豈不是不諾雪峰？"師云："是也。"僧云："既然如此，請師代雪峰對玄沙。"師云："向後不用修造。"（五代《祖堂集》）

例（23）中，"多少"用於兩個前後並列的句子中，爲表不定量的數詞，作謂語。由於前後兩個句子之間不存在因果、順承等邏輯關係，因此兩個句子可以互換位置，意思不變。例（24）中"多少"位於兩個前後對舉的並列關係分句中，表不定量，作定語。前後兩個分句可以互換位置，意思不變。例（25）中"多少"用於具有並列關係的句子中，後一句蒙前句省略主語，兩句之間是並列關係，"多少"表不定量，作謂語。在收集的語料來看，從唐、五代乃至宋、元的很長時期內，"多少"大多用於前後兩個具有並列關係的句子中，前後兩個句子具有並列關係，不存在因果、順承關係。再如：

（26）今說性善。一日之間，動多少思慮，萌多少計較，如何得善！（南宋《朱子語類》）

（27）蓋人心之靈，天理所在，用之則愈明。只提醒精神，終日著意，看得多少文字！窮得多少義理！徒爲懶倦，則精神自是憒憒，只恁昏塞不通，可惜！（南宋《朱子語類》）

（28）這般遠田地裡，經多少風寒暑濕，受多少日炙風吹，過多少惡山險水難路，見多少怪物妖精侵他，撞多少猛虎毒蟲定害，逢多少惡物刁蹶，正是好人魔障多。（元《朴通事》）

（29）我也跟官人時節，那裡問雪雨陰晴，忍多少饑，受多少渴，這般受苦來。（元《朴通事》）

到了元代時期，"多少"除了可以用於前後具有並列關係的分句中，"多少"還可以出現在前後分句之間具有表順承的前後事理邏輯關係的分句中。例如：

（30）這馬上馱著的。些微幾疋毛藍布。一併都是要賣的。你既也去賣馬。咱們正好一同去。你這幾個牲口。每夜吃多少草料。共用多少錢。這六個馬。每一個五升料一捆草。共算來。大概兒用盤纏二錢銀子。這六個馬。每夜吃的

草料也不一樣。草料貴處。用銀三四錢。草料賤處。用銀二錢。(元《老乞大新釋》)

(31) 你那綾絹涼花。在本地多少價錢買來的。到王京多少價錢賣出去的。我買的價錢。綾子每疋二兩。染做鴉青小紅顏色。絹子每疋。染錢二錢。涼花每一斤。價銀二錢。到王京去。絹一疋。換細麻布兩疋。折銀一兩二錢。綾子一疋。鴉青的換布六疋。折銀子三兩六錢。涼花每一斤。換布一疋。折銀子六錢。通共算來。除了牙稅腳價之外。也可得加五的利錢。(元《老乞大新釋》)

例(30)中，"多少"在兩句中都作定語，前句的施事主語是馬，後句的施事主語是人。前後兩個句子間表現出明顯的順承關係，"每夜吃多少草料"在先，而後才能計算出"共用多少錢"，兩句所表達的事件順序明顯，句子間具有明顯的事理邏輯關係。在這種情況下，前後句已經不再可以互換位置。例(31)中，"多少"作定語，前句和後句的施事主語同指。出現"多少"的前後兩個句子間的順承關係更爲明顯，先是把貨物買來，而後才能把貨物賣出去，如果前後兩句顛倒，則無法體現出兩句之間緊密的事理邏輯關係。到了明代時期，出現"多少"的前後分句之間還可以具有因果關係。例如：

(32) 請下了金碧峰的寶船圖樣來，依樣畫葫蘆，圖上寶船有多少號數，就造成多少號數；圖上每號有多少長，就造成多少長；圖上每號有多少闊，就造成多少闊；圖上每號怎麼樣的制度，就依他怎麼樣的制度。(明《三寶太監西洋記》)

(33) 風婆娘說道："只消佛爺爺一道牒文，小的就該萬死，何須這等過慮！"山神道："還要和他講過，寶船有多少時候在海裡行著，他就多少時候不要發風。"國師道："大約有一周年。"風婆娘說道："小的就死認著這一周年，再不敢發風。"(明《三寶太監西洋記》)

(34) 店小二來問道："大哥是山東貨郎，來廟上趕趁，怕敢出房錢不起?"燕青打著鄉談說道："你好小覷人！一間小房，值得多少？便比一間大房錢！沒處去了，別人出多少房錢，我也出多少還你。"店小二道："大哥休怪，正是要緊的日子，先說得明白最好。"(明《水滸全傳》)

在以上例子中，出現"多少"的前後分句之間具有明顯的事理邏輯關係，表示依照前一句中所表達的事物的量對事物進行處置。這時，後一分句中依照的量是前一分句中所體現出來的實際的量。明代時期，"多少"修飾的中心語成分出現省略，使得前後句的語義重心發生轉移，語義重心從先前的中心語移至"多少"。例如：

(35) 王公道："用多少酒?"馬周指著對面大座頭上一夥客人，問主人家道："他們用多少，俺也用多少。"王公道："他們五位客人，每人用一斗好

酒。"馬周道:"論起來還不勾俺半醉,但俺途中節飲,也只用五斗罷。有好嘎飯盡你搬來。"(明《喻世明言》)

(36) 繼之道:"這可不能。萬一回去真是不夠用,那可怎麽樣呢?我這裡寫著一封信,你帶在身邊。用不著最好,倘是要用錢時,你就拿這封信到我家裡去。我接我家母出來的時候,寫了信託我一位同族家叔,號叫伯衡的,代我經管著一切租米。你把這信給了他,<u>你要用多少,就向他取多少</u>,不必客氣。到你動身出來的時候,帶著給我匯五千銀子出來。"(清《二十年目睹之怪現狀》)

上面兩例中,"多少"原爲數詞,表不定量,作定語。後面的中心語省略,使得語義重心轉移至"多少"。中心語省略後,"多少"從原來的定語變爲動詞的賓語,所表達的語義根據上下文語境通常都可推測再來。例(35)中"多少"後面省略的中心語是"酒",例(36)中"多少"後面省略的中心語是"錢"。江藍生(2007)指出,在語言表達經濟性原則下,兩個分句具有相同的結構與詞語會引發省略和緊縮,導致新的語法結構的產生,進而指出同謂雙小句的省縮是漢語構式語法化的一種推力和機制。我們的考察則進一步發現,結構相同的同賓雙小句的省略與緊縮也會導致句法創新。上面兩例中前後分句具有相同的結構和賓語中心詞語,在語言表達經濟性原則的驅動下,發生了句法成分的省略。因省略的中心詞語在雙分句前已明示出來,因而在成分省略後,並不影響語義的表達。當"多少"所在的分句中主語和"多少"後面的中心語都出現省略的時候,由於句法成分缺失前後兩個分句在句法上已無法成立,並且從語意上來看都已不自足,這個時候前後句的結構因句法成分的省略而發生緊縮,使得兩個獨立的分句緊縮爲一個單句。例如:

(37) 玉樓道:"李嬌兒初時只說沒有,'雖是錢日逐打我手裡使,都是叮數的。<u>使多少交多少</u>,那裡有富餘錢?'我說:'你當家還說沒錢,俺們那個是有的?六月日頭,沒打你門前過也怎的?大家的事,你不出罷!'教我使性子走了出來,他慌了,使丫頭叫我回去,才拿出這銀子與我。沒來由,教我恁惹氣剌剌的!"(明《金瓶梅》)(崇禎本)

(38) 晁田問曰:"過路的漢子,此處如何竟無渡口?"行人答曰:"官人不知:近日新來兩個惡人,力大無窮,把黃河渡口俱被他趕個罄盡。離此五裡,留個渡口,都要從他那裡過,盡他掯勒渡河錢。人不敢拗他,<u>要多少就是多少</u>。"宜生聽說:"有如此事,數日就有變更!"速馬前行,果見兩個大漢子。(明《封神演義》)

在以上例子中,"多少"原來所在的分句中主語和賓語中心語都已經省略,造成分句語意不自足,導致句法結構緊縮而成爲一個單句,所表達的意思是 V_2 按照

V₁後面的"多少"的實際的有限的量來處置。在現代漢語中，因結構與句法成分相同引發句法成分省略的現象非常普遍。

到了清代時期，V₁、V₂後面的"多少"還可以表達無限的量，表示說話人願意以 V₂ 表示的動作行爲對事物進行任意量的處置，包含說話人的主觀情感在裡面。例如：

(39) 他要不賣給我，我就賣給他，只要你有那一隻，拿來一對，果然是一雙，你願意給我多少錢就是多少，我也不爭。這一隻青布靴子是我半路撿來的，挑著也無用。（清《彭公案》）

(40) "錢，咱們沙雁嶺有的是，您要多少給多少。您一天要三十兩我就給三十兩，您別把我殺了！"（民國《雍正劍俠圖》）

(41) 他乃是裕親王府的皇糧莊頭，說要託人情須用白銀一萬兩方可成功，故此邀請眾位在本處作些剪徑之事，每日劫客商一千隻留三百兩，今天是有多少留多少，只因事在緊急。（清《彭公案》）

(二) "V₁多少 V₂多少"的構式化

從上面對"V₁多少 V₂多少"形成過程的考察來看，這一構式的形成分爲三個階段：

第一階段，"多少"作爲數詞，表不定量，作定語時，修飾後面的名詞性中心語，用在具有並列關係的前後分句中。"多少"在前後分句中可以作定語，也可作主語。因前後分句間是並列關係，因此前後分句位置可以互換而不影響句意的表達。前後分句的主語和賓語可以相同，也可以不同。例如：

(42) 師問仰山："《涅盤經》四十卷，多少是佛說，多少是魔說？"仰曰："總是魔說。"師曰："已後無人奈子何！"（南宋《五燈會元》）

(43) 梁尚賓聽了多時，便走出門來問道："你那客人存下多少布？值多少本錢？"客人道："有四百餘匹，本錢二百兩。"（明《今古奇觀》）

後來到了元代時期，"多少"出現的前後分句間出現了明顯的邏輯關係，即順承關係，前一分句和後一分句之間具有明顯的先後順承關係，如上文例（30）、(31)。"多少"出現的前後分句之間無論是並列關係還是順承關係，"多少"均表示按句中所隱含的事物的實際的量對事物進行處置。

值得注意的是，很多情況下，"多少"出現的前後分句中的賓語中心語和主語都相同，這爲下一階段賓語中心語的省略提供了可能。例如：

(44) 唐狀元道："不是我講銀子。只因元帥一曲轉牌，傳示各船大小將校，借辦錢糧。這如今凡有多少銀子，盡多少獻出去，等到回朝之日，奏聞朝

廷，一兩還二兩。"（明《三寶太監西洋記》）。（明《三寶太監西洋記》）

（45）店小二來問道："大哥是山東貨郎，來廟上趕趁，怕敢出房錢不起?"燕青打著鄉談說道："你好小覷人！一間小房，值得多少？便比一間大房錢！沒處去了，<u>別人出多少房錢，我也出多少還你</u>。"店小二道："大哥休怪，正是要緊的日子，先說得明白最好。"（明《水滸全傳》）

我們利用北大語料庫，以宋、元、明時期代表性作品為例，將"多少"出現的前後分句中的賓語中心語和主語都相同的情況統計如下[①]：

表1 宋、元、明時期"S_1+V_1+多少$+N_1$，S_2+V_2+多少$+N_2$"句法成分同指情況

歷史朝代	代表作品	"S_1+V_1+多少$+N_1$，S_2+V_2+多少$+N_2$"			
		S_1、S_2同指	N_1、N_2同指	S_1、S_2與N_1、N_2均同指	總數
宋	《朱子語類》	3	5	0	8
元	《老乞大新釋》	1	1	2	4
明	《三寶太監西洋記》	2	1	7	14
	《西遊記》	0	0	3	3
	《醒世姻緣傳》	1	0	2	5

從宋、元、明時期的語料統計情況來看，"S_1+V_1+多少$+N_1$，S_2+V_2+多少$+N_2$"中，N_1與N_2同指的情況占大多數，在34條用例中，N_1與N_2同指的用例達21條，占到了62%。前後分句句法結構相同以及賓語中心語同指為句法成分的省略提供了前提和可能。

第二階段，前後分句中"多少"修飾的中心語同指的情況下，中心語省略，使前後分句結構變為"V_1多少，V_2多少"。江藍生（2006）指出，結構式中兩個句法成分在語義上具有同一性是語法化的特殊誘因。前後分句由於句法成分的省略，使得語意上無法自足，前後分句之間的聯繫進一步增強，表現在語速上，"V_1多少"和"V_2多少"之間的停頓較為短促，最後發展到由原來互為獨立的分句逐漸靠攏，以致緊縮成由兩個動詞性短語聯合構成的動詞性謂語句。在中心語省略之前，語義中心在"多少"後的中心語上。中心語省略後，複句的語義中心前移到"多少"上。伴隨著句法成分的省略，"多少"由原來的數詞，表不定量，作定語，演變為疑問代詞，作賓語。雖然句中的主語和中心語都已省略，但是結合上下文聽話人是可以明瞭的。例如：

---

① 表中"S_1、S_2同指""N_1、N_2同指""S_1、S_2與N_1、N_2均同指"均為分別獨立統計，互不包括。需要說明的是，在語料統計中，前後分句之間經常會出現對文互舉的用法，如"壞了我多少清名，疏了我多少親眷""誤了多少路程，費了多少心力"，在這種互文對舉中，因各分句中的賓語中心語意義接近，用法相同，我們也看作N_1、N_2同指。

(46) 他又因自己是革職人員，怕人看不起，樂得做人情，官要多少就借多少，等到下忙，官又還他，次年春天又借，如此措辦，已非一年。（清《乾隆南巡記》）

(47) 船家說道："你們這十三省總鏢局向來優待腳行。不用說價啦，達官爺看著給價錢吧。"三太說道："先明後不爭。咱們論天，每天多少錢，有多少天算多少天，酒錢在外。"船家說道："我們六七個人的船，你每天給一兩銀子，酒錢在外隨你賞。"三太說道："不多不少。"眾英雄上船，當時開船。（清《三俠劍》）

(48) 他乃是裕親王府的皇糧莊頭，說要託人情須用白銀一萬兩方可成功，故此邀請眾位在本處作些剪徑之事，每日劫客商一千隻留三百兩，今天是有多少留多少，只因事在緊急。（清《彭公案》）

例（46）省略了賓語中心語，例（47）省略了主語，例（48）則省略了主語和賓語中心語。由此可見，順承複句中前後分句中心語的語義同指是促發結構緊縮的誘因，中心語省略後，前後分句語意上的不自足是"V_1多少V_2多少"形成的推動力。從句式上來看，"V_1多少V_2多少"是由"V_1多少＋N"和"V_2多少＋N"通過句法成分省略與緊縮糅合而來的。葉建軍（2013）指出，句式糅合發生在兩個語義相同或相近的句式之間，主要通過刪略重疊成分合併成一個新的句式。"V_1多少V_2多少"的形成過程正是句式糅合的過程。

董秀芳（1997）認爲，句法結構中某些成分的省略會促使兩個不在同一層次上的語言單位變得接近，從而導致跨層結構的產生。在這一階段中，從結構上看，"多少"所在的前後分句由於主語或賓語中心語相同而發生句法成分的省略，從而導致原來不在同一句法結構中的兩個"多少"緊縮到同一個句法結構中；新的跨層結構所表達的意義並沒有隨著句法結構的變化而變化。從意義上看，跨層結構表達的意義仍然是動作V_2按照第一個"多少"表達的實際的量對事物進行處置。

第三階段，"V_1多少V_2多少"除了可以表達動作V_2按照第一個"多少"表達的客觀的量對事物進行處置外，還可以表達這樣的意義，即動作V_2按照第一個"多少"所隱含的事物的無限量進行處置，具有明顯的非現實性和誇張意味。例如：

(49) 原來這位署藩台姓的是何，他有個綽號，叫做荷包。這位三大人也有一個綽號，叫做三荷包。還有人說，他這個荷包是個無底的，有多少，裝多少，是不會漏掉的。（清《官場現形記》）

(50) 蔣爺說："二弟，你還是這個脾氣。我進去險些沒叫人家拿魚叉把我叉了，可巧有個小船請我三哥去，我跟著小船混過大關，差點沒叫人拿撈網子把我撈了。涉了這些險，才把我三哥救出。二弟你可別惱，你那個水性，進去

多少死多少。我就怕你挑眼，先把話說明，沒偏沒向。你容我救出一個，再救那個。我還能說不管嗎？"（清《小五義》）

（51）我想她必是去請能人，前來破陣。"金封說道："只管叫她去請，能人來多少，捆多少。"別管她講甚能人想要破陣白費心（清《小八義》）

（52）錢，咱們沙雁嶺有的是，您要多少給多少。您一天要三十兩我就給三十兩，您別把我殺了！（民國《雍正劍俠圖》）

（53）九齡趕緊給攔了："老人家，您看我們在這裡到太原也不遠了，您給我們這麼多錢幹什麼？我們兩人都是官人，有盤纏錢吶！""你們有，是你們的。"張方搭腔說道："哥哥，您真是的，老丈人給姑爺錢，給多少拿多少，掖起來！"小哥兒倆告辭出來。（民國《雍正劍俠圖》）

例（49）表達的是無論多少錢他的荷包都能裝得下，然而實際情況是荷包內部空間是有限的，因此能裝多少錢也是有限的，這樣的表達具有明顯的非現實性和誇張意味。說話人這麼說顯然是包含一種情感態度在裡面，表達說話人依據自己對情況的瞭解，表現出對某人貪得無厭的情感態度。例（50）的意思則是說對方水性不好，進去多少回都得死，表現說話人對對方水性不好的情況非常瞭解而加以勸阻的態度。

從"V_1多少V_2多少"的構式化歷程可以看出，該構式的緊縮過程可以推導為："$S_1＋V_1＋$多少$＋N_1$，$S_2＋V_2＋$多少$＋N_2$"→"$S_1＋V_1＋$多少，$S_2＋V_2＋$多少"→"V_1多少，V_2多少→"V_1多少V_2多少"。也就是說，引發省略與緊縮的因素是前後兩個分句有相同的結構和詞語，表達不經濟，因而促發了句法成分省略和緊縮。

四、結論

句法性構式"V_1多少V_2多少"的核心意義是按照客觀實際的量或者無限的量對某事物進行處置，是在"$S_1＋V_1＋$多少$＋N_1$，$S_2＋V_2＋$多少$＋N_2$"的句法環境中完成跨層語法化的。最早出現於明代，到了清代有了較大發展。從語法化過程來看，從最初表示兩個相對自由的並列關係句發展成為具有事理邏輯的順承關係句，最後再形成一個不可分割的結構。前後分句句法成分的省略以及句法結構的緊縮是"V_1多少V_2多少"形成的主要機制。在口語中會因語速、重音和停頓的不同會使得"V_1多少V_2多少"的語義發生很大的變化。具體來說，當"少"不輕讀時，這一結構表示V_2按照"多少"的客觀量進行處置；當中間沒有語音停頓、"少"輕讀時，表示V_2按"多少"的無限量對事物進行處置，具有明顯的非現實性和誇張意味，包含說話者的主觀情感在裡面。這一結構均出現於口語話程度較高的人物對話中，具有言者的主觀性，這種主觀性可以通過較快的語速體現出來。在書面語中，則要根據句子的上下文來體會這一結構的具體意義。具體使用中，還會有不同的變式，表達不同的意義。

　　Haboud（1997：213）指出，從語言發展過程來看，隨著人類思維的發展，語言運用能力的增強，語言結構及形式也越來越複雜化、精密化，原來需要用兩個分散獨立的句子來表達的內容可以整合爲一個句子表達出來，這就是語法化中的小句整合現象。從原本分散獨立的並列小句發展成結構緊密的複合句、進而在形態上發展爲簡單句甚至句法結構的演變在世界語言範圍內是個總體趨勢，這反映了跨小句語法化的單向性原則（參見 Hopper and Traugott, 2003：Chapter 7；高增霞2005）。

　　比如古漢語中連動式就是由並列的幾個小句發展而來的。本文討論的"V_1 多少 V_2 多少"語法化的過程即是由兩個並列小句到單獨小句的整合過程。江藍生（2007）以同謂小句的省縮爲例，探討了省略和緊縮與句法創新之間的關係。我們的考察則進一步指出，結構相同的同賓雙小句的省略與緊縮也會導致句法創新。換言之，在語言表達經濟性原則下，具有相同的結構與賓語中心詞語的前後分句會引發省略和緊縮，導致新的語法結構的產生。結構與詞語相同既引發了句法創新，同時也是語法化的誘因。

參考文獻

　　陳昌來，占雲芬．"多少"的詞彙化、虛化及其主觀量．漢語學報，2009（3）．
　　董秀芳．詞彙化：漢語雙音節詞的衍生和發展．成都：四川民族出版社，2011．
　　董秀芳．跨層結構的形成與語言系統的調整．河北師範大學學報（哲學社會科學版），1997（3）．
　　方一新，曾丹．"多少"的語法化過程及其認知．語言研究，2007（3）．
　　馮勝利．從韻律看漢語"詞""語"分流之大界．中國語文，2001（1）．
　　高增霞．從非句化角度看漢語的小句整合．中國語文，2005（1）．
　　江藍生．超常組合與語義羨餘——漢語語法化誘因新探．中國語文，2006（5）．
　　江藍生．跨層非短語結構"的話"的詞彙化．中國語文，2004（5）．
　　江藍生．同謂雙小句的緊縮與句法創新．中國語文，2007（6）．
　　李小軍．跨層結構的詞彙化與詞典的收詞及釋義．辭書研究，2008（6）．
　　劉紅妮．"跨層結構"語言學術語的發展和流變．術語標準化與信息技術，2010（4）．
　　彭睿．框架、常項和層次——非結構語法化機制再探．當代語言學，2011（4）．
　　沈家煊．"語法化"研究綜觀．外語教學與研究，1994（4）．
　　沈家煊．語言的"主觀性"和"主觀化"．外語教學與研究，2001（4）．
　　田範芬．連詞"以及"的歷史來源．古漢語研究，2004（1）．

汪國勝，楊黎黎，李沛. 構式"要多A有多A"的跨句語法化. 語言研究，2015（2）.

葉建軍. "X勝似Y"的來源、"勝似"的詞彙化及相關問題. 語言科學，2013（3）.

張誼生. 試論連詞"及其"的詞彙化動因、連接方式及指代歧義. 第四屆漢語語法化問題國際學術討論會論文. 北京語言大學，2007.

Haboud, Marleen. 1997. Grammaticalization, clause union and grammatical relations in *Ecuadorian Highland Spanish*. In Talmy Givon (ed.). Grammatical Relations: A Functional Perspective. Amsterdam: John Benjamins Publishing Company.

Paul J. Hopper and Elizabeth Closs Traugott. 2003. Grammaticalization (Second Edition). Cambridge: Cambridge University Press.

Source and Innovation of the Syntactic Construction "V₁ Duoshao V₂ Duoshao"

Gu Shaotong

Abstract: To express the actual amount or any amount is the core meaning of construction "V₁ duoshao V₂ duoshao". The construction "V₁ duoshao V₂ duoshao" appeared in Ming dynasty, and developed quickly in Qing dynasty. From the perspective of grammaticalization, "V₁ duoshao V₂ duoshao", at first, expressed the simple coordinating relation between two relatively free sentences; then "V₁ duoshao V₂ duoshao" expressed the precedence relationship between two sentences, and finally turned into an indivisible structure. The similarity in structure of two clauses expressing the precedence relationship and the conditional relation ship and the identical meaning of two object centers are the precipitating factors. Meanwhile, the omission of syntactic components and the compression of the syntactic structure is the main mechanism of the formation of "V₁ duoshao V₂ duoshao", so the omission and compression of two clauses with similar structure and identical object lead to the syntactic innovation. In the spoken Chinese, the meanings of "V₁ duoshao V₂ duoshao" vary greatly according to different speech speeds and accents. Specifically, "V₁ duoshao V₂ duoshao" expresses the actual amount without the accent of "shao" and any amount with the accent of "shao". When "V₁ duoshao V₂ duoshao" expresses any amount, the strong subjectivity and fabulosity are expressed. In written Chinese, the expressed meanings of "V₁ duoshao V₂ duoshao" vary from context to context, and many variants of "V₁ duoshao V₂ duoshao" appear in the specific use of the construction and express different meanings.

Keywords: "V₁ duoshao V₂ duoshao"; cross-structure; grammaticalization; syntactic innovation

(顧紹通,江蘇師範大學語言科學與藝術學院)

中醫量詞"劑""服"源流演變

楊 威

提 要：中醫量詞"劑""服"從產生之初直至現在，僅用於中醫領域且有特定的稱量對象。量詞"劑"的產生不晚於漢代，"服"的產生不晚于唐代。從語言規範角度看，無論從產生年代還是理據性方面，稱量藥劑都應該用"服""劑"，而非"副""付"。

關鍵詞：中醫；量詞；劑；服

中醫文獻浩如煙海，隨著語言學研究的不斷深入，語言價值不斷凸顯。中醫文獻有較強的傳承性，其語言多保留了前代的使用規範。尤其是稱量中藥藥劑的量詞"劑""服"，從產生直至現在，僅用於中醫領域且有特定的稱量對象。本文著重梳理了中醫量詞"劑""服"產生年代和具體過程，並從語言規範角度討論了無論從產生年代及理據性方面來看，"副""付"都不應用來稱量中藥藥劑。

一、劑

"劑"是"齊"的後起字，《說文·刀部》："劑，齊也"，段玉裁注："是劑所以齊物也……今人藥劑字乃《周禮》之齊字也。"《集韻·霽韻》："齊，和也。《周禮》：'八珍之齊'。"魏晉之前，劑（齊）常用其"調配、調節"義。如：

(1) 故將使民者，乘良馬者不可不齊也。(《商君書·戰法》)
(2) 夫匠者，手巧也；而醫者，齊藥也。(《韓非子·定法》)
(3) 凡羞有湆者，以齊。(《禮記·少儀》)
(4) 和輿羹焉，酸苦以劑其味。(南朝宋 範曄《後漢書·文苑列傳·劉梁》)
(5) 劑水火而和調，糅蘇荏以芬芳。(南朝梁 何遜《七召·肴饌》)

劑（齊）由表動作的"調配、調節"義，引申出表動作結果的"多味藥配製而成的藥劑"。如：

(6) 在腸胃，火齊之所及也。（《韓非子·喻老》）

(7) 如是者，可將以甘藥，不可飲以至劑。（《靈樞·終始》）

(8) 於是天子始親祠灶，遣方士入海求蓬萊安期生之屬，而事化丹沙諸藥齊爲黃金矣。（漢 司馬遷《史記·孝武本紀》）

(9) （華佗）精于方藥，處劑不過數種，心識分銖，不假稱量。（南朝宋 範曄《後漢書·方術列傳·華佗傳》）

"劑（齊）"由"調配、調劑"義引申爲"配製的藥劑"義，爲"劑"虛化爲量詞提供了語義上的來源。劉世儒（1965：167）認爲："劑作爲量詞由'調劑'義而來。"但所舉最早用例係晉葛洪《神仙傳》卷六："少君乃與其成藥二劑"，恐時代嫌晚，量詞"劑"產生年代不晚於漢代，傳世文獻與出土文獻均有大量例證①，如：

(10) 治以雞矢醴，一劑知，二劑已。（《素問·腹中論》）

(11) 第八隧卒宋□病傷汗，飲藥十齊，癸未醫行□。（《居延漢簡》257.6A）

(12) 第十隧卒高同病傷汁，飲藥五齊□。（同上 265.43）

(13) 若汗不出，乃服至二三劑。（漢 張仲景《傷寒論·辨太陽病脈證並治上》）

(14) 方見上，三日一劑可至三四劑，此先服小青龍湯一劑。（漢 張仲景《金匱要略》卷三）

(15) 病重者，一日一夜服，晬時觀之，服一劑盡。（漢 張仲景《金匱要略》卷七）

從語法特徵上看，量詞"劑"在兩漢時期以"（名）＋數＋劑"的結構出現②，所稱量的名詞或省略或置於"數＋劑"前，這表明量詞"劑"還處在語法化的初始階段。同時，出現了"一量多名"的現象，稱量的對象可以是"藥"，也可以是"湯"。

魏晉以降迄至唐宋，"數＋劑＋名"結構大量出現，表明量詞"劑"已經發展成熟，因爲只有當數量結構置於名詞之前時，在這一特定語法位置上的量詞的語法化才能更進一步（李建平 2017：234）。如：

(16) 少君乃與其成藥二劑（晉 葛洪《神仙傳》卷六）

(17) 合一劑湯與之。（南朝宋 劉義慶《世說新語·術解》）

---

① 張顯成、李建平在《簡帛量詞研究》（2017：200）指出"劑"在《馬王堆帛書·五十二病方》中已引申爲表示藥物計量單位的量詞。

② 通過對成書於漢代的《黃帝內經》《神農本草經》《傷寒雜病論》《金匱要略》四部醫學典籍的窮盡式考察，暫未發現"數＋劑＋名"結構用例。

(18) 浩感其至性，遂令異來，爲診脈處方。始服一<u>劑</u>湯，便愈。（同上）

(19) 余依方服一<u>劑</u>得下後消息，看氣力、冷熱增損，方調定，更服一<u>劑</u>湯（唐 孫思邈《千金要方·婦人方》卷二）

(20) 即進湯，服一<u>劑</u>，便覺稍遠。又服，還變成五色物。數<u>劑</u>，疾平。（唐 丘悅《三國典略》卷三八一）

(21) 前後服十<u>劑</u>湯、一<u>劑</u>散。（宋 鄭樵《通志·藝術傳》卷一八三）

明清時期，"一量多名"現象進一步發展，"藥"可直接放在"數+劑"後，與現代漢語用法已無差別。如：

(22) 到家查了古方，參以己見，把那熱者涼之，虛者補之，停停當當，不消三四<u>劑</u>藥兒。（明 笑笑生《金瓶梅》第五十四回）

(23) 管待了他的酒飯，與了他那二兩銀子。他也還留下了兩<u>劑</u>藥。（《醒世姻緣傳》第三十九回）

(24) 昨日開了方子，吃了一<u>劑</u>藥，今日頭眩的略好些。（清 曹雪芹《紅樓夢》第十一回）

(25) 勝爺開了治吐血的方子，叫家人備快馬，到大藥鋪照方抓三<u>劑</u>藥。（清 張傑鑫《三俠劍》第六回）

以上通過對量詞"劑"源流演變的考察，可知"多味藥配製而成的藥劑"義爲其虛化的直接意義來源。中醫量詞"劑"產生的機制爲：物^{名詞}→稱量本物^{量詞}，其產生途徑爲：動詞："調配、調節"（引申）→名詞：調配的藥劑（虛化）→量詞：稱量"藥物"。

二、服

現代漢語中"服"作爲中醫藥量詞，用法與"劑"相同，《現代漢語詞典》（第7版）解釋："量詞，用於中藥。"如：

(26) 明天再去找那道士要一<u>服</u>仙藥，吃了追上去。（魯迅《奔月》）

(27) 這是一<u>服</u>無上的鎮靜劑呢。（郭沫若《行路難》）

(28) 但這總是我們的一<u>服</u>藥。（俞平伯《讀〈毀滅〉》）

無獨有偶，現代漢語中的量詞"副""付"也可稱量中藥。如：

(29) 這不是重病，不要緊，再吃一兩<u>副</u>藥就更好了。（巴金《春》）

(30) 你不要著急，你一定會好起來的，張伯情說吃幾<u>付</u>藥，養半個月，一定會好的。（巴金《寒夜》）

(31) 說罷鋪紙提筆蘸墨，開了一劑滋陰壯陽溫補的藥方，一次取了七<u>副</u>，

並囑咐連服五日。（陳忠實《白鹿原》）

（32）他還開好藥後一付付熬好，連同煎雞蛋一同送至病人手中。（1994年報刊精選/09）

所不同的是，與量詞"服"相比，"副"和"付"不但可以稱量中藥藥劑，更多的是稱量"成對或成套的東西"①，其源流及三者之間關係有待闡明。

(一) 量詞"服"的產生及用法

關於量詞"服"產生的年代學界雖早有論及，但眾說紛紜，尤其是產生的時間爭議較大。李建平（2017：187）認爲產生於漢代，惠紅軍（2009：114）、向熹（2010：324）、劉子平（2013：69）等認爲其產生於魏晉，王紹新（2018：175）認爲其產生于唐代，而宗守雲（2010：205）認爲其產生於宋代。李建平所舉例證皆出自東漢張仲景的《傷寒論》，如"又不汗，服後小促其間，半日許，令三服盡"等。結合上下文語境及中醫常識對《傷寒論》中出現的"服"考察後發現，該書中"數＋服"結構中的"服"皆爲動詞，表"服用幾次"義，如"夜一服""分溫二服""日三服"等。再如"溫服一升，日三服"，"溫服"與"三服"相對，其中的"服"爲動詞，屬於狀中結構。李建平所舉另一用例"半日許，令三服盡"，從醫理上講，半日喝三次藥符合實際，而喝三服藥不合常理，所以該例中的"服"仍爲動詞，是說將藥分作三次半日之內服用完畢。惠紅軍未舉例證，向熹、劉子平所舉最早的例證皆爲北周庾信《燕歌行》"定取金丹作幾服，能令華表得千年。"但該例中的"服"應爲動詞，而非量詞。"服"作動詞時，動賓結構"服＋丹"常見，如東晉葛洪《神仙傳》卷二："吾師非凡人也，服丹而死。"而作量詞時，數量結構"數＋服"修飾限定"丹"，古代文獻鮮有旁證。清倪璠注《庾子山集注》卷五亦釋"定取金丹作幾服，能令華表得千年"中的"服"爲"服用"，甚確。比較來看，唐五代說更可信，但王紹新舉證均不夠典型，如唐齊己《謝人惠詩》："久餐應換骨，一服已通神。"該例"服"仍可理解爲動詞。作者本人也直言"凡例各有局限性，未見更好的例子"（王紹新 2018：175）。總之，仍有必要對量詞"服"的產生作進一步的梳理。

經查從漢代開始，"服"作動詞有"吞服"義，且"吞服"的對象一般爲"藥物"，如：

（33）醫不三世，不服其藥。（《禮記·曲禮下》）

（34）即令更服丸藥，出入六日，病已。（漢 司馬遷《史記·扁鵲倉公列傳》）

---

① 比如"一副手套""全副武裝"等，手套成對出現，裝備成套出現。量詞"付"同"副"。[《現代漢語詞典》(第7版)]。

中醫量詞"劑""服"源流演變 | 97

(35) 右四味，以甘瀾水一斗，先煮茯苓，減二升，內諸藥，煮取三升，去滓，溫服一升。（漢 張仲景《傷寒論·辨太陽病脈證並治中》）

(36) 一轉之丹，服之三年得仙；二轉之丹，服之一年得仙。（晉 葛洪《抱樸子·內篇·金丹》）

(37) 浩感其至性，遂令異來，爲診脈處方。始服一劑湯，便愈。（南朝宋 劉義慶《世說新語·術解》）

因"吞服"的主要對象爲"藥物"，所以"服"自然可引申爲稱量"藥劑"的量詞，其產生時間不晚於唐代，認爲產生於宋代顯然滯後，如：

(38) 八疊山多惡疾人，法和爲采藥療之，不過三服皆差，即求爲弟子。（唐 李百藥撰《北齊書·陸法和傳》）

(39) 避惡氣欲省病，服一服，皆酒服。（唐 孫思邈《備急千金要方》卷三十）

(40) 服別相去如人行六七裡，吃一服，以快利爲度。第二服則利，更不須服之。（唐 王燾《外台秘要·天行大小便不通脹滿及澀方四首》卷三）

(41) 元嘉中用療數人皆良。有一人服五服藥，即出蟲長一尺餘三枚。（唐 王燾《外台秘要》卷一二《積聚心腹脹滿方一首》）

(42) 服別相去如人行七八里，吃一服，不利，忌生冷油膩。（唐 王燾《外台秘要》卷一三《瘦病方五首》）

(43) 上二味細切，好酒五升浸七日，量力取數服，酒盡，以酒更浸兩遍。（唐 王燾《外台秘要》卷二三《瘦病方一十八首》）

(44) 但灌墜涎①三服藥，各隨臟腑辨根基。（唐 李石《司牧安驥集·造父八十一難經》卷二）

(45) 酒下一服黑神散，此藥通靈效不遲。（同上）

(46) 下針本穴便頹痊，妙藥三服氣脈順。（唐 李石《司牧安驥集·黃帝八十一問》卷五）

(47) 涼藥一匙蜜四兩，不過三服病長休。（唐 李石《司牧安驥集·新添馬七十二惡漢病源歌》卷六）

(48) 涼藥一服淋一上，三江大海放爲其。（同上）

(49) 右以水二升，煎取八合，空心熱吃三服。（唐 咎殷《經效產寶·妊娠安胎方論第一》卷上）

(50) 右水二升，煎七合，後入蒲黃，空心服兩服。（唐 咎殷《經效產寶·

---

① 墜涎，丸藥，主治咳嗽。宋洪遵《洪氏集驗方》卷五："墜涎圓，治咳嗽化痰。"

產後煩悶虛熱方論第二十九》卷中)

其中，例（38）(46)(47)中的"三服"可作重新分析。當"服"爲動詞時，"數＋服"的結構類型爲狀中結構，表示"服藥幾次"；當"服"作量詞時，"數＋服"的結構類型爲"數量結構"，表示"幾服藥"。因爲"數＋服"的結構在唐代可以作重新分析，這爲量詞"服"的產生提供可能。例（39）~（45）(49)(50)中"數＋服"分別放在中心動詞"服""吃""取""灌""下"後，構成名詞性數量短語。又例（41）(44)(45)中"服"後有一個表方劑或藥品的名詞性成分，前有支配這一名詞性成分的動詞，表明"服"已發展爲一個成熟的量詞。如果說量詞"服"的語法化開始於"數＋服"結構的重新分析，那麼則終止於"數＋服"前中心動詞的出現。例（47）的"涼藥一匙"與例（48）中"涼藥一服"相對，"一匙"爲數量結構，可知"一服"亦爲數量結構，其中的"服"爲量詞，而非動詞。值得注意的是，因例（47）中的"一匙"爲數量結構，說明其後的"三服"是"數詞＋動詞"，服的賓語是"涼藥一匙"，服爲動詞，與例（48）"涼藥一服"中的"服"詞性並不相同。

綜上可以看出，唐代文獻中"（名）＋數＋服"與"數＋服＋名"結構並存，"服"可以與概數詞"數"組合，同時出現了"一量多名"的現象，"服"稱量的對象可以是"散"，也可以是"藥"，量詞用法已經較爲成熟。但與量詞"劑"不同的是，量詞"服"產生之初語法化程度就很高，"數＋服＋名"結構已經大量存在。這與其產生的年代息息相關，因爲南北朝之後，數量詞移向中心詞前面是主流（劉世儒1965：48）。發展至唐代，"數＋量＋名"結構已是表達數量關係最常用的語法形式。受該語法形式的影響，量詞"服"產生之初，就主要以"數＋服＋名"的語法形式出現。

從宋代開始，量詞"服"得到進一步發展："數＋服＋名"的用例大量增加；支配這一名詞性成分的動詞出現了"煎""喫""進"等；"一量多名"現象進一步凸顯，"服"的稱量對象擴展至"湯"，同時還可以與"每一""三二"等短語組合。如：

(51) 又曰："此一<u>服</u>藥人人皆可服，服之便有效，只是自不肯服耳子寰。"（《朱子語類》第九十四卷）

(52) 戴人見之而笑曰："病既頻而少，欲通而不得通也，何不大下之？此通因通用也。此一<u>服</u>藥之力。"（金 張從正《儒門事親》卷七）

(53) 後爲兩制日，疾，醫者複以丁香草果飲，亦三兩<u>服</u>即愈。（宋 周密《癸辛雜識·馬相去國》）

(54) 右同攪拌匀，以磁器蒸熟，柳木匙撈，候成膏，每一<u>服</u>湯點一匙甚妙。（明 朱橚撰《普濟方》卷一百五十七）

(55) 王慶要病好，不止兩個時辰，把兩服藥都吃了。（明 施耐庵《水滸傳》第一零二回）

以上通過對量詞"服"源流演變的考察，可知"服用藥物"義爲其虛化的直接意義來源。量詞"服"產生的機制爲：動作^{動詞}→稱量其受事^{量詞}。產生的途徑爲：動詞：服用藥物（虛化）→量詞：稱量"藥物"。其產生的原因除了受語法系統的影響之外，也和人類的認知有關，量詞"服"的產生就是一個轉喻的過程。轉喻就是以一種實體替代另一實體，從而突出該實體的主要功能和顯性特徵。"服"由"服用藥物"到稱量服用的藥物，是一個很自然的認知發展過程。

(二)"副"與"付"的產生及用法

劉世儒（1965：205）認爲量詞"副"的產生年代爲南北朝時期，本義爲"分判"，由此引申，凡有"分合""配合"義的詞語大都可用"副"作量詞，既可以稱量兩個相同的物品，也可指異物相配。但量詞"副"在產生之初，指稱的對象與藥物並無關係。如：

(56) 情系帷幄，拜表奉賀，並獻文履七量，襪若干副。（三國魏 曹植《冬至獻襪履表》）

(57) 州縣春秋致束帛酒肉，仍賜衣一副、絹一百匹。（《舊唐書·王希夷傳》）

(58) （崔）複致衣一襲，被褥一副。（南朝宋 劉義慶《世說新語·方正》注引《孔氏志怪》）

(59) 卿那得此副急淚？（南朝梁 沈約《宋書·劉懷肅傳》卷十七）

(60) 有漆硯一枚，牙子百副。（唐 徐堅等《初學記·文部》卷二一引《東宮故事》）

經查晚至清代，量詞"副"纔開始用來稱量藥劑，如：

(61) 我今聽之天數，取藥二劑，一安胎，一墮胎，送與太子，只說都是墮胎藥，任他取用那一副。（清·褚人獲《隋唐演義》第九十九回）

(62) 密袖二藥，入宮獻上道："此皆下胎妙藥，任憑取用一副。"（同上）

(63) 我這副藥珍珠八寶樣樣都全，但是這副藥本就得四十塊大洋。（清·李寶嘉《官場現形記》第三十九回）

(64) 齊巧本府上省，賈制台問到首府，首府又替他下了一副藥、因此才拿他撤任。（同上，第四十三回）

(65) 這人把紙交給白潔："恩人，這是我家祖傳專治毒藥傷的絕方，請您拿著它到藥鋪去，照方子抓一副來，越快越好。"（清·常傑森《雍正劍俠圖》第十六回）

關於量詞"服""副"（稱量藥物）的互用關係，呂叔湘（1999：212）認爲："'副'也用於中藥。原寫作'服（fù）'。"李計偉（2006）則認爲："（稱量藥物）'副'和'服'是由於人們觀察視角的不同造成的……'服'和'副'應該是並行的兩個量詞。"本文認同呂叔湘的觀點。"副"稱量藥物是後起的用法，與"服"不存在並行關係。從時間來看，量詞"服"稱量藥物的時間遠早於量詞"副"；從理據上看，動詞"服"的受事主要爲"藥物"，引申爲量詞更加自然，因爲量詞的產生一般來說就是"它們的語法意義就是由它們的本來意義引申的"（王力 1980：238）。再從功能上來看，量詞"服"自產生之初就是藥物的專用量詞，沒有發生泛化，更加具有語用的"標記性"。

"副"之所以可以稱量藥物，與量詞"服"的語音、中醫行業語特點及量詞"副"稱量對象的特征有關。從語音上來看，《集韻·有韻》："服，扶缶切"，奉母上聲，隨著全濁上聲變讀去聲，量詞"服"在近代漢語語音中產生去聲一讀[①]，與"副"構成同音關係。恰巧"副"也有量詞用法，二者便產生混淆。當然，量詞"副"既可稱量兩個相同的物品，也可指異物相配，而中藥方劑大多是多味中藥的配伍，借用"副"來稱量中藥方劑似乎也行得通，但我們認爲這種語義因素的影響微乎其微。這可以得到量詞"付"用法的參證。與量詞"副"相同的是，"付"也是晚至清代纔產生稱量藥劑的用法。如：

（66）艾道爺診脈給開了方子，打發人照方抓了三<u>付</u>藥。（清·張傑鑫《三俠劍》第三回）

（67）貧道所用的藥不多了，昨天擬尋找材料配一<u>付</u>藥，（同上 第五回）

（68）進至軒中，爲禮坐下。希僑道："我當你還病哩。聽說吃兩三<u>付</u>藥，不能下床，如何好的這樣快？"（清·李綠園《歧路燈》第二十回）

（69）鄭大嫂道："如今城西南槐樹莊舍藥哩，大奶奶何不去走走，拜<u>付</u>藥呢？"（同上 第四十七回）

（70）【白】難撇掉，難撇掉，好似吃了一<u>付</u>迷魂藥，空口說話你不信，摘下心來與你瞧。（清·華廣生《白雪遺音·送多情》）

宗守雲（2010：207）認爲量詞"付"的理據性不強，"付"的基本義是"交付"，與量詞的用法沒有什麼關係。它用來稱量藥劑完全是由於與"服"和"付"語音相同的緣故。

（三）"服""副"與"付"的規範

從語言規範的角度看，"服""副"作爲量詞本應該各有側重，稱量藥劑時應使

[①] 《集韻·有韻》："服，扶缶切。牝服，車廂也。"但此義雖與量詞無關，故不能排除量詞"服"在口語中變調構詞（由入聲或陽平）讀爲去聲的可能。作動詞讀陽平，而量詞讀去聲，各有分工。

用"服"。量詞"服"自產生之初就專門稱量藥物，發展至今，仍未改變。此外，量詞"服"產生的機制"服[動詞]→稱量其受事[量詞]"也表明"服"的產生與指稱的對象之間存有天然的聯繫，並且有很強的標記性。同時，《現代漢語詞典》（第7版）也對三個量詞進行了規範，稱量藥劑應使用"服"。如"服：量詞，用於中藥。""副：量詞，用於成對、配套或面部表情。""付：量詞，同副。"所以，無論從理據還是規範化角度，都應把"服"作為中藥方劑的專用量詞，而"副"和"付"用於中藥方劑外的其它名詞性成分。

參考文獻

惠紅軍. 漢語量詞研究. 四川大學博士學位論文，2009.

李計偉. 量詞"副"的義項分立與對外漢語教學//語言教學與研究：2006（6）.

李建平. 先秦兩漢量詞研究. 北京：中國社會科學出版社，2017.

劉世儒. 魏晉南北朝量詞研究. 北京：中華書局，1965.

劉子平. 漢語量詞大詞典. 上海：上海辭書出版社，2013.

呂叔湘. 現代漢語八百詞. 北京：商務印書館，1999.

王力. 漢語史稿. 北京：商務印書館，1980.

王紹新. 隋唐五代量詞研究. 北京：商務印書館，2018.

向熹. 簡明漢語史（下）. 北京：商務印書館，2010.

張顯成，李建平. 簡帛量詞研究. 北京：中華書局，2017.

宗守雲. 集合量詞的認知研究. 北京：世界圖書北京出版公司，2010.

The Origin and Development of Traditional Chinese Medicine Quantifiers "Ji"（劑）and "Fu"（服）

Yang Wei

Abstract：The quantifiers of traditional Chinese medicine（TCM）"ji"（劑）and "fu"（服）have been used only in the field of TCM since the beginning, and have specific weighing objects. The quantifier "ji"（劑）came into being no later than Han Dynasty, and "fu"（服）came into being no later than Tang Dynasty. From the perspective of linguistic norms, it is discussed that "ji"（劑）and "fu"（服）should be used instead of "fu"（副）and "fu"（付）.

Keywords：TCM；quantifier；"ji"（劑）；"fu"（服）

（楊威，四川大學文學與新聞學院、西北民族大學中國語言文學學部）

清乾嘉學者《廣韻》校勘述要*

張民權　許文靜

提　要：清代以來，學者《廣韻》校勘成果豐碩，對它們加以總結和梳理，是一件非常有意義的研究工作，於今日經學、音韻文字學和古籍整理等，可資借鑒利用者甚多。但由於研究難度很大，學界相關研究文章甚少。因此，這是一個亟待開發的研究領域。《廣韻》校勘內容很廣，或校正韻書字詞訛誤，或補正文獻徵引，或指出其訛誤俗字，或抉發其又音等，本文僅從《廣韻》校勘史出發，對乾嘉學者的《廣韻》校勘做一個概要性敘述。

關鍵詞：乾嘉時期；《廣韻》校勘；經學史；概要

《廣韻》校勘是一件非常重要的文獻研究工作，清代以來學者們都非常重視，尤其是乾嘉年間，《廣韻》校本甚多。有名有姓者如惠棟、沈大成、沈廷芳、吳玉搢、段玉裁、顧廣圻等，這些學者在經學小學方面造詣深厚，他們在韻字校正和文獻疏證上均有獨到之處，今北京、上海、南京、武漢等地圖書館均有藏本。此外還有一些學術札記和文獻研究性的校勘，如鄧顯鶴《廣韻校刊札記》和鄭文焯《宋本廣韻訂》等，國家圖書館有藏本。因此，《廣韻》校勘包括兩種形式，一是文本式的韻書校勘，二是學術札記式的文獻研究。當時校勘本主要是張氏澤存堂本，其他版本校勘者甚少。筆者曾就上述一些學者校勘做過一些專題性研究，參見文末文獻參考部分。

清代乾隆年間修纂《四庫全書》時，史館編修人員就對《廣韻》進行了校勘工作，這些校勘內容編排在全書之末的《四庫全書考證》卷二十經部中，校正文字訛誤、脫誤、衍文以及注釋文獻引用不確等達360餘條，頗有文獻價值。

自道光後《廣韻》校勘漸少，蓋因前代學者已校，所剩東西不多。再則當時

---

* 此文2019年8月在北京師範大學舉辦的"紀念章太炎先生誕辰150周年學術研討會"宣讀，後有修改。其中一些內容另寫成專文發表。

《廣韻》版本甚少，除澤存堂本外，人們所發現的完整的"宋本"甚少。所以，沒有新材料的發現，《廣韻》校勘很難縱深發展。曾釗、龍啟瑞、王相、孫爾準等爲此間比較有成就的《廣韻》校勘者，他們的校勘多有可取之處。

自清末民國以後，《廣韻》校勘得到推進，此時一是發現了寫本《唐韻》多種以及宋本《廣韻》多種等，二是出現了幾位學術大師級人物，如黎庶昌利用日本發現的宋本《廣韻》與澤存堂本對校，重新鎸刻了《覆宋本重修廣韻》。王國維曾臨錄過黃丕烈抄寫的段玉裁《廣韻》校本，同時對《廣韻》也做了全面的校勘。王國維善於利用新發現的歷史文獻，運用唐寫本《切韻》《唐韻》等比較《廣韻》在小韻及韻字上的異同，開《廣韻》校勘一代新風。近代黃侃、趙少咸、周祖謨等學者也對《廣韻》進行了校勘工作。無疑，這些研究成果將成爲我們後人豐厚的歷史文化遺產，爲今日《廣韻》研究和文獻處理發揮極大的作用。

縱觀清代以來《廣韻》校勘史，大致可以分爲這樣幾個時期：（1）乾隆初期，代表人物有惠士奇、惠棟父子、沈大成、沈廷芳等，是爲開創時期；（2）乾隆中至嘉慶時期，是爲發展興盛時期，代表人物有吳玉搢、段玉裁、顧廣圻等；（3）道光至清末時期，代表人物有曾釗、龍啟瑞、王相、孫爾準等，是爲消退陵遲時期；（4）清末民國以來，代表人物有錢恂、楊守敬、黎庶昌、王國維、黃侃、趙少咸、周祖謨、林尹等，是爲復興發展時期。除此之外，現代還有中青年學者在這些方面開掘甚多，成績斐然。

需要補充的是康熙中傅山（字青主）的《廣韻》校勘，其底本是張弨（字力臣）刊刻的明内府藏元刻簡本《廣韻》。其校勘内容主要是以杜甫詩韻注釋其韻部之上，但其中亦間有音義校勘之處。如果要追溯《廣韻》校勘史，元代李文仲《字鑑》值得關注。這是一部沒有韻本而具有研究性質的文字學著作，主要是辯證俗字點畫訛誤等。雖然此書沒有說明爲校勘《廣韻》而作，但於《廣韻》校勘卻有著重要的參考意義，清人吳玉搢的校勘多取於此。

清代《廣韻》校勘是隨著漢學復興而發展的，乾嘉時代是它最輝煌的時期，經學及其小學的繁榮促進了文獻校勘學的全面發展。下面就其主要方面作些概要性的敘述。

一、乾隆初惠士奇、惠棟父子《廣韻》校勘

（一）惠士奇《廣韻》校勘

惠氏父子是清代漢學領袖，其《廣韻》校勘本藏遼寧師範大學圖書館，爲清光緒三年（1877）王頌蔚臨錄。韻書卷五末有王氏跋語一則，曰："柳丈質卿從廠肆購得澤存堂本《廣韻》，眉間有惠氏半農、松厓兩先生校語，不詳何人所臨……因段臨一過，閱三日蕆事。丁丑七月二日長洲王頌蔚記。"惠士奇（1671—1741），惠

棟父。字天牧，一字仲孺，晚號半農，江蘇吳縣人，康熙己丑（四十八，1709）進士，官至翰林院侍讀。著有《半農易說》《半農春秋說》等，《四庫全書》收錄。惠棟（1697—1758），字定宇，号松崖（古文獻多作松厓），清代乾隆間著名學者，以復興漢學爲歷史使命，戴震、錢大昕等都受其學術影響至深。

全書朱筆批校，以惠士奇校批爲主。全書有130餘條批校，其中"半農云"者80餘條，此外還有一些未標記名氏者亦爲惠士奇批校。另有"棟案"或"定宇案"16條，此外有"涑記"3條，爲後來抄錄者王宗涑補校。

惠士奇批校，大部分是韻字的古今意義考析，或古今音辨析。如支韻馳小韻池字，《廣韻》注曰："停水曰池。《廣雅》曰沼也。又姓，漢有中牟令池瑗，出《風俗通》。又有池仲魚，城門失火，仲魚燒死。故諺曰：城門失火，殃及池魚。"批曰："半農云：古無池字，當作沱。顧寧人廣引群書以爲池魚之證，獨不及池仲魚，似未見全本。"惠氏辯證了諺語"城門失火，殃及池魚"中池魚者原指人名，頗有見解。又如辨析皋與臭、睪、澤字之間假借關係曰：

> 半農按：《說文》臭，古澤字，大白澤也，從大不從本。《詩》九皋當作九臭，讀若浩。按臭從大，乃夲字之省，即先生如達之達，故臭或作羍，與睪字皋字相亂久矣。皋訓高人，訓澤不通。《易》曰上天下澤，天下豈有高澤乎？澤上於天，是爲夬也。

按臭聲紐牙音，澤入聲字，聲紐澄母，此形似訛混而非同音假借。《廣韻》六豪高小韻皋字注曰："高也，局也，澤也。《詩》云鶴鳴九皋，言九折澤也。"

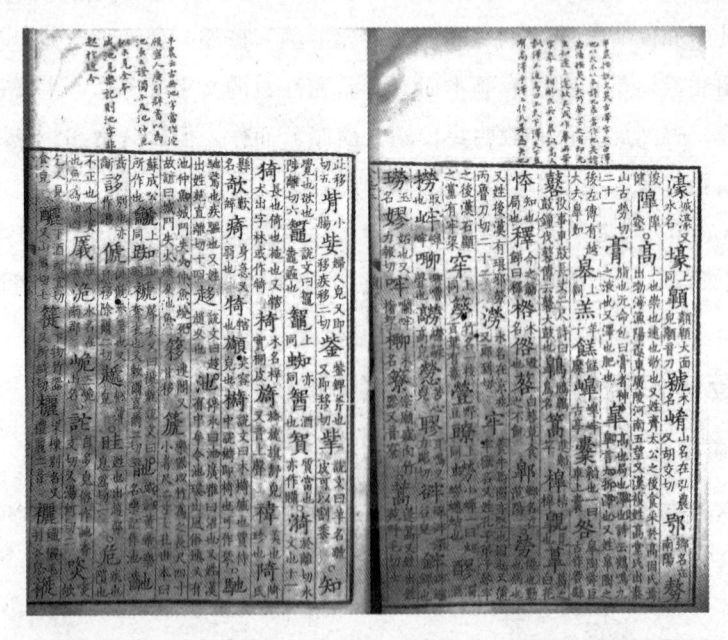

圖版1　惠士奇、惠棟父子《廣韻》校勘本，遼寧師大圖書館藏本

惠氏批校注重"吳語""吳音"詞的批校，這些批校大多注于行間，有 20 餘例。如《廣韻》入聲十一沒韻頢小韻烏沒切頢注："内頭水中。"眉批："半農云：頢吳音。"忽小韻呼骨切㾦字注："睡一覺。"眉批："半農云：㾦亦吳語。一㾦眠可入詩。"批注于行間的如侯韻涑小韻漱字注"冷漱"，旁批"吳語"。

該校本惠棟批注内容主要集中在古代姓氏及其地望上，不敘。

（二）惠棟《廣韻》校勘

北京圖書館藏有無名氏抄錄的惠棟校勘本，還有一種顧廣圻抄錄的惠棟和段玉裁《廣韻》合校本，後來顧廣圻又在上面補校，形成《廣韻》三家校本，今湖北圖書館藏有潘錫爵臨錄的三家校本。北圖惠校本與三家校本内容大致相同，但北圖本所校條目多於三家本（北圖本 400 餘條，三家本 360 餘條）。

北圖本其批校方式主要是眉葉或腳下注，間有行間批注。批校内容以辨正和補充《廣韻》注釋中古代姓氏名字爲主，眉批以辨析字詞意義爲多，行間批注以說明吳語詞爲多。

眉批例如：（1）《廣韻》東韻公字注："又漢複姓。"批曰："後漢有護烏桓校尉公綦稠，見《靈帝紀》。"（2）之韻其字注"世本楚大夫涉其帑"，眉批："《左傳》云藍尹亹涉其帑，杜注不以爲大夫。"（3）微韻衣字注："《白虎通》云衣者隱也。"眉批："衣與殷古字通，即殷也。高誘殷無說。"（4）上聲二十八獮韻翦字注曰："截也齊也殺也勒也，俗作剪。"批曰："案《說文》翦從羽前聲，羽生也。剪從刀前聲，齊斷也。翦剪異物，難分雅俗。"這些具有訂正和補充《廣韻》注釋的作用。

腳注例如：（1）《廣韻》東韻公字注釋："山陽公堵恭"，惠氏批校："公堵，一作公緒，見《黨錮傳》。"（2）鍾韻重字注："複也疊也。"批曰："《後漢書》有重異，注云重姓異名，見耿弇傳。《姓譜》曰南正重之後。"（3）又共字注釋："共城縣，在衛州。"批曰："後漢有宦官從官史共譜。"（4）支韻媯字注："又姓，《文士傳》有媯覽。"腳批："後漢有尚書郎媯皓，見竇武傳。"以上皆爲古代姓氏名字的補充。

下圖是惠棟《廣韻》魚韻批校，眉批添加了很多來自他韻而古音在魚部的字，如孤小韻古胡切補充"家（音姑）瓜葭、溝、枯"，徒小韻同都切補充"頭（音徒）投徐、① 杜（音屠）"，呼小韻火故切補充"惡（音呼）亞、芋（火吾切）"，吾小韻五乎切補充"牙（音吾）芽雅衙、虞（音吳）麌"，等等。考之清代顧炎武、段玉裁等人古音研究，以上補音或對或錯，例如"頭（音徒）投徐、杜（音屠）"一組字，其中"頭投"二字古音在侯部，不在魚部。

惠棟校書甚廣，除《廣韻》外，還有《說文》《釋文》等，不敘。

---

① 徐字，筆者疑有抄誤，遍考古籍，叶韻中均未有讀如舌頭音者。

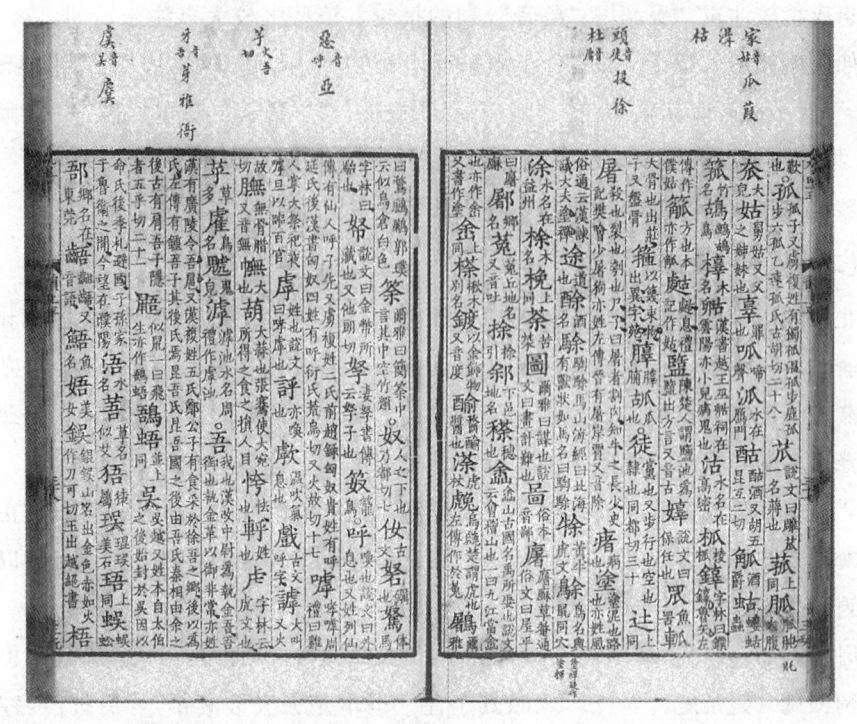

图版2　無名氏錄惠棟《廣韻》校本，北京圖書館藏本

（三）沈大成《廣韻》批校

沈大成（1700—1771），字學子，號沃田，松江華亭（今上海松江）人。歲貢生，終身無仕，以詩文與經學著稱于世。沈大成爲清代乾隆初著名學者，與惠棟、戴震、王鳴盛等均爲好友，是清代揚州學派的中堅人物。其《廣韻》校本今藏南京圖書館，朱筆批校，眉批有"大成案"或"成案"字樣。校本卷一後有沈氏跋文二則，其落款時間爲乾隆二十七年壬午歲（1762），屬於較早的《廣韻》校本。

沈氏批校很有特色。韻中圈點或劃線甚多，頗有講究。凡《廣韻》注釋佳勝處則圈點之，人名或地名則旁劃單豎線，書名則雙豎線，小韻皆標點，反切則雙圈之，注釋中的連綿字則上下重複成葫蘆圈旁點，體例特爲清晰。參見下圖。

沈氏批校內容甚廣。或補充《廣韻》音切，或校正《廣韻》譌文，或辯正俗訛，或說明《廣韻》中吳語詞，或增加《廣韻》遺漏的姓氏或歷史人名。如下圖疏證《廣韻》脂韻比字又音一段文字。

大成案：比又卑履切，音匕。比，校也，類也，方也，同也，比輯也，《禮學記》比物醜類。又普弭切，音諀，與庀同，治也，具也，《周禮》大胥比樂官。又毗至切，音避，親也，近也，《周禮·地官》五家爲比，三年則大比。又必至切，音畀，近也，併也，密也。又兵媚切，音祕，比，時也，《禮·祭義》比時具物。又毗必切，音鄨，比，次也，比，比也。今皆混讀。

經過沈大成的疏證,《廣韻》比字各種音變的音義關係就非常清楚了。

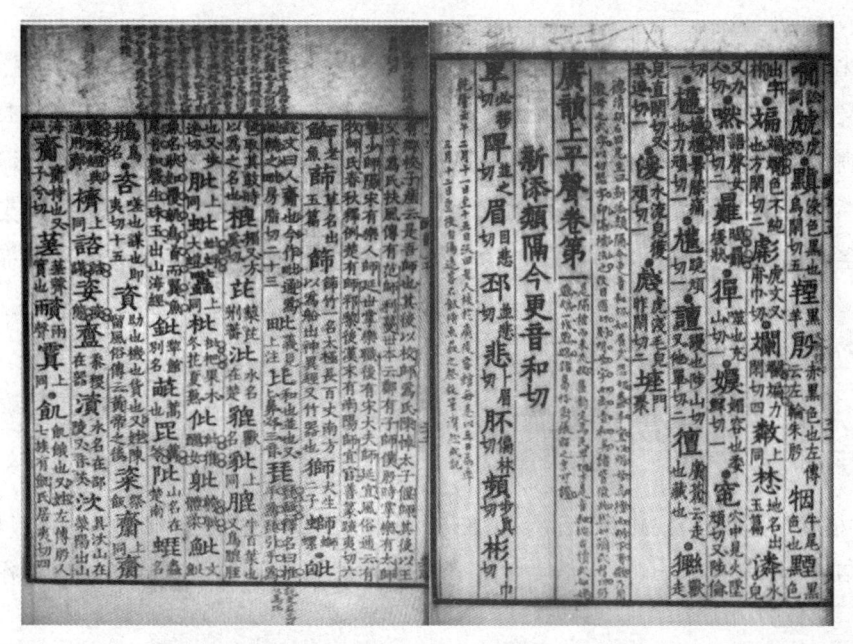

圖版 3 沈大成《廣韻》校勘,南京圖書館藏本。注意韻葉批校符號,右圖有沈大成批校年月記錄:乾隆壬午二月十一日至十五日沃田老人校於廣陵客館

又如辨證《廣韻》文字古今訛變,也是一個很有意義的研究。如:①灰韻回小韻虺字,《廣韻》:"人腹中長蟲。"批曰:"虺,今皆訛爲蛔。"②寒韻壇小韻徒干切胆字,《廣韻》:"胆,口脂澤,出《證俗文》。"批注曰:"胆,另一字。今皆訛爲肝膽之膽,以平聲讀仄矣。"③又干小韻古汗切"汗"注曰:"餘汗,縣名。"批校曰:"大成案:今江西之餘干縣去水只作干。"④又蘭小韻"攔"字:"捰際木爲攔。"批校曰:"大成案句攔之攔今皆訛從木。"⑤桓韻素官切痠字注"痠疼。"批曰:"大成案痠疼之痠今皆訛作酸。"⑥登韻燈字注"燈火",批曰:"《說文》作鐙,徐鉉注,今俗別作燈,非是。"這些被沈大成批注的"訛俗"字,揭示了漢字發展中的一個重要規律,即隨著文字的意義變化和語音變化,一些意義或語音相同或相近的文字合流了,於是,人們按照文字形旁意義類化的原則,選用或新造相應的漢字,或從俗,或從簡。如例②是語音的變化而合併用字,"膽"閉口韻($-m$),與抵齒音($-n$)合流,於是人們選用了"胆"。①

(四)沈廷芳《廣韻》批校

沈廷芳(1702—1772),字畹叔,一字荻林,號椒園(或作茮園,或言字名),浙江仁和(今杭州)人。乾隆元年(1736)舉博學鴻詞,改庶吉士,出任

---

① 以上惠棟、沈大成《廣韻》校勘,參用了筆者《沈大成治學精神與〈廣韻〉校勘》和《清代學者惠棟等〈廣韻〉校勘研究》二文圖文材料。

山東道監察御史。沈氏曾拜查慎行、方苞、沈德潛等學詩與古文,故以詩文著稱于當時。

沈氏《廣韻》校勘本今藏上海圖書館,卷首有"廷芳手勘"和"椒園"印章等,又有查慎行序跋一篇,不錄。沈氏校勘以補充《廣韻》"失載"字詞爲長,所補之詞多采自唐宋詩詞或前代韻書字書等文獻注釋音,並考察唐詩用韻與《廣韻》的關係。朱筆批校,書法美觀,頗有鐘(繇)王(羲之)之風格。如下圖支韻批校,字旁加△的"泜""緇""鉈"等都是支韻章移切小韻增加的韻字,這些韻字不見於《廣韻》中,故批注末有"今增"二字。

　　橫榰。太白《大鵬賦》:欻翳景以∣∣,逆高天而下垂。

　　泜△。《類篇》∣章移切,榆莢也。今增。

　　緇△。《類篇》∣章移切,繒屬。

"橫榰"是對支小韻榰字注釋的補充,《廣韻》:"榰,《爾雅》曰:榰,柱也。謂相榰柱也。"不過,《李太白文集》卷二十四詩句"橫榰"有異文,一本作"橫蠢"。

圖版4　沈廷芳《廣韻》支韻批校放大部分,上海圖書館藏本

二、乾隆嘉慶間《廣韻》校勘

(一) 吳玉墀《廣韻》校勘

吳玉墀，浙江錢唐人，生卒年不詳，學術活動在乾隆中，約 1737—1817 在世。玉墀字蘭陵，號山谷，著名藏書家吳焯次子。家中藏書甚多，乾隆間詔徵遺書，玉墀恭進經部《陸氏易解》等經史子集書籍一百五十多種，一時傳爲盛事。

吳玉墀所校《廣韻》今存國家圖書館。卷首葉鈐"小谷""吳蘭林西齋"等藏印，卷末有吳氏跋語一則，時間爲乾隆三十三年（1768），此吳氏校勘《廣韻》時間。吳氏長於校勘，尤其是對《廣韻》中訛俗字的辨正。如下圖中之韻"甾"與"甾"二字的區別，甾，《說文》作𠙹，東楚名缶曰甾，隸作甾。甾，莊持切，《說文》不耕田也，與菑同。但《廣韻》將二字混淆，故吳氏辨正之。

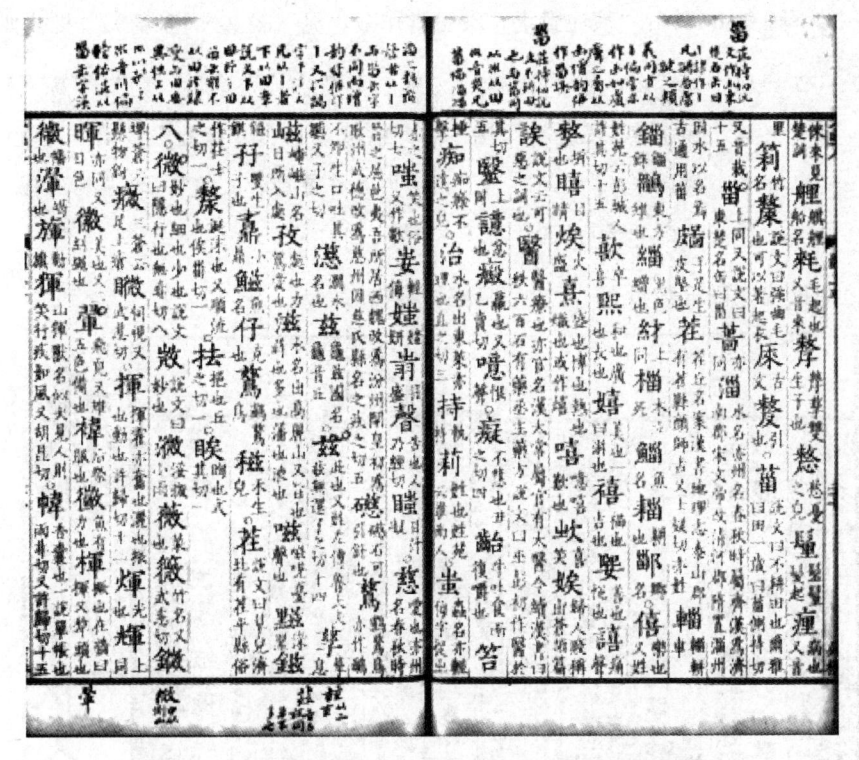

图版 5 吳玉墀《廣韻》校勘之韻部分，北京圖書館藏本

其他批校如：

（1）虞韻：荂，與餓荽字不同，荽下從夌，經典以荂爲餓荽字，蓋夌轉寫之訛。《增韻》以此婢小切，誤。

（2）模韻：杇，《字鑑》云，杇又雲俱切，浴器。《禮記》出杇，音烏。《說文》所以塗也。從木亏聲，亏古于字，或書作杅。案，從亏者古文，從于者今文也。韻書不明此，以枂爲盤枂，以柅爲塗柅。

(3) 真韻：新，左從亲，音榛。親字與此同。李斯刻石省作親新。

(4) 宵韻：飇，《說文》扶搖風也，從風猋聲，犬走皃，從三火誤。

例（1）辨正虞韻莩與餓芓字不同，例（2）模韻辨析柅與枂同形孳乳之差别，例（3）真韻辨析新親字之偏旁及其簡化之由來，皆有可取之處。例（4）飆字，《廣韻》各本均作"飆"，只有《集韻》和宋《禮部韻略》作"飇"。

（二）無名氏《廣韻》校勘

北京圖書館藏有一本無名氏校勘的《廣韻》，善本書號 14067，校勘頗有可取之處，校勘以校正《廣韻》訛誤爲主，工整楷書，全書校正韻字和注釋 1040 餘條，相當於惠棟、段玉裁兩人所校之和，是一部很有價值的《廣韻》校勘本。推測作者可能是乾隆中期人。書中有很多夾簽批語，從内容和引用書目看，大概是清末民初收藏者補校。如下圖支韻夾簽："疧注毁傷，案毁當作毇，見《說文》《玉篇》。"批校如：

> 江韻腔小韻䏰字，幢小韻䯗字，《廣韻》俱注"𡰪骨"，"𡰪"改爲"𡱂"。

> 幢小韻䡴字，《廣韻》注"其兒䡴䡴然也"，"䡴䡴"改爲"童童"。

> 支韻移小韻栘字，《廣韻》注"……則爲移書萇表之類"，改"萇"爲"箋"。

> 栘小韻扡（榻前几），改爲"扡"。

這些批校與段玉裁批校一致（"䡴䡴"未校）。

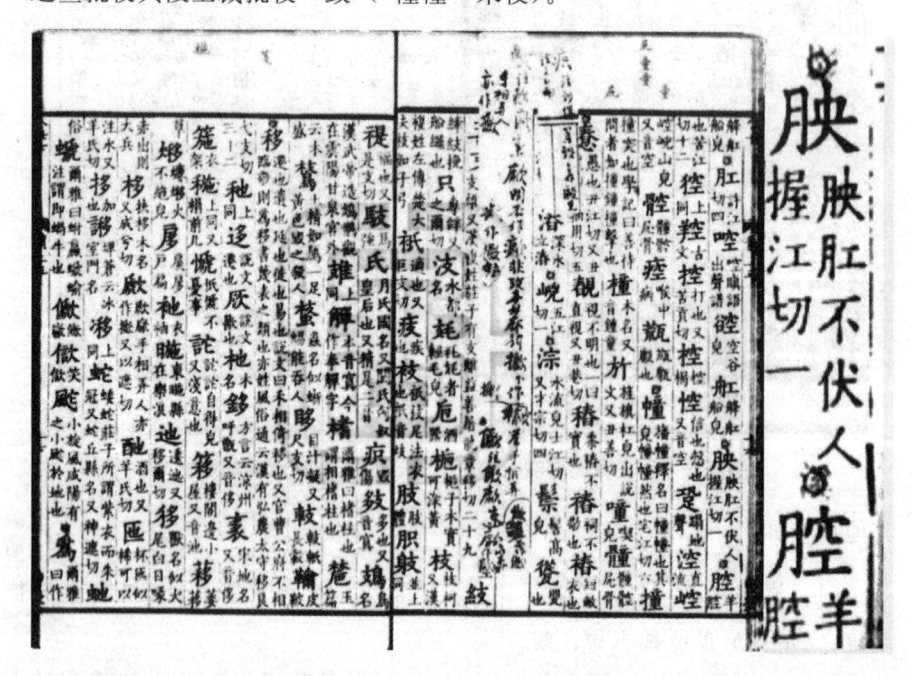

图版 6 無名氏校批《廣韻》江韻支韻部分，中間夾簽爲後人批校，分别爲支韻支小韻"疧"和栘小韻"欪"字校語

此書校勘還有一個可取之處，就是每個韻部的小韻標注聲類，聲類爲傳統三十六字母，如江韻胦小韻標注"影"，腔小韻標"溪"等，見上圖放大部分。且所標注的聲類字母不受《廣韻》反切類隔影響，如江韻樁都江切，直接標寫"知"；支韻卑府移切，直接標寫"幫"，等等。或直接訂正其聲類錯誤，如耕韻崢嶸之崢，《廣韻》注釋爲："崢嶸，七耕切。"按"七"爲清母，而耕爲二等韻，不可能出現齒音字，故"七"爲"士"字訛寫，其聲類就直接標記爲"牀"，是爲可取之處。這種批校標記聲類者，又先鳴於黃侃《廣韻》批校矣。①

（三）《四庫全書》對《廣韻》的校勘

按《四庫全書》收錄《廣韻》凡二，一爲《原本廣韻》，元刪節本，一曰《重修廣韻》，《提要》謂"此本爲蘇州張士俊從宋槧翻雕"，蓋謂張刻澤存堂《廣韻》祖本之類。而校勘內容爲《重修廣韻》，校正文字訛誤、脫誤、衍文以及注釋文獻引用不確等達360餘條。裡面引用了"據張士俊本"改五條，可見它不是張刻本《廣韻》，而是張刻本的原宋本《廣韻》，也是一種重要版本，可惜它改變原來板式，很難和今存宋本一一對照。但它不是一部完整的《廣韻》宋本，從注釋和反切體例看，而是兩種本子的拼合版。

《四庫全書》考證審核，可補惠棟、段玉裁、顧廣圻等校勘不足。此舉東韻校勘數例示之如下。《考證》曰：

（1）銅注又直冢直柳二切。案《漢書‧地理志》汝南銅陽縣，孟康曰銅音紂紅反。《春秋左氏襄四年傳》釋文、《後漢書‧陰識傳》注銅音紂，皆用《漢書》孟康紂紅反之音，而失其紅反二字也。此存直柳一切并收銅字入上聲有韻，蓋承其誤。

（2）蠱字注有曲成侯蠱達，刊本達訛進。據《漢書‧高惠高后》《文功臣表》改。又案《史記‧高祖功臣侯年表》作曲城侯蠱逢，《索隱》引《楚漢春秋》作夜侯蠱達。

（3）涫字注縣名，在酒泉。案《漢書‧地理志》《後漢書‧郡國志》酒泉郡下並作樂涫縣，此訛涫爲涫，蓋承《玉篇》之誤，《舊唐書》又作樂綰。

（4）豐字注鄭公子豐之後。案《左傳》公子下當重一子字。

（5）公字注季武子庶子公沮。案沮，《左傳》作鉏。

（6）鴻字注衛大夫鴻聊魋。案《左傳》聊作駟。

以上六例，或韻字訛誤，或音切錯誤，或注釋錯誤，段玉裁等諸家校勘均未有討論。其中例（2）"蠱達"，楊守敬宋本、巾箱本和鉅宋本均作"蠱進"，張氏澤存

---

① 參見黃侃《黃侃手批廣韻》，中華書局 2006 年影印出版。

堂本作"蟲達"。例（1）糾正鮦又音直柳切，有千古不朽之功。《重修玉篇》卷二十四魚部："鮦，直壟切，鱧魚也。又直久切。"宋賈昌朝《羣經音辨》卷四："鮦陽，汝陽縣也，直友切。又音童。"毛晃《增修互注禮部韻略》及黃公紹《韻會》上聲有韻丈九切增收"鮦"字，此皆承訛襲舛，不能辨正者。例（2）"蟲進"作"蟲達"，鄭樵《通志》卷二十九《氏族略》第五蟲氏下，以及王應麟《玉海》七次敘述漢功臣表時，皆曰"蟲達"。例（3）東韻渹字可能是誤寫，《廣韻》桓韻："涫，樂涫縣，在酒泉。"又按例（6）"鴻聊虺"者，出於《左傳·昭公二十年》，"聊"作"駵"，此訛誤由來已久，唐人林寶《元和姓纂》卷一，及後來明人凌迪知《萬姓統譜》卷一即有此姓名記錄。

（四）段玉裁的《廣韻》校勘

段玉裁校勘的《廣韻》原本不傳，現在能見到的都是清代人的抄錄。大致有(1) 黃丕烈臨錄本，後來王國維又抄錄了黃臨本；(2) 顧廣圻抄錄本，後來又有人將顧廣圻抄錄的段玉裁、惠棟以及顧氏本人的抄錄合成一個三家校《廣韻》；(3) 南京圖書館藏無名氏錄段玉裁校批《廣韻》；① (4) 上海圖書館藏沈廷芳批校《廣韻》之無名氏抄錄之批注本。各本所錄段玉裁校批內容大都一致，但也有少許差異（見下例），數量上或多或少。如數量上王國維錄黃氏抄段本段注539條，南京圖書館段氏批校710條，三家校477條，上海圖書館引用段注不全，未做統計。具體差異從下列例子中看出來。

段玉裁批注主要集中在《廣韻》韻字及其注釋文字訛誤或缺漏的訂正上。下以《廣韻》支韻批校爲例，括號中文字表示注釋，橫杠後文字表示校改。

(1) 移小韻移字（又官曹公府不相臨敬則爲移書蔑表之類也），蔑——箋。
(2) 移小韻橠字（衣架），橠——橠。
(3) *逶小韻倭字（慎皃），慎——順。
　　眉批："慎當依《說文》作順，恐是梁時改耳。"②
(4) 犧小韻桸字（朽也），朽——杓。
(5) 離小韻蠡字（蠡匈奴傳有穀蠡王奴又音鹿），又音鹿——谷音鹿。
(6) *疵小韻枇字（一名榆），榆——楡。
(7) *斯小韻蜇字（螺蛄蜇），螺——蠃。
(8) 雌小韻羜字（割桼），桼——柰。
(9) *睽小韻雄字（鵝鴣），鵝——鶩。

---

① 此臨錄本民國張乃熊（1891—1942）收藏，卷首有"菦圃收藏"印章，從筆跡看疑爲顧廣圻抄錄，韻本中有批註"顧千里"者。存疑於此，俟今後詳細研究。

② 按《梁書》《南史》等，梁武帝蕭衍皇考諱順之。段氏所言或是。

以上九例爲南京圖書館藏無名氏錄段玉裁批校。其他校本與此稍有出入，王國維錄黃抄本第（8）條無，三家校本（3）（6）（7）（9）四條缺。下面，我們略作解釋。

（1）注釋"蔑表之類"，顯然不通，故段玉裁改"蔑"爲"篾"，《韻會》即作"篾"。（2）《說文》新附作樵，段氏據改。（3）倭字注，據王國維考釋："唐寫《切韻》亦作慎，王同。"其中"王"爲王仁昫《刊謬補缺切韻》。而《說文》注"順皃"，段氏據《說文》改，並認爲《廣韻》"慎皃"乃南朝梁時避諱而改。（4）桸字注，"朽"改"杇"，據范祥雍《廣韻三家校勘記補釋》："宋巾箱本、曹本、黎本、元本均作杇。"（5）蠡字注，《漢書》衛青霍去病傳"右谷蠡王自立爲單于"，師古曰："谷音鹿。蠡音盧奚反。"此段氏所據。（6）"楡"作"榆"，項跋本和宋跋本《王韻》均作"榆"。（7）《爾雅·釋蟲》："蠲，蛣蜣。"此段氏所改理據。（8）"割桼"乃《說文》訓釋。（9）鵴段改鶒，不明其理。王國維考釋："唐本《切韻》一作鵴一作鶒。"按"雄"即俗言子規鳥，鶒或"子"之文字類化。宋本《廣韻》作"鶒搗"。

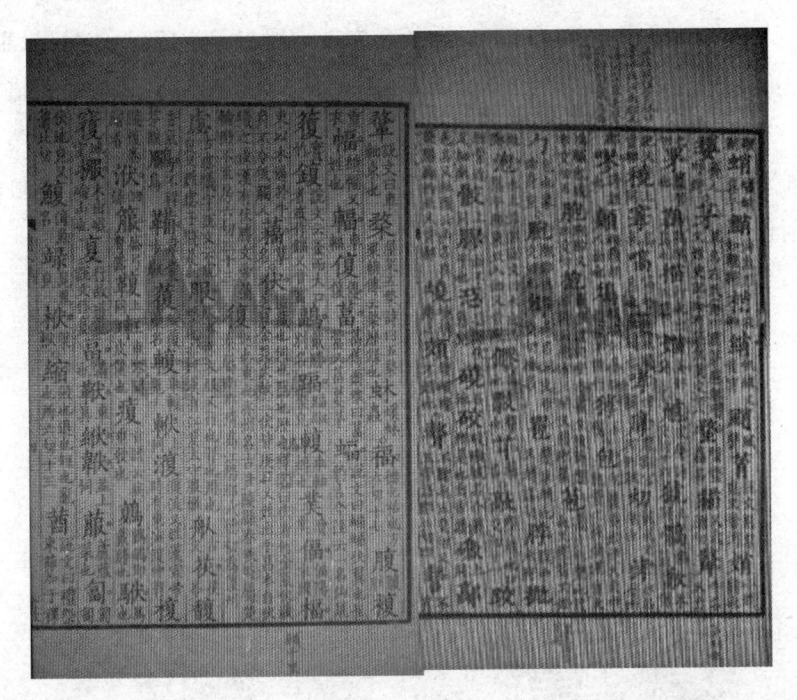

圖版7 南京圖書館藏段玉裁校批《廣韻》，左圖爲卷二平聲肴韻，右圖爲卷五入聲屋韻部分

最值得關注的是南圖本，其文獻珍貴處是段氏標識的古韻部記號五卷俱有，而黃丕烈僅臨錄一卷，"自二卷至五卷有校語及勘正處，悉大字及小字之〇△，不盡臨矣。"（黃氏批語）韻字旁標〇△者皆爲古韻不在本部者。

如上圖肴韻，按照《六書音均表》，矛聲包聲翏聲等字在第三部（幽部），故旁標△號。段氏屋韻之字古韻劃分爲三：一在侯韻（第四部），如"卜穀瀔錄木屋"等字，按段氏此部無入聲，而誤置在第三部；二在幽部如"祝畜六陸"等字；三在之部，如圖中服聲伏聲畐聲字等，均標識有○號，因段氏於屋韻"暴瀑熇臃"等字（二部）標識△號，故以○△號區別之。

近見任荷、李林芳兩位青年學者之研究，他們以黃丕烈臨錄段氏《廣韻》校本爲研究對象，詳細分析校本中△"異部符號"及其古音分部關係。① 論文寫得很好，但可惜材料不全。因爲黃氏僅臨錄了平聲一卷段氏校批符號，而其餘四卷未錄，因此，任荷君就此研究，難免會有缺憾之處，如果查閱了南京圖書館藏本，可能論文會寫得更好。所以，學術研究應當廣泛地佔有材料，方能全面深入。

（五）顧千里《廣韻》校勘

顧廣圻（1766—1835），字千里，號澗薲，別號思適居士，清嘉慶間著名校勘學家、藏書家、目錄學家，與孫星衍、黃丕烈等人稱有清一代校勘學巨匠。著有《思適齋文集》十八卷，錄其校書刻書序跋。近人王大隆（字欣夫）又輯集外題記，成《思適齋書跋》四卷。顧氏《廣韻》校勘見於清儒潘錫爵所錄《廣韻》三家校中（見下），大致作於嘉慶十年（1805）前後。先是嘉慶二年（1797）錄惠松崖段若膺校定本《廣韻》五卷，嘉慶十年"以《集韵》勘彼不載者"，後于道光元年（1821），"用洪鈐庵（名瑩字賓華）殿撰所藏曹楝亭家宋小字本略校一過"。顧氏校勘本爲補充惠棟、段玉裁之未校，其校勘特點是以《集韻》和宋本《廣韻》對校，故多有創獲。此以《廣韻》戈韻麻韻校勘說明之。

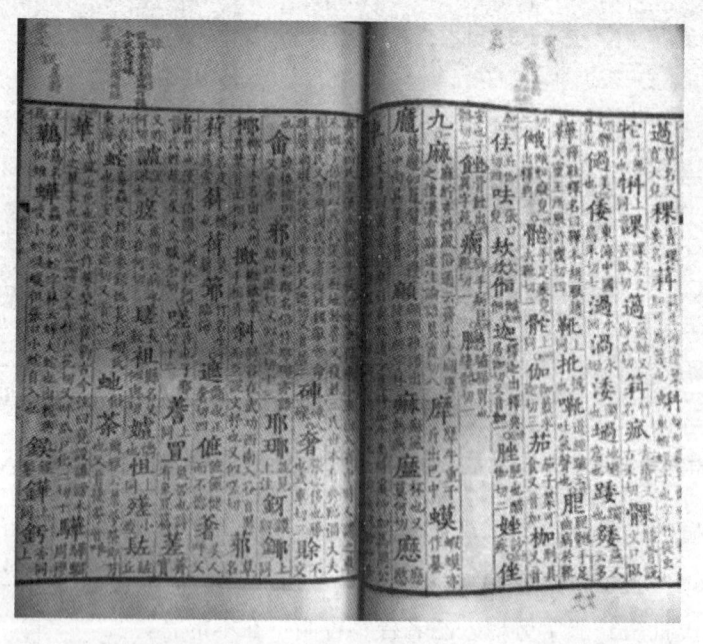

圖版 8　潘錫爵臨錄惠、段、顧三家校《廣韻》，湖北圖書館藏本

---

① 任荷、李林芳《段校〈廣韻〉中的異部符號——兼論段玉裁上古音歸部的前後變化》，《中國典籍與文化》，2020年第2期。

上圖戈韻麻韻圖版中，凡朱筆者皆爲顧廣圻批校，墨筆爲段玉裁批語。其中顧批戈韻三條，麻韻五條。如戈韻䤪小韻許䏍切，顧氏眉批"宋戈"，即宋本許戈切。䏍小韻注䏍字注"䏍䏓"，䏓小韻䏓字（手足疾兒），顧氏批注曰："䏓，《集韻》無，即䏓字誤耳。"段氏批校見麻韻嗟小韻謕字注："《說文》詠也。"眉批曰："詠字《廣雅》《玉篇》作諁，今《說文》作𧮒。"（墨筆）顧氏旁注曰："諁，《集韻》引《廣雅》。"或直接在訛誤字上批改，如迦原注"又音伽"，直接改爲"加"，並眉批"宋加"。麻韻蛇小韻批曰："《集韻》蛇闍同紐。"蛇小韻茶字注"《爾雅》云藋苓……苓音呼"，苓字顧氏批"宋呼"，華小韻蟬字注："蟲名似蛇……唊小蛇吸蝮。"顧氏批曰："宋及。"又本小韻鋘字（偏旁作吳）眉批曰："鋘，《集韻》。"按鋘爲鋘之俗字。凡此皆可見顧廣圻《廣韻》批校之特點之精細。今按四部叢刊即巾箱本所載與顧氏言"宋本"合，而棟亭本所載與澤存堂訛誤一致。

又案宋本中，楊守敬日本宋本及黎庶昌覆刻本和日本高宗本，蟬字注"及蝮"，迦注"又音加"，與巾箱本同。其餘與澤存堂本同，四庫全書本與澤存堂本同。

以上我們對乾嘉時期學者《廣韻》校勘情況作了一個概要性敘述，從中我們可以理解：清代學者在文字音韻方面的造詣，與文獻校勘學的修養分密不可分。所以，前輩學者都非常重視，畢生精力而爲之。趙少咸先生《廣韻疏證》以及趙振鐸先生《集韻校本》等，即如此，乃永垂學術史之經典。

參考文獻

段玉裁. 《廣韻》校本. 王國維臨錄黃丕烈本. 南京圖書館藏本.

范祥雍. 廣韻三家校勘記補釋. 上海：上海古籍出版社，2011.

黃侃. 黃侃手批廣韻. 北京：中華書局，2007.

惠棟. 《廣韻》校本. 無名氏臨錄. 北京圖書館藏善本.

龍宇純. 唐寫全本王仁昫《刊謬補缺切韻》校箋. 香港中文大學，1968.

張民權. 清代學者惠棟等《廣韻》校勘研究//經學文獻研究集刊：第23輯. 上海：上海書店出版社，2020.

張民權. 沈大成治學精神與《廣韻》校勘//民俗典籍文字研究：第24輯. 北京：商務印書館，2019.

張民權. 王國維《廣韻》批校與治學精神. 漢字漢語研究，2019（4）.

張民權. 王國維校錄段玉裁批注《廣韻》考述//漢語史學報：第21輯. 上海：上海教育出版社，2019.

周祖謨. 廣韻校本. 北京：中華書局，2004.

周祖謨. 唐五代韻書集存. 北京：中華書局，1983.

The Collation of *Guangyun* by Qianjia Scholars in Qing Dynasty

Zhang Minquan, Xu Wenjing

Abstract: It is very meaningful to summarize and sort out the collation of *Guangyun* since the Qing Dynasty, which is very helpful to the study of traditional subjects such as literature, history, Confucian Classics and traditional Chinese linguistics. In particular, some ancient collation and edition research can be used for reference. However, due to the difficulty of the research, the academia has not yet published related essays. Therefore, it is a research field to be developed. The collation of *Guangyun* is very extensive, either correcting the errors of the words, the misquotation of documents and the errors of the common characters, or supplementing pronuciations and so on. This paper starts from the collation history of *Guangyun*, and makes a brief account of the collation of *Guangyun* by Qianjia scholars in Qing Dynasty.

Keywords: Qing Dynasty; collation of *Guangyun*; history of confucian; outline

（張民權，南昌大學人文學院；許文靜，中國傳媒大學人文學院）

抄本《讀韻入門》音系與壽光方音[*]

周賽華

提　要： 文章對《讀韻入門》的音系作了比較詳細的介紹，並對音系特點作了重點的分析，在此基礎上進一步論證了書中音系反映的是當時的壽光方音。

關鍵詞： 壽光方音；《讀韻入門》；音系；清代

《讀韻入門》[①] 是古斟[②]（即今山東壽光）人孫建勳（生平事蹟不詳）所著。該書成于咸豐乙卯年（即咸豐五年，公元 1855 年），包括自序、凡例、分四聲法、牙舌唇齒喉歌、韻頭和正文。

韻頭分十一叶，其中七陽叶，四陰叶[③]。這十一叶，其實就是十一個韻部，具體情況見表 1（原爲縱向，今改爲橫向）：

表 1

韻頭		七陽叶						四陰叶			
	齊	兼	金	京	江	皆	交	鳩	加	迦	雞	機
	開	干	根	更	岡	該	高	鉤	㊃[④]	哥	㊀	㊀
	合	官	裩	公	光	乖	○	○	瓜	戈	歸	姑
	撮	涓	君	肩	○	○	○	○	㊀	㊀	居	㊀

正文中，以一叶爲單位，按齊開合撮分別與牙舌唇齒喉音相拼，再按平上去入

---

[*] 基金項目：國家社會科學基金項目"近代等韻研究綴補"（15BYY103）、國家社會科學基金重大項目"漢語等韻學著作集成、資料庫建設及系列專題研究"（17ZDA302）。

① 此書 2018 年 2 月購於山東濰坊市的古槐舊書店。

② 清人先著《贈海雲子》詩："相逢炎月亦蕭森，來處家鄉是古斟。"自注："壽光即古斟國。"

③ 凡例："韻頭古十三叶，今減去二叶，而音韻分毫不少。非妄更張，取其便於誦讀也。"

④ 凡例："遇迦葛厥格裓數韻，平上去中無領韻之字者，仍用此字領韻，而以圓圈圈之，均爲借用。讀時務照各處應讀之音讀之便了，可執爲本字也。"

分別列字。其中平聲字分清濁兩行（即上平、下平），以犍（兼）① 韻爲例，見表 2（原爲縱向，今改爲橫向）：

表 2

	牙			舌			唇			齒			輕舌齒		喉	老	人
清	犍	鉛	煙	顛	天	○	鞭	篇	○	箋	千	鮮	甄	襜	苦	枕	○	○
濁	、	乾	鹽	、	田	年	、	便	綿	、	錢	涎	、	纏	○	鹹	鎌	ⓔ

一、聲母及其特點

從正文列字來看，書中有十八個聲母。

根據列字的情況來看，聲母主要具有以下特點：

1. 全濁音聲母清化，其中全濁塞音塞擦音平聲送氣，仄聲不送氣。

在三陽叶開口去聲舌音下列有"鄧（橙）○○"，齒音下列有"贈蹭○"。齊齒平聲渾平牙音下列有"○擎贏"，舌音下列有"○亭寧"，唇音下列有"○瓶名"，齒音下列有"○情○"，輕舌齒音下列有"○城（程）繩"。

在四陽叶齊齒呼去聲齒音下列有"醬（匠）蹡相"，輕舌齒音下列有"帳（杖）唱尚"。

在二陰叶入聲濁末牙音下列有"傑○葉"，舌音下列有"碟○捏"，唇音下列有"別○滅"，齒音下列有"截○○"，輕舌齒下列有"轍○舌"。

在三陰叶入聲濁末牙音下列有"極郤逆"，唇音下列有"逼匹密"，齒音下列有"集（籍）○席"，輕舌齒下列有"直○十"。

2. 非敷奉合流。

作者在凡例中說："韻中輕唇音句，惟合口行有。其重唇音，陽叶中與開口行同，故以三角圈代之。陰叶中兼有者，注在右旁。"可見，書中還有三個輕唇音聲母。不過根據書中輕唇音列字的情況來看，輕唇音非敷奉三母已經分辨不清，比如在三陽叶合口平聲下依次列有"風（酆）、封、鞦；縫馮○"在二陽叶合口平聲下列有"分、芬、瘟；芬（焚）、墳、紋"；在四陽叶合口平聲下列有"方、芳、○；芳、房、亡"，上聲下列有"紡髣罔"；在三陰叶合口平聲下列有"非、飛、威"，上聲下列有"匪、榧、唯"，去聲下列有"肺、廢、緯"；在四陰叶合口去聲下列有"賦、付（傅）、誤"。

3. 影喻疑微合流（合口呼字在微母下有又讀音）。

在一陽叶平聲牙音第三位下列有：煙鹽（閻）、鞍（安）○、灣完、冤圜

---

① 凡例："讀時止讀中行大字，旁小字與大字同音，不讀自知。"

（元），在唇音合口第三位下列有：剜丸。

在二陽叶平聲牙音第三位下列有：殷銀、恩〇、溫文（聞）、氲雲，在唇音合口第三位下列有：瘟紋。

在三陰叶平聲牙音第三位下列有：衣倪（疑）、〇〇、威韋（隈）、淤虞（餘），在唇音合口第三位下列有：威危。

在四陰叶平聲牙音第三位下列有：醫夷（姨）、〇〇、烏（巫）吳，在唇音合口第三位下列有：烏無。

4. 知莊章組字合流，與精組字對立。

書中齒音下列的是精組字，輕舌齒下列的是章知莊組字。在一陽叶齒音下列有：箋煎簪鑽鐫千錢參甖竄攢筌全鮮涎三酸宣；輕舌齒下列有：氈詹磚襝纏攙鑱穿船苫衫拴。在三陽叶齒音下列有：菁曾繒宗青情蹭層蔥從星僧松；輕舌齒下列有：蒸箏鍾稱城充蟲升繩牲。

5. 鼻音邊音對立，即泥母與來母不混。

書中泥母字列在舌音第三位下，來母字列在老母下。在一陽叶舌音第三位下列有：年男；老母下列有：連籃。在三陽叶舌音第三位下列有：甯能農濃；老母下列有：綾棱籠隆。

6. 日母獨立存在。

書中日母字列在人母下。在一陽叶人母下列有：人然。在三陽叶人母下列有：仍榮絨。

7. 分尖團。

在三陽叶齊齒呼牙音下列有：京（經）、輕擎；喉音下列有：興邢。而在齒音下列有：菁〇、青情、星〇。

在三陰叶撮口呼牙音下列有：居（駒）、區璩（渠瞿）；喉音下列有：虛〇。而在齒音下列有：且〇、蛆〇、須（胥）徐。

8. 止攝開口三等日母字除了日母讀音外，還有來母又讀音。

在四陰叶平聲齊齒呼日母下有"兒"，開口呼來母下有"兒"；上聲齊齒呼日母下有"耳"，開口呼來母下有"耳"；去聲齊齒呼日母下有"二"，開口呼來母下有"二"。

根據聲母的特點，書中的聲母可以歸納爲二十個，即在原有的十八聲母的基礎上可增加非母和微母。

二、韻母及其特點

根據韻頭來看，書中有三十八個韻母（只算韻頭的平聲韻，不算相配的入聲韻）。但實際上只有三十六個韻母，因爲果攝字開合口字同韻，都讀合口（見下）。另外陰三叶與陰四叶齊齒呼字讀音應該相同，因爲它們來自止攝開口三等韻字和蟹攝開口四等齊韻字，除了在平去聲下的列字有少數相同外，特別是在上聲齊齒呼下的列字完全相同①，這很明顯是爲了四呼的整齊，所做的人爲拆分。

韻母的主要特點：

1. 蟹攝開口二等的牙喉音字讀齊齒呼，但仍舊跟一等字同韻。

在五陽叶齊齒呼下列有：稭揩挨鞋；開口呼下列有：該開哀唉孩；合口呼下列有：乖歪灰。

2. 麻韻三等字與果攝一等字合流（果攝字開合口合流，讀合口音）。

在二陰叶齊齒呼下列有：迦〇、佉茄、〇爺、爹〇、〇〇、〇乜、〇〇、撒〇、咩〇、罝〇、〇〇、些邪、遮〇、車〇、賒〇、〇〇、〇〇。

在二陰叶合口呼下列有：戈②（鍋）〇、科〇、窩鵝、多〇、拖橐、〇挪、菠〇、坡婆、〇摩、〇〇、蹉矬、蓑（梭）〇、〇〇、〇〇、〇〇、呵和、〇羅（騾）、〇〇。

3. 知章組開口三等字讀齊齒呼（但止攝開口三等部分字讀開口呼），其他知莊章組字大多數讀洪音（少數合口三等字讀撮口呼，如遇攝合口三等魚虞韻知章組字，或者有撮口呼的又讀音，如通攝合口三等東鍾韻的知章組字）。見下表3：

表3

	齊齒呼	開口呼	合口呼	撮口呼
陽一叶	氈（詹）襜苫；纏詀攙衫；饞	詀攙衫；饞	磚穿拴；船	〇〇
二叶	針（甄珍）琛身（申）；陳神	榛岑參（莘）	諄春；淳	〇〇
三叶	蒸稱升；城（程）繩	箏根牲	鍾充；蟲	鐘充
四叶	張昌尚（商）；腸（常）	〇〇	莊（裝）窗霜（雙）；床	〇〇
五叶	〇〇	齋差（釵）篩；柴	捯衰；揣	〇〇
六叶	招超燒；朝（晁）召（韶）	抄篘（捎）；巢	〇〇	〇〇
七叶	周（州）抽收；紬	鄒（謅）篘搜；愁	〇〇	〇〇
陰一叶	〇〇	差紗；茶	抓	〇〇
二叶	遮車賒	〇〇	〇〇	〇〇
三叶	知笞；池	〇〇	吹錘；誰	豬（朱）樗書（舒）；除（儲）殊（殳）
四叶	知；治	支差師（施）；匙（時）	初梳；鋤	〇〇

---

① 在四陰叶齊齒呼上聲下，除了列有首字"幾"外（三陰叶首字也是"幾"字），其它未列字，注曰："同三叶"。

② 作者注曰："此戈韻平上去俱無輕脣，故全不著。"

三、聲調及其特點

凡例："教童子讀韻，先將上平、下平、上去入聲，爲之寫出，使識此數字，掂出上平、下平、上聲、去聲來，使掐指中平上去入，掂得爛熟。然後讀韻，則圈點讀之不難矣。"因此書中有五個聲調。

聲調的主要特點：

1. 全濁上聲歸去聲。

在陰陽叶每叶後，都附有"丈上似去"，其中在一陽叶後注曰："丈上似去，卻是上聲，切字牢記，可無庸讀。"這說明實際口語中全濁上聲已經讀入了去聲，但在切字的時候，要把它當做上聲。

2. 全濁入聲歸陽平，次濁入聲歸去聲，清入聲仍舊是一個短促的入聲。

在一陰叶入聲注曰："入聲有三色，濁入似平①，末入似去，餘皆促入。首行促入，次行每句首字爲濁入，末爲末入。惟重輕二齒音末字亦是濁入。按此讀之，又次行末句下二字俱是末入。"

比如一陰叶入聲開口列字如下，見表 4：

表 4

	牙		舌		唇		齒		輕舌齒		喉	老	人
促	葛	磕	○	荅	塔	○	八	汃	偞	啞	撒	撒	劄	刹	殺	哈	拉	○
濁末	蛤	○	○	達	○	納	拔	○	○	雜	○	○	鍘	○	○	合	辣	○

上表"促"行中主要是清入字，"濁末"行中，"達拔雜鍘合"是全濁入聲字，"納辣"是次濁入聲字，即末入②。

四、音系及其性質

書中記錄的音系主要是當時的壽光方音。下面把書中音系的一些特點與今壽光方音比較一下。

---

① 濁入似平，此平聲應該指濁平，即陽平。因爲書中平聲字根據聲母的清濁分陰平、陽平兩個調類。濁聲母的入聲字歸入平聲後，應該是歸入陽平。

② 次濁入聲字還有少數字仍舊保持入聲，如"促"行的"偞拉"，也有少數清入聲字歸入其它聲調，如"濁末"行的"蛤"，讀入陽平。

（一）聲母的比較

表 5

《讀韻入門》	1	2	3①	4②	5	6③	7④	8⑤
今壽光方音	√	√	√	√	√	√	√	√

（二）韻母的比較

表 6

《讀韻入門》	1	2⑥	3⑦
今壽光方音	√	√	√

（三）聲調的比較

表 7

《讀韻入門》	1	2⑧
今壽光方音	√	√x

---

① 《壽光方言志》："有的人在零聲母以 u 開頭的時候，讀得帶有輕微的摩擦近於 v。"

② 《壽光方言志》："普通話讀 tʂ、tʂʻ、ʂ 的字（古代屬於"知""莊""章"三組聲母）是否二分及其讀音。北區二分，分別讀 tʂ、tʂʻ、ʂ 和 tɕ、tɕʻ、ɕ；其他各區不分，讀作 tʂ、tʂʻ、ʂ。如"嗤"與"吃"，北區分別讀 tʂʅ 和 tɕʻi，其他各地都讀作 tʂʻʅ。再如"瘦"和"壽"，北區分別讀 sɤu 和 ɕiɤu，其他各地統讀 sɤu。"書中音系跟北區應該同屬一個類型，因爲知章組開口三等字絕大部分讀細音，其它知莊章組字絕大部分讀洪音。

③ 《壽光方言志》："普通話 ʐ 聲母字（古代日聲母字）的讀音。西區及中南區的南部（包括壽光城）讀 l，如'肉'音'漏'、'瓤'音'狼'；東南區讀零聲母 i-或 y-，如'肉'音'又'、'人'音'銀'、'軟'音'遠'；北區及中南部的北部讀 ʐ 同於普通話。"書中音系日母字與來母字對立，在日母下和來母下都列有字，同于北區。

④ 《壽光方言志》："普通話讀 tɕ、tɕʻ、ɕ 的字（古代精組聲母和見組聲母的細音字）是否二分及其讀音。今壽光西區和中南區不分尖團，同讀 tɕ、tɕʻ、ɕ，同於普通話；東南區也不分尖團，但同讀 ts、tsʻ、s，如"精清星"和"經輕興"都讀作 tsiŋ、tsʻiŋ、siŋ；北區區分尖團，尖音讀 ts、tsʻ、s，團音讀 tɕ、tɕʻ、ɕ，如"精清星"讀 tsiŋ、tsʻiŋ、siŋ，"經輕興"讀 tɕiŋ、tɕʻiŋ、ɕiŋ。"書中音系同于北區，分尖團音。

⑤ 《壽光方言志》："'兒耳二'音節的發音比較特殊。發音時，先發一個邊音的本音，然後舌尖稍離開上顎，發出一個舌尖略起作用但同時舌位也較高的母音。聲母的部位可略前也可較後，只要保持後面的母音的特色即可。如果發得較慢的話，主要是延長邊音聲母的持阻時間，一般不延長其後的母音（發"惹熱"音節時也是這樣）。根據其發音特點和語感，本書將'兒耳二'的聲母記爲 l，韻母母音記爲 ɨ，其實際音值是一個舌位較高同時舌尖也略起作用的母音，舌位不到 ɨ 而比中央母音 ə 高。"書中除了來母的讀音外，還有日母的又讀音。

⑥ 今壽光方音果攝字除了唇音字歸在開口外，其餘都讀合口。

⑦ 今壽光方音與書中音系絕大部分一致，但有少數字從細音變成了洪音。（見後的變化部分）

⑧ 濁入聲一致，不同的是清入聲在今壽光方音中歸入了陰平，而在書中還是一個單獨的調類。這應該是古今的差異造成的。因爲在壽光方音中，清入聲的消失在時間上應該是不久的事情，因爲清入聲字在輕聲前的變調跟陰平字不同。北部清聲母入聲字在輕聲前與上聲同調，而南部清聲母入聲字在輕聲前雖與一般的陰平不同，但與上聲不同調。這說明清入聲歸入陰平的時間還不太久，因此在連讀變調中還能區別出來。在壽光西部不遠的利津、桓台、章丘和鄒平等地的老派讀音中清入聲字大多還保持獨立的入聲調類。

下面再看一看入聲韻的歸派。在書中入聲韻有四叶，分別與今壽光方音進行比較。

（一）一陰叶入聲的比較

表8

	齊	開	合	撮
例字	夾恰鴨瞎嶽洽匣	葛磕莟塔八汃啞擦撒劄刹殺拉蛤達納拔雜鍘合辣	刮發苗刷刖妠伐襪滑	钁闕爇雪薛拙說血月越絕勺穴劣
主要來源	咸攝開口二等洽狎韻牙喉音、山攝開口二等鎋黠韻牙喉音	山攝開口一等曷韻字、咸攝開口一等合盍韻	山攝合口二等黠鎋韻山攝合口三等月薛韻	山攝合口四等屑韻山攝合口三等月薛韻
今壽光方音	√	√	√①	x②

（二）二陰叶入聲的比較

表9

	齊	開	合	撮
例字	結怯冶謁跌鐵捏鼈撇節切屑摺掣設蠍傑叶碟蟲別滅截轍舌協烈熱	○○○○○○○○○○	割渴惡掇脫作撮索桌綽爍郝格鄂尊奪諾縛箔搏泊佛摸鑿濁勺鶴烙若	腳卻握爵鵲削皙縮謔樂嶽嚼學略若
主要來源	山攝開口四等屑韻、咸攝開口三等業葉韻、山攝開口三等月薛韻、咸攝開口四等帖韻		山攝開口一等曷韻少數牙喉音字、宕攝開口一等鐸韻、山攝合口一等末韻、江攝開口二等覺韻、宕攝開口三等藥韻	宕攝開口三等藥韻
今壽光方音	√		√	√

---

① 關於來源，我們只考慮韻部，對於少數的字的開合洪細忽略不計，比如"發伐"等字，書中歸在合口呼中，今壽光方音歸在開口呼中。這種歸派只是作者處理韻字時的方式不同，但都歸於同一個韻部。至於某些字的洪細不同，有些是古今演變的差異造成的，有些可能是作者受傳統韻圖的影響，保留了傳統讀音造成的。另外照組月薛韻字今壽光方音歸在二陰叶中。

② 這韻字今壽光方音歸在二陰叶撮口呼中。

（三）三陰叶入聲的比較①

表 10

	齊	開	合	撮
例字	吉汲乞一的剔妮必劈七戚錫職尺失吸極郤逆益邑糴溺逼匹密集籍席直十檄曆日	格革客得北坯則塞側策色黑嚇特墨賊翟宅	國百或白麥獲	菊鞠曲郁屈筆足促縮竹②出叔畜入局玉女覓俗孰勖律
主要來源	臻攝開口三等質迄韻、深攝開口三等緝韻、梗攝開口三四等昔陌錫韻、曾攝開口三等職韻	梗攝開口二等陌麥韻、曾攝開口一等德韻	曾攝合口一等德韻、梗攝合口二等麥韻	通攝合口三等屋燭韻、臻攝合口三等術韻
今壽光方音	√	√	√	√

（四）四陰叶入聲的比較③

表 11

	齊④	開⑤	合	撮
例字		澁	骨縠哭屋篤禿福弗撲沃木卒簇速燭畜束物服兀軸熟斛祿陸辱	
主要來源		深攝開口三等緝韻生母字	臻攝合口一等沒韻、通攝合口一等沃屋韻、臻攝合口三等物韻	
今壽光方音	√		√	

通過上面的比較可以看出：書中入聲韻與陰聲韻相配的格局與今壽光方音具有較強的對應性，當入聲消失後，相配的入聲韻絕大部分與相配的陰聲韻歸併，與今壽光方音一致。只是少數字的洪細和少數字的歸部發生了變化。

這樣，我們可以參照今壽光及其附近地點的方音，對書中的音系構擬如下：

聲母：見 [k] 溪 [kʻ] 影 [Ø]；端 [t] 透 [tʻ] 泥 [n]；幫 [p] 滂 [pʻ] 明 [m]；精 [ts] 清 [tsʻ] 心 [s]；照 [tʂ] 穿 [tʂʻ] 審 [ʂ]；曉 [x] 來 [l] 日

---

① 這一叶在四呼相配方面不太合理。應該齊撮相配爲一叶，開合相配爲一叶。如果僅僅單從入聲與其相配的舒聲韻來看，與今壽光方音是具有較強的對應性的。
② 知莊章組字今壽光方音歸在四陰叶合口呼中。
③ 這叶的字，齊齒呼與三叶同，其相配的舒聲韻也與三叶的舒聲韻同。
④ 書中注曰"吉菊二韻與三叶同"。
⑤ 凡例："惟袗字一韻，圈多字少，去之不能，存之難讀。"

[ʐ]；非 [f] 微 [v]；章 [tɕ] 昌 [tɕʻ] 書 [ɕ]①。

韻母：兼 [iā] 干 [ā] 官 [uā] 涓 [yā]；金 [iə] 根 [ə] 裩 [uə] 君 [yə]；京 [iəŋ] 更 [əŋ] 公 [uəŋ] 扃 [yəŋ]；江 [iaŋ] 岡 [aŋ] 光 [uaŋ]；皆 [iɛ] 該 [ɛ] 乖 [uɛ]；交 [iɔ] 高 [ɔ]；鳩 [iəu] 鉤 [əu]；加 [iA] [iA²]② 戛 [A] [A²] 瓜 [uA] [uA²] ㊋ [yA²]；迦 [iə] [iəʔ] 哥戈 [uə] [uəʔ] ㊋ [yəʔ]；雞 [i] [iʔ] ㊌③ [ei] [eiʔ] 歸 [uei] [ueiʔ] 居 [y] [yʔ]；機 []④ ㊍ [ɿ] [ɿʔ] [ʅ] [ʅʔ] 姑 [u] [uʔ] 菊 []。

聲調：陰平 [213] 陽平 [53] 上聲 [55] 去聲 [21] 入聲 [33]⑤。

五、古今的差異和變化

書中音系與今壽光方音相比，主要的差異和變化爲：

1. 書中音系開口呼零聲母字仍舊讀零聲母，而今壽光方音已經增生了一個後鼻音聲母 [ŋ]。

2. 知章組部分開合口細音字變成了洪音。

（1）麻韻開口三等知章組字"遮車賒"等從齊齒呼變成了開口呼，從而增加了一個韻母 [ə]。

（2）遇攝合口三等魚虞韻知章組字"豬（朱）樗書（舒）；除（儲）殊（氼）"，從撮口呼變成了合口呼，通攝合口三等東鐘韻的知章組字撮口呼的又讀音字"鐘充"等失去了撮口呼的讀音，唯讀合口呼了。

3. 山攝合口四等屑韻和山攝合口三等月薛韻字"钁闕蕝雪薛拙說血月越絕勺穴劣"等從讀 [yAʔ] 變成了 [yəʔ]，從而音系中少了一個韻母。

4. 清入聲消失，入聲韻相應地歸入了相配的舒聲韻，使得韻母系統進一步簡化。

六、與相關韻圖的關係及其價值

《讀韻入門》是在古代某種韻圖的基礎上改併而成的。究竟是根據哪種韻圖，書中沒有說，但通過書中的一些術語來看，應該是依據清代山東壽光人王鵬飛的《等韻便讀》⑥，如書中入聲字分爲"濁入、末入和清入"三類，有"丈上似去"，

---

① 書中章知組開口細音仍舊讀細音，其它大多讀洪音，跟今壽光方音北區音較爲接近，故增加此組聲母。
② 入聲韻如果有喉塞韻尾的話，應該是一個非常弱的音。
③ 開口呼列的字不多，主要是唇音字，有"頰培梅厄美"。
④ 機韻列字與雞韻列字來源相同，且有許多字相同，應該讀音是一樣的。多列一韻，是爲了湊足四呼，使得雞機兩叶四呼俱全。
⑤ 從保留清入聲的方言來看，都是一個平調。
⑥ 應是根據《等韻便讀》的未刊稿。

等等。雖然《讀韻入門》是在《等韻便讀》的基礎上歸併而成的，但由於主要根據當時壽光方音進行了改進，因此極具革新性，如把三十六字母的形式改成了十八行的聲母形式，且在這種形式中，還暗含非微等聲母，把當時壽光方音的聲母基本上都歸納了出來。在韻部的歸併方面，也把古麻韻三等字和果攝一等字合併，這都是當時壽光方音的真實反映。另外，在入聲韻與舒聲韻的配合方面，也跟今壽光方音具有較爲一致的對應性。當然《讀韻入門》也存在一些保守的地方，如在每叶的後面，列出"丈上似去圖"，在書的最後列出"陽借陰入圖"，把非母字列在合口呼，等等。但瑕不掩瑜，《讀韻入門》根據當時壽光方音對《等韻便讀》所作的刪改，爲我們留下了當時寶貴的壽光方言音系，這在清代山東韻書方面是值得特別讚賞的，因爲清代山東韻書資料雖多，但絕大部分反映的都是讀書音。因此，反映實際音系的《讀韻入門》是研究清代壽光方音的重要資料，也是研究山東方音史的寶貴語音資料。

參考文獻

耿振生. 論近代書面音系研究方法. 古漢語研究，1993（4）.

寧忌浮. 試談近代漢語語音下限. 語言研究，1987（2）.

錢曾怡. 山東方言研究. 濟南：齊魯書社，2001.

張鴻魁. 明清山東韻書研究. 濟南：齊魯書社，2005.

張樹錚. 壽光方言志. 北京：語文出版社，1995.

The Phonological System of the Transcript *Duyun Rumen* and Shouguang Dialect

Zhou Saihua

Abstract: This article describes the phonological system of *Duyun Rumen* in details, highlighting some of the phonological features. And then this article compares the characteristics of the phonological system in *Duyun Rumen* with Shouguang dialect, certifying that the phonological system reflects Shouguang dialect.

Keywords: Shouguang; dialect; *Duyun Rumen*; phonological system; the Qing Dynasty

（周賽華，湖北大學中文系）

知莊章三組聲母在《青郊雜著》中的發展*

亓文婧　林珈亦

提　要： 文章從《青郊雜著》"知徹日審"四母下的四科對立入手，結合韻母的演變，探討古知莊章三組聲母的分合格局。通過梳理材料發現，該書知莊章以洪細爲條件，可分爲知二莊和知三章兩類。其中，有兩點值得注意：(1) 絶大多數莊三組字已完成 i 介音脱落的音變，與知二、莊二合流，但仍餘 5.51％的字讀爲細音。(2) 知三章組字呈現出向知二莊組字合併的趨勢，其中合口字的合流進程快於開口字，日母字的音變進程慢於其他知系字。這些材料説明《青郊雜著》的知莊章正處於動態演變的過程中，而音變是通過共時系統内一詞兩讀實現的。

關鍵詞： 知莊章；《青郊雜著》；i 介音脱落；動態變化

一、引言

《青郊雜著》是明萬曆九年（1581 年）編撰而成的一部韻書，作者桑紹良，字子遂，號會臺，別號青郊逸叟，山東濮州（今河南范縣濮城鎮）人[①]。

經耿振生（1991）先生考證，現存於北京大學圖書館的《青郊雜著》已屬孤本，本文便以此爲底本進行研究[②]。該韻書包括兩部分：第一部分爲《青郊雜著》，是全書的發起凡例（寧忌浮，2009）；第二部分題爲"文韻考衷六聲會編"，全書按韻部編排，共 18 個韻部，依次爲：東部、江部、侵部、覃部、庚部、陽部、真部、元部、歌部、麻部、遮部、皆部、灰部、支部、模部、魚部、尤部、蕭部。韻部之下按"四科"排列：重科、次重科、輕科、極輕科，分別整齊地對應今天的合口

---

* 基金項目：國家社會科學基金重大項目"中國古代方言學文獻集成"（16ZDA202）、山東大學人文社會科學青年學者項目（IFYT17006）。

① 請參看：耿振生《〈青郊雜著〉作者籍貫考》，《中國語文》，1987 年第 2 期。

② 該版本收錄於齊魯書社出版的《四庫全書叢目存書》的經部小學類第二百六十一冊中，名爲《青郊雜著一卷文韻考衷六聲會編十二卷》，本文簡稱《青郊雜著》。

呼、撮口呼、開口呼、齊齒呼（耿振生，1987）。"四科"之下再以"五位"分類，以宮音（見溪曉影）、徵音（端透泥來）、角音（知徹日審）、商音（精清心）、羽音（幫滂明非微）的順序排列。"五位"之下再以"六聲"排列，即沉平（陰平）、浮平（陽平）、上仄（上聲）、去仄（去聲）、淺入（濁入）、深入（清入）。

對《青郊雜著》音系的考察，李新魁（1983）、耿振生（1991）、陳潔（2005）、高龍奎（2010）已有專門論述。但就其中諸多細節性問題，並未展開詳細探討。本文的研究重點便在於討論中古知莊章三組聲母在《青郊雜著》裏的分合情況。

筆者對《青郊雜著》裏古知莊章組聲母字作了窮盡性的梳理："知徹日審"四母共下轄 5091 個字（不含原書缺頁部分），其中知母 1385 個、徹母 1792 個、日母 516 個、審母 1398 個。刪除異體字[①]和部分冷僻字後，餘 3515 字作爲本文的研究材料，其中知母 967 個、徹母 1216 個、日母 356 個、審母 976 個。

二、中古知莊章三組聲母在各韻部中的分合格局

（一）元部

元部字主要來自中古山攝，"知徹日審"四母讀音如下：

1. 元部重科

知　陰平：跧佺山合三莊；上聲：蝡山合三莊；去聲：孨山合三莊 剬山合三章；陰入：聉窋山合二知 茁篡劓山合三莊。

徹　上聲：㹂山合二初 篹簨山合二崇 儠山合三初 撰籑饌僎山合崇；去聲：剬籔剫篡山合三初 僎譔襈顭撰饌僎山合三崇；陰入：篡劓蔽山合二初。

審　陰平：栓山合三生；去聲：涮孿山合二生；陰入：刷涮唰山合三生。

2. 元部次重科

知　陰平：剬甄嫥鱄篿顓椯塼端山合三章；上聲：瑑篆摶山合三知 剬塼膞鱄膞轉剬膞關孨專山合三章；去聲：轉囀傳搏瑑山合三知 篆剬山合三章；陰入：怵拙準頓㮾茁山合三章。

徹　陰平：川紃穿瑏矗山合三昌 剟猭鐉山合三徹；陽平：椽傳山合三澄 船山合三船；上聲：瑑篆摶塚隊山合三澄 喘舛舷踳僢膞山合三昌；去聲：鶨蒃瑑塚傳搏山合三澄 穿釧腨寠玔僢山合三昌；陰入：寠㮾啜毳山合三昌。

日　陽平：㬪蠕撋堧褋瓀緛瓀山合三日；上聲：夝礝愞蝡輭緛㽔臑㬪偄腝䎡楈娛渜朊山合三日；去聲：㬪愞䎡山合三日；陽入：撋山合三日。

審　陽平：歂膞遄篅樢輇腨輲圌膞山合三禪；上聲：膞踹山合三禪。

[①]　指用法完全相同而外形不同的字，即狹義異體字（裘錫圭，2010）。另，有部分字桑紹良僅列出異體字形，如元部極輕科審母上聲"僐"，爲了保證材料的客觀性，文章忠於原書，取韻書中字形。

3. 元部輕科

知　陰平：䀹山合三莊；上聲：醆盞琖劃棧㟞山開二莊；陰入：札扎蚻紮山開二莊。

徹　陰平：獮山開二昌；陽平：孱潺㺍鏟虦傼山開三崇；上聲：鏟劃弗狻屢山開二初㦂棧棧僝輚齻剷山開二崇；去聲：剗鏟山開二初棧㦂輚山開二崇；陽入：汛轍山開二崇；陰入：鑯剿山開二初。

審　陰平：山邖訕刪潛鏾山開二生；上聲：産嵼滻辿簅潸汕摌山開二生鏟山開二初①；去聲：潸汕疝訕狦柵𠟇鎩㦃姍屾冊山開二生；陰入：㦃煞鎩骰山開二生。

4. 元部極輕科

知　陰平：驙鱣邅譠山開三知㫋鸇飳饘檀氊山開三章；上聲：展輾振曪襢山開三知膻鐘顫樿嬗穜樿撢僤僐皻山開三章；去聲：戰顫邅山開三章檀褰驒山開三知；陰入：哲山開三知䩞山開三章昳臻開三章。

徹　陰平：燀山開三昌；陽平：廛瀍躔纏㙻闡繵澶山開三澄孱潺山开三崇；上聲：輾忋蔵搌山開三徹燀嘽繟幝觻闡緣山開三昌；去聲：纏邅山开三澄硟繟幝緣山開三昌；陽入：澈撤徹輟橄𨅕山開三澄；陰入：㽌徹䎛撤㦜山開三徹。

日　陽平：㷔燃𤊥爇肰山開三日；上聲：㲷㒟橪燃燃山開三日；去聲：孌山開三日。

審　陰平：埏挻扇煽挺偏搧膻梴顫山開三書；陽平：單嬋禪蟬澶僤鋋嬗蟺撣繟𰩸山開三禪；上聲：蕭䪞墠僐單墠僤鱓蟺山開三禪；去聲：扇煽□篇山開三書單禪墠樿嬗搧擅饘鼔䵼山開三禪；陰入：設鼓設山開三書。

元部四科俱全：重科、輕科主要來自開口二等知莊組字和開口三等莊組字，次重科、極輕科主要來自開口三等知章組字。

通過元部讀音發現，莊三組聲母字與知二莊二同屬一科，而與知三章組字有別，這說明在元部中：

（1）莊三組聲母的後接韻母，i介音已丟失，由細音變為洪音，讀為輕科，如僝崇三和篯崇二共用"剗蠂切"。

（2）知莊章三組聲母大致以韻母洪細為條件，發生了分化：知二莊分布在洪音（重科、輕科）前、知三章分布在細音（次重科、極輕科）前。其中，知二莊不與細音相拼，也不與精組一等開口字讀音相混。

個別知莊章讀音存在例外，可大致分為兩類②：

（1）極輕科的反切上字來自莊三組字。共兩例：孱潺崇三，中羶切，與"纏澄三澶禪三"等字同音。

---

① "鏟"，形聲字，從金、產聲。"鏟"字列於此處，原因或有二：第一，作者的方言中"鏟產"同音，故"鏟"列於審母之下。第二，"鏟產"不同音，受聲旁讀音影響，此處為誤列。

② 重科、輕科中不合規律的讀音，下加"＿"表示；次重科、極輕科中不合規律的讀音，下加"＝"表示。下文亦同。

(2) 重科的反切上字來自知三章組字。僅"剿章三"1例，與知二莊組字讀音相同，如"剿章三"，與莊組字"㧐"同爲"茁篡切"。

(二) 侵部、真部、尤部、支部

侵、尤、支三部祇有中古開口字。真部雖開合口俱全，但合口祇涉及知三章組字，無知二莊組字，所以無法從整體上探查知莊章的分合問題。與合口情況不同，真部開口字的音類分合與侵、尤、支三部相對一致，故此處一起討論。

1. 侵部

(1) 侵部輕科

知　陰平：摺鐕簪篸深開三莊；去聲：僭譖深開三莊；陰入：戢濈霅萐晶睸湒深開三莊。

徹　陰平：參嵾槮穆篸鬖棽深開三初；陽平：岑梣棽深開三崇；上聲：墋磣醦疹深開三初；去聲：識深開三初；陽平：㒣深開三崇；陰入：偛榃届扱深開三初。

審　陰平：森槮參滲掺䒬槮蓡篸芩宋深開三生；上聲：槮瘮深開三生；去聲：渗㴲深開三生；陰入：蹋欻濇鈒霎深開三生。

(2) 侵部極輕科

知　陰平：坫枯椹碪錌深開三知葴箴斟針深開三章；上聲：頕枕深開三章抌頕黕戡深開三知；去聲：揕愖鈂深開三知枕針深開三章；陰入：執慹蟄蟄縶汁㞚卽深開三知戠機織臘職曾開三章。

徹　陰平：綝梻琛深開三徹；陽平：沈鈂魸芢霃湛深開三澄；上聲：嶜踸頣深開三徹；去聲：闖肜深開三徹沈酰鴆䶴深開三澄瀋深開三昌；陽入：尼蟄伲譶深開三澄食蝕曾開三船；陰入：霫沿㵟深開三徹卙深開三昌餝曾開三徹。

日　陽平：壬任妊紝鈓䭾深開三日；上聲：妊䏄飪衽挋袵恁荏荏腍稔稳深開三日；去聲：任妊紝衽恁䭾深開三日；陽入：入廿深開三日。

審　陰平：深深開三書；陽平：鈂深開三澄忱訫煁諶愖醌深開三禪；上聲：沈魷潪淰諗棯深開三書甚深開三禪；去聲：深諗嬸深開三書倿甚葚瘎深開三禪；陽入：十什拾深開三禪；陰入：溼飾䛪深開三書識曾開三書。

侵部主要來自中古深攝開口三等字，其知莊章讀音界限分明：莊三組分布於輕科前，知三章分布於極輕科前，如"甚禪三""渗生三"不同音。

2. 真部

(1) 真部輕科

知　陰平：溱榛轃臻殝蓁梻鋅臻開三莊唇跠禛臻開三章；上聲：䐱笫臻開三莊；陰入：柳柳瀄櫛嚦札臻開三莊稄曾開三莊。

徹　陰平：瀙臻開三初；陽平：榛蓁帑殷臻開三崇；上聲：齔臻開三初；去聲：儭櫬襯龀齔齓臻開三初；陽入：齫臻開三崇；陰入：𠜻誺剝汭臻開三初。

審　陰平：牲舢炻佬姺詵虦阠抌粐鮮莘莘瘁蔘滎蠹臻開三生；上聲：瘁臻開三生；陰入：瑟臻開三生色曾開三生。

（2）真部極輕科

知　陰平：貞塡鎭珍臻開三知眞縝藚畛砏跈佽振帳桭踬震甄籈柧茞臻開三章；上聲：辰臻開三知疹抮畛砏眕聆診胗紾黰疹縝嫃槇顳鬒振賑袗驓敐弫臻開三章；去聲：瑱塡鎭臻開三知侲娠振袗踬賑脣震驌抧坁甄袗譓臻開三章；陰入：嚍臻開三知質憤嚍櫍磶鑕譺劕臻開三章。

徹　陰平：抻肿搷獮臻開三徹嗔謓瞋䐜憘䀹臻開三昌；陽平：陳薼敕塵塡臻開三澄神䰠脣晨臻開三船晨臻開三禪；上聲：䠇疢臻開三徹紖杊臻開三澄瀋㩞臻開三昌；去聲：趂疢臻開三徹陳敶診疢臻開三澄；陽入：秩柣絰袟帙妷袟帙㭰帙狨獸臻開三澄齺臻開三崇實臻開三船戠曾開三禪；陰入：叱妷臻開三昌昳抶吷魅臻開三徹墌深開三徹。

日　陽平：人禿儿仁臻開三日；上聲：忍濡荵臻開三日；去聲：刃仞牣軔軔軔訒牣訒牣䎽軔韌臻開三日；陽入：日帕袥馹苢銍臻開三日。

審　陰平：申伸呻胂柛訷紳䎬信身侲哂娠臻開三書；陽平：辰宸晨曟蜃麎䴊鷐臣邸緶殿蕒臻開三禪；上聲：弞矧頤臻開三書裖欣蜃腎臻開三禪審嬸深開三書；去聲：申抻肿胂臻開三書慎雇臻開三禪；陰入：失臻開三書濕深開三書。

（3）真部次重科

知　陰平：屯窀迍帪跧臻合三知肫訰愭潯譂臻合三章；上聲：準純埻潯臻合三章；去聲：埻稕譂訰純臻合三章；陰入：㤜怵䀒炪窋臻合三知頤臻合三章。

徹　陰平：㻞椿鶞輴剚臻合三徹春俊臻合三昌；陽平：脣漘蓴楯軘臻合三船賑純䤍鶉臻合三禪；上聲：䐇踳蠢舛臻合三昌盾揗楯軘臻合三禪賰臻合三書①；去聲：順臻合三船；陽入：朮㳿臻合三澄沭秫述術潏䮕臻合三船；陰入：出怵炪綝黜欪怵臻合三徹。

日　陽平：捫睏蕤臻合三日；上聲：愞㬧臤臻合三日；去聲：閏潤㺊橍䐃朐臻合三日。

審　陽平：漘緬臻合三船沌純䤍蒓奄漳憞䆴醇鶉雜尊賑臻合三禪；上聲：賰臻合三書盾楯揗臻合三禪；去聲：舜橓瞬鶉瞢臻合三書順揗楯臻合三船；陰入：率俸徫喥裲蟀刟刹達衛臻合三生。

真部字主要來自中古臻攝三等字，有次重科、輕科、極輕科之分。輕科的反切上字多爲莊三組字，次重科和極輕科的反切上字多爲知三章組字。相較於侵部而言，真部讀音並不整齊：輕科中混入 "脣踬禛章三" 3 個章母字，這 3 個字與 "溱榛臻莊三" 同音，均爲 "桴漇切"。此外，次重科中混入 "率俸徫喥裲蟀刟達衛生三" 9 個莊三組清入字。

---

① "賰" 在《廣韻》中爲 "式允切"，富有義；《康熙字典》進一步解釋爲："音蠢，亦作偆"。"偆"，在《廣韻》中与 "賰" 同義，爲 "厚也、富也"，癡準切，屬徹母。此處 "賰" 疑爲 "偆"。

3. 尤部

(1) 尤部輕科

知　陰平：嬲稠謅騶齱鄒椒緅鯫耶聚菆麋鄹槭嗾流開三莊；上聲：掫掬橄流開三莊；去聲：偢緅皺甃瘷流開三莊；陰入：瘃叔通合三知：纖礆埾通合三莊祝呪通合三章。

徹　陰平：掫篘流開三初；陽平：愁愀流開三崇；上聲：䩱流開三初魗流開三崇；去聲：蒫篘流開三初掫謑漅驟偢流開三崇；陽入：逐躅蹢柚舳軸妯通合三澄；陰入：豖塚趗楝㴊苗通合三徹晜曾開三初杌俶俶埱通合三昌。

審　陰平：俊捘浚梭狻駿酸刻鄋廀颼蒐窵叟膄醙流開三生；上聲：浚狻流開三生；去聲：涑嗽潄鏉腹瘦流開三生；陽入：俶淑俶娖贖禣通合三船；陰入：搐蹜縮捒嗖欶儵贚掇諏䕘菑撖數䰱通合三生束梀朩鯄叔村菽倐焌倏儵瀘拸傶通合三書。

(2) 尤部極輕科

知　陰平：啁調侜謅輖跦譸鼗流開三知周洀彤椆婤賙輖鄇州洲舟洀鵃流開三章；上聲：肘疛肚流開三知帚鯞州流開三章；去聲：晝呠流開三知呪祝說訹流開三章；陰入：彩瘃通合三知祝呪通合三章。

徹　陰平：抽妯紬瘳惆助流開三徹犨翏流開三昌；陽平：惆綢裯椆儔懤檮躊糮籌疇鱃薵篘鬏綢紬流開三澄酬流開三禪；上聲：丑杻狃流開三徹紂紂流開三澄紂流開三昌；去聲：仙怞訕紂冑宙稠襡籀酎流開三澄臭流開三昌；陽入：柚舳軸逐躅蹢通合三澄禣通合三船；陰入：豖苗楝通合三徹挾通合三初杌埱諏俶淑娖俶通合三昌。

日　陽平：柔揉渘猱瑈媃輮蝚蹂鍒輮鞣菜瓔肉流開三日；上聲：揉渘脜煣糅蹂輮菜泏流開三日；去聲：揉㖟棣糅蹂輮餕肉流開三日；陽入：辱溽嬬縟褥廓蓐䘿肉通合三日。

審　陰平：收攸敗茷流開三書；陽平：酬訸售雔讎款穀流開三禪；上聲：首手守狩流開三書受授綬壽流開三禪；去聲：首守狩獸流開三書授噯綬壽售流開三禪；陽入：禣贖娖俶淑墇通合三船；陰入：揀嗖通合三生束俫叔鯄菽倐焌倐儵笂瀘拸傶通合三書。

尤部主要來自中古流攝開口三等字。其中，流攝開口莊三組字爲一類，流攝開口知三章組字爲一類。此外，尤部輕科混入 41 個知三章組字，極輕科混入"嗖揀生三"兩個莊三組清入字。

4. 支部

(1) 支部輕科

知　陰平：胝止開三知甾淄錙緇鯔鵐菑緇齜止開三莊；上聲：滓葘宰胏第緇批趾止開三莊跖止開三章柹止開三崇；去聲：瘦榴緇輜菑第傳諅錚梓秋袋菼止開三莊諈止開三知。

徹　陰平：差溠縒嵯蹉嵳篡䰱止開三初齜開三初；陽平：茬茌止開三崇；上聲：𠢐欶止開三初士仕俟涘俟竢駛硰糅釶記事柹止開三崇；去聲：廁止開三初事止開三崇；陽入：喋咸開二澄煠咸開二崇。

審　陰平：師獅獅螄糦嫛蒒篩櫃襹釃䈻菲止開三生；上聲：史使洓駛窶灑矖纚䍿躧

釃簁灑縰蓰屣岑止開三生；去聲：使洓誺駛灑曬釃縰屣止開三生嵥蟹開三生。

（2）支部極輕科

知　陰平：知蜘賀茹謺胝止開三知支汥忮吱枝肢衼跂絃赦鼓雉氏衹疧泜祗砥之芝巵梔脂鮨鴲胑榰禔虫止開三章；上聲：鴙敱徵撴夂止開三知止阯沚址祉杫趾芷笹阯抵坻砥厎紙帋只抧枳軹疻咫積旨恉指栺時筃止開三章；去聲：知智澌鷙致撴畷輊茿疐轋猘止開三知笫止開三莊至觶觗迣忮志誌恉痣懥躓摯鷙埶懇咥鞊止開三章制淛啣猘蟹開三章；陰入：哲蜇山開三知折浙晣哲制山開三章。

徹　陰平：狶絺郗郗箒摛螭瞝魑齝笞齝痴止開三徹蚩嗤媸胵鴟胵止開三昌；陽平：持峙墀徲遲謘治粭菭池馳馳箎泜坻衹眡蚳邸遜蒁泜傂褫鯱篪趍荎漘踟蛇誃止開三澄；上聲：祉恥止開三徹傂褫鯱阤杝洔峙時跱跱徛峙庤痔滍雉餙薙踶豸廌止開三澄侈垑恀哆姼烗胗誃鉹移弞奓庈齒蘤搋剫紕扡姼灣誀止開三昌弛弛止開三船；去聲：眙搋跙踶止開三徹治緻稺遲握謘綼稚雉褫觴亂揻止開三澄滯濿饎袲驟悕恝止開三昌示謚止開三船傺蟹開三徹滯蟹開三澄瘛瘛瘳蟹開三昌；陽入：折䇂揲山開三禪；陰入：哲联觲山開三徹掣山開三昌。

日　陽平：兒唲而洏陑栭胹輀鮞檽耏鴯腝荋髵濡止開三日；上聲：爾嬭薾邇耳洱珥栮緝餌駬止開三日；去聲：二刵貳樲聏佴洱𢾁珥咡誀餌衈刵毦髶止開三日；陽入：熱茶山開三日。

審　陰平：絁施鍦婆螸葹箷鉈竈纚邿詩尸叩鳲蓍翅止開三書；陽平：時塒鰣蒔提禔徥偍鍉葚篡匙覩褫箷嵩茋止開三禪；上聲：阤秲止开三澄弛豨止開三船始矢笶施屣弛屎豕翅啻止開三書氏跞是媞諟恃忕豉閍視笫止開三禪埶蟹開三書跩逝誓蟹開三禪；去聲：謚止開三船施鍦試弑始止開三書寺侍湜寔視眎蒔嗜止開三禪世貰勢蟹開三書誓銴逝筮澨噬遾筭蟹開三禪；陽入：揲折山開三船鍱咸開三船；陰入：揲嵥鎩晣山開三生韘葉咸開三書。

支部主要來自中古止攝開口三等字。其中，輕科的反切上字來自莊三組，極輕科的反切上字來自知三章組。支部輕科混入了“胝諈知三跡章三”3個知三章組字，極輕科混入了“笫莊三嵥鎩晣揲生三”5個莊三組字。

（三）蕭部、庚部、覃部

蕭、庚、覃三部絕大部分來自中古開口二三等字，3個韻部音類分合情況相同，故此處置於一節討論。

1. 庚部

（1）庚部輕科

知　陰平：丁玎朾趟摮梗開二知爭諍綪錚箏綪梗開二莊；上聲：盯梗開二知；去聲：倀偵趟梗開二知諍琤梗開二莊；陰入：吒摘樀適梗開二知側莿崱廁謫梗開三莊。

徹　陰平：掌橕瞠棦梗開二徹鎗琤錚槍鎗梗開二初；陽平：振棖粻揨橙瞪朾梗開二澄埩淨崢傖衜梗開二崇；上聲：澒梗開二初；去聲：掌瞠梗開二徹鋥棖敞梗開二澄；陽入：擇澤檡襗鸅擿梗開二澄莿崱曾開三崇；陰入：瞔梗開二徹測惻廁曾開三初。

审　阴平：生鉎牲胜鼪甥笙猩梗开二生；上声：省渻楮痦梗开二生；去声：生眚梗开三生；阴入：索溹槊褀梗开二生啬濇懎穑繬辖歃蔷曾开三生。

(2) 庚部极轻科

知　阴平：（原书缺页）征怔证徎䞓梗开三章䐳曾开三知。

彻　阴平：柽蟶侦湞赪浾窺麆橙梗开三彻禹俑稱秤曾开三昌；阳平：呈珵程裎醒梗开三澄澄憕懲承曾开三澄乘埞淁骉澠愩讄繩曾开三船；上声：悜徎裎逞樘骋麆梗开三彻；去声：偵梗开三彻鄭梗开三澄瞪曾开三澄覯曾开三彻稱曾开三昌乘嵊骉剩曾开三船；阳入：樀蹢蟎摘梗开三澄直值犆腪擲蹢曾开三澄；阴入：彳梗开三彻尺衼覡梗开三昌湁曾开三彻。

日　阳平：仍扔枂礽礽苚迺耳珥瓾曾开三日；去声：扔苚曾开三日；阳入：眲梗开三日。

审　阴平：声梗开三书升胜拵曾开三书；阳平：成城珹誠郕盛宬筬梗开三禅永丞承脀曾开三禅；去声：圣勝梗开三书盛晟梗开三禅賸曾开三船滕蕂曾开三书；阳入：值揸埴植殖稙曾开三书；阴入：嫡適晹賜檡释梗开三书。

2. 覃部

(1) 覃部轻科

知　阴平：詀咸开二知；上声：斩蓝咸开二庄；去声：站咸开二知蘸咸开二庄；阴入：劄咸开二知眨偛謟霅咸开二庄。

彻　阴平：搀槮勷咸开二初縿咸开三昌；阳平：毚儳巉巉谗纔艬鑱饞劖鄽獑蔪塹咸开二崇；上声：湛咸开二澄嵼镵瀺劖咸开二崇；去声：湛詀咸开二澄懺譀儳撍咸开二初讒鑱韂咸开二崇；阳入：雪咸开二澄腊蕇籛咸开二崇；阴入：雸插唼鍤副屈扱狋笈咸开二初。

审　阴平：乡杉衫肜髟釤攕纖摻糁纔芟樧撕咸开二生；上声：掺穇蔘撕槧咸开二生；去声：釤撕咸开二生；阴入：嗉翣雿磲颭唼蕇籛歃咸开二生。

(2) 覃部极轻科

知　阴平：沾鉆咸开三知占疒詹噡瞻蟾咸开三章；上声：颭黵咸开三章；去声：占墹咸开三章；阴入：聑輒鯜咸开三知謺慹贄褶慹擙咸开三章。

彻　阴平：佔跕覘忐闖婪咸开三彻怗姑詀鉆幨襜蟾妗咸开三昌；阳平：刱咸开三澄；上声：諂咸开三彻；去声：跕覘咸开三彻詀蹍襜鞴鞳闖咸开三昌；阴入：唼媣鍤咸开三彻詀姑謵咸开三昌。

日　上声：染媣咸开三日；去声：染咸开三日；阳入：喦讘咸开三日。

审　阴平：枮苫笘店咸开三书；阳平：蟾襑撏咸开三禅；上声：闪烻夾晱刘淰觊咸开三书；去声：姑苫店赕闪咸开三书赡咸开三禅；阳入：涉鉂拾檐咸开三禅舌山开三船；阴入：葟籛歃霎咸开三生歃撏瀸憸咸开三书。

3. 萧部

(1) 萧部轻科

知　阴平：操堁鄛䎒䈻罺抓咮效开二庄；上声：爪帒狐芁笊瑤獡效开二庄；去声：啅

踔罩效開二知抓䈷笮效開二莊；陰入：卓倬啅晫睉踔趠涿拺琢柮啄諑犳貃盵趰裝斫江開二知穛穱江開二莊。

徹　陰平：抄訬鈔謙剿勦藪效開二初；陽平：巢漅樔轈䠓鄛勦菓巢效開二崇；上聲：炒㶿熮謿㴵效開二初儳魙效開二崇；去聲：踔趠效開二徹棹效開二澄伣抄訬秒鈔舥謙翼效開二初；陽入：濯攉蠼鸖霍江開二澄㳻齵篤江開二崇；陰入：踔敠江開二徹抹娕江開二初。

審　陰平：颼捎梢弰蛸艄鞘莦筲髾䈰旓綃效開二生；上聲：㮶梢潲橚敊效開二生；去聲：捎哨稍睄艄潲艄㮨䎒削颼效開二生；陰入：朔搠嗍槊蒴稍掣萷筲敕數江開二生。

(2) 蕭部極輕科

知　陰平：朝效開三知招炤㸠昭鉊弨盅釗效開三章；上聲：沼昭效開三章；去聲：趙效開三澄勺詔瞏效開三章；陰入：勺扚汋均灼妁灼趵礿酌黔芍襮糕焯繳宕開三章。

徹　陰平：怊歇超效開三徹弨效開三昌；陽平：朝潮鼂效開三澄；上聲：兆垗挑祧鮡䖝旐晁庫肇趙效開三澄玅效開三昌；去聲：召效開三澄；陰入：逴宕開三徹婥焯綽敠宕開三昌。

日　陽平：嬈橈襓蟯饒蕘擾𤩽效開三日；上聲：撓隢嬈繞擾懪揉猱效開三日；去聲：橈繞饒效開三日；陽入：弱溺嫋䕚鰯蒻篛宕開三日。

審　陰平：燒𦍎效開三書；陽平：佋召昭詔韶䛁效開三禪；上聲：少邵苕效開三書佋袑紹硯㖀效開三禪；去聲：少燒效開三書召紹邵卲勁效開三禪；陽平：勺汋妁杓芍宕開三禪；陰入：獡爍爍鑠藥宕開三書。

蕭、庚、覃三部的知莊章讀音分爲兩類：一是開口二等知二莊組字，二是開口三等知三章組字。其中，蕭、庚、覃三部有"敊蓳箠雯生三"4例莊三組字歸爲極輕科，1例"縿昌三"混入輕科中。

(四) 東部、江部、陽部

1. 東部

(1) 東部重科

知　陰平：中忠衷通合三知众伀伀忪蚣橦躘鐘鍾蝩鐘鼨葼總通合三章；上聲：冢渾合三知種喠種腫煄通合三章；去聲：中衷通合三知眾偅甄通合三章；陰入：竹竺筑築筑欘孎斸通合三知粥嗀燭蠋韣皵屬䰞緣通合三章。

徹　陰平：忡沖盅蹱俑通合三徹充琉茺㢝瞳韑通合三昌；陽平：沖种翀重蝩縯蟲爞通合三澄崇通合三崇種通合三禪；上聲：寵通合三徹寵通合三澄；去聲：諥通合三徹中仲蝩緟通合三澄銃通合三昌；陽入：躅蠋通合三澄；陰入：丁䐶蓄畜通合三徹觸觸韣歜犝通合三昌。

審　陰平：春踳踵通合三書；陽平：慵鱅通合三禪；上聲：喠腫通合三禪；陽入：蜀儨搯璃蠋褥鐲韣趣屬樢通合三禪。

(2) 東部次重科

知　陰平：總通合三章；去聲：渾諥通合三知種通合三章；陰入：欘孎斸通合三知粥嗀燭皵鸀屬嗀瞩緣通合三章。

徹　陰平：伸沖通合三徹；陽平：重種褈蝩緟鸗穜冲种翀盅蟲爞通合三澄；上聲：重銅通合三澄喠通合三昌；去聲：惷通合三徹重通合三澄；陽入：躅通合三澄；陰入：亍濟通合三徹歜鸐通合三昌。

日　陽平：戎狨械絨駥茙茸搑婿緝踳醋醲通合三日；上聲：茸搑稦鞝宂臒氄軵通合三日；去聲：韒通合三日；陽入：鰇通合三日。

審　陰平：舂捁踏通合三書；陽平：鱅通合三禪；上聲：種尰通合三禪；陽入：蜀褥蠋鐲皾鸀屬孎鐲通合三禪。

東部字主要來自中古通攝合口三等字，分爲重科和次重科兩類。東部重科除"崇"一字外，其餘 103 字皆爲知三章組字。這説明知三章併入了知二莊，韻母已丢失 i 介音，由細變洪。其中，有 35 例知三章組字（憁渾種斸欘燭嚸屬矚編皾伸沖重蝩緟冲种翀蟲爞褈惷躅亍歜舂踏鱅尰蜀鐲褥屬蠋）存在重科和次重科兩種讀音形式。

2. 江部重科

江部僅有重科一類，主要來自中古江攝開口二等字，反切上字以知二莊組字爲主。

知　陰平：涽椿江開二知；去聲：戇江開二知；陰入：嚸褥皾孎斸江開二知捉擢江開二莊。

徹　陰平：惷覗江開二徹窗摐縱江開二初；陽平：撞幢噇橦淙鬇潨甓江開二崇；去聲：覗江開二徹憧撞幢轒江開二澄珳江開二初淙江开二崇；陽入：濁躅鐲鸐江開二澄涀鋜捔江開二初；陰入：妯鋜齪擉矠江開二初。

審　陰平：雙艭瀧江開二生；去聲：淙雙江開二生。

3. 陽部

(1) 陽部重科

知　陰平：妝裝莊宕開三莊；去聲：壯宕開三莊。

徹　陰平：刅創瑲瘡宕開三初；陽平：牀霜戕宕開三崇；上聲：倹溔磢甋類搶愴宕開三初；去聲：倉愴創宕開三初狀宕開三崇。

審　陰平：霜孀驦鷞骦蠰宕開三生；上聲：塽溔楝驦鶾宕開三生；去聲：霜宕開三生。

(2) 陽部極輕科

知　陰平：張漲粻宕開三知章墇漳獐璋樟暲韂鄣彰葦蒚宕開三章；上聲：長宕開三知掌仉宕開三章；去聲：張漲垷帳脹宕開三知墇障嶂瘴宕開三章。

徹　陰平：倀宕開三徹昌倡猖琩䱩裮菖閶敞宕開三昌；陽平：長跟苌場腸鴩蘛宕開三澄；上聲：昶敝宕開三徹丈仗杖宕開三澄惝敞氅宕開三昌；去聲：倡唱瑒暢暢悵韔鬯宕開三徹長瓺杖宕開三澄諈淌宕開三昌；陰入：迉氒宕開三徹。

日　陽平：儴懹攘禳穰纕蘘蘘勷瓤宕开三日；上聲：攘儴壤爙穰臁蘘饢宕开三日；去聲：懹欀讓饟宕开三日；陽入：叒宕开三日。

審　　陰平：商滴螪萳湯傷塲愓殤觴饟宕開三書；陽平：常尚徜鎆裳嘗償鱨宕開三禪；上聲：賞饟曏宕開三書上宕開三禪；去聲：向珦餉蠁宕開三書上尚償宕開三禪。

陽部主要來自中古宕攝開口三等字，與莊組聲母相拼的宕開三類字，讀爲重科；與知三章組聲母相拼的宕開三，讀爲極輕科。

（五）模部、魚部、灰部

1. 模部重科

知　　陰平：租苴菹傮觕遇合三莊；上聲：阻岨俎詛齟遇合三莊；去聲：狙詛詛緅縬遇合三莊；陰入：斮江開二莊。

徹　　陰平：初犛芻喍樞犓噞遇合三初；陽平：蒩岨駔廜犓嫭耡雛遇合三崇；上聲：楚濋憷礎隓齭遇合三初跙齟遇合三崇；去聲：傗憷遇合三初助耡遇合三崇；陽入：鶵遇合三崇齰䶢江開二崇。

審　　陰平：疏梳蔬毹蘇橾醽斯剹溲疋皻籟遇合三生；上聲：所數籔貶糈遇合三生；去聲：數疏蔬屚綻遇合三生；陰入：朔搠槊數江開二生。

2. 魚部次重科

知　　陰平：株姝袾誅蛛跦邾栕筴豬潴櫫遇合三知朱侏袾珠咮砫絑䐗諸蠩磶藷遇合三章；上聲：拄柱黜宁㝍竚眝貯紵紵遇合三知主炷宔翟麈渚陼覤料遇合三章；去聲：住柱註鉒鞋駐箸箸蛀咪遘遇合三知注䎛炷蛀鞋庶霔翥澍鑄遇合三章；陰入：搹樀磔鐯箸宕開三知壖譅斫宕開三章。

徹　　陰平：挎樗璖攄貙貗遇合三徹姝袾樞摳遇合三昌；陽平：著屠蕏儲糷躇厨幮躕寧裯赿幬除滁篨笯遇合三澄；上聲：楮柠遇合三徹宁佇竚汿竚眝紵紵矜苧蘆柔苧柱遇合三澄處杵遇合三昌抒杼紓遇合三船；去聲：絮悇遇合三徹除著箸住莇遇合三澄處遇合三昌；陽入：著搹鐯宕開三澄；陰入：婼剫蹃宕開三徹。

日　　陽平：如伽洳袽茹笳絮駕蕠儒濡燸孺嚅蠕醹薷遇合三日；上聲：乳汭汝籹茹擩醹寱遇合三日；去聲：如忟洳茹孺乳遇合三日；陽入：若箬愵諾楉蹃𨁕宕開三日。

審　　陰平：榆遇合三生書舒紓鳶蒣㒤輸鄃璷遇合三書；陽平：殳杸洙陎銖瓶荼遇合三禪；上聲：數藪籔遇合三生鼠瘉暑黍遇合三書豎樹墅遇合三禪抒杼遇合三船；去聲：庶甈譴樹簶𨞬腧輸恕戍遇合三書署澍曙薯桓澍樹遇合三禪。

模、魚二部絕大多數字來源於中古遇攝合口三等字。模部重科的反切上字以莊三組爲主，魚部次重科例字的反切上字以知三章組爲主。個別字讀音存在例外，如次重科有 4 個字（榆數籔藪）的反切上字來自莊三組。

3. 灰部重科

灰部僅重科一類，主要來自中古止攝和蟹攝合口三等字。在灰部中，知二莊和知三章已經完全合流了，其中知二莊組字 24 個、知三章組字 133 個。

知　　陰平：追䭿腄止合三知錐騅雖䚕萑止合三章；上聲：惄捶棰錘𣚣䮅箠𨐌止合三章；

去聲：娷諈錘𨋍繀止合三知𠣾止合三澄欪瞉憜跢止合三章稅畷餟錣餟芮蟹合三知；陰入：掇涰裰棳腏綴叕錣醊輟醊罬山合三知茁山合三莊拙𤈦㶷䪼顪𧈅𡐄山合三章。

徹　陰平：榱痿㿗止合三初吹炊推蓷止合三昌；陽平：甀錘椎傾鎚槌硾鎚髄止合三澄；上聲：揣歂止合三初；去聲：槌膇縋甀硾腄錘墜懟止合三澄䶣止合三初吹出秫橇臃悴止合三昌垂止合三禪毳竁橇蟹合三初啄蟹合三昌；陰入：惙歠山合三昌。

日　陽平：甤蕤稜䠡綏痿瓍桵止合三日挼捼蟹合三日；上聲：榮蕊橤止合三日；去聲：枘汭止合三日睿汭枘蜹芮蟹合三日；陽入：焫爇山合三日。

審　陰平：衰榱痿孈鞿止合三生；陽平：誰脽垂倕陲腄錘厜睡止合三禪；上聲：準止合三生水氹止合三書捶䫻菙箠止合三禪；去聲：率𧗿帥蟀帨止合三生況帨稅裞說蛻帨止合三書瑞倕睡雖止合三禪啐欼蟹合三生；陽入：歠山合三澄啜山合三禪；陰入：刷山合三生稅說蛻山合三書。

(六) 遮部、皆部、麻部

1. 遮部極輕科

知　陰平：㐿嗻遮奢闍假開三章；上聲：者渚堵赭假開三章；去聲：𠮙樜蟅鷓蔗柘炙臮假開三章；陰入：摭墌䄔蹠隻炙紩紙梗開三章䞃蛭銍䄉䵳鄧㝎室国臻開三知晊桎霎臻開三章。

徹　陰平：車硨䡴假開三昌；陽平：蛇鉈假開三禪；上聲：揩𤵿撦扯哆䞋奲假開三昌；去聲：斥跅趚厙假開三昌射麝貰假開三船；陽入：妷臻開三澄射假開三船；陰入：赤斥跅梗開三昌𢼛忕弑杙𩴭曾開三徹。

日　陽平：若婼惹假開三日；上聲：若喏踏惹惹智假開三日；去聲：偌諾智假開三日；陽入：㗂暱臻開三日眲曾開三日。

審　陰平：奢䬻賖鄐假開三書；陽平：闍鉐假開三禪；上聲：舍㐠假開三書社芣假開三禪；去聲：赦舍㖛㤊庫貰假開三書；陽入：石祏祏䄷碩梗開三禪；陰入：室鞸臻開三書奭撰梗開三書式拭試栻弒鉽軾紩曾開三書。

2. 麻部

(1) 麻部重科

知　陰平：摣樝䐑筰假合二知㧗假合二莊；陰入：䰽梗合二莊。

徹　上聲：磋假合二初；陰入：艖梗開二徹。

日　陽平：捼止合三日。

審　上聲：傻耍假合二生；去聲：㩱假合二生。

(2) 麻部輕科

知　陰平：諸藷吒拸夝夣假開二知担柤鉏査渣櫨譇䰽濾虘秅假開二莊；上聲：鮓苲䰞譇筡槎艖假開二莊；去聲：哆夝妊咤奼荙詫蛇假開二知咋詐榨蚱醡溠假開二莊；陰入：乇砓杔虴䖣𧈢磔梗開二知咋柞齚笮窄迮責債嫧幘嘖齰膭讀簀措啫譜齰梗開二莊。

徹　陰平：义扠扠叉詙叙哆差艖鎈剳假開二初；陽平：茶荼㧥秅㢈假開二澄萓庐槎秅楂荖假開二崇；上聲：跥假開二澄槎𦤀假開二崇奼假開二徹；去聲：任侘詫假開二徹差汊衩詫假開二

初乍詐窄褚蜡篗假開二崇；陽入：宅梗開二澄嘖讀黷嗜稭箐鲱梗開二崇；陰入：拆坼破梗開二徹冊柵晋籂策敕憳踖齰梗開二初。

審　陰平：沙眇砂紗桑裟礝毟鯊髟莎假開二生；上聲：灑傻假開二生；去聲：沙曬厦屷假開二生；陰入：瑟瑟飋臻開三生潸愬棟索漆搸蓁溹梗開二生。

遮、麻二部來自中古假攝字：遮部僅極輕科一類，反切上字爲三章組字；麻部有重科和輕科之分，反切上字爲知二、莊二組字。

3. 皆部輕科

皆部僅有輕科一類，主要來自中古蟹攝開口二等字。

知　陰平：桎蟹開二知齋蟹開二莊；上聲：廌豸蟹開二澄扺跐蟹開二莊；去聲：祭鄒瘵責債齎蟹開二莊。

徹　陰平：叉扠杈釵釵軟差犖蟹開二初；陽平：柴茈茬芘瘥龇豺犲蟹開二崇；上聲：豺蟹開二崇；去聲：虿蟹開二徹差諈衩泲蟹開二初眦骴砦寨蟹開二崇；陰入：嚓睄察蔡杀挼刹魀山開二初。

審　陰平：漇崽篩蟹開二生；上聲：灑躧曬纚躧掇襂屣汛蟹開二生；去聲：擺灑曬殺潵鎩酾煞蟹開二生；陰入：殺襂鎩莏煞熯山開二生楬山開三生。

三、知莊章在《青郊雜著》中的讀音特點

通過對《青郊雜著》17個韻部（除歌部）知莊章三組聲母的讀音分析，發現：

1. 知系全濁聲母字不分平仄一律歸入清聲母送氣音

桑紹良在刪併濁音聲母時，不論平仄一律歸進相應部位的送氣音中，涉及知莊章的主要有崇、澄、船三母，除"廌豸趙黂"四字外，其餘都歸入了該書的徹母（耿振生，1991）。比如：

(1) 崇母歸徹母：譔撰棧榛驟狀助；

(2) 澄母歸徹母：鳩診朮宙痔墜寨；

(3) 船母歸徹母：神實沭剩射杼折。

《青郊雜著》中的濁音清化，與一般的濁音清化規律（平送仄不送）不同。耿振生（1991）認爲，該書古全濁字的歸派基本符合當時濮州一帶方言的語音事實，祇不過後期或受北京官話的滲透影響，形成了現今平聲送氣、仄聲不送氣的分化格局。

2. 絕大多數莊三組字i介音已脫落，與知二、莊二合流，僅餘個別字尚未完成音變

整體上説，莊三組字由細到洪的音變已近尾聲，理由如下：第一，莊三組字共490例，僅27例尚餘i介音，不足總數的5.51%。第二，上述27個例字中，有

"孱潺揀倈笫歁蓮箠霙數籔齓" 12 個例字（見表 1）存在輕科、極輕科或重科、次重科的兩讀形式，説明他們正處於由細到洪的動態音變中；袛有 15 個字較爲頑固，尚未發生變化，佔總數的 3.06%。

表 1 《青郊雜著》中讀爲細音的莊三組字①

韻部	四科	聲母	例 字	數量
元部	極輕科	徹母	孱潺	2
真部	極輕科	徹母	齓	1
真部	次重科	審母	率倖徫哗褲蟀捌術逹	9
尤部	極輕科	審母	倈揀	2
支部	極輕科	知母	笫	1
支部	極輕科	審母	幓鍛晰撲	4
覃部	極輕科	審母	歁蓮箠霙	4
魚部	次重科	審母	輸數籔藪	4

3. 古知莊章據韻母洪細分爲兩類：重科、輕科前爲知二莊，次重科、極輕科前爲知三章

輕科和極輕科、重科和次重科最直觀的差異表現爲後接韻母是否有無 i 介音。從本質上看，這也是知二莊和知三章的差異，不能與細音相拼的知二莊，其後接韻母失去了 i 介音，即聲母的差異影響到介音的有無。

知二莊和知三章在《青郊雜著》中的出現條件是互補的：聲母以介音爲條件互補分布，介音又以聲母爲條件互補分布。在對這類音進行歸納的時候，通常有 3 種處理方式：第一，把介音的區別處理爲音位性對立，聲母爲被決定性變體；第二，把聲母的區別處理爲音位性對立，介音爲伴隨特徵；第三，允許羨餘音位（王洪君，2014）的存在，聲母、介音的不同均處理爲不同音位。考慮到桑氏編排體例，我們取第一種方法，將知二莊和知三章處理爲同一音位的兩個條件變體：

> 先輩制三十六母，其中多有重複，如疑喻皆宮音進品，乃以疑爲角次濁，喻爲羽濁……知照皆角音啟品，乃皆以爲次商而各爲母；徹穿皆角音承品，乃皆以爲次商次清而各爲母；澄床皆角音承品，乃皆以爲次商濁而各爲母。……本只六母分而倍之爲十二母，殊爲不通，今悉合併，去其六母通別母，止存三十母庶無妄分重複之失。（《聲韻雜著》）

上文在對韻部進行歸納的時候指出，知二莊既不與 i 相拼，又與精組讀音不同，所以知二莊可擬爲捲舌的 tʂ 組。從音變形式上説，知三章既可以是與細音相

---

① 有兩讀情況的例字，以 "＿" 標示。下表亦同。

拼的 tʃ 組，也可以是 tɕ 組。我們認爲擬作 tʃ 組更爲合適，原因有二：第一，桑紹良認爲知莊章三組讀音多有重複，故而將其統歸於"知徹審"三母下。換言之，知二莊和知三章的讀音在《青郊雜著》中具有一定的相似性。據張家騄（2005）研究，tɕ 組與 tʂ 組聽感距離較遠，tɕ tɕʰ ɕ 與 tʂ tʂʰ ʂ、ts tsʰ s 不易相混，是由音位配列學規則決定的，因爲 tɕ 組和 tʂ 組、ts 組存在對補關係。第二，現代方音的佐證，今濮城鎮至范縣一帶知莊章並無 tɕ 類讀音（翟富生，2000）。

桑氏在處理這一問題時，將知莊章歸爲一類，説明他在撰寫韻書的時候是具有一定音位學觀念的。考慮到音變的方向性（見下文討論），我們將《青郊雜著》裏"知徹審"擬爲 tʂ tʂʰ ʂ，其下又下轄兩組條件變體，tʂ tʂʰ ʂ 和 tʃ tʃʰ ʃ。知莊章這一分合格局並不少見，在明代其他韵書中也有所表現，如《韻略易通》《韻略匯通》[①] 等。

4.《青郊雜著》的知三章呈現出向知二莊合併的趨勢

這一現象主要出現在真、尤、支、覃四部的輕科和元、東、灰三部的重科中。關於各韻知三章與知二莊的合流情況，請參看下表統計：

表 2　《青郊雜著》中與知二莊合併的知三章組字

韻部	四科	聲母	例　　字	數量
真部	輕科	知母	唇踬禃	3
尤部	輕科	知母	瘃掓祝䎂	4
		徹母	逐遬柚舳妯踀；楝豕滀苖㙇赽柷俶埱埱	17
		審母	埱俶淑姝贘襡；束楝朿叔邨鯳菽倏篞儵倐氵抙俶	20
支部	輕科	知母	胝；跮；諈	3
覃部	輕科	徹母	綝	1
元部	重科	知母	剬	1
東部	重科	知母	中忠衷众鼨橦鐘伀忪佡蚣幒錘葼鐘蝩；冢湩種腫湩種喠；中衷橐甀偅；竹竺筑築筑䒳欘嫋燭韣屬粥嘱蠋繃斀	46
		徹母	蹱忡俑盅沖充珫茺憧幢橦；冲翀种蟲爞重蝩緟種；寵襱；惷仲蟲緟中銃；躅蠋；鄐蓄亍矗歜髑觸牏韇	39
		審母	舂惷踏；傭鯒；喠埀；蜀蠋鐲襡韣屬瑺儵襡揭趨	18
灰部	重科	知母	追脽䜲雖錐萑𪕰；冰搥騅棰錘箠睡𦠆；娷諈𣌘繀錘曇敊贅惴跮笍畷錣畷秾餟；掇腏錣椯綴輟韈酸翜涹褅娺炪拙顡掇蟪頓䚟	52
		徹母	吹炊推推；甄錘頧椎鎚椯髓魋磓；腿槌縋甄錘硾腄墜懟吹出䄂橇膗憞垂㖁；啜歡	32
		審母	誰脽垂陲倕錘厜腄；水浽捶葦箠種；況説稅祝帨帨帨瑞雖倕睡歠啜；説稅蜕	31

[①]　具體可參看張玉來（1995，1999）的研究。

併入知二莊的知三章組字共 267 個，開口字 48 例，佔音變總數的 17.98%；合口字 219 例，佔音變總數的 82.02%。從這組數據看，合口字的合併速度明顯快於開口字，尤其是灰部，知三章和知二莊已完全合流了。

筆者認爲，這類合併現象在《青郊雜著》中尚處於音變初期，原因如下：第一，在本文研究材料中，知三章共 1930 個字，音變字祗佔總數的 13.83%。第二，上述 267 個例字可分爲兩類：音變中例字和已完成音變例字。音變中例字是指存在細音和洪音兩讀情況的例字，共有 70 例，佔流例字的 26.21% 左右。已完成音變例字是指祗有洪音一讀情況的例字，其中合口字 183 例，佔音變合口例字的 83.56%；開口字 14 例，佔音變開口例字的 29.17%。可見，合口字變化速度不僅快於開口字，變化情況也更爲穩定（具體例字詳見上表 "＿" 標記）。

5. 日母音變速度較慢

主要表現爲 3 點：第一，與"知徹審"三母相比，音變比例明顯較低。日母共 356 例，僅 23 例脫落 i 介音併入洪音，佔日母總量的 6.46%。第二，音變涉及的韻部較少，除 1 例"桵"來自麻部外，其餘 22 例（甤蕤緌痿桵桵飂跢授銳橤蕊蕊枘叒睿汭枘芮蜹焫擩）均來自灰部。第三，與知三章組字不同，上述 23 例日母字音變較爲徹底，並不存在洪細兩讀的情況。

四、餘論

總的來說，在《青郊雜著》中知莊章是一個動態演變的系統，音變過程主要受 i 介音失落規則影響，依據變化程度可分爲兩個階段：

（一）末期：莊三組字

下轄 3 個子類型：未變、變化中和已變。莊三 122 字和初三 95 字均已完成音變，變化速度最快；崇三次之，尚有 3 字處於變化過程中；生三最慢，有 15 字（佔比 7.5%）尚未啓動音變，8 字（佔比 4%）處於變化過程中，177 字（佔比 88.5%）已完成音變。具體情況請參看下表：

表 3　莊三組聲母的變化階段①

	未變		變化中		已變	
	數量	例字	數量	例字	數量	例字
初三	0	×	0	×	95	懺簽梋襯諓搋差測創初
莊三	0	×	1	第	121	詮簪溱榛偶鄒撒側妝阻溠

① 部分類型例字太多，表中採用列舉式舉例。下表亦同。

續表 3

	未變		變化中		已變	
	數量	例字	數量	例字	數量	例字
崇三	0	×	3	屙潺齱	70	僝撰鑹岑榛愁茬事牀狀鉏助
生三	15	率衛蟀達剎俸俸褌嗶幓鎩晰撲輸藪	8	喇揀猷薑箠霎數籔	177	森椮澀莘色灑嗇霜梳所蔬榛

（二）初期：知三章組字和日母字

日母字最爲穩定，共 356 字，有 333 字尚未發生變化，佔比 93.54％；其次是船、徹、書、禪四母，未發生音變的讀音比例分別是 91.04％、90.17％、88.54％、88.05％；知三、昌、澄三、章四母變化最快，尤其是知母，已有 19.81％的字完成了音變，2.42％的字正處於音變之中。

表 4　知三章組聲母和日母的變化階段

	未變		變化中		已變	
	數量	例字	數量	例字	數量	例字
知三	161	轉驢椹汁珍輒肘知沾朝張	5	瘝胝湩厲櫚	41	椒中忠衷冢塚竹竺筑追婭錣輟諁
徹三	156	傳郴抻趁樁癡恥逞貼超唱褚柣	5	豕苗忡沖丁	12	楝湍塚趗彩踵傭盅寵惷鄐蓄矗
澄三	260	篆驢沈鈗陳朮池澄承潮場除	15	逐柚舳軸沖种蟲重腄繩躅	27	妯仲蟲緟中蠋椎槌硾槌腄墜
章	375	茁曈戰斟眞参訰旨侄証証占招障	12	剟踬祝衹憁種燭屬矚唧緇黻	50	唇衆撞鐘蚣鍾腫衆粥蠋錘睡拙
昌	168	川穿嗔蟲翄稱尺謄昌敞樞處斥	5	柷俶珋俶歜	25	綽充憧輴炊推吹出橇愸喙啜
船	61	脣食晨實飴示乘紓射	5	琡淑娖贖禭	1	俶
書	224	扇設沈申收施声閃少商書舍	15	束楝朮叔倏倿倿俙春踏	14	衬倏水筬涗説税説稅
禪	258	甚臣純售折時成涉召常樹石	8	褆鰾腄蜀蠋鐲褐屬	27	慵曈璹儔撦趨誰垂鎚瑞啜
日	333	擩嬈任人二染饒戎讓如若	0	×	23	蕤緌桵楼踒挼銳榮蕊睿汭芮

綜上所述，《青郊雜著》中知莊章組聲母體現出擴散式音變的特點，即以某個語音單位爲演變條件逐次進行變化。具體表現爲音值的突變、辭彙的漸變。tʃi-→tʂ-的音變是通過一個字音多種異讀的方式進行的，這種共時系統內規律的一詞兩讀現象，成爲我們觀察歷史音變的有利窗口。此類音變經歷的時間較長，或需上百年時間，如果在這段時間內有其他因素影響，作用於同一個音變集合，那麼 tʃi-→

tʂ-的音變就會中斷或改變方向。從現今濮城一帶的方言讀音來看，知莊章最終完成了合流音變。

參考文獻

陳潔.《青郊雜著》音系研究. 厦門大學碩士學位論文，2005.

段亞廣. 中原官話音韻研究. 北京：中國社會科學出版社，2012.

高龍奎.《青郊雜著》聲母研究. 重慶交通大學學報（社科版），2010（1）.

耿振生.《青郊雜著》音系簡析. 中國語文，1991（5）.

耿振生.《青郊雜著》作者籍貫考. 中國語文，1987（2）.

李新魁. 漢語等韻學. 北京：中華書局，1983.

寧忌浮. 漢語韻書史. 上海：上海人民出版社，2009.

裘錫圭. 文字學概要. 北京：商務印書館，2010.

桑紹良. 青郊雜著//四庫存目叢書. 濟南：齊魯書社，1997.

徐通鏘. 歷史語言學. 北京：商務印書館，1991.

葉寶奎. 明清官話音系. 厦門：厦門大學出版社，2001.

張家騄. 漢語普通話區別特徵系統. 聲學學報，2005（6）.

張玉來. 韻略匯通音系研究. 濟南：山東教育出版社，1995.

The Development of Three Groups of Initial Consonant Zhi, Zhuang and Zhang in *Qingjiao Zazhu*

Qi Wenjing, Lin Jiayi

Abstract: The thesis starts from the four subjects of four initials: Zhi, Che, Ri and Shen in *Qingjiao Zazhu*, and combines the evolution of the finals to discuss the qualification of three groups of Zhi, Zhuang and Zhang. By combing through the materials, it is found that Zhi, Zhuang and Zhang can be classified into two categories—Zhi Er Zhuang and Zhi San Zhuang, which based on the condition of Hong and Xi. There are two noteworthy points: (1) The major characters of Zhuang San group complete the sound change of the i-interpretation, and converge with Zhi Er and Zhuang Er, but there are still 5.51% of the characters are read as Xi sounds. (2) Characters of Zhi San and Zhang group show a tendency to merge into Zhi Er and Zhuang in the process, of which the confluence of round-mouth characters is faster than the open-mouth characters, while the confluence process of Ri-system is slower than other characters in Zhi-system. These materials show that the characters of Zhi, Zhuang and Zhang in *Qingjiao Zazhu* are in dynamic evolution, and the sound change is realized by the two tones of one character.

Keywords: Zhi Zhuang Zhang; *Qingjiao Zazhu*; the lost of i-medial; dynamic chang

(亓文婧，山東師範大學文學院、山東師範大學國家語言文字推廣基地；

林珈亦，山東大學文學院）

《字濚博義》注音訛誤探析

付新軍　李　曼

提　要：《字濚博義》是明代的一部字書，今已亡佚，但《永樂大典》中尚保存有該書的 383 個字頭及其注釋材料。本文在輯錄材料的基礎上，重點考察了注音中存在訛誤的字例，對各種訛誤的類型及其產生的原因進行了分析討論，其價值還在於可以進一步揭示出《字濚博義》所依據的小學類書目。

關鍵詞：《字濚博義》；訛誤；小學書；反切；釋義

《字濚博義》是明代的一部字書，不過該書今已不存，其相關信息尚能見於明清時期的部分目錄類文獻中，現摘錄如下：

《文淵閣書目》（1441）：《字濚博義》，一部十四冊。

《菉竹堂書目》（1471）：《字濚博義》，十四冊。

《秘閣書目》（1486）：《字濚博義》，十四。

《國史經籍志》（1602）：《字濚博義》，二十六卷。

《內閣藏書目錄》（1605）：《字濚博義》，十四冊全，抄本，無序，莫詳姓氏，亦字書也。每字古、俗、重文皆備，以天文、時令、地理至通用，分二十六門。濚，猗豢切，水深貌。

《千頃堂書目》（1680）：《字濚博義》，二十六卷[①]。

通過以上目錄學文獻可知，《字濚博義》共有十四冊，計二十六卷，每卷當爲一個門類。按《內閣藏書目錄》所云，其書廣收各體文字，而書名之"濚"，訓作"猗豢切，水深貌"，也暗示了此書收字廣博且數量極大，這明顯是一種比喻的說法。

此書成書於明初，具體是在 1375—1389 年之間，依據主要有兩點：一是《永

[①] 此部分可參看李曼《〈永樂大典〉所存〈字濚博義〉音切考》，溫州大學碩士學位論文，2010 年，第 2 頁。又見丁治民、饒玲《〈字濚博義〉及其失誤記略》，《寧波大學學報》，2016 年第 1 期。

樂大典》中與之前後相連的其他小學書的成書時間；二是因爲其引用過《洪武正韻》的反切及釋義内容①。

綜上可知，《字溁博義》是成書于明初的一部大型字書，共有十四册，二十六卷，其收字按義類編排，共計二十六類，收字廣泛，兼收各種古體、俗體、重文等。

《字溁博義》儘管已亡佚不存，但其部分内容尚保存在《永樂大典》中，我們根據中華書局影印出版的《永樂大典》以及上海辭書出版社影印出版的《海外新發現永樂大典十七卷》，共輯得《字溁博義》相關的注釋材料383條②。下面略舉幾例如下，以窺其貌：

1. 鄐，《字溁博義》：語魚切。
2. 壺，《字溁博義》：弗音壺，古器也，出《類聚》。
3. 醾，《字溁博義》：酒名也。酥、䣭、醿、醵，同上。
4. 䈰，《字溁博義》：波爲切，又逋眉切。
5. 恢，《字溁博義》：敷羈切，音披。

《永樂大典》對每一字詳注其音韻、訓釋及字形，注釋的内容爲《永樂大典》之前的"小學"書（丁治民2015：8）。而以上各例即是《永樂大典》在注釋時所摘録的《字溁博義》中的相關内容。實際上《字溁博義》只是《永樂大典》所采録的小學書中的一種，《永樂大典》在對某個字頭進行注釋時，一般都是按照時間先後順序摘録多部小學書的注釋内容。下面以"恢"字爲例，將《永樂大典》關於此字的注釋文字摘録如下：

恢，鋪杯切；顧野王《玉篇》：普皮切，恐也；韓道昭《五音集韻》：憂也；《五音類聚》：恢義切，正作恢，衣恢也；《字溁博義》：敷羈切，音披。

就此字來說，《字溁博義》是《永樂大典》所采録的四種小學書中的最後一種，内容上也只摘録了《字溁博義》的注音部分。而除了注音以外，《永樂大典》在摘録《字溁博義》内容的時候，有的只摘録其釋義内容，有的是注音、釋義兩者兼而有之，有的也摘録《字溁博義》關於字形解說的内容。以上五例涵蓋了上述的各種類型，從中也大致可以了解到《永樂大典》中所載録的《字溁博義》的面貌。

我們在分析所輯録的全部383條材料時，發現有些字頭及其訓釋是有訛誤的，而在尋求這些訛誤細節產生的原因時，我們發現如果以《五音集韻》《五音類聚》③

---

① 關於成書時間，我們曾在《〈永樂大典〉所存〈字溁博義〉音切考》和《〈字溁博義〉考略》中作過詳細討論。後者尚未刊出。

② 我們在《〈永樂大典〉所存〈字溁博義〉音切考》一文中所收録的輯録材料是381條，丁治民(2015)《〈永樂大典〉小學書輯佚與研究》在381條的基礎上又增加了"梯"字和"涕"字兩條，如此則共計383條材料，它們是本文研究的材料來源。

③ 即韓道昭的《改併五音類聚四聲篇海》，本文以此名簡稱之。

《集韻》《洪武正韻》等小學書反觀之，往往都能得到合理的解釋，其他小學書則不行。因此這些與某種小學書有強烈關聯性的訛誤細節還具有指示《字漾博義》一書所依據的小學書種類的獨特價值。

一、基於《五音集韻》所致的注音訛誤字例

《五音集韻》是《字漾博義》一書編纂的主要藍本，這一點我們曾在另一篇文章《〈字漾博義〉所據小學書考源》[①]中做過論述。而這種與其他小學書有關聯的訛誤字例，同樣是《五音集韻》最多。我們將其分爲三個小類，分別說明如下：

（一）《字漾博義》所注的錯誤反切與正確反切前後相連，而兩個反切前後排列的順序又只見於《五音集韻》，說明此訛誤是基於《五音集韻》而形成的

1. 墝，《字漾博義》：起嚻切

墝，《廣韻》：苦幺切，《集韻》：牽幺切，《五音集韻》：去遙切。由《廣韻》《集韻》觀之，則此字屬溪母四等蕭韻。《五音集韻》中效攝三四等是合併的（名爲"宵韻"），因此可注爲"去遙切"。但《五音集韻》中是分別重紐三四等的，而宵韻即爲重紐韻，不過其四等與中古性質不完全相同。馬亞平（2008：86）："《五音集韻》有些韻部雖然合併了，但是韻部內的小韻仍有分別，例如三、四等韻的韻部合併了，但是韻部內的小韻仍分三、四等。不過這和原來的三、四等韻有一些不同，韓氏按照韻圖的安排，把四等韻和假四等、重紐四等合併了，而與剩下的三等小韻對立。"因此《五音集韻》的宵韻實際上還包括了原來的四等韻，即蕭韻。而《五音集韻》中此字實際上是被歸到重紐四等字中的，四等的反切爲"去遙切"，與之相對的三等反切則是"起嚻切"。其中反切下字"嚻"，《韻鏡》將其安排在了三等格中，"遙"則被安排在了四等格中，正與之對應。而《五音集韻》中三等的"起嚻切"和四等的"去遙切"是前後相連的，其具體的文字排列是：

溪[②]，切三，趫，起嚻切，……，（下一列）蹻嶠，去遙切，……，（下頁，隔兩列）墝，地名，《說文》磽也。

以上可知，此錯誤的產生是因爲《字漾博義》編者在《五音集韻》中查到"墝"字後，在由後向前查找並抄錄該字所屬反切時，因粗心而跳過了正確的"去遙切"，直接定位在其上一個反切"起嚻切"上，從而出現了這樣的訛誤。分析其中的原因，這當與"起嚻切"上所標注的聲紐字"溪"有關，因爲其更爲醒目，所以容易引導《字漾博義》編者迅速定位至此，從而誤抄了反切。

[①] 該文尚未刊出。
[②] 原文"溪"字外還有個圓圈，整體是黑色背景，寫作："⬤"，因此極爲醒目。下文涉及到的其他聲紐標示字，情形與此相同。

2. 抧，《字溦博義》：丘軌切，音啟

此字，《字溦博義》採用了反切加直音的注音方法，但反切和直音所示之音並不相同。以中古音爲參照，反切表示此字爲溪母旨韻合口字，直音卻表示此字爲溪母薺韻開口字，當有誤。

抧，《集韻》：遣爾切，《五音集韻》：丘體切。折合爲中古音，則前者爲溪母紙韻開口字，後者爲溪母薺韻開口字，兩者讀音也不相同，但《五音集韻》之"丘體切"與《字溦博義》所注的直音是完全同音的，且《五音集韻》"丘體切"小韻下就含有"啟"字。

這裡有一點是需要特別說明的，即韓道昭在編寫《五音集韻》時，是作了一些韻部離析工作的，其中就包括將蟹攝四等見組字併入了脂（支之）韻系，作爲四等韻。所以儘管此字反切下字屬"薺"韻，但依然出現在"旨"韻下的"丘體切"小韻中。更爲關鍵的是，《五音集韻》中"丘體切"的上一個小韻即是"丘軌切"，其具體的文字排列是：

　　巋，丘軌切，……，（隔一列，至下一頁第一列的最後一字）企仚，丘體切，……，（下一列）抧，開也。

此例，《字溦博義》誤注反切的原因也是因爲《字溦博義》編者在由後向前查找"抧"字反切時，因粗心跳過了處於上一列最底部的"丘體切"，而誤抄了上頁鄰近的"丘軌切"。這個錯誤的形成當與"丘體切"處於底部，並非是一個顯眼的位置有關。

以上基於《五音集韻》的分析，還可以充分解釋《字溦博義》所注的反切（屬止攝）與直音（屬蟹攝）間的矛盾。顯然《五音集韻》將蟹攝開口四等見組字併入脂韻系是前提，而《字溦博義》的誤抄則是造成這個特殊音注的直接原因。這也就從另一方面說明此字一定是來自於《五音集韻》的。

3. 䯝，《字溦博義》：胥里切

䯝，《正字通》：俗"䯝"字。則"䯝""䯝"互爲異體。䯝，《玉篇》：息觜切，《集韻》：選委切。兩書所收之字均爲"䯝"。"䯝"字見於《五音類聚》《五音集韻》兩書中，《五音類聚》：息觜切，《五音集韻》：息委切。皆爲心母紙韻合口，與《字溦博義》的"胥里切"讀音不同，《字溦博義》當誤。此字《五音集韻》中屬旨韻，此韻開合口合韻，其心母下首列開口"胥里切"小韻，次列合口"息委切"小韻，其具體的文字排列是：

　　心，四，枲，胥里切，……，（隔四列）髓①，息委切，……，（下一頁第二

---

① 原文中此字後面還有五個異體。

列首字）䯎，䯎，革也。

此例誤注的原因同樣是《字瀁博義》編者在向前查找"䯎"字的反切時，因粗心跳過了合口的"息委切"，而誤注了心母開始的第一個小韻的反切"胥里切"。其原因也當與《五音集韻》所標注的聲紐字"心"有關，因爲其明顯具有更強的標示作用。

4. 㣚，《字瀁博義》：多動切，䙌㣚，直行貌

㣚，《集韻》：吐孔切，䙌㣚，直行；《五音集韻》：他孔切，䙌㣚，直行。兩書的釋義皆與《字瀁博義》相同，但由《集韻》《五音集韻》兩書觀之，此字實爲透母字，而非《字瀁博義》所注之端母。

檢《五音集韻》，"㣚"字所屬的"多動切"的前一個小韻即爲"他孔切"，其具體的文字排列是：

　　董，多動切，……，（下一頁，隔三列）㣚，他孔切，……，㣚，䙌㣚，直行。

此例也是《字瀁博義》編者因粗心跳過了此字所在列上端的"他孔切"，而誤抄了與其相連的前一個反切"多動切"①。

5. 弆，《字瀁博義》：居用切

弆，《玉篇》《廣韻》《五音類聚》皆爲：去仲切。《集韻》：欺用切。《五音集韻》：區用切。同爲溪母用韻，均未見有見母一讀，《字瀁博義》當誤。

檢《五音集韻》，"弆"字所在的"區用切"的上一個小韻即是"居用切"，兩者分居兩列，前後相連，其具體的文字排列是：

　　三用②，見，切三，供供，居用切，……，（該列末端）溪，切三，恐，區用切，……，（下一列）弆，遲也。

此例依然是《字瀁博義》編者因粗心跳過了正確的"區用切"而誤抄其前一個反切的結果。究其原因，也當與聲紐標示字所處的位置有關。具體來說，是因爲"區用切"的聲紐標示字"溪"位於"居用切"所在列的最末尾，所以很大程度上失去了提示韻目字及反切的作用，因而容易被略過；相反聲紐標示字"見"因爲位於同列的上端，因而具有明顯的提示作用，也容易引導《字瀁博義》編者誤抄其下的反切"居用切"。

6. 㫊，《字瀁博義》：於既切，音墍

此字《字瀁博義》也採用了反切加直音的注音方法。"墍"，《廣韻》：許既切，

---

① 《集韻》中"吐孔切"前一個小韻的反切是"睹動切"，這也說明此字不可能是來自《集韻》的。
② 此乃韻部名稱，也有明顯的標示作用。

與前面的反切"於既切"並不同音,所以明顯有誤。

又"氣",《廣韻》《集韻》《五音類聚》《五音集韻》皆注爲:許既切,則此字屬曉母未韻。此音與直音相同,同時也說明《字瀿博義》所注之反切是錯誤的。

檢《五音集韻》,"氣"字所屬的"許既切"和"於既切"前後相連,其具體的文字排列是:

  欷,許既切,……,(隔一列)氣,……,(下一頁,隔兩列)衣,於既切。

此例誤注反切的原因與前幾例不同,因爲本例《字瀿博義》所誤注的"於既切"並非位於正確的反切之前,而是之後。這個錯誤也明顯與《字瀿博義》編者檢字時的不細心有關,其誤將與"氣"字相連的後一個反切當成了該字的反切。

(二)《字瀿博義》所注的反切或釋義文字有誤,但其錯誤也明顯是基於《五音集韻》而形成的

1. 碹,《字瀿博義》:呼宋切

碹,《玉篇》:戶宋切,《五音類聚》:胡宋切,《五音集韻》:乎宋切。皆爲匣母宋韻。《字瀿博義》注爲"呼宋切",則是曉母宋韻,當誤①。通過與以上三書的比較,《字瀿博義》的"乎宋切"明顯是在《五音集韻》"乎宋切"的基礎上形成的,因爲形似,《字瀿博義》誤將"呼"字寫成了"乎"。這種細節性的文字錯誤,充分說明《字瀿博義》此字的反切就是來自於《五音集韻》的。

2. 綼,《字瀿博義》:將計切,音閉

《字瀿博義》對"綼"字採用了反切加直音的注音方法,但所注的反切和直音卻並不同音,其中一個當有誤。

綼,《集韻》:必計切,《五音集韻》:愽②計切,音閉。皆爲幫母霽韻,正與《字瀿博義》"音閉"同音,這也說明《字瀿博義》的反切是錯誤的。對比《五音集韻》可知,《字瀿博義》的反切上字"將"明顯是《五音集韻》反切上字"愽"形訛的結果,其訛誤正是基於《五音集韻》形成的。另外,此字《字瀿博義》和《五音集韻》均採用了反切加直音的注音方法,而直音同爲"音閉",這個注音的細節也能說明《字瀿博義》此字的反切是來自於《五音集韻》的。

3. 嗺,《字瀿博義》:又灰韻,藏回切

嗺,《廣韻》《五音集韻》:臧回切,《集韻》:祖回切,《玉篇》《五音類聚》:子雖切。此字屬精母灰韻,但《字瀿博義》所注之"藏回切",屬從母灰韻,明顯有

---

  ① 我們在另一篇文章《〈字瀿博義〉所據小學書考源》中曾利用所輯錄到的所有反切討論過《字瀿博義》所據的小學書目。文中對《字瀿博義》所注反切的性質作過總結,即主要是對前代小學書的匯纂,主體上並不反映時音。因此這裡反切上字的不同不能看作是音變的結果。下文"嗺"字例的情況與之相同。

  ② 此字爲"博"的異體字。

誤。通過比較可知，《字瀿博義》所注的"藏回切"明顯是在《五音集韻》"臧回切"的基礎上形成的，兩者的反切上字當是因形似而誤①。

4. 霈，《字瀿博義》：音洞，添也②

霈，不見於《廣韻》《集韻》，但見於《五音集韻》：徒弄切，水浪急也。徐寅《黃河賦》云：霂霈瀉鐵圍之比也。昌黎子所添也。此字又見於韓氏改編的《五音類聚》中，釋爲：音洞，韻亡，出《黃河賦》。該字頭前有個"✛"號，表示此字來自于韓氏所見的《俗字背篇》一書，是後加的。

順便要指出的是，《字瀿博義》此字釋爲"添也"，正是來自於《五音集韻》釋文中的最後兩字，《五音集韻》原文作"昌黎子所添也"。其中"昌黎子"是韓道昭的號，此段文字本是韓氏特意用來說明"霈"字是其後來所增添的。而《字瀿博義》編者失察，誤將"添也"二字作爲"霈"字之釋義，這是完全錯誤的。這個基於《五音集韻》所形成的訛誤，充分說明《五音集韻》就是《字瀿博義》此字注釋的根據③。

5. 楚，《字瀿博義》：心利切④

《字瀿博義》所注的"心利切"，各小學書均不見，而檢索各種數據庫，筆者也未曾查到這一反切，當誤。

檢《集韻》，該書載有一"忷"字，釋爲：創劇切，心利也，通作楚。《五音集韻》注爲：瘡據切⑤，釋義同《集韻》。又《五音集韻》此小韻的韻目字正爲"楚"字，即《字瀿博義》所釋之字頭。各相關字頭及釋義文字在《五音集韻》中的具體排列情況是：

> 楚，瘡據切，楚利，又木名，出歷山，又瘡所切，四；傱，傱不滑也；忷，心利也，通作楚。

由以上信息可知，《字瀿博義》所釋內容的依據正當是《五音集韻》。這個錯誤的形成則是因爲《字瀿博義》編者誤將《五音集韻》的釋義文字"心利也"當成了反切。因爲《五音集韻》中云："忷"通作"楚"，又釋爲"心利也"。《字瀿博義》

---

① 儘管《廣韻》也是"臧回切"，但是這種同現於《廣韻》《五音集韻》的反切，來源一定是《五音集韻》，因爲兩者是一種蘊含關係，我們在《〈字瀿博義〉所據小學書考源》一文中對此問題曾作過專門討論。

② 此字，丁治民（2015：340-341）曾作過簡單的解釋，本文進一步考證了《五音類聚》的載錄來源以及"昌黎子所添也"一句乃韓氏本人特意用來指明此字是其後來增添的，從而進一步指明了這種訛誤所指示的小學書來源。

③ 《字瀿博義》直音云："音洞"，其中"洞"也正是《五音集韻》"徒弄切"小韻的韻目字，這也可看作是來自於《五音集韻》的一個旁證。

④ 此字，丁治民（2015：341）同樣認爲"《字瀿博義》可能是把'忷、楚'的釋義'心利'誤作'楚'的反切注音"，不過丁文的論述較爲簡略，本文的解釋則更爲充分和詳盡。

⑤ "據"即"劇"字，兩者互爲異體。

當也將"怵、楚"兩字視爲了異體,同時又將"怵"之"心利也"的釋義放在了"楚"字頭下,只不過是誤將釋文的"心利也"寫成了"心利切",從而形成了這樣一個錯誤的反切。

6. 峫,《字漾博義》:戈稅切①

峫,《廣韻》《五音集韻》:杜外切,《集韻》:徒外切。均不見"戈稅切"一音,《字漾博義》當誤。

檢《廣韻》《五音集韻》,兩書中"峫"字的上一韻字都是"銳",釋爲:銳,矛也,又弋稅切。以下是兩書關於此兩字具體的注釋內容:

《廣韻》:銳,矛也,又弋稅切;峫,山名。

《五音集韻》:銳銳,矛也,又弋稅切;峫,山名。

要說明的是,《五音集韻》中"銳銳"兩字處於所在頁前一列的末端,而"矛也,又弋稅切;峫,山名"等字則處於下一列的頂端,且"矛也,又弋稅切"作爲注釋的雙行小字,其具體的排列方式爲:矛也又/弋稅切,而其後緊接的就是"峫"這個字頭。

因此,《字漾博義》的"戈稅切"明顯也是《字漾博義》編者誤將"峫"字上面原本是"銳"字又音的"弋稅切"當成了此小韻的反切,從而出現了誤注的情況。

二、基於《五音類聚》所致的注音訛誤字例

《字漾博義》基於《五音類聚》所致的訛誤,只出現在所注的反切或釋義文字上,具體字例如下:

1. 剄,《字漾博義》:孚圭切,握也②

剄,《廣韻》字形作"剄",注爲:芳武切,引《說文》釋爲:刀握也。所釋之義與《字漾博義》相同,但讀音不同,《廣韻》爲敷母虞韻,《字漾博義》則爲敷母齊韻。

又此字,《玉篇》:孚至切,刀握也,或爲剄;《五音類聚》:孚主切,刀握也。《五音類聚》屬敷母虞韻,與《廣韻》音同,所以《玉篇》的反切下字"至"明顯爲"主"字之形訛。這一點胡吉宣(1989:3249)也早已指出:"'孚主切'之'主'作'至',今正。"

由《五音類聚》之"孚主切"可知,《字漾博義》"孚圭切"的反切下字"圭"

---

① 此字可參看李曼(2010),丁治民(2015)。本文基本沿用了我們早期的觀點,但對細節討論得更爲詳盡,比如對"峫、銳"兩字及其釋義文在《五音集韻》中具體排列方式的說明。

② 此字,李曼(2010:38)已指出是"孚主切"之訛誤,丁治民(2015:41)結論與之相同。

實爲"主"字之形訛，《字濚博義》反切的錯誤正是在《五音類聚》的基礎上形成的。因此《字濚博義》此字的訓釋無疑就是來自於《五音類聚》的①。

2. 孌，《字濚博義》：先呼切，和也

"孌"是《洪武正韻》未收之字，《永樂大典》據《字濚博義》的"先呼切"將其折合爲《洪武正韻》的"孫租切"。查金元以前的各種小學書，"孌"字也只出現在《五音類聚》中②，釋爲：先叶切，和也。另外，《龍龕手鑑》中也收了此字，不過字形略有不同，寫作"𪘏"，釋爲：蘇叶切，和也。要特別注意的是，兩處反切的切下字"叶"都並非"葉"之簡化字，且兩書也均指明此字讀爲入聲。

《五音類聚》一書的特點是收字廣博，各種俗體、簡體、異體、古字等均囊括其中，並往往以加符號的方式注明其來源，而所引之書中就有《龍龕手鑑》，可以確定《五音類聚》所載之"孌"字就是錄自于《龍龕手鑑》的。

《字濚博義》云：先呼切，和也。其音與《五音類聚》之"先叶切"不合，當誤。兩相比較，則《字濚博義》的反切下字"呼"當是"叶"字的形訛，兩者字形輪廓較爲相似。因此《字濚博義》此字反切的訛誤也是在《五音類聚》的基礎上形成的。

另外，"孌"字從"䜌"得聲。䜌，《說文》：亂也，一曰治也，一曰不絶也，呂員切。爲仙韻字，從此得聲的字如：變、戀、彎、攣、鸞、孌等皆爲山攝字，讀爲 ian 韻或 uan 韻。而前文已經指出"孌"是咸攝入聲字，今音則爲 ie 韻，與諧聲規律不符。

此字最早收錄在《龍龕手鑑》中，其下注爲俗字，但並未指明其正體。檢《說文》載有一"燮"字，釋爲：和也，從言從又、炎，穌叶切。此字又收在了《廣韻》《集韻》《五音集韻》中，所訓之音義皆同《說文》。此字與"孌"字極爲相似，且所釋之音義與《五音類聚》皆同，可以斷定"燮"就是"孌"字之正體，而"孌"乃是一個因形似而誤寫的俗體。

3. 站，《字濚博義》：䇯，竹感切，坐立不動貌③

站，《集韻》：知咸切，坐立不動貌；《五音類聚》：䇯站，二，竹咸切，坐立不動貌；《五音集韻》：竹咸切，坐立不動貌。皆爲知母咸韻，且所釋也均與《字濚博義》相同。經過比較，則《字濚博義》的"竹感切"明顯是基於《五音類聚》的

---

① 此字例的特殊價值在於可進一步證明凡是《字濚博義》與《玉篇》《五音類聚》兩書皆同的注釋內容，其來源當是《五音類聚》，而非《玉篇》。

② 據《康熙字典》，此字還出現在清人吳任臣所著的《字彙補》中，所訓相同。

③ 此字，李曼（2010：36）利用了《廣韻》系韻書（主要是《集韻》）對這個訛誤作了合理的解釋，丁治民（2015：340）也再次利用《集韻》作了同樣的說明。本文則進一步從來源角度討論了此字的訛誤並不是基於《集韻》形成的，而是在《五音類聚》的基礎上形成的，也即《五音類聚》是該字的來源，同時還指明了《五音集韻》的情況。

"竹咸切"所形成的訛誤,兩者的反切下字字形相似。此字儘管《五音集韻》也注爲了"竹咸切",但我們不認爲是在《五音集韻》的基礎上形成的,因爲《字漾博義》釋文中明確指明所釋之字頭是"丟"①,而《五音類聚》中"丟站"是前後並列共同作爲被釋字頭的,此與《字漾博義》一致,相反《五音集韻》中的"竹感切"下卻並不見"丟"字。這個細節說明此字是來自於《五音類聚》的。

三、基於《集韻》所致的注音訛誤字例

此類只有1個字例,其與上文"墩"類字例的性質相同,即屬於編者誤抄相連反切的類型,只不過此例訛誤是基於《集韻》形成的。現說明如下:

寺,《字漾博義》:又昌志切,守也。

此字《玉篇》《五音類聚》:似吏切,司也、嗣也、官也。《廣韻》:祥吏切,寺者,司也,官之所止有九寺。《集韻》:祥吏切,《說文》廷也,有法度者也;又時吏切,寺人奄官。王筠《說文句讀》"寺"字下云:許君所說,秦漢義也。天官寺人,王之正內五人。注:寺之言侍也,《易》《詩》寺字皆謂奄人,則從寸者,謹守法度,不可干政也。《六書正訛》亦云:寺,時吏切,古侍字,承也,從寸之聲。寸,手也,會意,故奄官謂之寺人。《字漾博義》所釋之"守也",即指寺人之職責:守法度也。

不過由《玉篇》等書可知,"寺"字有兩音:來母志韻和邪母志韻。而《字漾博義》之"昌志切"(昌母志韻)與其他小學書的讀音皆不同,當誤。檢《集韻》,其志韻下恰有"昌志切"一小韻②,其後則是"時吏切"。具體的文字排列是:

熾,昌志切,……,(隔一列)侍,時吏切,……,(下一列)寺閣。

因此,《字漾博義》所注的"昌志切",極有可能是誤抄了《集韻》上一個反切的結果,此與上文所論及的誤抄《五音集韻》相連反切的情況相同,其正確的注音當爲"時吏切"。

值得一提的是,這種排列除了《集韻》以外,還出現在《增修互注禮部韻略》③中。不過我們依然認爲這個訛誤形成的基礎當是《集韻》,而非《增韻》。這個認識可用其他字例的情況加以佐證,如"諺"字。

諺,《字漾博義》:先了切。此字,《廣韻》:先鳥切,《集韻》:先了切,《五音類聚》:思了切,《五音集韻》:私兆切。《字漾博義》所注之反切只與《集韻》相

---

① 此字是"站"的異體。
② 此反切不見於《五音集韻》。
③ 下文皆以《增韻》簡稱之。

同，《增韻》中儘管也有"先了切"，但其下並不見"謤"字，因此就《集韻》《增韻》兩種韻書來說，顯然《集韻》才是《字漾博義》的來源書目。因此，此字儘管同時出現在《集韻》《增韻》中，且文字排列基本一致，但我們認爲還是應當看成是基於《集韻》所致的訛誤①。

四、基於《五音類聚》《洪武正韻》兩書所致的注音訛誤字例

此類也只有 1 個字例：逌，《字漾博義》：於救切，音由，循也。

此字，《字漾博義》也採用了反切加直音的注音方法，但是兩者所示之音並不相同，前者是去聲，後者是平聲，當誤。

逌，《廣韻》：以周切，氣行貌或作迪；《五音集韻》：以周切，行貌或作迪。以上說明"逌、迪"兩字互爲異體。《集韻》有兩音：夷周切，所也，通作攸，又《說文》氣行貌；餘救切，驚聲。《增韻》：夷周切，同上。而其上一字是"攸"，釋爲：所也，亦作逌。《五音類聚》則別作兩字：迪，余周切，氣行貌；逌，以周切，所也，通作攸。

以上各書都有平聲一讀，與《字漾博義》的"音由"同音，基本都釋爲"氣行貌"。《集韻》另有去聲一讀，與《字漾博義》的"於救切"同音，但兩者的釋義均與"循也"不合，尤其是去聲之義，則相去更遠。

檢《五音類聚》還收有一字作"逌"：音由，逌放，循歷也。此字與"逌、迪"都較爲相似，"音由"則與《字漾博義》所注的直音相同，而釋義也與《字漾博義》之"循也"相近。由以上的分析可知，《字漾博義》此字的訓釋最可能的來源就是《五音類聚》，不過《字漾博義》對此字的字頭及注釋內容都作了一定的改動，其中字頭的改動當誤，因爲《五音類聚》中"逌""迪"本爲各自獨立的兩個字，釋義上則存在文字省減的情況，結果也使表義不夠準確。

以上是對此字直音及釋義的討論，下面再來說一下反切的情況。

從以上諸多小學書的注音來看，此字當讀爲平聲，此與《字漾博義》所注的"音由"相合，則"於救切"當誤。

檢《洪武正韻》：逌，於求切。此切與其他小學書所注反切均不同，但卻與《字漾博義》的"於救切"相似。由此可推知，《字漾博義》的"於救切"當是在《洪武正韻》"於求切"的基礎上訛變而來的，"求""救"兩字形似，存在誤寫的可能②。實際上，我們在另一篇文章《〈字漾博義〉所據小學書考源》中曾明確指出

---

① 就此兩書的情況而言，這樣解釋的另一個合理之處在於我們相信《字漾博義》的編纂當是以某一部書爲主的，而不該是不斷地換用不同的書目。

② 李曼（2010：38）曾作過校勘，認爲"於救切"是"於求切"的筆誤，但並沒有展開討論。本文則在之前的基礎上作了進一步的闡釋，同時說明《洪武正韻》也是《字漾博義》來源書目中的一種。

《字溁博義》中有 11 個字例的反切是只見於《洪武正韻》的，結論是《洪武正韻》也是《字溁博義》所依據的小學書中的一種。我們也根據這個事實，進一步明確了《字溁博義》成書的時間上限當晚於《洪武正韻》。以上所論實際上支持了我們前文所作的結論，即此反切的訛誤，其所形成的基礎當是《洪武正韻》。而支持此結論的另一個證據還在於"逌，於求切"這個字頭和反切的組合也只見於《洪武正韻》，這一點則更加說明《字溁博義》此字所注的反切只能是來自於《洪武正韻》的。

綜上，此字當是《字溁博義》編者在主要參考《五音類聚》訓釋資料的同時，又加入了《洪武正韻》所注的反切，從而形成了一個反切加直音的音注形式，只不過在編寫、傳抄過程中，字頭、反切及釋義文字都不同程度地發生了訛變。

參考文獻

丁治民，饒玲.《字溁博義》及其失誤記略. 寧波大學學報（人文科學版），2016（1）.
丁治民.《永樂大典》小學書輯佚與研究. 北京：商務印書館，2015.
胡吉宣. 玉篇校釋. 上海：上海古籍出版社，1989.
解縉等. 海外新發現永樂大典十七卷. 上海：上海辭書出版社，2003.
解縉等. 永樂大典（精裝十冊）. 北京：中華書局，1986.
李曼.《永樂大典》所存《字溁博義》音切考. 溫州大學碩士學位論文，2010.
馬亞平.《五音集韻》研究. 陝西師範大學碩士學位論文，2008.
許嘉璐. 傳統語言學辭典. 石家莊：河北教育出版社，1990.
張明明.《聲音文字通》聲類考. 溫州職業技術學院學報，2008（4）.

An Analysis of the Phonetic Notation Errors in *Ziwan Boyi*

Fu Xinjun, Li Man

Abstract：*Ziwan Boyi*（《字溁博義》），a Chinese character book edited in Ming Dynasty，is lost now. But there are still 383 prefixes and its explanatory materials in *Yongle Dadian*（《永樂大典》）. On the basis of compiling the materials，this paper focuses on the examples of errors of phonetic notation in *Ziwan Boyi*，and analyzes their types and reasons. Besides，this paper's value also lies in further revealing the Chinese philology books on which *Ziwan Boyi* is based.

Keywords：*Ziwan Boyi*；errors；Chinese character book；fanqie；explanation

（付新軍、李曼，陝西中醫藥大學人文管理學院）

《蒼頡篇》定名研究
——以出土漢簡爲新材料*

祝永新　楊懷源

提　要：《蒼頡篇》是秦代"書同文"的國家文字範本，是漢語漢字史與秦漢史研究的重要研究對象。長期以來，《蒼頡篇》的書名問題懸而未決，或以"蒼"爲本（正）字而作"《蒼頡篇》"，或以"倉"爲本（正）字而作"《倉頡篇》"，究竟以誰爲確？歷代聚訟紛紜。今發現，《蒼頡篇》書名源自該書首句"蒼頡作書"的前二字，而多批漢簡《蒼頡篇》材料證明，漢本《蒼頡篇》及可據之推定的秦隸本《蒼頡篇》的首句前二字均應當作"蒼頡"而非"倉頡"。秦簡牘材料證明，戰國晚期的秦文字中，"蒼""倉"已完全分化，互不混用，《蒼頡篇》作者李斯定其名爲"蒼頡"而非"倉頡"，是受當時"嘉名觀念"以及秦人名用字偏好的影響，目的是凸顯《蒼頡篇》與秦文化的雅正。《蒼頡篇》書名用字的字頻統計也顯示，"倉"並非《蒼頡篇》書名原用字，寫作"《倉頡篇》"者中古以前雖曾零星出現，但直至唐宋之後才大規模興起，相反"蒼"才是該書名的長期主流用字。後人誤以"倉"爲書名正字的根本原因是傳本《蒼頡篇》的亡佚，這使得人們失去了書名參照標準。此外，人們因寫字省簡習慣而寫作"倉"，因"倉""蒼"的古今字關係而誤用古字"倉"等原因也起到一定作用。所以，出土材料與傳世文獻的二重證據證明，《蒼頡篇》原書名是以"蒼"爲書名正字而書作"《蒼頡篇》"，故今當予以恢復，並以之作爲該書的定名。

關鍵詞：《蒼頡篇》；《倉頡篇》；定名研究；書同文；秦漢文化

---

* 基金項目：國家社會科學基金年度項目"西周詞彙研究"（18XYY016）。拙文在寫作過程中曾蒙張顯成師悉心指教，特此致謝！匿名審稿專家提出的中肯意見，使拙文受益匪淺！西南大學周艷濤博士、黃悅先生亦提出不少寶貴建議，此亦謹致謝忱！凡文中可能出現的疏誤概由筆者負責，與以上諸位先生無關。

前　言

《X頡篇》①是秦代"書同文"的國家文字範本，是今存最古老的文字學經典著作。《漢書·藝文志》記載，秦代李斯作《蒼頡》七章，趙高作《爰歷》六章，胡母敬作《博學》七章，均爲字書。漢初，這三篇字書合爲一本，總稱《X頡篇》。②《X頡篇》是秦漢時期的法定文字教材，後世《急就篇》《說文解字》等經典著作均深受其影響，是漢語漢字史與秦漢史研究中的珍貴文獻。

長期以來，《X頡篇》書名用字混亂，或用"蒼"而作《蒼頡篇》，或用"倉"而作《倉頡篇》，"蒼""倉"二字隨寫混用，莫衷一是，使該書定名由此成爲漢語漢字史及文獻學史的長期遺留問題。③學術界有種觀點認爲，因"蒼""倉"可通用，故該書書名用字無考定必要。雖然從用字角度看，該主張有一定道理，但須注意的是，《X頡篇》首先是一部在秦代具有國家法定地位的正規文獻，也是"書同文"的正字範本，故其頒佈之初的書名用字一定是規範的、確定的，斷無正天下文字者自身用字卻首先混亂之可能。所以跳出用字觀立場，就文獻本身而言，《X頡篇》書名就亟需論定。

百年來，《X頡篇》材料陸續見於11批出土漢簡，④其中有6批包含了《X頡篇》首章內容，它們是：《居延漢簡》《居延新簡》《敦煌漢簡·玉門花海漢簡》《敦煌漢簡·馬圈灣漢簡》《敦煌漢簡·流沙墜簡》以及《額濟納漢簡》。⑤這六批漢簡的抄寫年代基本重合，學術界一般認爲它們絕大多數抄寫於西漢中後期至東漢中前期。這些材料是厘清《X頡篇》書名用字的寶貴依據。

《X頡篇》以首句"X頡作書"的前二字"X頡"命名，故確定其首句中"X頡"的用字是該書定名的關鍵。下面以出土漢簡爲基本材料，結合秦簡牘以及相關

---

①　本文結論是，應將《蒼頡篇》視爲《蒼頡篇》一書的定名。但爲便於行文與閱讀，有關結論未論述完畢前，該書名在行文中稱"《X頡篇》"，在標題中仍稱"《蒼頡篇》"。
②　《漢書·藝文志·六藝略·小學序》："漢興，閭里書師合《蒼頡》《爰歷》《博學》三篇，斷六十字以爲一章，凡五十五章，併爲《蒼頡篇》。"（中華書局1962年版，第1721頁）。本文引文中，凡屬原文異體字及有誤者，徑直改正，不另出注。
③　近來孫新梅《〈蒼頡篇〉之流傳與"蒼頡、倉頡"孰是考》一文認爲《X頡篇》當以"蒼頡"爲名，這恰與本文結論相同。但孫文完全徑以傳世文獻爲據，這些傳世文獻歷經傳抄刻印，用字已遠非原貌，且版本間的用字亦時有矛盾（如今見徐鉉《說文解字》作《倉頡篇》，而徐鍇《說文解字繫傳》則作《蒼頡篇》），以之考證上古文獻，未必精當。故該文理據未確，考證未實，結論雖恰巧言中，然當審慎觀之。參孫新梅：《〈蒼頡篇〉之流傳與"蒼頡、倉頡"孰是考》，《圖書館理論與實踐》2018年第8期，第51—56頁。
④　本文材料收錄時間截止於2017年12月。這11批《X頡篇》出土材料來源見附錄二：《十一批出土漢簡〈蒼頡篇〉材料來源》。文中重復使用的材料，僅在首見時注明材料來源，其後從略。
⑤　因"玉門花海漢簡""馬圈灣漢簡"與"流沙墜簡"均已收入《敦煌漢簡》，故這三批漢簡的圖版、圖版編號以及釋文編號均以《敦煌漢簡》爲准，以下分別稱《花海漢簡》《馬圈灣漢簡》《流沙墜簡》。

傳世文獻，對《X頡篇》首句中"X頡"的用字情況進行討論。①

一、從出土漢簡與歷代文獻所涉書名看《蒼頡篇》的書名用字

不同於歷經抄印的傳世文獻，漢簡《X頡篇》保存了該書在秦漢時期的原始用字面貌，真實可信。漢簡今見《X頡篇》中，首句"蒼頡作書"前二字均作"蒼頡"而不作"倉頡"，且據玉門花海漢簡《X頡篇》（下稱玉門花海《X頡篇》）所摹抄的秦隸底本推論，秦本《X頡篇》首句前二字亦當作"蒼頡"。出土漢簡證明，"蒼""倉"在《X頡篇》中被明確區分，並不混用，故書名中不能以"倉"代"蒼"。通過統計歷代文獻中《X頡篇》書名用字的字頻，發現"蒼"始終是該書名用字的主流，"倉"是隨著《X頡篇》的逐步亡佚才逐漸被大量使用。可見"倉"並非《X頡篇》的書名原用字。所以，《X頡篇》的書名原用字應當爲"蒼"，該書當定名作"《蒼頡篇》"。以下詳細論述。

（一）漢簡所見《蒼頡篇》首句前二字均作"蒼頡"

因《X頡篇》書名源自該書首句"X頡作書"的前二字，故通過首句"蒼"的用字即可確定其書名用字。迄今所見11批漢簡《X頡篇》材料中，書有首句"X頡作書"者共6批，有的一批中就多次抄寫了首句（多爲習字簡）②。經統計，該首句在這些材料中共13見，其前二字均寫作"蒼頡"而不作"倉頡"，詳情如下：③

居延漢簡《X頡篇》均作"蒼"，凡4見。其所在上下文、圖版及摹文分別是：簡85.21"蒼頡作書"，圖版爲▆（蒼）；簡185.20"蒼頡作書"，圖版爲▆（蒼）；簡557"蒼頡"，圖版爲▆（蒼）；④簡63.19"蒼頡"，圖版爲▆（蒼）。

居延新簡《X頡篇》均作"蒼"，凡3見。其所在上下文及圖版、摹文分別是：簡EPT50.134A"蒼頡作書"，圖版爲▆（蒼）；簡EPT50.1A"蒼頡作書"，圖版爲▆（蒼）；簡EPT56.40"蒼頡作書"，圖版爲▆（蒼）。

玉門花海《X頡篇》均作"蒼"，凡3見。其所在上下文及圖版、摹文分別是：簡1459A"蒼頡作書"，圖版爲▆（蒼）；簡1460A"蒼頡作書"，圖版爲▆（蒼）；

---

① 本文討論的是秦"書同文"時《X頡篇》此書的書名規範用字，對"書同文"以前"X頡"不作書名，而作人名時的用字，以及"書同文"結束後有關文獻未遵守"書同文"規範而使用的該人名其他用字，暫不予討論。
② 本文所謂"習字簡"，指練習寫字的簡。所謂"典籍簡"，指所書內容已能成書的簡。
③ 這六批材料的著錄信息詳見附錄二：《十一批出土漢簡〈蒼頡篇〉材料來源》。以下僅出示"蒼"的單字圖版，上下文圖版詳見附錄一：《漢簡〈蒼頡篇〉有關圖版·首句圖版》。"蒼"字圖版中可確定爲"蒼"字但筆劃殘損的，殘損部分由筆者在摹文中補出。相關圖版均源自整理報告，文中先出示圖版，後出示摹文，摹文置於括弧中，釋文中"【】"表示據他簡補出的字。
④ 此字的艸頭爲簡寫，合乎漢簡文字的書寫慣例。

簡1461A"蒼頡作書"，圖版爲▇（蒼）。

馬圈灣漢簡《X頡篇》作"蒼"，凡1見。其所在上下文及圖版、摹文爲：簡844"蒼頡作書"，圖版爲▇（蒼）。

流沙墜簡《X頡篇》作"蒼"，凡1見。其所在上下文及圖版、摹文爲：簡1975B"永永永蒼以頡作"，圖版爲▇（蒼）。該簡爲習字簡，内容是"蒼頡作【書】"，其餘"永永永""以"是他字雜入。

額濟納漢簡《X頡篇》作"蒼"，凡1見。其所在上下文及圖版、摹文爲：簡2000ES7SF1：123+124"蒼頡作書"，圖版爲▇（蒼）。

上述六批材料在版本、性質、抄寫年代、出土地等方面各有不同，但首句前二字卻能一致寫作"蒼頡"，從這種一致性推論，"蒼"應當是當時公認的《X頡篇》書名正字，論述如下。

第一，多個版本的《X頡篇》首句前二字均作"蒼頡"。從版本看，這六批材料至少涉及三個版本。先看居延漢簡《X頡篇》，居延漢簡《X頡篇》第五章題有章序"第五"（見《居延漢簡（壹）》，簡9.1A），而其餘各批《X頡篇》均未見章序，可知居延漢簡《X頡篇》自成一個版本。再來看玉門花海《X頡篇》，該批材料中有三枚簡同時抄寫了《X頡篇》首章，内容相同且均在"超等"二字後大段留白，① 推測該章當斷於此處。而他本《X頡篇》此處並不斷開，均下連"逸薹"而作"超等逸薹"，故玉門花海《X頡篇》恐別屬一類殘本。那麽，加上餘下的居延新簡《X頡篇》、馬圈灣漢簡《X頡篇》等四批材料，這六批材料中至少存在三個版本，從各本首句均寫作"蒼頡"看，"蒼頡"極可能是當時諸本《蒼頡篇》首句中的共同寫法。

第二，性質不同的《X頡篇》材料，其首句前二字均作"蒼頡"。從性質上看，上述材料中，流沙墜簡、玉門花海漢簡、額濟納漢簡所見《X頡篇》材料爲習字簡，居延新簡、馬圈灣漢簡所見《X頡篇》材料爲典籍簡，居延漢簡則包括二者，這一分類基本爲學術界所認同。雖然性質各異，但無論是練字用的習字簡，還是作爲文字範本而被廣泛傳抄的典籍簡，其首句前二字均一致用"蒼"而作"蒼頡"，可見該用字獲得了漢代文字教學者、習字者以及傳抄者的一致認同。

第三，《X頡篇》歷經二百餘年傳抄，其首句用字的一致性證明，各抄手所見的首句前二字均作"蒼頡"。從抄寫年代看，以上六批漢簡的抄寫時段約在西漢中後期至東漢中前期，故各批材料中的《X頡篇》亦當抄寫於該時段。這段時間長達二百餘年，其間《X頡篇》必然被傳抄無數，但迄今所見材料中，其首句前二字竟

---

① 其内容爲"……晝夜勿置，苟務成史，計會辯治，超等。"《X頡篇》四字成句，玉門花海本此處斷二字爲句，恐非全本。

都一致寫作"蒼頡",證明從西漢中後期至東漢中前期,有關抄手見到的《X頡篇》中,其首句前二字皆作"蒼頡",而未有作"倉頡"者。

第四,不同地域出土的《X頡篇》首句前二字均作"蒼頡"。從出土地點看,以上漢簡分別出土於敦煌遺址、居延漢代烽燧、玉門漢代烽燧、馬圈灣漢代烽燧、額濟納旗漢代烽燧,基本覆蓋整個漢代西北屯戍區,因而它們最起碼能夠反映該地區所流傳《X頡篇》的普遍面貌。而眾所周知,漢代西北屯戍區的戍邊軍民大部分由全國各地抽調而來,他們隨之攜帶的個人用書亦來自全國各地,因此,上述《X頡篇》材料儘管出土於漢代西北屯戍區,但實際卻很可能反映了當時整個中國大地上中華文化所用書籍特別是《X頡篇》一類經典書籍的面貌。[1]

所以,上述漢簡《蒼頡篇》材料至少包含三個版本,性質兼俱典籍簡與習字簡,時間上延綿二百餘年,地域上不僅遍及整個漢代西北屯戍區,還間接體現了當時全國範圍內《X頡篇》這一類經典書籍的面貌,可見上述《X頡篇》漢簡是基本能夠代表漢代《X頡篇》實際面貌的。這些材料的首句前二字均一致寫作"蒼頡"而不作"倉頡",這證明"蒼"才是《X頡篇》首句原用字,也即是《X頡篇》的書名正字。因爲漢代流傳的《X頡篇》都保存了這種原貌,所以各批材料才能在書名用字上保持一致,而未出現"蒼""倉"混用的情況。

(二)從玉門花海《蒼頡篇》所摹抄底本看秦本《蒼頡篇》的首句用字

玉門花海《X頡篇》是據某底本《X頡篇》所摹抄的,故基本能以之反映該底本的用字情況。從玉門花海《X頡篇》的摹抄字形推斷,其所摹抄的底本當爲秦隸本,此秦隸底本的成書時間要早於阜陽漢簡《X頡篇》。由於阜陽漢簡《X頡篇》的抄寫時間不晚於文帝前元十五年(前165年),是已知《X頡篇》中最早的本子,那麼,該秦隸底本既早於阜陽漢簡本,必然已十分接近甚至可能就是秦本。以此推斷,秦本《X頡篇》首句前二字亦當與玉門花海《X頡篇》相同,用"蒼"字而作"蒼頡"。以下詳細論述。

第一,玉門花海《X頡篇》所摹抄的字形非常接近秦隸(亦稱古隸),並早於阜陽漢簡《X頡篇》字形。胡平生先生指出:"玉門花海《X頡篇》的文字還是更接近早期隸書(或稱"秦隸""古隸")的寫法。"(胡平生2012:16)此説爲是。因爲此點很重要,故有必要對此觀點予以再證。下面以部首"頁"爲例。

---

[1] 如僅僅是張掖郡的居延、肩水都尉府和農都尉所管轄的戍卒、田卒,就分別來自瑯琊郡、南陽郡等22個郡國,(趙寵亮2012:27)地域覆蓋了大部分中原與崤山以東地區,而張掖郡僅是西北屯戍區諸郡之一,由此可見西北屯戍軍民來源之廣。漢代戍卒來自全國的記載還可見《後漢書·章帝紀》,其所載章帝六年詔云:"<u>天下繫囚</u>減死一等,勿笞,<u>詣邊</u>戍,妻子自隨。"而迄今在漢代西北屯戍區發現的各類漢簡書籍已高達13種,其中不乏《論語》《國語》《孝經》《孫子兵法》《X頡篇》《急就篇》等經典書籍,(參駢宇騫2015:233—322;常燕娜、李迎春2017:350)鑒於漢代西北屯戍區是以軍事烽燧爲主,實行兵農經濟,文風並不興盛,因此很難説這些經典書籍是完全產自屯戍區,而應當多是戍邊軍民隨身攜帶而來。

部首"頁"的篆文較常見。如《説文·頁部》"頌"作 ᠁，籀文作 ᠁。《新金文編》中《裏盤》1876"頵"字，金文作 ᠁。（董蓮池 2011：1651）《古璽文編》1948"頡"字，璽文作 ᠁。（羅福頤 1981：225）《古文四聲韻》"頂"作 ᠁。（夏竦 1986）

可見，相比隸書，"頁"的篆文有三個特徵。其一，"𦣻"頂端一橫與下方"自"幾乎等寬，且和"自"並無明顯分離，近乎一個整體。其二，"頁"左下"丿"明顯短於右下"丶"。其三，"頁"右下"丶"有明顯凹凸曲折。

玉門花海《X頡篇》中，"頁"部字有"頡"。簡 1459A 作 ᠁，簡 1460A 作 ᠁，簡 1461A 作 ᠁。對比發現，此三簡"頁"的寫法，雖省簡了"𦣻"頂端一橫而類於"見"形，但大體存留了篆文"頁"形的上述三個特徵，屬於篆隸階段字形。

秦隸中也有大體相似的寫法。如睡虎地秦墓竹簡《法律答問》（1990）簡 88"顏"字作 ᠁，而成書於西漢初年，字形接近秦隸的張家山漢簡《奏讞書》（2001）簡 76"頌"字作 ᠁。它們的部首"頁"的整體形態也與玉門花海簡相似。可見，玉門花海《X頡篇》的文字確如胡先生所言，是更接近秦隸的。

再來看阜陽漢簡《X頡篇》的字形。對比可知，該簡字形要明顯晚於玉門花海《X頡篇》。仍以部首"頁"為例，阜陽漢簡《X頡篇》中有"顆"字，簡 C010 摹本作 ᠁。[①] 很明顯，其"頁"部的隸書特徵已較為顯著，"𦣻"頂端一橫比下方"自"的寬度長得多，分離也很明顯。"頁"下方"丿""丶"兩筆的長短差距已縮小，且位置對等，右下"丶"不再有明顯凹凸曲折，而是成為較平直的一捺。這與時代更晚的，如《居延漢簡》97.8 中的 ᠁，《居延新簡》EPT50.134A 中的 ᠁，寫法已十分接近。再如部件"言"，睡虎地秦簡《封診式》91"言"作" ᠁ "，玉門花海《X頡篇》1459A"謹"作" ᠁ "，1461A"誦"作" ᠁ "，阜陽漢簡《X頡篇》C041"諒"作" ᠁ "，玉門花海《X頡篇》"言"的形態顯然比阜陽漢簡更接近秦隸。可見，阜陽漢簡《X頡篇》字形在時間上要晚於玉門花海《X頡篇》。

第二，玉門花海《X頡篇》所摹抄的底本十分接近秦本，能反映秦本《X頡篇》的用字面貌，故據玉門花海《X頡篇》反推，秦本《X頡篇》首句前二字亦當作"蒼頡"。

上文説過，玉門花海《X頡篇》有一個摹抄底本，胡平生先生指出該底本爲秦隸本，他説："此三簡[②]書法極爲拙稚……他臨寫時所用的'貼'，不是漢隸本，而是古隸（秦隸）本。"（見胡平生 2012：13）據上揭字形對比，胡先生之説不誤。此秦隸底本目前雖未見，但因其文字面貌基本反映在玉門花海《X頡篇》中，故仍可就此反觀該秦隸本的大致年代及首句中"蒼頡"的用字情況。

[①] 此字左側"果"字殘缺。見《中國簡牘集成》第 14 册，第 296 頁。
[②] "此三簡"指即玉門花海《蒼頡篇》簡 1459、1460、1461。

先看大致年代。上文已證,玉門花海《X頡篇》的字形要早於阜陽漢簡《X頡篇》,因這些字形完全摹抄自秦隸底本,據此推斷該秦隸底本的字形面貌亦當早於阜陽漢簡《X頡篇》,那麽,該秦隸底本的成書年代自然也應當早於阜陽漢簡《X頡篇》底本。因爲阜陽漢簡《X頡篇》的抄寫時間不晚於文帝前元十五年(前165年),所以該秦隸底本至少是文帝前元十五年(或更早)之前的本子,應當十分接近秦本甚至就是秦本。

再來看該秦隸底本"蒼頡"的用字。玉門花海《X頡篇》有三支簡同時書寫了《X頡篇》首句,其前二字均作"蒼頡",證明其所摹抄的秦隸底本首句前二字也作"蒼頡"。由於該秦隸底本已經十分接近秦本甚至可能就是秦本,故其用字應當能反映秦本《X頡篇》的用字原貌,即秦本《X頡篇》首句前二字亦當寫作"蒼頡",而非"倉頡"。由此我們認爲,秦代《X頡篇》的書名也應當與漢簡《X頡篇》一樣,均寫作"《蒼頡篇》"。

(三)漢簡《蒼頡篇》中"蒼""倉"並不混用

漢簡《X頡篇》中,"蒼""倉"被區分得非常明確,並不能隨寫混用。今見六批漢簡《X頡篇》材料中,凡表人名"X頡"者均用"蒼"而不用"倉",辭例13見(見上文)。而凡表"收藏穀、粟的場所",則均用"倉"而不用"蒼",辭例3見,其所在上下文及圖版、摹文如下:[①]

《英藏未刊》3461"囷倉",圖版爲▆(倉)。[②]

阜陽漢簡《X頡篇》C035"廩倉",圖版爲▆(倉)。

《北京大學藏西漢竹書(壹)》55"廩倉"。圖版爲倉。[③]

這種區分證明,《X頡篇》編撰者與傳抄者不同意"蒼""倉"在該書中隨寫混用,而主張明確其區別。這種用字態度,對後世認爲該書書名中"蒼""倉"無用字區別的觀點,無疑是否定的。

此外,秦漢的文字書寫多具隨意性,同一指向者的書寫形式往往多種。如秦簡中,荊楚的"荊"或寫作▆(里耶秦簡8—135正),或寫作▆(里耶秦簡8—1516正)。再如漢簡中,生薑的"薑"或寫作▆(武威醫簡52),或寫作▆(居延漢簡136.25)。此類隨寫混用的例子還很多,這證明秦漢時期的用字環境比較混亂,但在這種環境下,《X頡篇》仍嚴格區別"蒼""倉"而不混用,證明編撰者區分二字

[①] "倉",指收藏穀、粟的場所。《説文·倉部·倉》:"倉,穀藏也。"《尚書·武成》:"發巨橋之粟。"孔穎達疏:"藏粟爲倉。"完整圖版見附錄一:《漢簡〈蒼頡篇〉有關圖版·"囷倉"與"廩倉"圖版》。

[②] 《英藏未刊》指汪濤、胡平生所編著《英國國家圖書館藏斯坦因所獲未刊漢文簡牘》。"囷倉"一句,阜陽漢簡《蒼頡篇》與北大漢簡《蒼頡篇》均作"囷窌廩倉",《英藏未刊》作"囷倉",整理者認爲是詞序不同。(參汪濤、胡平生2007:44)

[③] 此字圖版清楚,不再出示摹文。圖版詳見北京大學出土文獻研究所編:《北京大學藏西漢竹書(壹)》,上海古籍出版社,2015年,簡55。

的態度是堅決的。所以,後世認爲該書書名中"蒼""倉"可隨寫混用的看法,難以成立。

(四) 歷代文獻中《X頡篇》書名用字的字頻調查

統計歷代文獻中《X頡篇》書名用字的字頻,發現兩個現象:第一,儘管存在"蒼""倉"混用,但《X頡篇》書名用字始終以"蒼"字爲主流。第二,《X頡篇》書名中的"倉"字是隨著該書的逐步亡佚才逐漸被大量使用的。

1. "蒼"是《蒼頡篇》歷代書名用字的主流

我們統計了今見漢至清代文獻中《X頡篇》書名用字的字頻,[①] 涉及文獻636種。其中,"蒼"在《X頡篇》書名中共4995見,佔總字頻的74%;"倉"1755見,佔總字頻的26%,總體看,"蒼"是該書書名用字的主流。而斷代字頻顯示,在各個歷史階段,《X頡篇》書名用"蒼"字的比例都遠高於"倉"。因此,無論是總字頻還是斷代字頻,都顯示"蒼"是《X頡篇》書名的主流用字,詳見下表1。[②]

表1 歷代文獻所見《X頡篇》書名用字字頻

朝代	"蒼""倉"合計頻次	"蒼"的頻次/佔比	"倉"的頻次/佔比
漢	28	28/100%	0/0%
晉、南北朝	159	156/98%	3/2%
隋、唐	2209	2183/99%	26/1%
五代	22	16/73%	6/27%
北宋、遼	160	131/82%	29/18%
南宋、金	195	159/82%	36/18%

[①] 語料分別源自:北京愛如生數位化技術研究中心"中國基本古籍庫"(用戶端使用,讀取2016.05.15—2016.07.16);北京時代瀚堂科技有限公司"瀚堂典藏古籍庫"(http://www.hytung.cn/AboutUs.aspx,讀取2016.05.15—2016.07.16)。

[②] 統計辦法是:一、統計對象爲歷代文獻中《蒼頡篇》書名,含全稱《蒼頡篇》和簡稱《蒼頡》《蒼篇》等。二、統計範圍爲秦漢至清代文獻,按朝代歸類。其中,今見秦代文獻未見《蒼頡篇》書名。晉與隋時間較短,字頻均不足20,故將晉與南北朝合併,隋與唐合併。遼與北宋,金與南宋的存在時間大體相當,故將遼與北宋合併,金與南宋合併。三、爲避免重複統計,每種文獻僅選取一個代表性版本。某種文獻的傳本用字與出土本不統一時,以出土本爲準。四、文獻年代首先按成書時間確定,不能確定成書時間的,按作者年代確定。前代文獻內容被後世文獻使用的,計入後世作者年代,如《説文解字注》,雖包含《説文解字》內容,但成書於清,故計入清代。同一部文獻被多家注釋的,注釋內容按注者年代區分,如《禮記正義》,其"鄭玄注"所見字頻計入漢,"孔穎達正義"所見字頻計入唐。五、今本《説文解字》經五代徐鉉校訂後,部分用字已非原貌,爲保證客觀性,將徐鉉所校今本《説文》計入五代時期,而不計入漢代。六、因傳世文獻歷經傳抄刻印,今本中非原貌者可能導致部分字頻略有誤差,但因誤差的概率、比例極低,故並不影響本表總體面貌。七、"蒼"字頻包含出土文獻材料,情況分別爲,漢代含漢簡《蒼頡篇》材料13例;晉、南北朝含原本《玉篇》殘卷151例;隋、唐含敦煌文獻2例,《唐韻》殘卷5例;北宋、遼含《廣韻》黑水城殘卷5例。

續表1

朝代	"蒼""倉"合計頻次	"蒼"的頻次/佔比	"倉"的頻次/佔比
元	55	34/62%	21/38%
明	229	152/66%	77/34%
清	3693	2136/58%	1557/42%
合計	6750	4995	1755

上表説明，漢至清代的《X頡篇》書名中，"蒼"字的總字頻和斷代字頻都遠高於"倉"，可見無論是總體上還是各個歷史階段，"蒼"都被古人視爲《X頡篇》書名的主流用字。

2. "倉"隨著《蒼頡篇》的逐步亡佚才被大量使用

《X頡篇》的亡佚，王國維認爲亡於隋唐，孫星衍認爲亡於宋，陳直、胡平生諸先生併從孫説。[①] 各家雖有出入，但總體在隋唐、兩宋時期，最晚不晚於南宋。《X頡篇》的亡佚是一個漸進過程，字頻統計顯示了一個有趣現象，即隨著《X頡篇》的逐步亡佚，其書名中"倉"字的使用頻率也逐漸提高，南宋以後甚至出現激增，這説明該用字的興起與《X頡篇》的亡佚具有直接關聯，我們以下圖説明。

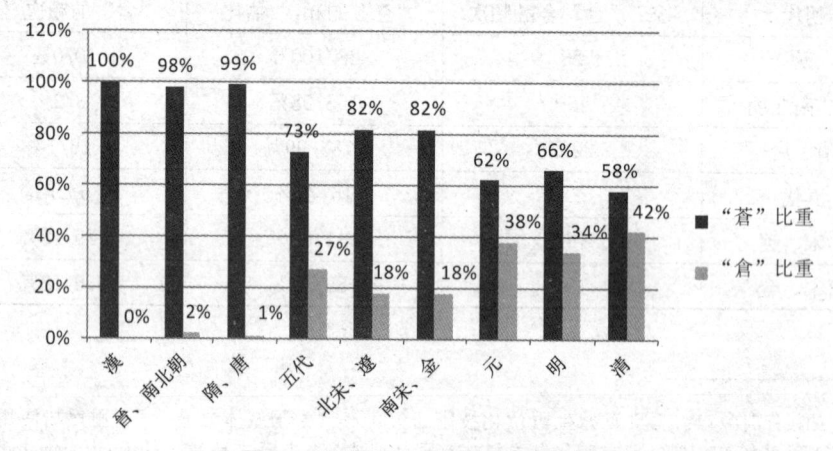

圖1 "蒼""倉"字頻歷時比較圖

上圖顯示，漢至隋唐，《X頡篇》書名中"倉"字的使用比例極小，始終低於2%。隋唐以後，《X頡篇》開始散佚，"倉"的使用比例也隨之對應上昇，在五代、北宋（遼）、南宋（金）分別達到28%、18%與18%。南宋以後，《X頡篇》徹底亡佚，書名中的"倉"也隨之大量出現，比例激增到34%～42%，並始終居高不下。這種由低轉高的比例變化説明，"倉"並非《X頡篇》書名原用字，而是隨著

---

① 詳參王國維：《〈蒼頡篇〉敘錄》，見氏著：《重輯蒼頡篇》，收入《王國維遺書》第7冊，上海古籍出版社，1983年；清・孫星衍：《〈倉頡篇〉輯本序》，見氏輯：《倉頡篇》三卷，收入《續修〈四庫全書〉》，上海古籍出版社，2002年；陳直：《居延漢簡研究》，天津古籍出版社，1986年，第144頁；胡平生、韓自强：《〈蒼頡篇〉的初步研究》，《文物》1983年第2期。

《X頡篇》的逐步亡佚才大量興起，隋唐是《X頡篇》散佚的開端，隋唐之後書名中"倉"字的比例猛增，顯是受到《X頡篇》亡佚的影響。

所以，上述《居延漢簡》等六批漢簡證明，漢代流行的《X頡篇》的首句前二字均作"蒼頡"，這體現了漢本《X頡篇》的原始面貌。而通過對玉門花海《X頡篇》用字情況的溯源，反映出秦本《X頡篇》的首句用字亦當作"蒼頡"。且上述字頻統計顯示，《X頡篇》書名中"倉"的使用頻率是隋唐以後，伴隨著《X頡篇》的散佚才逐漸昇高，並激增於南宋之後的，這種由低向高的趨勢充分證明了"倉"並非《X頡篇》書名的原用字。而"蒼"始終居於該書歷代書名用字的主流，也反映了古人對這一用字的認可。綜上，《X頡篇》的書名原用字應當爲"蒼"，今當恢復其原名，定名作"《蒼頡篇》"。

二、《蒼頡篇》以"蒼頡"作爲該書定名的原因

《蒼頡篇》書名源自該書首句"蒼頡作書"，該書作者李斯之所以將X頡之名定作"蒼頡"而不作"倉頡"，這與當時盛行的"嘉名觀念"以及秦人名用字偏好有關。（相關詳情已另撰專文，以下主述重點。）①

秦"書同文"以前，"X頡"的人名用字是混亂的。戰國時期，六國言語異聲、文字異形，給國家政治與社會生活帶來極大不便。秦統一後，李斯"乃奏同之，罷其不與秦文合者"，②遂推行"書同文"運動，以規範當時的字形與用字。由於X頡人名在戰國時期寫法不一，或作"蒼頡"（如秦國），或作"倉頡"（如楚國，見上博楚簡《容成氏》簡2），顯得混亂。故在"書同文"運動中，該人名作爲正字內容之一而被列入《蒼頡篇》，以此規範X頡人名的用字與書寫。

李斯規範X頡人名的前提，是"蒼""倉"在秦文字中必須已完全分化，不再隨寫混用，否則爲X頡定名就無從談起。而通檢今見秦簡牘材料發現，秦統一前後，秦文字中的"蒼""倉"二字確已完全分化，幾無混用，見表2。

表2 秦簡牘"蒼""倉"用字統計表

秦簡牘材料	蒼 字義	頻次	倉 字義	頻次	備 注
睡虎地秦墓竹簡		0	糧倉③	64	
放馬灘秦墓簡牘	青色	10	糧倉	4	

---

① 參祝永新、張顯成：《"蒼頡"定名研究》，待刊。
② 《說文解字》許慎序："（七國）言語異聲，文字異形，秦始皇帝初兼天下，丞相李斯乃奏同之，罷其不與秦文合者。斯作《蒼頡篇》，中車府令趙高作《爰歷篇》，太史令胡母敬作《博學篇》。"（第316頁）
③ 倉，爲收藏穀、粟的場所，表中稱"糧倉"。

續表 2

秦簡牘材料	蒼 字義	蒼 頻次	倉 字義	倉 頻次	備 注
里耶秦簡	青色	8	糧倉	140	簡 516、1202，"倉"爲單字，但前後文皆爲論粟米倉石之事，故當爲"糧倉"義。
	人名	2			
江陵王家臺秦簡	茂盛	2	糧倉	1	
	人名	1			
岳麓書院藏秦簡	青色	4	糧倉	20	簡文中"蒼梧"之"蒼"爲"青色"義。①
龍崗秦簡牘		0		0	
青川縣郝家坪秦墓木牘		0		0	
關沮周家臺秦墓簡牘		0		0	
岳山秦墓木牘		0		0	
北京大學藏秦簡		0		0	
合計		27		229	

上表中，"倉"總計 229 例，均只表示"收藏穀、粟的場所"。"蒼"總計 27 例，除不能確定義項的人名 3 例，其餘表"青色"者 22 例，表"茂盛"者 2 例，都屬"蒼"的基本義。統計證明，蒼、倉二字並無交叉義項，可見"蒼""倉"在秦文字中已徹底分化，不再混用，這種分化是李斯規範"X 頡"人名用字的前提。

現在來看"嘉名觀念"。"嘉名觀念"指以意蘊嘉善的字作爲人名，寄託美好寓意的一種取名觀念。這種觀念最晚起源於西周，後流行於戰國秦漢社會，如屈原在《離騷》中就專門提到其父爲他取嘉名的事，《楚辭·離騷》："皇覽揆余初度兮，肇錫余以嘉名，名余曰正則兮，字余曰靈均。"(《楚辭》卷一，《四部叢刊》本) 秦人也受這種風氣影響，如秦印中常見的"去疾""X 昌""X 慶""X 虎"等人名就是"嘉名觀念"的產物。(莫武 2008：116—131)

六國常諷秦人粗鄙，故"書同文"目的之一，便是要在統一文字的同時來拔高秦的文化地位，以"樹秦之名"。② "X 頡"是身份尊貴的聖人，《蒼頡篇》作爲秦

---

① "蒼梧"之"蒼"當指青色。嚴可均《全上古三代秦漢三國六朝文》卷一五《古逸》輯《歸藏》："太昊之盛，有白雲出自蒼梧，入於大梁。"朱興國《三易通義·歸藏·傳本〈歸藏〉注釋·大過卦》指出此卦兑上巽下，巽爲木，巽爲蒼，故曰"蒼梧"，故曰"梁"。(參朱興國 2006：324) 該卦辭強調"太昊之盛"，"太昊"即指東方之神，五行屬木。而卦辭中巽爲木，主神亦屬木，且"蒼"爲木德象徵色，故"蒼梧"之"蒼"當指青色。

② 北京大學藏漢簡《趙正書》簡 34、35："(李斯) 且死，故上書曰：'臣爲丞相卅餘歲矣。……更刻畫、斗桶、度量，一文章，布之天下，以樹秦之名者，吾罪四矣。'"

王朝重典，其開篇亦奉"X頡"爲尊，[①] 故"X頡"的定名自然要選用意蘊較佳的字，這樣既符合"嘉名"之義而尊善聖人，又體現出《蒼頡篇》與秦文化的雅正。

而"蒼""倉"二字中，"蒼"的意蘊嘉善，屬嘉名用字。通檢今見上古文獻，上古時期"蒼"的基本義有青色、茂盛、天等，多具有美好、神聖、尊貴、興盛、遠闊的意蘊，而在由"蒼"構成的複合詞以及其所修飾的語境中，也具有這種特點（複合詞如上蒼、蒼靈、昊蒼等；所修飾語境如《詩經·蒹葭》"蒹葭蒼蒼"、《里耶秦簡》259"爲人蒼色美髮"等），故"蒼"符合人們心目中的嘉名用字特徵。相反，"倉"的基本義是"收藏穀、粟的場所"，該概念作爲日常使用的普通土質建築，其外觀灰舊，形象上易引起平凡、生硬、拙重的聯想，故意蘊相對普通。"倉"亦還常指代"掌管糧倉的中下等官職"（如倉人、倉守），此官職處於職官系統中的較低層次，並非貴官，也意蘊欠佳。

所以，與"倉"相比，"蒼"的意蘊更爲嘉善，符合嘉名用字特徵，這使得秦人在以"蒼""倉"二字爲名時，多用"蒼"而極少用"倉"（但生於糧倉旁、以含"倉"的職官名爲名等特殊情況除外），這種取名特點可見於秦代文物。見表3。

表3　秦文物含"蒼"人名統計表[②]

人名	數量	載體	出　處
美陽工蒼	7	陶	《秦陶文新編》，編號1175、1176、1177、1178、1179、1180、1283
茅蒼	1	璽印	《秦代印風》，無編號，頁68
楊蒼	1	璽印	《秦代印風》，無編號，頁97
陳蒼	1	璽印	《秦代印風》，無編號，頁169
陽蒼	1	璽印	《戰國鈢印分域編》，編號2903
鬼薪蒼	1	簡牘	《里耶博物館藏秦簡》，簡10—673
佐蒼	1	簡牘	《里耶秦簡（貳）》，簡1028
巫蒼	1	簡牘	《王家臺秦墓竹簡概述》，簡214
總計			14

---

①《蒼頡篇》開篇曰："蒼頡作書，以教後嗣。幼子承詔，謹慎敬戒。"其句義、口吻均體現對蒼頡的尊崇。參《居延新簡》EPT50.1A、EPT50.1B。

② 本表材料來源爲：許雄志主編：《秦代印風》，重慶出版社，1999年，第43頁；莊新興編著：《戰國鈢印分域編》，上海書店，2001年，第503頁；袁仲一、劉鈺編著：《秦陶文新編》下編《圖版》，文物出版社，2009年，第230、243頁；里耶秦簡博物館編著：《里耶博物館藏秦簡》，中西書局，2016年，簡10—673；湖南省文物考古研究所編著：《里耶秦簡（貳）》，文物出版社，2017年，簡1028；王明欽：《王家臺秦墓竹簡概述》，收入劉大均主編：《出土易學文獻（貳）》，上海科學技術文獻出版社，2010年，第488—509頁；秦始皇兵馬俑博物館、袁仲一編著：《秦始皇帝陵兵馬俑辭典》，文匯出版社，1994年，第43頁。

通檢今見秦代有關文物，稀見以"倉"爲名者，而以"蒼"爲名者則有以上14例。這些人身份各異，階層眾多，包含了工匠（美陽工蒼）、犯人（鬼薪蒼）、吏員（佐蒼）、巫者（巫蒼）以及4例身份不明之人。他們雖階層不同，身份各異，但在"蒼""倉"可通假的情況下，卻都一致以"蒼"爲名，而不借"倉"爲之。這反映出，秦代社會十分明確蒼、倉的區別，並偏好以"蒼"爲人名用字，而不是"倉"。

所以，"蒼""倉"二字在秦文字中完全分化後（楚文字中則未如此），在"嘉名觀念"與秦人名用字偏好的影響下，爲體現《蒼頡篇》與秦文化的雅正內涵，李斯遂以"蒼頡"作爲"X頡"的規範定名，"倉頡"則成爲異寫，《蒼頡篇》一書也因此定名作"《蒼頡篇》"。這一結果既是李斯所謂"罷其不與秦文合者"的體現，也是語言文字內部發展與社會風氣、政治形勢最終結合的產物，凸顯出"書同文"背景下的時代特色。

李斯定名之後，由於《蒼頡篇》的法定教材地位，使得"蒼頡"迅速成爲秦統一後"X頡"人名的官方寫法，從而結束了戰國時期該人名的混亂狀態，《蒼頡篇》書名就此論定。漢朝建立後，《蒼頡篇》依舊作爲官方識字教材而長期通行全國，故漢代仍以"蒼頡"爲"X頡"人名的正統寫法，該書書名也未變更。兩漢之後，隨著《蒼頡篇》等一系列秦漢字書逐步退出歷史舞臺，"倉頡"這才又逐漸並肩"蒼頡"，成爲"X頡"人名與《蒼頡篇》書名的另一種通用寫法而延綿至今。以上便是李斯以"蒼頡"作爲《蒼頡篇》定名的大致原因。

三、《蒼頡篇》書名用字被誤作"倉"的原因

以上討論了《蒼頡篇》的書名正字及定名緣由，以下闡述該書名用字被誤作"倉"的原因。《蒼頡篇》書名被誤作"倉"的原因眾多，但根本原因是該書亡佚後，書名失去了規範用字。同時，"倉""蒼"的古今字關係，人們寫字時的省簡習慣，傳抄者的用字偏好等其他因素也造成了一定影響。以下詳細論述。

第一，《蒼頡篇》的亡佚使書名失去了規範用字，這是該書書名被誤書的根本原因。上文已證，自《蒼頡篇》亡於南宋後，書名用"倉"字而作《倉頡篇》的情況就隨之激增，說明書名中"倉"字的大量使用與該書的亡佚有直接關聯。由此推論，唐宋以前因《蒼頡篇》尚存，使書名能有所依據，故其書名用字未能大規模改動。但唐宋以後《蒼頡篇》亡佚，其書名也隨之失去了規範用字，致使人們在失去正確參照的同時，又受到"倉""蒼"古今字關係，寫字省簡習慣等其他因素的影響，最終將書名大量誤書爲《倉頡篇》。所以，儘管致誤原因眾多，但最根本的，無疑是《蒼頡篇》的亡佚使該書名失去了規範用字。

第二，因"倉""蒼"的古今字關係而誤用古字"倉"。古代不少學者認爲引古

書、言古物時當用古字，遂常有人以古字爲正宗，遠者如班固《漢書》，近者如孫詒讓《契文舉例》等。秦漢以後人們視《蒼頡篇》爲古書，因"倉"是"蒼"的古字，故誤將古字"倉"作爲《蒼頡篇》書名正字。如清人姚振宗在《隋書經籍志考證》就説："'倉''蒼'古今字，漢碑及六朝人皆書作'倉'。知'倉'其本字，作'蒼'者後人爲之也。"（姚振宗 1936：162）這是姚氏對《埤蒼》書名中"蒼"字的看法，而《埤蒼》之"蒼"實爲《蒼頡篇》書名的省稱，故姚氏所論實即《蒼頡篇》的書名用字。顯然，姚氏以古今字爲據，主張《蒼頡篇》書名當用古字"倉"，這種觀點是"倉"成爲該書書名正字的文字學理據，雖僅有姚氏言明，但認同者當不在少數。

第三，因寫字省簡習慣而寫作"倉"。漢字書寫歷來有省簡習慣，書寫形聲字尤爲如此，其省簡方式通常是省簡形旁，保留聲旁（以聲辨詞即可，故無需形旁）。如"萹竹"之"萹"，《説文解字·艸部·萹》作"萹"，至宋代《類篇·艸部》則寫作"扁"，省簡了形旁"艸"而保留聲旁"扁"。又如"蚤"與"騷"，"騷"常寫爲"蚤"，省簡了形旁"馬"而保留聲旁"蚤"。在這種省簡習慣影響下，人們書寫《蒼頡篇》書名時也常省簡"蒼"的形旁"艸"，只保留聲旁"倉"而最終寫成"倉"字，這是漢字書寫的省簡習慣造成的。

第四，在"蒼""倉"二字中隨意選擇而誤作"倉"。由於古今字的通用關係，"蒼""倉"在古文獻中常隨意混用，使人們在使用這兩個字時養成極大隨意性，故書寫《蒼頡篇》書名時也十分隨意，時而作"蒼頡"，時而作"倉頡"。使後人誤以爲"蒼""倉"二字，在兩漢人隨寫，並無嚴格之區別。（陳直 1986：147）這也是《蒼頡篇》書名被誤書的常見原因。如《漢書》顏師古注文中，就時而作"《蒼頡篇》"、時而又作"《倉頡篇》"，並無定勢。①

第五，因傳抄者個人用字偏好而將"蒼"誤改作"倉"。此類誤改可以大徐本《説文解字》對該書中《説文》錄文的改動爲例。

大徐本《説文》是徐鉉根據當時的各種説文資料校錄成書的，基本内容可分兩類，一是《説文》錄文（即徐鉉所抄錄的《説文》原文），此即我們的討論對象。二是徐鉉自己對《説文》的注釋。大徐本《説文》的問題在於，在其所抄錄的許慎序中，"X頡"一詞無論指書名《蒼頡篇》或是指人名"X頡"，均作"倉頡"。而在錄文的許慎正文解説部分，凡言及人名"X頡"卻又都作"蒼頡"②。即是説，從大徐本所錄的《説文》原文看，許慎自己出現了自序中用"倉"，在正文解説卻

---

① 如《漢書·藝文志》："凡五十五章，併爲《蒼頡篇》。"顏師古注："總合以爲《蒼頡篇》也。"又《漢書·揚雄傳下》："頷頤折頞。"顏師古引宋祁："《倉頡篇》亦云頷。"（同文書局石印本）
② 大徐本《説文》所錄許慎正文解説中，X頡名稱兩見，都用"蒼"。分別是：《説文解字·厶部》："厶，韓非曰：'蒼頡作字，自營爲厶。'"《説文解字·禿部》："禿，王育説：'蒼頡出見禿人伏禾中。'"

又用"蒼"的用字矛盾，體例衝突，前後不一。①

相反的是，在同時期徐鍇《說文解字繫傳》所錄的《說文》原文中，"X頡"名稱卻用字統一，並不矛盾。《繫傳》有四個流傳版本，《四部叢刊》本、《四庫全書》本、清祁寯藻刻本（下稱祁刻本）和清汪啟淑刻本（下稱汪刻本）。②《繫傳》内容也分爲《說文》錄文與徐鍇注釋兩類，經我們統計，該書《四部叢刊》本、《四庫全書》本和祁刻本的《說文》錄文中，無論指書名或人名，"X頡"之名均用"蒼"而作"蒼頡"，每種本子的辭例皆爲10例，其中許序7例，許慎正文解說3例。而汪刻本《說文》錄文的情況則與上述三本不一致，該本中，"X頡"之名在許序中均作"倉頡"，計7例，但在許慎正文解說部分卻又均作"蒼頡"，計3例，其用字矛盾的情況與大徐本《說文》完全一致。

我們認爲，《繫傳》所錄《說文》的用字當以《四部叢刊》本、《四庫全書》本和祁刻本爲准，原因有二。

一是這三個本子的底本均爲宋本，最能反映《繫傳》原貌。《四部叢刊》本影印自述古堂影宋抄本，《四庫全書》本底本爲紀昀家藏宋抄本，③祁刻本底本爲顧廣圻藏影宋抄本與汪士鍾藏宋槧殘本，這些底本皆爲宋本無疑，而祁刻本又被公認爲現存《繫傳》之最善本。④可以說，這三個版本的《繫傳》最爲接近該書在宋代的原貌，它們的《說文》錄文中均將"X頡"之名寫作"蒼頡"，可信度很高。

而汪刻本並非善本，該本係汪啟淑以數本《繫傳》合錄而來，多有錯脱。⑤乾嘉之際的桂馥、段玉裁、鈕樹玉、顧廣圻等均已指出汪刻本的篆文、正文不合《繫傳》舊抄本，並非善本。⑥如祁寯藻《重刊影宋本說文繫傳敘》就言"歙汪氏刻有大字本，石門馬氏有袖珍本，訛脱錯亂，厥失維均。"（徐鍇1987：3）可見汪刻本失真於《繫傳》舊本，自乾嘉起就已論定，故就版本可靠性而言，汪刻本較難信從。

二是汪刻本多有據大徐本《說文》改《繫傳》的情況。董婧宸先生指出汪刻本的主底本爲缺本系統的翁方綱抄本，在校勘時多據大徐本校改注釋，刊刻中復取汲古閣大徐本篆文字形，這種以大徐本改小徐本的做法降低了汪刻本的學術價值。

---

① 今見大徐本《說文》共八個版本，各本《說文》錄文中的X頡名稱用字均出現前後矛盾，用字不一的現象。這八個版本是：《平津館叢書》本、《四部叢刊》本、《續古逸叢書》本、汲古閣本、文淵閣《四庫全書》本、藤花榭本、陳昌治刻本、真本（日本刊本）。
② 祁刻本已由北京中華書局1987年影印後大量刊行。
③ 此據高明先生之總結，參（高明1971：29—30）。
④ 參中華書局1987年版《說文解字繫傳》出版說明。
⑤ 清耿文光《萬卷精華樓藏書記》引《說文管見》云："則鍇書由宋以來不絕如線，自吳山夫玉榗抄得之，好古者遞相傳錄，乾隆壬寅歲，吾鄉汪氏啟淑始合抄數本校錄付梓。"（耿文光1993：15）
⑥ 參桂馥《說文解字義證·附說》、段玉裁《汲古閣說文訂》"殂"條、段玉裁《說文解字注》"魂"條、鈕樹玉《說文繫傳跋》及顧廣圻撰、黃丕烈注《百宋一廛賦》。

（董婧宸 2019：183—214）董先生的説法是正確的，後人校補《繫傳》，常以大徐本《説文》竄入，汪刻本亦不能免。① "X 頡"之名在祁刻本等所據的三個宋底本中均作"蒼頡"，而這三個宋底本又不屬同一版本系統，可見"蒼頡"此寫法當是《繫傳》中《説文》録文的主要寫法。而同屬《繫傳》系統的汪刻本非但有悖於這種主要寫法，還反而與大徐本《説文》的用字矛盾完全一致，均是許序中作"倉頡"，而許慎正文解説中作"蒼頡"。一般而言，不同版本、不同書籍發生這種巧合的概率是極低的，這説明汪刻本的《説文》録文很大程度上受到了大徐本《説文》的影響，極可能據之篡改了《繫傳》的"X 頡"用字。因此汪刻本難以反映《繫傳》中《説文》録文的原貌。

所以，《繫傳》所録《説文》中"X 頡"之名的用字情况，當以《四部叢刊》本等影（刻）宋本爲准，即是説，《繫傳》所抄録的《説文》原文中，"X 頡"之名無論是在許序還是許慎正文解説中，均一致作"蒼頡"。這與大徐本《説文》録文中的用字矛盾形成鮮明對比。

那麼，大徐本《説文》與《繫傳》，誰的《説文》録文可靠？應當是《繫傳》。許慎作《説文》，態度嚴謹，字字斟酌，斷不會在此類基本問題上自相矛盾，體例衝突。且出土漢簡已證明漢代《蒼頡篇》書名用字均寫作"蒼頡"，許慎是文字大家，熟讀《蒼頡篇》一類的識字教材，也清楚當時的用字通例，其作字書自不會既違背常識，又自相矛盾。故據《繫傳》録文看，"X 頡"在《説文》原文中的名稱用字應當爲"蒼"，今見諸本《説文》録文中"X 頡"的名稱用字，當以《繫傳》所見之《説文》録文爲是。

既然《繫傳》録文無誤，則大徐本《説文》録文中用"倉"字者就應當是誤改。今存《徐公文集》（即《騎省集》）保存了徐鉉絶大部分作品，傳世者有清影宋刻本、《四庫全書》本與黟南李氏刊本，其中以清影宋刻本爲善本，最接近宋代用字原貌。② 查核此三本《徐文公集》，徐鉉但書"X 頡"之名皆用"倉"而作"倉頡"，凡 3 例，三本計 9 例。由此推知，徐鉉在"蒼頡"一詞上慣用"倉"字，故大徐本《説文》録文中許序所用的"倉"，當是因徐氏個人的用字偏好而誤改，但這種偏好由何而來，暫無從考證。

四、前人對《蒼頡篇》書名用字的誤解

清代學者姚振宗及今人陳直先生就《蒼頡篇》書名用字發表過看法。姚振宗在

---

① 如《四庫全書提要》就説："此本（按：即宋尤衮家抄本）卷三十不闕，或續得之以補入。卷二十五則直録其兄鉉所校之本，而去其附注之字。殆後人求其原書不獲，因摭鉉書以足之。猶之《魏書》佚《天文志》，以張太素書補之也。其餘各部闕文，亦多取鉉書竄入。"

② 清影宋刻本已收入四川大學古籍研究所編《宋集珍本叢刊》第 1 册（北京：綫裝書局，2004 年），另二本爲文淵閣《四庫全書》本、光緒十六年黟南李氏刊本。

《隋書經籍志考證》中認爲:"'倉''蒼'古今字,漢碑及六朝人皆書作'倉'。知'倉'其本字,作'蒼'者後人爲之也。"(姚振宗 1936:162)

上文説過,姚氏這段話表面上是指《埤蒼》,實際是指《蒼頡篇》,可見姚氏以"倉"爲《蒼頡篇》書名的正確用字。但姚氏證據有誤,他説漢碑及六朝人皆用"倉",事實並非如此。漢碑如《蒼頡廟碑》,該碑文中 X 頡之名即是用"蒼"而作"蒼頡"(見下文),六朝如黎庶昌本"原本《玉篇》殘卷",該書中《蒼頡篇》書名用"蒼"而作"蒼頡"者高達 151 例,① 姚氏之説未知其所本。

陳直先生則在《居延漢簡研究》中提到:

> 按《居延漢簡釋文》② 五六零頁,至五六一頁,所收《蒼頡篇》各簡,皆作"蒼頡",無作"倉頡"者。《流沙墜簡・考釋・簿書類》十七龍勒長簡,有成卒漫書字,亦作"蒼頡"。惟漢《蒼頡廟碑》,則作"倉頡"。知"蒼""倉"二字,在兩漢人隨寫,並無嚴格之區別。(陳直 1986:147)

陳先生之説也可商榷。他從《居延漢簡》《流沙墜簡》的出土實物出發,説明《蒼頡篇》各簡皆作"蒼頡",而不作"倉頡",這與我們見到的材料是一致的。但陳先生舉證漢《蒼頡廟碑》作"倉頡",這卻與實情有出入。

漢《蒼頡廟碑》刊立於東漢桓帝延熹五年,原在陝西省白水縣"蒼頡廟"內,一九七五年移存西安碑林博物館。此碑碑陽正文有"蒼頡"二字,其原碑及拓本所用字皆爲"蒼",而非"倉"。③ 唯北京故宮博物院所藏《蒼頡廟碑》明代初拓本中,"蒼頡"之"蒼"字因拓像品質較差,其上部"艹"漫漶成字花而不似筆劃,故觀之似"倉",如圖:"",陳直先生所本或爲此字。④ 但細察原碑及其他拓本,便知碑文所用爲"蒼"。如徐玉立《漢碑全集》(2006)所錄拓本就很清晰,作""(摹本蒼)。(第 3 卷,920 頁)另外,該碑碑陰上部刻有漢人題字,其中雖有"□倉曹史"四字,但卻爲漢官名,中間"倉"字指收藏穀、粟的場所,不是 X 頡人名,並非分析《蒼頡篇》書名的依據。

而陳直先生最後認爲《蒼頡篇》中"蒼""倉"二字在兩漢人隨寫,並無嚴格之區別。這也與實情有出入,如上文,我們已據出土漢簡《蒼頡篇》證明,"蒼""倉"二字在該書中有嚴格區別,並不隨寫混用。所以,陳直先生的上述看法是可商榷的。

---

① 見北京時代瀚堂科技有限公司"瀚堂典藏古籍庫"(http://www.hytung.cn/AboutUs.aspx,讀取 2016.05.15—2016.07.16)。
② 此《居延漢簡釋文》即勞榦所著《居延漢簡考釋・釋文之部》(臺灣商務印書館,1949 年)。
③ 參毛遠明(2009:223—224),徐玉立(2006:920)。
④ 見北京故宮博物院藏,明拓《蒼頡廟碑》,北京故宮博物院官網(http://www.dpm.org.cn/collection/impres/231916.html,收錄時間未詳,讀取 2016.03.07)。

小　結

　　《蒼頡篇》對漢語漢字史、中國文化史影響深遠，作爲秦"書同文"時具有專名的法定文獻，該書書名無疑有釐清的必要。從出土漢簡中的《蒼頡篇》首句材料、玉門花海《蒼頡篇》所反映的秦隸本《蒼頡篇》用字面貌以及歷代文獻中有關書名用字的統計情況看，《蒼頡篇》的書名應當定名爲"《蒼頡篇》"，用字爲"蒼"，而非"《倉頡篇》"。

　　雖然"書同文"之前的戰國時期，"X頡"人名中"蒼""倉"混用，未有定勢。但秦"書同文"後，李斯基於"嘉名觀念"與秦人取名的用字偏好，選用意蘊嘉善的"蒼"爲名，將"X頡"定名爲"蒼頡"，既統一規範了"X頡"人名的用字與寫法，也彰顯了《蒼頡篇》與秦文化的雅正，《蒼頡篇》書名由此定名爲"《蒼頡篇》"。應當説，無論是"X頡"人名還是《蒼頡篇》書名，此時都因秦的國家意志而蓋棺論定。

　　但漢魏以後，隨著《蒼頡篇》逐步退出歷史舞臺而開始散佚，書名中用"倉"字的情況開始逐漸增加，最終出現了南宋之後大幅激增的情況。這一方面説明了"倉"並非《蒼頡篇》書名原用字，另一方面也體現出文獻原本對規範、制約其書名與內容等相關信息的重要性。

　　清代以來，學者或以"倉"爲《蒼頡篇》書名正字，或認爲"蒼""倉"隨寫，無需論定，這些觀點的成因是複雜的。但借助於出土簡牘提供的第一手資料，以及文獻中該書書名的歷史演化軌跡，現在可對《蒼頡篇》書名定名問題得出一個較科學的結論。應當説，在秦本《蒼頡篇》未出土之前，該書書名正字爲"蒼"的這一結論是受當前材料支持的，至於其他一些更深入的研究，則有待於新的考古發現。草創拙文，懇請專家學者指正。

參考文獻

班固. 漢書. 北京：中華書局，1962.

北京愛如生數位化技術研究中心. 中國基本古籍庫（客戶端使用）.

北京大學出土文獻研究所. 北京大學藏西漢竹書（叁）. 上海：上海古籍出版社，2015.

北京故宮博物院藏. 明拓《蒼頡廟碑》. 北京故宮博物院官網. http://www.dpm.org.cn/collection/impres/231916.html，收錄時間未詳.

北京時代瀚堂科技有限公司. 瀚堂典藏古籍庫. http://www.hytung.cn/AboutUs.aspx，收錄時間未詳.

常燕娜，李迎春. 居延出土《孫子·地形》篇殘簡初探//甘肅省第三屆簡牘學國際學術研討會論文集. 上海：上海辭書出版社，2017.

陳直. 居延漢簡研究. 天津：天津古籍出版社，1986.

董婧宸. 汪啓淑刻本《說文解字繫傳》刊刻考//經學文獻研究集刊：第二十二輯. 上海：上海書店出版社，2019.

董蓮池. 新金文編. 北京：作家出版社，2011.

甘肅省博物館，武威縣文化館. 武威漢代醫簡. 北京：文物出版社，1975.

甘肅省文物考古研究所. 居延新簡. 北京：中華書局，1994.

高明. 說文解字傳本考//高明. 高明小學論叢. 臺北：黎明文化事業股份有限公司，1971.

耿文光. 萬卷精華樓藏書記. 北京：中華書局，1993.

胡平生，韓自強.《蒼頡篇》的初步研究. 文物，1983（2）.

胡平生. 漢簡《蒼頡篇》新資料研究//胡平生. 胡平生簡牘文物論稿. 上海：中西書局，2012.

湖南省文物考古研究所. 里耶秦簡（貳）. 北京：文物出版社，2017.

湖南省文物考古研究所. 里耶秦簡（壹）. 北京：文物出版社，2012.

羅福頤. 古璽文編. 北京：文物出版社，1981.

毛遠明. 漢魏六朝碑刻校注. 北京：線裝書局，2009.

莫武. 珍秦齋藏秦印選刊. 東方藝術，2008（12）.

駢宇騫. 簡帛文獻綱要. 北京：北京大學出版社，2015.

睡虎地秦墓竹簡整理小組. 睡虎地秦墓竹簡. 北京：文物出版社，1990.

孫新梅.《蒼頡篇》之流傳與"蒼頡、倉頡"孰是考. 圖書館理論與實踐，2018（8）.

孫星衍輯. 倉頡篇. 上海：上海古籍出版社，2002.

汪濤，胡平生. 英國國家圖書館藏斯坦因所獲未刊漢文簡牘. 上海：上海辭書出版社，2007.

王國維. 重輯蒼頡篇//王國維遺書（第7冊）. 上海：上海古籍出版社，1983.

夏竦. 古文四聲韻//景印文淵閣四庫全書. 臺北：臺灣"商務印書館"，1986.

徐鍇. 說文解字繫傳. 北京：中華書局．1987.

徐鉉. 徐文公集//四川大學古籍研究所. 宋集珍本叢刊（第1冊）. 北京：線裝書局，2004.

徐玉立. 漢碑全集（第3卷）. 鄭州：河南美術出版社，2006.

許慎. 說文解字. 北京：中華書局，2015.

姚振宗. 隋書經籍志考證//師石山房叢書. 上海：開明書店，1936.

張家山二四七號墓竹簡整理小組. 張家山漢簡. 北京：文物出版社，2001.

趙寵亮. 行役戍備：河西漢塞吏卒的屯戍生活. 北京：科學出版社，2012.

中國簡牘集成編輯委員會. 中國簡牘集成（第14冊）. 蘭州：敦煌文藝出版社，2005.

中研院史語所簡牘整理小組. 居延漢簡（貳）. 中研院史語所，2015.

朱興國. 三易通義. 濟南：齊魯書社，2006.

附錄一　漢簡《蒼頡篇》有關圖版

說明：

本附錄分爲以下兩部分：一是漢簡《蒼頡篇》首句圖版，二是漢簡《蒼頡篇》"困倉"與"廥倉"圖版。圖版均採自附錄二"十一批出土漢簡《蒼頡篇》材料來源"所列文獻。

（一）首句圖版

一：《居延漢簡》85.21　　二：《居延漢簡》185.20（局部）　　三：《居延漢簡》577

四：《居延漢簡》63.19　　五：《居延新簡》EPT50.134A（局部）　　六：《居延新簡》EPT50.1A（局部）

七：《居延新簡》EPT56.40（局部）

八：《敦煌漢簡·玉門花海漢簡》1459A（局部）

九：《敦煌漢簡·玉門花海漢簡》1460A（局部）

一〇：《敦煌漢簡·玉門花海漢簡》1461A（局部）

一一：《敦煌漢簡·馬圈灣漢簡》844（局部）

一二：《敦煌漢簡·流沙墜簡》1975B

一三：《額濟納漢簡》2000x124 簡（局部）

（二）"囷倉"與"廩倉"圖版

一：《英藏未刊》3461　　二：阜陽漢簡《蒼頡篇》　　三：《北京大學藏西漢竹書
　　　　　　　　　　　　　　　C35（局部）　　　　　　　（壹）》55（局部）

附錄二　十一批出土漢簡《蒼頡篇》材料來源

説明：

以下爲本文所涉漢簡《蒼頡篇》的十一批材料來源，按其對相關論證的重要性排序，材料收録時間截止於 2017 年 12 月。

［1］居延漢簡所見《蒼頡篇》材料來源：

中研院史語所簡牘整理小組編：《居延漢簡（壹）》，中研院史語所，2014 年。

中研院史語所簡牘整理小組編：《居延漢簡（貳）》，中研院史語所，2015 年。

中國社會科學院考古研究所編：《居延漢簡甲乙編》，中華書局，1980 年。

中研院史語所簡牘整理小組編：《居延漢簡補編》，中研院史語所，1998 年。

［2］居延新簡所見《蒼頡篇》材料來源：

甘肅省文物考古研究所等編：《居延新簡》，中華書局，1994 年。

［3］玉門花海漢簡所見《蒼頡篇》、馬圈灣漢簡所見《蒼頡篇》與流沙墜簡所見《蒼頡篇》材料來源：

甘肅省文物考古研究所編：《敦煌漢簡》，中華書局，1991 年。

［4］《額濟納漢簡》所見《蒼頡篇》材料來源：

魏堅主編：《額濟納漢簡》，廣西師範大學出版社，2005 年。

［5］《英國國家圖書館藏斯坦因所獲未刊漢文簡牘》所見《蒼頡篇》材料來源：

汪濤、胡平生編著：《英國國家圖書館藏斯坦因所獲未刊漢文簡牘》，上海辭書出版社，2007 年。

［6］《北京大學藏西漢竹書（壹）》所見《蒼頡篇》材料來源：

北京大學出土文獻研究所編：《北京大學藏西漢竹書（壹）》，上海古籍出版社，2015 年。

［7］阜陽漢簡所見《蒼頡篇》材料來源：

中國簡牘集成編輯委員會編：《中國簡牘集成》第 14 冊，敦煌文藝出版社，2005 年。

［8］水泉子漢簡所見《蒼頡篇》材料來源：

張存良：《水泉子漢簡七言本〈蒼頡篇〉蠡測》，中國文化遺產研究院編：《出土文獻研究》第 9 輯，中華書局，2009 年。

［9］尼雅漢簡所見《蒼頡篇》材料來源：

王樾：《略說尼雅發現的"蒼頡篇"漢簡》，《西域研究》1998 年第 4 期。

Study on the Naming of *Cangjie Pian*（蒼頡篇）
—Based on the Unearthed Documents

Zhu Yongxin，Yang Huaiyuan

Abstract：*Cangjie Pian*（蒼頡篇）is a national script template of *Writing the same script*（书同文）in Qin Dynasty, and an important research object in the study of the history of Chinese characters and the history of Qin and Han. For a long time, the title of *Cangjie Pian*（蒼頡篇）remains uncertain. Some people use *Cang*（蒼）as the original character, while others use *Cang*（倉）. Which one is right? There were much discussion. Today it is found that the title of *Cangjie Pian*（蒼頡篇）is derived from the first two characters of the first sentence of "Cang Jie Zuo Shu"（蒼頡作書）. Many batches of materials from the Han-bamboo-slip version of *Cangjie Pian*（蒼頡篇）prove that the first two characters of the first sentence of the Han version *Cangjie Pian*（蒼頡篇）and the Qinli（秦隸）version of *Cangjie Pian*（蒼頡篇）should be *Cangjie*（蒼頡）instead of *Cangjie*（倉頡）. The Qin bamboo slips prove that in the Qin characters of late Warring States period, *Cang*（蒼）and *Cang*（倉）were completely differentiated and were not mixed with each other. Li Si, author of *Cangjie Pian*（蒼頡篇）, named it *Cangjie*（蒼頡）instead of *Cangjie*（倉頡），which was influenced by the concept of reputation and the preference of Qin people's names at the time. His purpose was to highlight the concept of elegant legitimism of *Cangjie Pian*（蒼頡篇）and Qin culture. The statistics of word frequency of the titles *Cangjie Pian*（蒼頡篇）also show that *Cang*（倉）is not the original character of *Cangjie Pian*

(蒼頡篇). Those who wrote *Cangjie Pian* (倉頡篇) appeared sporadically before the Middle Ages, but had not risen on a large scale until the Tang and Song Dynasties. On the contrary, *Cang* (蒼) was the mainstream in the long term. The root of mistaken use of *Cang* (倉) as the title of the book is the death of the circulated copies of *Cangjie Pian* (蒼頡篇), which caused people to lose the standard reference. In addition, people wrote *Cang* (倉) according to the habit of saving strokes and the relationship of *Cang* (倉) and *Cang* (蒼). Therefore, the dual evidences of the unearthed materials and handed-down documents prove that the correct original title is *Cangjie Pian* (蒼頡篇), which should be resumed.

Keywords: *Cangjie Pian* (蒼頡篇); *Cangjie Pian* (倉頡篇); study on naming; writing the same script (书同文); Qin and Han culture

(祝永新,西南大學漢語言文獻研究所;楊懷源,西南大學文學院)

談語詞訓詁中的結構分析
——以"泛殺""操事"爲例

游　黎

提　要：結構分析法是分析漢語辭彙的構成要素和構成方式並進一步理清其成詞理據的方法，也是對漢語詞義訓釋行之有效的方法。本文運用結構分析法對古語詞"泛殺""操事"進行了訓釋，指出了前人對二詞意義的誤解，並通過訓釋二詞的過程，說明運用結構分析法在詞語訓詁中的必要性和重要性。

關鍵詞：結構分析；訓詁學；泛殺；操事

漢語合成詞的構詞成分在組合成詞時，總是遵循著一定的規則和理據，形成一定的結構。這種結構代表着構詞語素之間的關係，說明了詞語意義形成的原因。因此，分析詞語的構詞成分在組合過程中到底遵循了什麼規則，形成了何種結構，對我們準確掌握詞語的意義具有重要作用。

中國傳統的訓詁方法（形訓、聲訓、義訓）並不包括對詞語的結構分析，這是因爲古代學者對語言結構的認識還不深入。但是，在語言研究快速發展的今天，我們對傳統的訓詁方法應該有所突破和擴充。事實證明，如果我們在對古語詞詞義進行訓釋的過程中缺乏對構詞成分之間結構關係的分析，缺乏對構詞理據的解釋，只是根據對字義的理解來訓釋詞義，或者對詞義的訓釋程度僅僅滿足於放在某一具體語境中能講得通，則往往會導致"望文成訓"，似是而非。考釋的結果粗看之下似乎合理，實際上卻經不起結構分析的檢驗，形成謬誤。下面我們從對兩個古語詞"泛殺"與"操事"的訓詁過程入手，說明結構分析法的運用在語詞訓詁中的必要性。

一、泛殺

"泛殺"一詞最早見於《洛陽伽藍記》：

（1）山中有池，毒龍居之。昔有三百商人，止宿池側，值龍憤怒，泛殺商

人。(《洛陽伽藍記·凝玄寺》)

此詞不見於辭書。周祖謨《洛陽伽藍記校釋》、楊勇《洛陽伽藍記校箋》等均未對其義出注。周振甫《洛陽伽藍記譯注》、尚榮《洛陽伽藍記譯注》[①] 等譯注本一般都認爲"泛殺"爲"以水淹殺"之義。如周譯本將"值龍憤怒，泛殺商人"譯爲："碰上龍忿怒，用水來淹殺商人。"尚譯本注："泛：水漫溢横流，水漲溢。"譯爲："碰上毒龍發怒，用水來淹殺商人。"

本段故事發生的背景是"山中有池"，殺人者是"龍"，而"泛"確有"水漫溢横流"之義，這一切條件都很容易使得譯注者幾乎不假思索地就將"泛殺"理解爲一種與水相關的殺人方式。因此，各譯本將"泛殺"釋爲"以水淹殺"似乎是理所當然的。然而，如果我們運用結構分析的方法對"泛殺"的結構和成詞理據進行分析與檢驗，就會發現這種解釋存在問題。

漢語中"V+殺"結構的動補詞組很常見，如"擊殺、宰殺、刺殺、笞殺、斬殺、縊殺、射殺、斫殺"等等。對這種結構的詞組進行分析就會發現，它們都有一個共同點，即動詞V的對象與"殺"的對象必須是一致的。這容易理解，因爲這裹V是"殺"的方式，"殺"是V的結果，二者所針對的對象（O）必然是同一的。"V+殺"實際上就是"V+O而殺之（"之"複指O）"的簡縮形式。因此，漢語中的"擊殺商人、射殺商人、刺殺商人、縊殺商人"等結構，其中的動詞"擊、射、刺、縊"等都必然是及物的，而且整個結構可以被擴展爲"擊商人而殺之（"之"複指商人）""射商人而殺之""刺商人而殺之"或"縊商人而殺之"的形式。反過來，從構詞邏輯來說，也只有在能夠形成"V+O而殺之（O）"的前提下，它才能夠被省爲"V而殺之（O）"，並進一步縮略爲"V殺+O"的結構。

然而，當我們對"泛殺商人"進行擴展時，卻發現它不能被擴展爲"泛商人而殺之"的結構，因爲"泛商人"在意義上是不能成立的。這說明"泛殺商人"與"擊殺商人""刺殺商人"等在結構上存在差異。那麼，"泛"與"商人"爲什麼無法進行有意義的組合呢？我們認爲這是由"泛"字的意義限定的。《玉篇·水部》："泛，流貌。"故尚譯本注"泛"爲"水漫溢横流"。而表"流貌"或"漫溢横流"的"泛"作爲動詞是不及物的。作爲不及物的動詞，其後自然不能連接賓語，而在意義上"水流貌"與"人"也無法組合到一起，因此"泛+人"這個結構在漢語中是不能成立的。進一步來看，"泛"既然不能與"人"組合形成"泛+人"的結構，當然也就更無法形成"泛人而殺之"的結構。

據此我們認爲，"泛殺"一詞與"刺殺、擊殺、射殺、縊殺"等"V+殺"類詞在組合結構上不同，將"泛殺"中的"泛"看作動詞，將"泛殺"釋爲"以水淹

[①] 以下分別簡稱爲"周譯本""尚譯本"。

殺"是有問題的。事實上，我們在其他古籍中也沒有發現一例可以用"泛殺"來表示"以水淹殺"義的用例。在與《洛陽伽藍記》成書時代相近的歷史文獻中，用以表示"以水淹殺"義而且被廣泛使用的，是另一個詞——"溺殺"。

(2) 吳王夫差殺伍子胥，煮之於鑊，乃以鴟夷橐投之於江。子胥恚恨，驅水爲濤，以溺殺人。——《論衡·書虛篇》

(3) 蜀有回復水，江神嘗溺殺人，文翁爲守，祠之，勸酒不盡，拔劍擊之，遂不爲害。——《水經注》卷三十三

(4) 河伯溺殺人，羿射其左目。——《淮南子·泛論篇》高誘注

以上三例中的"溺殺"都是"以水淹殺"之義，其後接賓語"人"。此外，因洪水泛濫而致人死亡，在古籍中也是使用"溺殺"而不是"泛殺"：

(5) 括州大風雨，海水泛溢永嘉、安固二縣城郭，漂百姓宅六千八百四十三區，溺殺人九千七十、牛五百頭，損田苗四千一百五十頃。——《舊唐書·高宗本紀》

(6) 質帝本初元年五月，海水溢樂安、北海，溺殺人、物。——《後漢書·五行三》

(7) 六月甲申，瀍水暴漲，壞人廬舍，溺殺千餘人。——《舊唐書·玄宗本紀》

那麼，"溺殺"爲什麼可以表示"以水淹殺"之義呢？重要的原因在於"溺"有"淹沒"義，作爲動詞它是及物的。因此它可以與"人"組合，形成"溺＋人"的結構，意即"淹沒人"：

(8) 夫水近於人而溺人，德易狎而難親也，易以溺人。——《禮記·緇衣》

(9) 乃攜數千金於洛陽清化里假居一宅。其井尤大，甚好溺人。——《博異志·敬元穎》

(10) 若乃不敬鬼神，政令違逆，則霖水暴至，百川逆溢，壞鄉邑、溺人民。——《宋書·五行四》

"溺"既然能形成"溺＋人"的結構，當然也就可以用於"溺人而殺之"的結構中。在此基礎上再簡縮爲"溺殺人"的結構，其構詞理據才能成立。"射殺""刺殺""斬殺""縊殺"等詞無不遵循著這個規律。而"泛殺"與以上這些"V＋殺"類詞最爲明顯的區別就在於，"泛"字不能與"人（O）"組合成"泛＋人（O）"的結構，不能形成"泛人而殺之"的結構，當然也就不具備簡縮爲"V＋殺＋O"結構的條件。

也可能有人會認爲，"泛殺"是指"泛水而殺之"。但是如同我們在前面論證的，如果它是"泛水而殺之"的意思，則"泛"的對象爲"水"，與"殺"的對象並不同一，那麼這樣的結構是不能進行縮略的，它必須保持"泛水而殺之"的原貌方能符合語法規則（事實上，"泛水"在漢語古籍中義爲"泛舟"，而不是"使水泛濫"。"泛水"的"泛"是用其本義"漂浮"，不但與我們討論的"水橫溢"是兩個義項，更與"以水淹殺"毫無關係）。因此我們認爲，"泛殺"一詞從結構上來說不屬於"V＋殺"類詞的範疇，釋"泛殺"爲"以水淹殺"是不能成立的。

那麼，如果"泛殺"不是"以水淹殺"的意思，它到底又是什麼意思呢？從詞語的構成規則和我們前述的分析來看，我們認爲"泛殺"即"濫殺"之義。

"濫"本義亦爲大水溢流，其作爲副詞的"肆意地"義即由此引申而來。我們認爲，與"濫"的發展過程相同，"泛"在漢語歷史上也由"水溢流"之義引申出了"肆意"之義。雖然《漢語大字典》《漢語大詞典》等辭書都沒有收錄"泛"的"肆意"義，但我們通過對古籍的調查認爲，"泛"有"肆意"義是可以肯定的。例如：

（11）開元初遷考功員外郎。考功異時多請托，進者濫冒，歲數百人。——（《新唐書‧崔沔列傳》）

（12）令抄劄貧下人，各以本局印印給帖子，赴就近官局給錢，如此則無濫冒之弊。——（《續資治通鑒長編‧哲宗元符元年》）

（13）自是罕敢言者。然吏祿泛冒已極，以史院言之，供檢吏三省幾千人。蔡京又動以筆帖於榷貨務支賞給，有一紙至萬緡者。——（《宋史‧食貨下》）

（14）情竇既開，必至於泛用無度；欲壑不盈，必至於苛取無厭。（《禮經防元‧式法》）

例（11）（12）中之"濫冒"，謂"肆意冒充"，與例（13）中之"泛冒"意義相同，說明表示"肆意地"義之副詞"濫"，可以被"泛"代替。而例（14）"泛用無度"與"苛取無厭"對舉，顯然"泛用"也就是"濫用"之義。

可見，與"濫"一樣，"泛"在古漢語中也有"肆意"之義。"濫殺"之"濫"，完全可以被"泛"代替。事實上，我們在古籍中也發現了以"泛殺"表"濫殺"的例證：

（15）又一夕，思燒羊頭。近侍乞宣取。上曰："不可。今次宣取，後必泛殺以備，暴殄無窮矣。"其儉德如此。——（《佩韋齋輯聞》卷一）

顯然，此例中之"泛殺"，即"濫殺"之謂，故後云"暴殄無窮"。這是"泛殺"即"濫殺"的有力證明。

至此，我們可以很肯定地認爲，《洛陽伽藍記》中的"泛殺商人"，實即"濫殺商人"之義，與各譯本所謂的"用水來淹殺商人"是完全沒有關係的。各注本對"泛殺"失注，《漢語大詞典》等辭書亦失收此詞，尤其是各辭書都未收錄"泛"的"肆意"義，當據補。

二、操事

"操事"也是漢語中的古語詞，在先秦文獻如《韓非子》《管子》中可見到不少用例。然而《漢語大詞典》等辭書失收此詞，各類古籍的譯注對此詞的理解也多是望文生義，未得其旨，因此有必要對其加以研究。

從結構分析的視角來看，目前學界多將"操事"視爲動賓結構，即將"操"視爲動詞，將"事"視爲名詞，釋"操事"爲"操執事務"，即"做事"之義。

(1) 人主之道，靜退以爲寶。不自操事而知拙與巧，不自計慮而知福與咎。(《韓非子·主道》)

對於上例中之"操事"，譯注者一般認爲即"操勞事務、做事"之義，所謂"不自操事"即"不親自做事、不親自操勞事物"。例如上海古籍出版社張覺等《韓非子譯注》將"不自操事而知拙與巧"譯爲"君主不親自操勞事務而能知道臣下的事情辦得笨拙還是辦得巧妙"；中華書局高華平等譯注本將本句譯爲"不親自操勞事物而知道臣下做得好與不好"等。

僅從本句來看，這種釋義似乎也符合文義，並無不妥。然而當我們將這種釋義置於其他文獻中時，卻出現了問題。例如在"操事"一詞出現得較多的《管子》中，我們發現，這種釋義幾乎不能有效地解釋文意：

(2) 令未布而民或爲之，而賞從之，則是上妄予也。上妄予，則功臣怨；功臣怨，而愚民操事於妄作；愚民操事於妄作，則大亂之本也。(《管子·法法》)

本例中的"操事於妄作"，學界一般將其釋爲"做事胡來"或"胡作非爲"，如趙守正《管子通解》、劉建生《管子精解》等都將"功臣怨，而愚民操事於妄作"譯爲"功臣抱怨，則愚民胡作非爲。"

顯然，這仍然是將"操事"看作"做事"之義。由於"愚民"一詞看上去似乎含有貶義，因此將"愚民操事於妄作"釋爲"愚民胡作非爲"好像也能講得通。然而我們認爲，無論是從文意還是結構關係的視角來看，這種解釋都存在較大問題。

首先，這種解釋從文意上來說不太符合邏輯。本句說君主隨意賞賜，會造成功臣抱怨，這好理解；但功臣抱怨，爲什麼就會引起人民"胡作非爲"？"功臣怨"與"民胡作非爲"之間的因果關係在邏輯上並不能完全成立。更爲重要的是，從結構分析的角度來看，如果作者要表達的是"功臣抱怨，愚民就會胡作非爲"的意思，那麼"功臣怨而愚民妄作"語義已經很清楚，爲什麼還要在"妄作"前加上"操事於"？這裏的"操事"與"妄作"之間是一種什麼樣的結構關係？這裏的"於"是什麼意思？在整個語句結構中起到什麼樣的語法作用？這些問題我們都無法回答。因此，我們認爲，將"操事於妄作"釋爲"胡作非爲"，僅僅是隨文釋義的籠統解釋，很有可能並不準確。

我們認爲，"操事"一詞並非動賓結構，而是並列結構的動詞。其中，"操"指"控制、管理"。《史記·酷吏傳》："爲人上，操下如束濕薪。""操下"即控制、管理下屬。"事"有"治理、管理"義，《漢語大字典》："《增韻·寘韻》：'事，治也'。"《戰國策·秦策四》："'齊魏得地葆利，而詳事下吏。'高誘注：'事，治'。"又《晏子春秋·問上十一》："盡智導民而不伐焉，勞力事民而不責焉。"王念孫《讀書雜誌·晏子春秋一》："事，治也。謂盡智以導民而不矜伐，勞力以治民而不加督責也。""事民"即"治民"。"操""事"二字義近，可以形成並列結構詞組，即"控制、管理"之義。

如果將"操事"釋爲"控制、管理"，則我們可以對例（2）中"操事於妄作"的結構作出分析。我們認爲，本句中"妄作"的發出者並不是"愚民"，而是"功臣"。功臣因爲對君主的胡亂賞賜不滿，因而"妄作"，任意胡爲。而句中的"於"是被動結構的標誌，"操事於妄作"即"爲妄作所操事"，是指人民被功臣的妄作胡爲所操控管理。從邏輯關係上來看，原文想要表達的意思是：君主的隨意賞賜是"妄予"，這種"妄予"將導致功臣"怨"，並進一步"妄作"，而"愚民（人民）"被這種"妄作"所操縱、治理，這才是天下大亂的根源。這樣理解，就能準確地解析"操事於妄作"的結構關係和意義邏輯[①]。

《管子》一書中"操事"一詞共出現四次。爲了進一步驗證我們的解釋，我們對其他三處"操事"也做了調查分析，發現以往的譯注者由於不明此詞詞義，在譯注時都採取了回避此詞具體意義而翻譯全句大意的方式，因此對原文的理解都不盡準確[②]。實際上，以下《管子》中的其他三例"操事"，都無法用"操勞事物"或"做事"來解釋，而應將其理解爲"操控、管理"之義：

[①] 這裏還需要順便指出的是，"愚民"一詞在古籍中並不一定含有貶義，而是常常用於泛指"民眾"，本句中進行"妄作"的人不是"愚民"，而是"功臣"。

[②] 如《管子精解》將例（3）譯爲"所以善於治國的君主總是在百姓物資不足時，把儲存的財物供應出去彌補百姓的不足；而在百姓物資有餘時，從市場上收購回來民用的富餘"。將例（4）"故人君御穀物之秩相勝，而操事於其不平之間"譯爲"所以，君主要駕御糧價與物價的交替漲落，在其漲落變化中獲利。"將例（5）"引十之半而藏四，以五操事，在君之決塞"譯爲"然後再把盈餘的十成收入對開，用半數的五分之四爲儲備，另外的半數則繼續投入使用，由君主操縱經濟上的開放與收閉政策。"都回避了"操事"的具體含義，未對其作出解釋。

（3）故善者委施於民之所不足，**操事**於民之所有餘。（《管子·國蓄》）

（4）穀貴則萬物必賤，穀賤則萬物必貴。兩者爲敵，則不俱平。故人君御穀物之秩相勝，而**操事**於其不平之間。（同上）

（5）物一也而十，是九爲用。徐疾之數，輕重之策也，一可以爲十，十可以爲百。引十之半而藏四，以五**操事**，在君之決塞。（《管子·山權數》）

例（3）"委施於民之所不足"和"操事於民之所有餘"對舉，"委""施"二字都有"給予"義，"委施"爲並列結構動詞，與"操事"結構相同。全句是說當民用不足時，統治者應當加以"委施"，而當民用充裕時，統治者則當加以"操事"。顯然，這裏的"委施"是指"對不足的民用加以補充"，而"操事"是指"對人民富餘的物資進行操控和管理"。句中"操事"後的"於"爲介詞，表"對於"。例（4）"操事於其不平之間"即"對物價與穀價之間的差異進行操控、管理"，其中"操事"後的"於"爲介詞，義爲"在"。例（5）"引十之半而藏四，以五操事，在君之決塞"一句，梁啟超《管子評傳》斷爲"引十之半，而藏四以五，操事在君之決塞。"但無論如何，這裏的"操事"都只能理解爲"操縱、管理"。"決塞"指"准許或禁止的規定"，泛指"行爲準則"①，所謂"操事在君之決塞"，即謂"操控、管理的措施是由國君的行爲準則決定的。"

現在我們再回過頭來看例（1）《韓非子》中的"不自操事而知拙與巧，不自計慮而知福與咎"，在以上分析的基礎上，我們有理由相信，將本句的"操事"釋爲"操縱、管理"而非"操勞事物"，可能也是更加準確的②。君主"不自操事"並非是君主不需要親自"操勞"，而是說不需要親自操控、管理人民。全句義爲：君主不親自操控、管理而能知道臣下管理得笨拙還是巧妙，不親自計議、謀慮而能知道臣下的謀劃會得福還是得禍。

先秦以後的文獻中，我們還常能見到"操事"的用例，將這些用例中的"操事"理解爲"操控、管理"也是更加合適的。

（6）宗室悉留京師，雖疏爵而王，列藩而侯，揭節而使，佩印而相，未有就國而**操事**也。不就國則親親之誼戚而弗疏，不操事則優優之祿肆而弗畏。（宋·宋祁《景文集》卷五十八"皇從兄贈虔州觀察使墓誌銘"）

---

① 《管子·七法》："予奪也，險易也，利害也，難易也，開閉也，殺生也，謂之決塞……不明於決塞，而欲驅眾移民，猶使水逆流。"

② "操事"在古籍中還有"從事農業勞動"這一義項。例如《禮記·禮運》："禮義以爲器，人情以爲田，四靈以爲畜。"鄭玄注："器，所以操事。田，人所扴治也。"《孫子·用間》："凡興師十萬，出征千里，百姓之費，公家之奉，費日千金。外內騷動，怠於道路，不得操事者，七十萬家。"曹操注："古者八家爲鄰，一家從軍，七家奉之。言十萬之師舉，不事耕稼者七十萬家。"唐李荃注："古者發一家之兵，則鄰里三族共資之。是以不得耕作者七十萬家，而資十萬之眾矣。"但這一義項在我們分析的《管子》《韓非子》例中是不適用的。

（7）會淮黄議間有興作，奉命往視。既行數日，或因戚屬以重貲叩門曰："中途既與公成言，囑家人驗受"。淑人曰："此詐也，速持去，少延當執送法司。"蓋公素方嚴中立，不可脅持，故操事構門户者，欲假是以相傾也。（清・方苞《望溪先生文集》卷十一"工部尚書熊公繼室李淑人墓誌銘"）

　　例（6）意謂宗氏雖然被封以很高的官位，但並不前往自己的封地（就國）進行具體的管理統治（操事）。例（7）從上下文來分析，"操事構門户者"即指操縱一些人，假冒熊公戚屬，前往其門前行賄。這裏"操事"爲"操縱"的意義是非常明顯的。

　　以上對"泛殺""操事"二詞的訓釋過程，從問題的提出到問題的解決，結構分析法在其中起到了非常重要的作用。我們對"泛殺"一詞的傳統釋義提出質疑，是由於注意到了其不符合"V+殺"類詞的結構特點；而對"操事"一詞進行考察，也是由於我們發現以往的釋義無法解釋"操事"與句中其他組合成分的結構關係。許嘉璐先生指出，傳統訓詁學的一大缺陷是以指出"是什麽"爲滿足，而缺乏科學的分析。他說："清代以前的訓詁，基本是'指示性的'詮釋，即由經學家、訓詁學家告訴人們'這是什麽'。雖然其間也有分析，但並未深入到語言的内部規律。"又說："依靠經驗所做的指示性詮釋無不帶有詮釋者的主觀主義和相對主義色彩，……尚需證明的東西被拿來作爲指示的依據，這是傳統訓詁學最大的局限之一。"許先生的話是非常有道理的。直到今天，"依靠經驗所做的指示性詮釋"還常常在影響着我們對詞義的正確理解。例如，看到"泛"字就想到"泛水"，看到"操"字就想到"操勞"，看到"事"字就想到"事物"。只注意到構詞成分的單個意義，將構詞成分部分意義的簡單疊加視爲詞的意義；或將某字與其他成分組合而成的合成詞的詞義等同於該字的字義[①]，而不考察構詞成分之間的組合結構關係，這樣的錯誤是具有典型性的，是造成"望文生義"現象的主要原因。尤其是當這種"望文生義"式的訓釋放在某種語境中恰巧能夠講得通時，它就更加能夠大行其道。這大概就是"泛殺"被釋爲"以水淹殺"，"操事"被釋爲"操勞事物"的原因。我們認爲，要想真正杜絶"望文成訓"的現象，要想使訓詁的結果經受得住檢驗，必須要有能夠"深入到語言内部規律"的科學方法來支撑。而要實現這個目的，對詞語的結構和成詞理據進行細緻的分析無疑是非常有必要的。事實證明，結構分析法在訓詁中的運用不僅有助於我們考察語詞的意義，也是檢驗訓釋結果是否正確的一個有效手段，是需要給予高度重視的。

[①] 事實上，作爲單個的漢字來說，"泛"字本身僅有"水橫流貌"和"漂浮"等義項，並没有"泛水"之義；"操"字本身也没有"操勞"之義。但我們在經驗上仍然容易出現看到"泛"字就認爲是"泛水"，看到"操"字就認爲是"操勞"的情況。

參考文獻

陳橋驛. 水經注校證. 北京：中華書局，2013.
范祥雍. 洛陽伽藍記校注. 上海：上海古籍出版社，2011.
范曄. 後漢書. 北京：中華書局，2007.
高華平，王伏玲譯注. 韓非子. 北京：商務印書館，2016.
胡平生，陳美蘭譯注. 禮記孝經. 北京：中華書局，2008.
李燾. 續資治通鑒長編. 北京：中華書局，2004.
劉安. 淮南子. 高誘，注. 楊堅，點校. 長沙：岳麓書社，2006.
劉建生. 管子精解. 北京：海潮出版社，2012.
劉向. 戰國策. 北京：中華書局，2012.
劉昫，等. 舊唐書. 北京：中華書局，1975.
歐陽修，等. 新唐書. 北京：中華書局，1975.
尚榮譯注. 洛陽伽藍記. 北京：中華書局，2012.
沈約. 宋書. 北京：中華書局，2015.
司馬遷. 史記. 北京：中華書局，2013.
脫脫. 宋史. 北京：中華書局，1985.
王念孫. 讀書雜誌. 上海：上海古籍出版社，2014.
許嘉璐. 關於訓詁學方法的思考. 北京師範大學學報，1988（3）.
楊勇. 洛陽伽藍記校箋. 北京：中華書局，2006.
葉時. 禮經會元. 長春：吉林出版集團，2005.
俞德鄰. 佩韋齋輯聞. 北京：商務印書館，1939.
張覺，等. 韓非子譯注. 上海：上海古籍出版社，2012.
張宗祥. 論衡校注. 上海：上海古籍出版社，2010.
趙守正. 管子通解. 北京：北京經濟學院出版社，1989.
周振甫. 洛陽伽藍記譯注. 南京：江蘇教育出版社，2006.
周祖謨. 洛陽伽藍記校釋. 北京：中華書局，2010.

The Structural Analysis in Exegesis of Ancient Chinese Words
—Taking "Fansha" and "Caoshi" as Examples

You Li

Abstract：Structural analysis is an effective way to analyze and clarify the elements and ways of formation of Chinese vocabulary, as well as to interpret meanings of Chinese words. This paper aplies structural analysis to interpretate the meanings of two archiasims, "fansha" and "caoshi". The paper points out the misunderstandings of the meanings of these two words by predecessors and explains the necessity and importance of structural analysis in the exegesis of words through the process of interpretating these two words.

Keywords：structural analysis；exegesis；fansha（泛殺）；caoshi（操事）

（游黎，四川大學海外教育學院）

Yamaloka 在漢文佛典中的異譯及其書寫變體考察[*]

杜曉莉

提　要：由 yama 和 loka 兩個詞根複合而成的 Yamaloka 一詞在漢文佛典中的翻譯，第一個詞根以音譯爲主，第二個詞根以意譯爲主，有的譯者也採用音義兼譯的方式翻譯兩個詞根。歷代譯者組合運用這幾種翻譯方式，爲 Yamaloka 共創造出了 16 個異譯詞。在書寫上，譯者們常常使用同音替代，使得該詞有 19 個書寫變體。音節數量及其書寫變體的用字兩個方面的類型差異顯示，Yamaloka 的異譯詞以唐代爲界可以區分爲舊譯詞與新譯詞兩大類。入唐之後的譯者和撰述者仍然傾向於使用舊譯詞。詞頻統計表明，舊譯詞中不含"世"字的三音節詞和四音節詞在唐代及其之後的譯經和漢僧著述中的使用頻率是新譯詞的 4 倍以上。不使用含"世"字的異譯詞當是在唐代因爲避太宗李世民名諱而形成的傳統。

關鍵詞：Yamaloka；異譯詞；書寫變體；漢文佛典

引　言

唐代玄應《一切經音義》卷二十一云：

　　燄摩，移贍反，或作"琰摩"，聲之轉也。舊言"閻羅"，或云"閻摩羅"，此云縛，或言雙世，謂苦樂並受，故云雙也，即鬼官之摠司也。又作"夜磨盧迦"，亦作"閻摩羅社"，"閻磨"此云雙，"羅社"此云王，兄及妹皆作地獄王，兄治男事，妹治女事，故曰雙王也。（唐·玄應《一切經音義》卷二十一，《中華大藏經》57/65b）

---

[*] 基金項目：拙文得到國家社會科學基金一般項目（19BYY165）。論文初稿曾在四川大學俗文化研究所 2018 年主辦的第五屆佛教文獻與文學國際學術研討會上報告，得到了朱慶之、董志翹和雷漢卿諸先生的指教，《漢語史研究集刊》的匿名審稿專家也指出了文中的一些錯謬，並提出了寶貴的修改建議，在此一併致謝。文中尚存疏誤概由作者負責。

綜合荻原雲來（1979：1085、1086），上引文中包含兩個翻譯信息：一、在玄應所處的唐代，梵語詞 yama 音譯作"焰摩/琰摩"，舊譯作"閻羅/閻摩羅"①。新舊譯的一個顯著區別在於書寫 yama 第一個音節的漢字上，唐之前字作"閻"或"閣"，入唐之後作"焰"或"琰"。二、"夜摩盧迦"和"閻摩羅社"都是以 yama 爲詞根的 yamaloka 和 yamarāja 的音譯詞。

就 yamaloka 而言，歷代漢譯佛經和漢僧著述中使用的並非玄應提到的純音譯詞"夜摩盧迦"，而是"閻魔羅界"等數個通過不同翻譯方式產生的詞語（後文稱作"異譯詞"）。本文擬對 yamaloka 的各個異譯詞作如下考察：（一）各異譯詞是通過什麽翻譯方式產生的？（二）各異譯詞是否如 yama 一樣也有新舊譯之分？（三）各異譯詞如果有新舊譯之分，那麼，新舊譯在漢譯佛經和漢僧著述中的使用傾向是什麽？（四）爲什麽會出現這樣的傾向？

一、Yamaloka 異譯詞的產生方式

Yamaloka 是由 yama 和 loka 兩個詞根構成的複合詞，yama 即前引玄應音義中所說的"鬼官之撚司"，也就是通常所說的"閻魔王"，loka 有"世界"的意思，二者合起來字面意思是"閻魔王統領的世界"。全面調查大藏經之後，我們發現 Yamaloka 的異譯詞有 16 個，它們是通過如下四種翻譯方式產生的：

（一）全音譯

爲了詳細分析每一個異譯詞的翻譯方式，首先將 yamaloka 分解爲 yama 和 loka 兩個詞根。因爲兩個詞根都是雙音節的，所以又把該詞分解爲 ya-ma＋lo-ka 四個音節。"全音譯"就是把 ya-ma＋lo-ka 四個音節全部音譯出來。僅首見於唐代玄應《一切經音義》中的"夜磨盧迦"一詞是通過這種翻譯方式產生的：

  ya-ma＋lo-ka
  夜磨 盧迦

上面的梵漢語詞的音節對應顯示，漢譯時把 yamaloka 的四個音節都音譯了出來。

（二）音譯＋音義兼譯

即前一詞根音譯，後一詞根既音譯又意譯。由於前一詞根的兩個音節有的是全音譯，有的是只譯其第一個音節，所以 yamaloka 的音譯＋音義兼譯有下面兩類：

1. 前一詞根兩個音節全音譯，後一詞根音義兼譯。下面 2 個異譯詞是通過這

---

① 玄應說"焰摩/琰摩"舊譯作"閻羅/閻摩羅"並不確切，我們將有專文討論。此處只是對所引玄應音義的解讀。

種翻譯方式產生的：

  ya（m）① -ma＋lo-ka
  閻　　　魔　羅界
  閻　　　魔　羅世

上面 2 個詞都把第一個詞根 yama 的兩個音節全音譯作"閻魔"，把第二個詞根 loka 的第一個音節音譯作"羅"，並同時把整個詞根意譯爲"界"或"世"。

  2. 前一詞根只音譯一個音節，後一詞根音義兼譯。下面 4 個異譯詞是通過這種翻譯方式產生的：

  ya（m）-ma＋lo-ka
  閻　　　羅界
  閻　　　羅世
  閻　　　羅趣
  閻　　　羅世界

上面 4 個異譯詞都只譯了前一個詞根 yama 的第一個音節 ya（m），把第二個詞根 loka 的第一個音節音譯作"羅"，並同時把整個詞根意譯爲"界""世""趣"或"世界"。

（三）音譯＋意譯

  即前一詞根音譯、後一詞根意譯。前一詞根的音譯也分兩種情況，一是詞根的兩個音節全音譯，二是前一詞根的兩個音節只音譯一個音節，所以 yamaloka 的音譯＋意譯也有下面兩種：

  1. 前一詞根兩個音節全音譯，後一詞根意譯。下面 4 個異譯詞都是通過這種翻譯方式產生的：

  ya（m）-ma＋lo-ka
  閻　　　魔　世
  閻　　　魔　界
  琰　　　摩　世界
  焰　　　魔　惡趣

---

① 儲泰松（1995）指出："僧徒譯經，雖然文字工拙有異，但是對音極力求真，用字極爲謹慎，以免褻瀆神靈，這是歷代譯經家一致追求的目標。求真的有效方法，就是將梵文的單輔音前後兼用，也就是說，一個輔音既作爲上一音節的韻尾，又作爲下一音節的聲母，正如古代譯經家所說：以上字終響作爲下字頭響，這在翻譯學上稱之爲連聲之法。"譯經家音譯 yama 也運用了"連聲之法"，把 yama 第二個音節中的首輔音 m 既作爲漢譯第二個音節的聲母，又作爲第一個音節的韻尾。因爲 yama 第一個音節的-m 韻尾是從第二音節移用過來的，並非第一個音節固有的組成部分，所以本文把移用來的輔音-m 用括號標示出來。

上面 4 個異譯詞都是全音譯前一詞根 yama 的兩個音節，譯作"閻/焰魔（琰摩）"，把後一詞根意譯作"世""界""世界"或"惡趣"。

2. 前一詞根只音譯一個音節，後一詞根意譯。通過這種翻譯方式產生的異譯詞只有"閻界"一個：

ya（m）-ma＋lo-ka
閻　　　　　　界

上面這個詞，前一個詞根 yama 只譯了第一個音節 ya（m），第二個詞根則是意譯的。

（四）音義兼譯＋意譯

即前一詞根既音譯又意譯，後一詞根意譯。下面 4 個異譯詞是通過這種翻譯方式產生的：

ya（m）-ma＋lo-ka
剡　　魔鬼　　界
焰　　魔鬼　　趣
焰　　魔鬼　　道
琰　　魔王　　界

上面 4 個詞把 yamaloka 的第二個詞根 loka 意譯作"界""趣"或"道"，把第一個詞根 yama 音譯作"焰（剡/琰）魔"並同時意譯出"焰（剡/琰）魔"的內含意義"鬼"或"王"。唐代玄應《一切經音義》卷二十一釋"焰摩"為"鬼官之揔司"，即"鬼王"。把 yama 譯作"焰魔鬼"和"琰魔王"就是在音譯的同時把它內含的"鬼"或"王"的意思也翻譯出來了。

從上面四種翻譯方式可以看出，yamaloka 的第一個詞根 yama 以音譯爲主，16 個異譯詞中，第一個詞根音譯的有 12 個，另有 4 個音義兼譯爲"焰（剡）魔鬼"或者"琰魔王"；在 12 個音譯中，有 7 個異譯詞全音譯 yama 的兩個音節，另 5 個異譯詞則只音譯了該詞根的第一個音節。第二個詞根 loka 以意譯爲主，16 個異譯詞中，有 9 個都是意譯該詞根，6 個音譯其第一個音節 lo-同時意譯整個詞根，就"夜磨盧迦"一詞全音譯 loka。

二、Yamaloka 的翻譯特點分析

在 Yamaloka 的 16 个異譯詞中，有 7 個異譯詞還有不同的寫法。姑且把 7 個異譯的首見書寫形式看成是正體，後出形式當作是書寫變體，那麼，書寫變體共計有 19 個。下面首先將 Yamaloka 的 16 個異譯詞及其中 7 個異譯詞的 19 個書寫變

體按出現的先後順序及首見譯經①羅列於表1：

表1　Yamaloka異譯詞及其書寫變體

序號	異譯詞	時代、譯/作者及經名	書寫變體	時代、譯/作者及經名
1	閻界	舊題後漢·安世高譯《分別善惡所起經》 舊題三國吳·支謙譯《黑氏梵志經》		
2	閻羅界	西晉·竺法護譯《生經》		
3	閻羅趣	東晉·佛陀跋陀羅譯《大方廣佛華嚴經》		
4	閻魔羅界	北涼·曇無讖譯《大方等大集經》	閻摩羅界	唐·地婆訶羅譯《最勝佛頂陀羅尼淨除業障呪經》
			琰魔羅界	唐·般若譯《大乘本生心地觀經》
			焰摩羅界	唐·般若共牟尼室利譯《守護國界主陀羅尼經》
			焰魔羅界	宋·法天譯《大乘日子王所問經》
			琰摩羅界	宋·法護譯《大乘集菩薩學論》
5	閻羅世界	元魏·瞿曇般若流支譯《正法念處經》		
6	閻羅世	隋·闍那崛多譯《大威德陀羅尼經》		
7	閻魔世	隋·闍那崛多譯《諸法最上王經》	閻摩世	隋·闍那崛多譯《諸法最上王經》等多部譯經
8	閻魔羅世	隋·闍那崛多譯《起世經》	閻摩羅世	隋·闍那崛多譯《起世經》
9	閻魔界	隋·達摩笈多譯《大寶積經》卷百〇二	焰魔界	唐·玄奘譯《大寶積經》卷四十、四十九
			琰魔界	唐·不空譯《大集大虛空藏菩薩所問經》
			焰摩界	唐·不空譯《一字奇特佛頂經》
			琰摩界	唐·湛然著《妙法蓮華經玄義釋籤》
10	琰摩世界	唐·玄奘譯《瑜伽師地論》	焰摩世界	唐·玄奘譯《大寶積經》卷四十五、四十七、四十八

---

① "閻界"一詞僅出現於兩部譯經，故表1把其出現的兩部譯經全部列出。

續表1

序號	異譯詞	時代、譯/作者及經名	書寫變體	時代、譯/作者及經名
11	剡魔鬼界	唐・玄奘譯《大般若波羅蜜多經》	閻魔鬼界	唐・地婆訶羅《證契大乘經》
			焰魔鬼界	唐・不空譯《瑜伽集要焰口施食起教阿難陀緣由》
			焰摩鬼界	唐・不空譯《瑜伽集要救阿難陀羅尼焰口軌儀經》
12	琰魔王界	唐・玄奘譯《阿毗達摩大毗婆沙論》	剡魔王界	唐・玄奘譯《大般若波羅蜜多經》
			琰摩王界	唐・義淨譯《入定不定印經》
			焰魔王界	宋・施護譯《尊勝大明王經》
			閻魔王界	唐・湛然著《法華玄義釋籤》
13	焰魔鬼趣	唐・玄奘譯《大寶積經》卷三十五等		
14	焰魔鬼道	唐・玄奘譯《大寶積經》卷四十一		
15	夜磨盧迦	唐・玄應著《一切經音義》		
16	焰魔惡趣	宋・天息災譯《勝軍化世百喻伽他經》		

從上表可以得出 Yamaloka 異譯詞及其書寫變體的如下特點：

1. 從文獻分佈方面看，有 15 個異譯詞首見於譯經，只有"夜磨盧迦"首見於唐代漢僧玄應的著述《一切經音義》。

2. 從產生時代看，"閻界"一詞僅見於兩部失譯經，因此，其出現的準確年代暫時無法確定。Yamaloka 其餘的 15 個翻譯年代確切的異譯詞中，有 8 個是唐代之前產生的，7 個是唐宋時期產生的。

3. 從 15 個翻譯年代確定的異譯詞来看，四音節的 Yamaloka 翻譯爲漢語詞，其音節數量在唐代之前經歷了一個三音節和四音節交替出現的過程，從唐代起，則都固定地翻譯爲四個音節，與其源出語（source language）詞 Yamaloka 的音節數量相同。

4. Yamaloka 7 個異譯詞的書寫變體產生于隋唐和宋三朝。分析 15 個翻譯年代確定的異譯詞的書寫形式和其中 7 個異譯詞的書寫變體，同音字交替使用是書寫變體產生的原因，且隋和唐宋時期書寫變體的用字各有特點。

在唐代之前，翻譯年代確定的 8 個異譯詞的第一個音節字都寫作"閻"，從隋代起,"閻魔世"和"閻魔羅世"2個異譯詞出現書寫變體,但是它們的第一個音節字仍然寫作"閻",其第二個音節則交替使用"摩"或"魔"字,所以"閻魔世"和"閻魔羅世"分別有書寫變體"閻摩世"和"閻摩羅世"。

在唐宋二朝,除了書寫第二個音節的字"摩""魔"交替以外,一個顯著的特點是,第一個音節交替使用"閻、琰、剡、焰"四字,但主要以"琰、剡、焰"的交替爲主。比如,唐宋時期產生的7個異譯詞,除了"夜磨盧迦"以外,其他6個異譯詞的第一個音節的字都作"琰""剡"或"焰"。又如,唐朝之前產生的異譯詞"閻魔界"和"閻魔羅界",前者在唐代出現了4個書寫變體,其第一個音節的字都寫作"琰"或"焰";後者在唐代出現了5個書寫變體,其中有4個書寫變體的第一個音節字也作"琰"或"焰",只有1個書寫變體的第一個音節的字仍作"閻"。

正是"閻、琰、剡、焰"和"魔、摩"的交替使用與排列組合,造成了7個異譯詞的19個書寫變體。在7個有書寫變體的異譯詞中,一個異譯詞少的有一個書寫變體,如"閻魔世""閻魔羅世"和"琰摩世界"都只有1個,"閻魔羅界"的書寫變體最多,有5個。隋代闍那崛多、唐代玄奘、不空和般若譯作都愛交替使用同音字,使得一個詞在不同的譯經中出現幾個書寫變體。其中,隋代闍那崛多譯作是在第二個音節字上交替使用"摩"或"魔",而玄奘、不空和般若譯作則是在第一個音節字上交替使用"琰、剡、焰"和第二個音節字上交替使用"摩"和"魔"。

從上面四個特點可以看出,根據 Yamaloka 異譯詞的音節數量與其第一個音節的書寫形式兩個特點,就像玄應音義中提到的 yama 的漢譯一樣,可以把唐代作爲 Yamaloka 各異譯詞翻譯特點的分界綫。能確定的產生於唐代之前的8個異譯詞(後文稱作"舊譯")有三至四個音節不等,其第一個音節字作"閻"(後文把第一個音節字作"閻"的書寫形式稱作"舊形"),有書寫變體的異譯詞只是表現在第二個音節交替使用"摩"和"魔"。入唐之後產生的7個異譯詞(後文稱作"新譯")都是四音節詞,其第一個音節主要寫作"焰"或"琰",也有寫作"剡"的(後文把第一個音節寫作這三個字中的某個字的書寫形式稱作"新形"),這種用字習慣影響所及,就是唐宋時期把沿用舊譯詞的第一個音節也寫作"琰"或"焰",比如,舊譯詞"閻魔羅界"在唐宋譯經中有書寫變體"琰魔羅界"和"焰魔羅界"等,"閻魔界"有書寫變體"琰魔界"和"焰魔界"等。

上面的數據統計和討論已經得出,產生於唐代之前的 Yamaloka 異譯詞的第一個音節字都寫作"閻",據此,從書寫形體上可以推測,Yamaloka 的雙音節異譯詞"閻界"也應該是在唐代之前產生的。這樣的話,在 Yamaloka 的16個異譯詞中,有9個都是唐代之前產生的,其中有8個詞的產生年代能夠確定,而"閻界"的具體產生年代還需要進一步考察。

三、入唐之後 Yamaloka 新舊譯的使用傾向

上一節分析指出，唐代是 Yamaloka 各個異譯詞新舊譯的分界綫。唐代之前產生的異譯詞的第一個音節都寫作"閻"，入唐之後產生的異譯詞的第一個音節主要寫作"焰"或"琰"，也有寫作"剡"的。那麼，在入唐之后，譯經和漢僧著述中使用新舊譯的傾向是怎樣的呢？我們先看一下表 2 展示的 16 個異譯詞以及其中 7 個異譯詞的書寫變體在入唐前後的使用頻次（異譯詞的使用頻次用"詞頻"表示，書寫變體的使用頻次用"字頻"表示）：

表 2 Yamaloka 異譯詞及其書寫變體在入唐前後的使用頻次

序號	異譯詞	首見時代	詞頻 唐前	詞頻 入唐後	書寫變體	首見時代	字頻 唐前	字頻 入唐後
1	閻界	待定	4	0				
2	閻羅界	西晉	2	29				
3	閻羅趣	東晉	2	4				
4	閻魔羅界	北涼	1	28	閻摩羅界	唐		8
					琰魔羅界	唐		49
					焰摩羅界	唐		7
					焰魔羅界	宋		19
					琰摩羅界	宋		23
5	閻羅世界	元魏	1	2				
6	閻羅世	隋	34	0				
7	閻魔世	隋	4	0	閻摩世	隋	15	2
8	閻魔羅世	隋	6	0	閻摩羅世	隋	20	0
9	閻魔界	隋	2	19	焰魔界	唐		5
					琰魔界	唐		7
					焰摩界	唐		5
					琰摩界	唐		4
10	琰摩世界	唐		2	焰魔世界	唐		4
11	剡魔鬼界	唐		1	閻魔鬼界	唐		1
					焰魔鬼界	唐		1
					焰摩鬼界	唐		1

續表 2

序號	異譯詞	首見時代	詞頻 唐前	詞頻 入唐後	書寫變體	首見時代	字頻 唐前	字頻 入唐後
12	琰魔王界	唐		10	剡魔王界	唐		2
					琰摩王界	唐		13
					焰魔王界	唐		1
					閻魔王界	唐		1
13	焰魔鬼趣			7				
14	焰魔鬼道			1				
15	夜磨盧迦			8				
16	焰魔惡趣			1				

表 2 顯示的 Yamaloka 的 16 個新舊異譯詞及其中 7 個異譯詞的書寫變體的使用情況可概括如下：

1. 在唐代之前產生的 9 個舊譯詞中，除了"閻界""閻羅世"和"閻魔羅世" 3 個以外，其餘 6 個入唐之後仍在使用。在 6 個入唐之後仍在使用的舊譯詞中，"閻羅世界""閻羅趣"和"閻羅界" 3 詞仍沿用舊形，其中，"閻羅世界"出現了 2 次，"閻羅趣"出現了 4 次，"閻羅界"出現了 29 次；"閻魔世"以書寫變體"閻摩世"的身份出現了 2 次；"閻魔界"以新舊詞形面貌共出現了 40 次；"閻魔羅界"以新舊詞形面貌共出現了 134 次。6 個舊譯詞在入唐之後的使用頻率等級可概括爲：

閻魔羅界＞閻魔界＞閻羅界＞閻羅趣＞閻羅世界、閻摩世

2. 入唐之後又產生了 7 個新譯詞，加上 6 個仍在使用的舊譯詞，入唐之後使用的新舊異譯詞一共有 13 個。

從書寫形式方面看，6 個舊譯詞及其書寫變體在入唐之後一共使用了 211 次，其中有 82 次是以舊形面貌出現的，其餘 129 次則是以新形面貌出現的。入唐之後產生的 7 個新譯詞及其書寫變體一共使用了 54 次，其中有 52 次都是以新形面貌出現的，另有 2 次是以舊形面貌出現的，它們分別是"剡魔鬼界"以舊形"閻魔鬼界"出現過 1 次，"琰魔王界"以舊形"閻魔王界"出現過 1 次。總結新舊譯詞及其書寫變體在入唐之後的使用頻率，可以得到表 3 中的數據：

表 3 新舊譯詞及其書寫變體在入唐之後的使用頻率

舊譯詞			新譯詞		
舊形	新形	合計	舊形	新形	合計
82	129	211	2	52	54

綜合表3和表2的信息可以看到，Yamaloka新舊譯詞在入唐之後的譯經和漢僧著述中的使用是新舊並存，但舊譯詞的使用頻率遠高於新譯詞。可以說，入唐之後的佛經譯者和撰述者仍然傾向於使用舊譯詞。不過，舊譯詞中"129次"這個數據表明，譯者和漢僧在使用舊譯詞時傾向於給它們穿上新的外衣，即，雖然使用舊譯詞，但卻傾向於使用其新的書寫形式。

四、舊譯詞在入唐之後使用率不同的原因

上一節的數據顯示，入唐之後的佛經譯者和撰述者雖然仍然傾向於使用舊譯詞，但是它們的使用率却很不一樣，顯示出使用者明顯的傾向性：9個舊譯詞中的"閻界""閻羅世"和"閻魔羅世"3詞使用率爲零；"閻魔世"和"閻羅趣"2詞都只使用了2次；"閻羅世界"使用了4次；"閻羅界"使用了29次；"閻魔界"及其書寫變體使用了40次；"閻魔羅界"及其書寫變體使用了134次，比入唐之後產生的7個新譯詞及其書寫變體使用次數總和的2倍還要多。這9個異譯詞爲何在入唐之後的使用率有這樣的差異呢？究其原因，大概有如下四個：

（一）音譯部分對源出語（source language）音節結構制約條件的忠實程度

Kager（1999：67—68）提出，經濟原則（economical principle）可檢測雙/多音節外來語詞在接受語（recipient language）中的音譯詞的音節結構的可接受性，越符合經濟原則的音節結構，可接受度越高，反之亦然。他所說的經濟原則指的是輸入音節結構儘量與輸出音節結構保持一致。輸入音節採用下列兩個一體兩面的忠實（faithful）於源出語音節結構的制約條件能夠保證這一原則：

（1）輸入形式中的每個音段必須在輸出形式中有相對音段（不能刪除）。

（2）輸出形式中的每個音段必須在輸入形式中有相對音段（不能添加）[①]。

"閻魔界""閻羅界"和"閻魔羅界"在入唐之後的使用頻率居舊譯詞的前三位，且它們中的每一個詞的絕對使用次數也很高，這可以從音譯部分對源出語音節結構制約條件的忠實程度角度得到解釋。

"閻羅界"是通過"音譯＋音義兼譯"的翻譯方式產生的，前一詞根yama只音譯了第一個音節，第二個音节-ma被刪除，音譯部分違反了經濟原則中的"不能刪除"原則，但是後一詞根loka的第一個音節音譯作"羅"，並同時把整個詞根意譯爲"界"，通過使用者心理上對"閻羅界"整個詞音節結構的重新分析，"羅"音節前移與"閻"結合，共同修飾"界"，填補了刪除源出語中-ma音節產生的空缺。

---

① （1）和（2）兩個原則在Kager（1999：67—68）的原文中分別爲：（1）Input segments must have output correspondents. ("No deletion"). （2）Output segments must have input correspondents. ("No epenthesis").

所以"閻羅界"這個異譯形式是可以接受的。但畢竟刪除了一個音段，所以在入唐之後其使用頻率雖然比較高，有 29 次，但是比"閻魔界"和"閻魔羅界"卻低一些。

"閻魔界"中音譯的"閻魔"對應於輸出形式中的詞根 yama，音譯時沒有刪除源出語中的音段。反過來說，輸出形式 Yamaloka 中第一個詞根與漢語"閻魔"相對應，漢語音譯時沒有添加音段。音譯部分完全忠實於源出語音節結構的制約條件。所以"閻魔界"一詞比較受後代佛經譯者和撰述者的喜愛的，入唐之後，以舊的書寫形式出現了 19 次，以新的書寫形式出現了 21 次。

"閻魔羅界"是通過"音譯＋音義兼譯"的翻譯方式產生的，前一詞根 yama 兩個音節全部譯出，完全忠實於音譯源出語音節結構的兩個制約條件。后一詞根 loka 的翻譯，同"閻羅界"中的"羅界"一樣，把第一個音節音譯作"羅"，並同時把整個詞根意譯爲"界"，構成了與 loka 的音節數一致的兩個音節，也算是沒有違反音譯源出語音節結構的制約條件，並且，其中的"界"還清楚地表明了譯詞表達的"處所"含義。大概正是因爲這個原因，入唐之後，佛經譯者和撰述者使用"閻魔羅界"的舊形 28 次，使用其新形 106 次，遠遠高於"閻魔界"和"閻羅界"，也遠遠高於新譯中的任何一個異譯詞的使用頻次。

（二）意譯部分在漢語歷時詞彙系統中使用範圍的廣狹

"閻羅趣"與上面分析的"閻羅界"一樣，都是通過"音譯＋音義兼譯"的翻譯方式產生的，但在入唐之後它的使用率卻遠低於"閻羅界"，只被使用了 4 次，這種差距可以從兩詞意譯部分使用範圍的廣狹角度找到原因。

"界"的"處所"含義是它固有的，在漢語歷時詞彙系統中是一個長期穩定且普遍使用的詞彙成分，屬於基本詞彙層詞語。《爾雅·釋詁下》："界，垂也。"邢昺疏："謂四垂也"，意思就是"一個處所四方的邊界"，不管是《詩·周頌·思文》"無此疆爾界"，還是唐·杜甫《觀薛少保書畫壁》詩"畫藏青蓮界"，還是現代作家楊朔《用生命建設祖國的人們》"怎麼這些同志就像是天神下界"，這些不同時代的作品裡的"界"都有"處所"的含義。而"趣"，《說文》釋爲"疾也"，根據段注，義爲"催促"，其"處所"含義是因佛經譯者灌注所得，具有行業使用性特點，是一個局域詞彙層詞語，不易爲佛教社團之外的普通人理解。而什麼樣的用詞易於廣大信眾理解是宗教經典傳播要考慮的一個重要因素，因此處於基本詞彙層中的"界"比處於局域詞彙層的"趣"更容易被選用。

（三）譯詞所在譯經的知名度

"閻界"在入唐之前僅使用了 4 次就早早地被淘汰了，但是，"閻王"一詞，也和"閻界"一樣，是以"音譯＋意譯"的方式對複合詞 Yamarāja 的翻譯，而它卻是一直流傳到現在的常用詞。這種差異，應該是兩個詞所在譯經的知名度的不同造成的。"閻界"僅在兩部後世幾無影響的失譯經中出現過，其翻譯年代和譯者都無法確定，這些現象均表明"閻界"所在的譯經、甚至其譯者知名度都不高，所以導致它不能隨著譯經的擴散而流傳後世。而"閻王"一詞最早見於西晉佛經翻譯大家竺法護所譯的《修行道地經》，此後，東晉僧伽提婆翻譯的《中阿含經》、後秦鳩摩羅什所譯的《大莊嚴論》《成實論》、北涼曇無讖翻譯的《金光明經》等高知名度的譯經中都頻頻出現"閻王"一詞，隨著這些經典在後世的流傳和在僧俗社會的影響，"閻王""地獄神"的形象深入人心，"閻王"一詞也就流傳至今了。

（四）避諱

唐朝建立（公元 618 年）後不久，太宗李世民即登皇位（公元 626 年），按照傳統，全國上下都要避他的名諱。在這樣的社會背景下，"閻羅世"和"閻魔羅世" 2 個含"世"字的異譯詞在入唐之後均不見身影。"閻羅世界"和"閻摩世" 2 個含"世"字的異譯詞在入唐之後各出現過 2 次。"閻羅世界" 2 次都出現于唐初波羅頗蜜多羅翻譯的《寶星陀羅尼經》，而該經譯于李世民即皇位後不久①，那時避李世民名諱大概還未形成習慣。"閻摩世"則僅 2 次出現于唐·道世《法苑珠林》對隋·闍那崛多所譯的《起世經》的引文中，而非唐代時使用。

五、結論

梵語詞 Yamaloka 由兩個雙音節詞根 yama 和 loka 構成，譯經僧們通過"全音譯""音譯＋意譯""音譯＋音義兼譯"和"音義兼譯＋意譯" 4 種不同的翻譯方式，創造出了 16 個異譯詞，其中 7 個異譯詞有書寫變體共計 19 個。

根據 Yamaloka 各異譯詞的音節數量與第一個音節的書寫形式兩個特點，可以把唐代作爲各異譯詞翻譯特點的分界綫。唐代之前產生的異譯詞有二至四個音節不等，其第一個音節字作"閻"，有書寫變體的異譯詞只是表現在第二音節交替使用"摩"和"魔"。入唐之後產生的異譯詞都是四音節詞，其第一個音節主要寫作"焰"或"琰"，也有寫作"剡"的。

新舊譯詞在入唐之後的譯經和漢僧著述中的使用是新舊並存，但舊譯詞的使用頻率遠高於新譯詞。所以可以說，入唐之後的譯者和撰述者仍然傾向於使用舊譯詞。不過，他們在使用舊譯詞時總是將其第一個音節寫作"焰"或"琰"，因爲這個原因，舊譯詞在入唐之後產生了數個書寫變體，并且他們對舊譯詞的使用是有選擇的：在 9 個舊譯詞中，"閻界""閻羅世"和"閻魔羅世" 3 詞使用率爲零；"閻

---

① 波羅頗蜜多羅於貞觀元年十一月二十日至止長安，貞觀三年三月（一說"貞觀二年"）至貞觀四年四月譯出《寶星經陀羅尼經》。見唐·釋法琳撰《寶星經序》（《大正藏》13/536c）。

羅世界""閻魔世"和"閻羅趣"的使用次數都低於5次;"閻魔羅界""閻魔界"和"閻羅界"3詞的使用次數總和是入唐之後產生的7個新譯詞使用次數總和的3倍多,其中又以"閻魔羅界"的使用率爲最。

我們認爲這樣的使用傾向可以從四個方面來解釋。一是音譯部分對源出語音節結構制約條件的忠實程度對外來詞使用頻率的影響。"閻魔羅界""閻魔界"和"閻羅界"3詞音譯部分對源出語音節結構制約條件的忠實度高,容易被使用者接受,所以它們的使用頻率也很高。二是意譯部分在漢語詞彙系統中使用範圍的廣狹。"閻羅趣"與"閻羅界"翻譯方式相同,但是它在入唐之後的使用頻率卻比"閻羅界"低很多,只被使用了4次,這是其意譯部分的"趣"不如"閻羅界"中的"界"在漢語詞彙系統中使用範圍廣所致。三是譯詞所在譯經的知名度。"閻界"一詞僅在兩部失譯經中出現過4次就消失在漢語史的長河裡,這與它所在的兩部譯經《分別善惡所起經》和《黑氏梵志經》在佛教界沒有什麼知名度,因而無法隨著譯經的流傳而傳之後世有關。四是避諱制度對詞語使用頻率的影響。唐太宗李世民即位後,全國上下都要避他的名諱。在這樣的社會背景下,舊譯詞"閻羅世""閻魔世"和"閻魔羅世"3個含"世"字的詞語在入唐之後均不見身影。"閻羅世界"和"閻摩世"2個異譯詞在入唐之後各僅出現過2次,因翻譯時間處於避諱可能還沒完全形成習慣的太宗即位初期,或者屬於引用,所以它們含"世"字與避諱制度不衝突。

參考文獻

儲泰松. 梵漢對音概說. 古漢語研究,1995(4).

俞理明,顧滿林. 東漢佛道文獻詞彙新質研究. 北京:商務印書館,2013.

張吉生. 再論漢語外來語音節可接受性的優選分析. 外國語,2006(2).

[瑞典]高本漢. 中國音韻學研究. 趙元任,羅常培,李方桂,譯. 北京:商務印書館,2003.

[日]荻原雲來. 梵和大辭典. 臺北:新文豐出版公司,1940/1979.

Kager. 1999. *Optimality Theory*. Cambridge: Cambridge University Press.

Differentiating Translation and Variant Forms of *Yamaloka* in Chinese Buddhist Scriptures

Du Xiaoli

Abstract: *Yamaloka* is a compound word consisting of *yama* and *loka*. In translating *Yamaloka* in Chinese Buddhist Scripture, the first root, *yama*, was mainly transliterated, while translation of the second root, *loka*, was liberal in most cases. Sometimes, the two root words were translated in a loan blend way. By various permutation and combination of different methods of translation, translators developed 16 differentiating translating words. In writing, translators often used homophones as substitutes. Thus, there were 19 variant forms for translation of *Yamaloka*. Difference between numbers of syllabus and exact word usages shows that differentiating translation of *Yamaloka* may be characterized as old translation and new translation if taking Tang Dynasty as a dividing line. Translators and authors tended to use old translation in and after Tang. Statistics on word frequency shows that, frequency of trisyllabic and quadrisyllabic words short of "世" in old translation are four times of what in new translations. Translation words short of "世" was a tradition of taboo name of Emperor Li Shimin（李世民）.

Keywords：*Yamaloka*；*loka*；*yama*；Chinese Buddhist Scripture

（杜曉莉，四川大學文學與新聞學院）

禪籍語詞"塗糊"的意義和理據*

王　勇

提　要：禪籍中"塗糊"一詞已有不少學者關注，但仍无定論。本文在文獻用例和異文的基礎上，結合公案背景、禪宗思想等信息以及日本南北朝以來的各種《碧巖錄》注釋資料，探求"塗糊"的含義，並運用詞義系統參證法進一步探尋該詞的理據。文章認爲，"塗糊"有"塗抹""模糊""蒙昧""污染""污蔑""欺瞞"等意義。該詞由"塗抹"義的詞素"塗"和"糊"構成，是同義複詞。

關鍵詞：禪籍；塗糊；理據；詞義系統參證；域外漢籍

一、引言

禪籍中有一組形式和意義相關的詞，這組詞的成員分別是"塗糊""茶糊""茶糊""搽糊""搽胡""糝胡"①"茶胡""湩涊"等。關於它們的意義，各家觀點不盡相同。不妨先看下面幾則廣受爭議的用例：

（1）李豎起拳，師曰："賊身已露。"李曰："莫茶糊人好！"師曰："贜證見在。"李無語。（《五燈會元》卷一八）②

（2）英、勝二首座到山相訪。英曰："和尚尋常愛點檢諸方，今日因甚麼卻來古廟裏作活計？"師曰："打草衹要蛇驚。"英曰："莫塗糊人好。"（《五燈會元》卷一六）

---

* 基金項目：北京語言大學博士科研啟動基金項目"清代散見方言材料輯錄與方言詞彙考論"（19YBB10）、中國博士後科學基金第68批面上資助項目"筆記小說中所見清代方言材料輯錄及方言詞彙論考"（2020M680346）。《漢語史研究集刊》審稿專家爲本文提出了寶貴的修改意見，謹此致謝！

① "糝"是"搽"的訛字或類化字（受"糊"字影響），僅一見。《祖堂集》卷一一："有人問：'才施三寸，盡涉糝胡；如何示徒，免負於前機？'"

② 禪宗文獻檢索較爲方便，因此，本文所引禪籍用例的出處僅列出卷次。常見禪籍書名依慣例用簡稱，如《雲門匡真禪師廣錄》略稱《雲門廣錄》等。

(3) 當時志公恁麼問，且道作麼生祗對？何不一棒打殺，免見搽胡。(《碧巖錄》第一則)

(4) 五戒不持，威儀破盡。空腹高心，言不足信。徒將朽木空塗糊，衲僧添得膏肓病。(《密庵錄》)

(5) 焚卻諸圓相，使耽源懊惱尊懷；遇著小釋迦，被胡僧塗糊當面。(《五家正宗贊》卷四)

(6) 禪床驚震被搽糊，惹得兒孫不丈夫。拄杖劈頭連打出，也教知道赤鬚胡。(《古尊宿語錄》卷三四)

董志翹（1990）認爲例（1）（2）的"茶糊"即"搽糊"，也就是"塗糊"，義爲"污衊"。

黃靈庚（1992）同樣認爲"茶糊""塗糊"是一個詞，但他認爲例（1）（2）中的"塗糊"當釋爲"欺騙、戲弄、糊弄"。

袁賓、康健（2010）認爲"搽胡、茶糊、搽糊、糌胡"是一組異形詞，意義爲"折騰；作弄"，書證是例（3）；"茶糊""塗糊"是一組異形詞[①]，有兩個義項，一是"作弄；折騰"，書證是例（5），二是"塗抹"，書證是例（4）。

雷漢卿（2010：20）認爲"塗糊"義爲"作弄；折騰"，書證是例（1）。

白維國等（2015）將相關形式分爲兩類。第一類是"茶糊、搽糊、搽胡"，義爲"污衊；貶斥"，書證是例（1）；引申爲"攪擾、作弄"義，書證是例（6）。第二類是"塗糊"，有兩個義項，一是"塗抹"義，書證是例（4）；二是"作弄；折騰"義，書證是例（5）。

爲更加直觀地了解已有研究的大致情況，我們將各家觀點匯總爲下表：

表1 各家對"塗糊"的解釋

研究者	詞 形	詞 義	
董志翹	塗糊（搽糊、茶糊）		污衊
黃靈庚	塗糊（搽糊、茶糊）	欺騙；戲弄；糊弄	
袁賓康健	搽胡（茶糊、搽糊、糌胡）	折騰；作弄	
	塗糊（茶糊）	塗抹	折騰；作弄
雷漢卿	塗糊（茶糊）	作弄；折騰	
白維國等	搽糊（茶糊、搽胡）	折騰；作弄	污衊；貶斥
	塗糊	塗抹	折騰；作弄

[①] 《禪宗大詞典》凡例未對異形詞、同形詞等詞際關係的標誌詞加以說明，此處是我們根據該詞典的注音和釋義推測的情況。

根據以上材料，我們不難發現，各家意見存在三方面的分歧：第一，對以上形式是幾個詞彙單位的看法不一致；第二，對同一個詞的解釋不一致；第三，對同一個書證的理解不一致。這些分歧說明以上諸形式有進一步深入的必要。

二、"塗糊"等形式的關係

我們認爲"塗糊、茶糊、茶糊、搽糊、搽胡、糁胡、湆湆"等形式是同一語詞的不同書寫形式，也就是說它們是一組異形詞（後文用"塗糊"作爲代表）。

以上諸形式的前字根據讀音可歸納爲兩類：一類讀 tú，有"塗""茶""湆"三字；一類讀 chá，有"茶""搽""糁"三字。事實上，這兩個讀音是同一個字音歷時演變的結果。顧炎武《音學五書·唐韻正》卷四麻韻"茶"條："茶，宅加切，古音塗……。《說文》：'茶，苦茶也。……'臣鉉等曰：'此即今之茶字……惟自陸羽《茶經》、盧仝《茶歌》、趙贊《茶禁》以後，則遂易茶爲茶。'""茶"古音"塗"，唐以後又音"宅加切"，讀此音時後來寫作"茶"①。"塗"經歷了同樣的音變過程，古音"同都切"（《廣韻·模韻》），唐代當"塗飾"義講時又音"宅加切"，寫作"搽"。慧琳《一切經音義》卷七五《佛說內身觀章句經》"塗塗"條："上音徒。《考聲》：'塗，汙也。'下宅加反。訓義與上同，點畫偏旁亦不別。古今正字從土涂聲，涂音徒。經文'塗'字從手作'搽'②。俗意，非正也。"根據以上語音關係，該詞的前字"塗""茶"同音，因此可借"茶"爲"塗"③；二字均有"宅加切"這一又音，因此又分別寫作"茶""搽"。"湆"音同"塗"，"糊塗"又作"湆湆"可證。《大慧錄》卷一二："謂汝太惺惺，時復放湆湆。謂汝太褊急，間或又容物。"句中"惺惺"義爲"聰明"，"湆湆"與之相對，即"糊塗"。因此，"茶""塗""茶""搽""糁""湆"六字記錄了同一詞素。該詞的後字"胡""糊""湆"同音，記錄同一個詞素。

由於上面的原因，佛教文獻中"塗"常被寫作"茶""搽"等形。例如"塗污"又作"搽污"，如《雲門廣錄》卷二："舉雪峰勘僧：'什麼處去？'僧云：'識得即知去處。'峰云：'爾是了事人，亂走作什麼？'僧云：'莫塗污人好！'峰云：'我即塗污爾，古人吹布毛作麼生？與我說來看。'"句中的"塗污"宋悟明集《聯燈會要》卷二一作"搽污"。"糊塗"又作"糊搽"。例如《白雲守端禪師廣錄》卷四"閉戶攜鋤已太賒，更來當面受糊塗（音茶）"，句中的"糊塗"《白雲守端禪師語錄》卷二作"糊搽"。

---

① 任連明（2019）論證了"茶"與"茶"的關係，可參看。
② 按：從"手"之"塗"當爲"搽"，此"塗"字當作"搽"。
③ "茶"借作"塗"有文獻例證。如《銀雀山漢簡〔壹〕·孫臏兵法·官一》："囚險絕穀以□遠，草駔（苴）沙茶（塗）以陽削（䏿）。"參白于藍（2017：290）。

由此可見，唐宋時期，"塗"已讀"宅加切"，因此在記錄"塗糊"一詞時，前字被寫作後起的"搽"字，或者同音的"茶"字。總而言之，"塗糊、茶糊、茶糊、搽糊、搽胡、糍胡、潴渥"是一組異形詞，只記錄了一個詞。

三、"塗糊"的意義

"塗糊"有哪些意義，目前各家看法不一，這裏在已有研究的基礎上再作討論。我們認爲，"塗糊"有"塗抹""模糊""蒙昧""污染""污蔑""欺瞞"等義，下面予以梳理證明。

(一)"塗抹"義

"塗糊"有"塗抹"義，例（4）即此義。其他用例如：

（7）一月在天影含眾水，師真之真非月非水。青黃碧綠亂茶糊，看來半嗔半喜。(《法演禪師語錄》卷三《贊白雲先師真》)

（8）黃金像豈假塗糊，白玉毫不勞斤斧。(《天目明本禪師雜錄》卷一《天目山開佛光明佛事》)

例（7）是法演禪師贊白雲禪師畫像的語句，"青黃碧綠亂茶糊"即用各種色彩胡亂塗抹，這裏指繪畫。"茶糊"取"塗抹"義。《禪宗頌古聯珠通集》卷一四有"青黃碧綠亂搽抹"句，句中的"搽抹"義爲"塗抹"，和"茶糊"同義。例（8）"黃金像"指如來的金身佛像，"白玉毫"指如來眉間的白毫。"黃金像豈假塗糊"意謂如來之像哪里用得着塗抹（修飾）呢。

該用法也見於世俗文獻，如宋龔昱《樂菴語錄》卷二："藝祖一日居殿中，有小黃門塗糊其壁。即欲斬之，且曰：'此天之物也，汝爲得損之？'"宋趙蕃《淳熙稿》卷一八《瘦梅》："清虛日集人當瘦，糞壤不資梅合癯。君看霜皮藏玉骨，肯如朱粉鬥塗糊？"這首詩的最後一句是說"你看梅花將它的玉骨藏在白雪之下，哪裏肯像其他的花兒一樣塗脂抹粉，爭奇鬥艷呢"。以上都是"塗糊"當"塗抹"講的例證。

在具體用例中，"塗糊"又可理解爲"描摹；描述"義。例如：

（9）非迷非悟，誰強名模。無相三昧，不受塗糊。(《普菴印肅禪師語錄》卷三《信士畫師真，請贊》)

（10）太平本來無象，何須特地塗糊。(《月江正印禪師語錄》卷三)

（11）銀蟾皎潔豈容模，剛被文殊強塗糊。千古兒孫無覓處，三條椽下嘴盧都。(《禪宗頌古聯珠通集》卷二)

例（9）是讚頌畫像的語句，"塗糊"雙關，其淺層含義是"塗抹；繪飾"，深層含義則是"描摹；描述"。"名模"義爲"描摹；描述"①，在句中與"塗糊"對舉，二者同義。該詞常用在像贊中，又如《大慧錄》卷二《本閑居士畫像讚》："天邊月白本來白，林下風清元自清。幾人到此昏昏醉，只有渠儂獨自醒。咄！且莫強塗糊，渠本不如此。"《笑隱大訢禪師語錄》卷三《金剛經書觀音像》："識得金剛體自如，空華結果強塗糊。"真如本體無法用圖像顯示，也無法用語言描述，因此禪家否定這樣的做法。以上諸例都表達了同樣的含義。例（10）用意相同。"太平無象"本指太平盛世並無一定的標誌，禪僧們藉以表達"悟道的境界無跡可尋"②，整句話的意思是"悟道的境界無跡可尋，哪裏用得着著意描摹呢？"例（11）是月菴果禪師的頌古語句，他所頌的公案爲："世尊一日升座，大眾才集定，文殊白槌云：'諦觀法王法，法王法如是。'世尊便下座。"根據公案，月菴果禪師所頌的意思是"佛性（銀蟾）皎潔無暇③，哪里能夠描摹（豈容模）！偏偏被文殊強加描摹（強塗糊）。後世兒孫無法找到祖師的心印，只能在座位上（三條椽下）④閉口無語（嘴盧都）"⑤。

（二）"模糊"義

"塗糊"有"模糊"義。例如：

（12）老僧未開口已前，一切時一切處，普光心印文彩全彰。待汝著眼覷來，早是<u>塗糊</u>了也。（《呆菴莊禪師語錄》卷二）

（13）焦磚打著連底凍，三千弟子眼<u>塗糊</u>。（《山暉禪師語錄》卷三）

例（12）謂真如本體圓融具足，處處顯現，但若著意尋求，則會因此而產生蔽障，真如本體也因之而變得模糊。例（13）中"眼塗糊"大概指法眼不明。"塗糊"有"模糊"義，日本禪僧早已揭示。《碧巖錄》第一則："當時志公恁麽問，且道作麽生祇對？何不一棒打殺，免見搽胡。"日僧岐陽方秀（1363—1424）《碧巖錄不二鈔》卷一："'搽胡'當作'塗糊'，'模糊'之義。猶'塗胡'也。"⑥

---

① 又如《宏智廣錄》卷九《禪人並化主寫真求贊》："靈靈一物，名模不得。"更多用例可參袁賓、康健（2010：296）。

② 在宗門內，"太平"指開悟的境界，如"太平歌"即悟道歌，《圓悟錄》卷二："文殊普賢交光相羅，觀音彌勒擎拳合掌，臨濟德山互相贊成，白牯狸奴了無句背。可以演無生曲，唱太平歌。"

③ 鳳山啟禪師頌此公案云："白玉本無瑕，雕文乃喪德。"（《宗門拈古彙集》卷一）與此意思相同。

④ "三條椽下"是僧人的"單位"，即僧堂內坐禪參習的座位。參袁賓、康健（2010：84）。

⑤ "嘴盧都"義爲"閉口不言"，例如《大慧語錄》卷四："自己既不曾有證悟之處，亦不信他人有證悟者，一味以空寂頑然無知，喚作威音那畔空劫已前事。逐日噇卻兩頓飯，事事不理會，一向嘴盧都地打坐，謂之休去歇去。"更多用例可參袁賓、康健（2010：546）。

⑥ 這一解釋爲後世諸家所認同，如日本學者末木文美士編《現代語訳碧巖錄》（2003：36）總結諸家意見說："搽糊＝玉峰刊本は「搽胡」、一夜本は「茶餬」に作る。いずれも音通。『不二鈔』では、「塗糊に作るべし」とするが、「塗」も「搽」と同音。『祖堂集』卷一一・保福章に見える「纔施三寸、盡渉搽胡」の例では、曖昧模糊の意である。ここではそれを動詞化した用法。"認爲這裏的"搽胡"是使人糊塗的意思。當然，又有學者認爲該例中的"搽胡"是"欺騙"義，例如日僧大智實統（1659—1740）《碧巖錄種電鈔》卷一云："圓悟爲帝出氣，帝令不嚴□，卻受志公許多謾了。"（20頁）我們認爲當爲"污染"義。

該義又進一步發展爲"含糊；不明確"義。例如：

(14) 從聞思修，不墮有無。言言見諦，切莫<u>塗糊</u>。(《介爲舟禪師語錄》卷九)

(15) 師兒近日已匡徒，再上山頭省老夫。七尺遼天筇竹杖，重重分付莫<u>塗糊</u>。(《嵩山野竹禪師錄》卷三)

例(14)末句意謂"對於自己所聽到的言句需要句句理解透徹，萬不可敷衍馬虎"。例(15)末句意謂"我所傳的禪法應愼重傳授，不可苟且馬虎"。

(三) "蒙昧"義

"塗糊"有"蒙昧"義。例如：

(16) 沙彌伶俐，侍者湠溷。鑒裁分明，不差毫忽。(《恕中和尚語錄》卷三)

(17) 者僧擔一擔瞢瞳，換得一擔湠溷。(《宗門拈古彙集》卷一七)

例(16)中"湠溷"與"伶俐"對舉，意義相反，例(17)中"湠溷"與"瞢瞳"同義；兩例中的"湠溷"都取"蒙昧"義。①

(四) "污染"義

"塗糊"有"污染"義，前人已指出。宋陳師道《後山詩注》卷五注"呵佛罵祖師，塗糊千五百"云："古寺和尚曰：'淨地上不要點汙人家男女。'後山所謂'塗糊'蓋此意也。"《大慧錄》卷二九《答楊教授(彥侯)》"又承需道號，政欲相塗糊"，日僧無著道忠(1653—1744)《〈大慧普覺禪師書〉栲栳珠》卷十三"塗糊"條："污染之也。言那一人元無名，然今與號，是汙那一人者也。"

禪宗認爲一切向外的馳求都是對"道"的污染。這一思想可用馬祖道一上堂示衆的一段話作爲代表：

道不用修，但莫污染。何爲污染？但有生死心、造作趣向，皆是污染。若欲直會其道，平常心是道。(《景德傳燈錄》卷二八)

小川隆(2015：47)解釋說："什麼是污染呢？執著於生死的心，試圖把握'道'的行爲，或者志向於'道'的意識，這些都是'污染'的範疇。"相應的，一切接引施設都會污染學人的自性，下面的公案明白地顯示了這一點：

行者見師向前，便顧視老宿云："莫言侵早起。"師向老宿曰："這個行者，何不教伊？大無禮生！"老宿云："好個人家男女，有什摩罪過？點汙他作什摩！"師云："適來洎錯放過。"(《祖堂集》卷四)

---

① 審稿專家提示："只這兩個詞形可作如此理解，其他詞形有沒有例子？"我們暫未找到其他詞形當"蒙昧"講的例子，將"湠溷"放在這裏的依據是讀音的相同和意義的相關。

行者本是不知禮與非禮區别的"赤子",丹霞和尚卻嫌他無禮,因此問老宿爲什麽不教他禮節。老宿說:"他本没有缺陷,本性具足,你污染他幹什麼!"句中的"點污"可作"塗糊"的注脚。又如木菴永和尚頌六祖慧能道:"大庾嶺頭屙一堆,後代兒孫遭點污。"(《禪宗雜毒海》卷一)"大庾嶺頭屙一堆"指六祖開示道明,六祖的言句被後代兒孫視爲悟道妙徑,不斷記持、參究,而迷失、污染了其自性,即"後代兒孫遭點污"。

"污染"義是"塗糊"在禪籍中的常用義,用例衆多。例如:

(18) 魚行水濁,七花八裂,<u>搽胡</u>也。(《碧巖録》第二則)

《碧巖録種電鈔》卷一云:"言雪竇示言語即是道,早是污卻至道。"

又如浮山遠禪師贊太陽玄禪師真(畫像):"黑狗爛銀蹄,白象昆侖騎。於斯二無礙,木馬火中嘶。"① 宋希叟紹曇就此贊發表看法說:

(19) 被遠録公<u>塗糊</u>不少,黑狗爛銀蹄。(《五家正宗贊》卷三)

無著道忠《五家正宗贊助桀》卷一四闡釋希叟紹曇的讚語道:"本可不得贊毁,然被贊者,是受他塗糊也。""塗糊"取"污染"義。又如《從容庵録》卷五:"又有一梵僧來參,仰於地上畫半月相。僧近前添作圓相,以脚抹卻。仰展兩手。僧拂袖便出,曰:'我來東土禮文殊,卻遇小釋迦。'"宋希叟紹曇贊曰:

(20) 遇著小釋迦,被胡僧<u>塗糊</u>當面。(《五家正宗贊》卷四)②

無著道忠《五家正宗贊助桀》卷一九認爲:"以小釋迦贊稱師,此爲梵僧見污穢面也。""污穢"就是"塗糊",也就是"污染"。再如《碧巖録》第十八則:"肅宗皇帝問忠國師:'百年後所須何物?'國師云:'與老僧作個無縫塔。'帝曰:'請師塔樣。'國師良久云:'會麽?'帝云:'不會。'國師云:'吾有付法弟子耽源,卻諳此事,請詔問之。'"圓悟克勤在"請詔問之"後著語云:

(21) 賴值不掀倒禪床。何不與他本分草料? 莫<u>搽胡</u>人好!(《碧巖録》一八則)

《碧巖録種電鈔》卷二釋"莫搽胡人好"云:"人指帝。已是無縫塔,耽源若描模去,便是縫罅披離了也。然讓源而曉諭,是大汗卻帝了。"據此,"莫搽胡人好"的意思就是"不要污染他(肅宗皇帝)啊"。例(3)的"搽胡"也是"污染"的意思。白隱禪師(永田春雄,1916:9)解釋"見搽胡"說:"觀音ノ心印ノト塗リ廻ハサレル(塗亂觀音的心印)。"具體而言"何不一棒打殺,免見搽胡"的意思是

---

① 《五家正宗贊》卷三《太陽玄禪師》。
② 該例即例(5),爲了便於分析,這裏再引一遍。

"(梁武帝）爲什麼不一棒打死（志公）？免得被他污染了（澄明本性）。"

（五）"污衊"義

"塗糊"有"污衊"義，董志翹（1990）、白維國（2015）均已言及，兩家都認爲例（1）（2）的"塗糊"義爲"污衊"，甚確。例（1）的"茶糊"《嘉泰普燈録》卷一七《臨江軍東山吉禪師》作"誣罔"。"誣罔"即"誣陷譭謗"，義同"污衊"。

（六）"欺瞞"義

"塗糊"的"欺瞞"義在禪籍中習見，可以分爲兩種情況。第一種是有意欺瞞，常表現爲學人未悟而以爲悟，並欺瞞禪師，試圖逃過被勘破的結局。該義就是袁賓、康健（2010），雷漢卿（2010：20）等所釋的"作弄；折騰"義。我們認爲，與釋作"作弄；折騰"相比，釋爲"愚弄；作弄"更爲妥帖，這是"欺騙；迷惑"義在具體語境中的意義變體。"欺騙；迷惑"義的用例如：

（22）舉："仰山坐次，大禪佛到，翹一足云：'西天二十八祖亦如是，唐土六祖亦如是，和尚亦如是，某甲亦如是。'仰山下禪床打四藤條。"……大禪佛後到霍山自云："集雲峰下四藤條天下大禪佛參。"霍山云："維那打鐘著。"禪便走。師拈云："這漢擔仰山一個冬瓜印子，向人前賣弄，若不是霍山幾被塗糊。雖然，可惜令行一半。當時不用喚維那，好與擒住更打四藤條。"（《圓悟録》卷一七）

"冬瓜印子"即用冬瓜雕刻的印章，禪籍中比喻對未真正悟道者的印可[①]，或者未悟正道者的虛妄見解[②]。大禪佛離開仰山，來參霍山，自以爲得到仰山的印可，因此自報家門道："集雲峰下四藤條天下大禪佛參。"霍山知道他並未真正開悟，便喚維那打鐘，集合大眾勘驗他[③]。因此圓悟説"要不是霍山，差一點被大禪佛欺瞞（以爲他已經開悟了）"。圓悟認爲，從霍山的表現（喚維那打鐘）可以看出他並未上當，但這一表現並非本色手段，他當時應該抓住大禪佛打他四藤條，而不是喚維那打鐘[④]。

[①] 禪師對于學人的禪悟給予證明、肯定。參袁賓、康健（2010：484）。

[②] 雷漢卿（2010：419）釋爲"比喻邪師的見解"，袁賓、康健（2010：107）釋爲"師家勘驗不嚴，對並未悟道者給予印證，稱'冬瓜印子'"，無著道忠《虛堂録犁耕》卷二六："鐫冬瓜造僞印，取其虛脆易雕，以譬相似不實之印可也。"又《葛藤語箋》："惡知識胡亂印可也。橫截冬瓜塗墨印紙，與真印相似而大非也。"

[③] 打鐘是爲了集合大眾，集合的目的有時是"勘驗"，即禪人之間考測對方悟道之深淺。例如《宗鑒法林》卷五三："玄沙見三人新到。自普請鼓三下。卻歸方丈。新到具威儀了。亦去打普請鼓三下。卻入僧堂。久伴來白曰新到輕欺和尚。師曰打鐘集眾勘過。大眾集。新到不赴。"

[④] "若不是 A，幾/洎被 B 塗糊/瞞/賺/惑"是禪籍中較爲常見的格式，如《祖堂集》卷七："潙山問仰山：'子一夜商量，該得什摩邊事？'仰山便一劃。潙山云：'若不是吾，洎被汝惑。'"潙山的話是説如果不是我，差點就被你（仰山）給欺騙了。言下之意就是你雖手段高明，但我更勝一籌。可以出現在此結構中且與"塗糊"同義的詞還有"惑亂""賺""惑""瞞"等，此各舉一例：《從容庵録》卷五："這僧不得圓相宗旨，妄生穿鑿。若不是嚴頭，幾被惑亂一上。"《宗門拈古彙集》卷四："布袋逢人便賣弄，若不得個橘子，幾被者僧賺卻。"《建中靖國續燈録》卷一〇："若不是老僧，幾被子惑。"《宗門拈古彙集》卷一四："百丈若無後語，洎被典座瞞。"以上例句結構相同，語義內涵相似，其中的"惑亂""賺""瞞"皆可作"塗糊"的注腳。

《碧巖錄》第十則中的一則例子與此例用意相似,可藉以理解"塗糊"的含義。內容如下:

> 舉:"睦州問僧:'近離甚處?'僧便喝。州云:'老僧被汝一喝。'僧又喝。州云:'三喝四喝後作麽生?'僧無語。州便打,云:'這掠虛頭漢。'"……這僧也善雕琢,爭奈龍頭蛇尾。當時若不是睦州,也被他惑亂一場。

睦州勘辨僧人,這僧便喝,似乎顯出了禪門行家的峻烈手段。睦州並未馬上拆穿,而是說"老僧被汝一喝",引誘這僧進自己的圈套。這僧果然上當,便又喝一聲。睦州趁此逼問"三喝四喝後作麽生"。這僧被問得啞口無言,敗下陣來。睦州便用拄杖打僧,並揭穿他的虛假面目,責罵道"你這個虛妄不實的傢伙(掠虛頭漢)"[①]。因此,圓悟禪師說這僧"善雕琢"(僧便喝),但是"龍頭蛇尾"(僧無語),如果不是睦州這樣火眼金睛的宗師,肯定被這僧"惑亂"一場。"惑亂"義爲"使迷惑混亂",《碧巖錄種電鈔》卷一云:"爲此僧被一回詿惑擾亂。幸是越格睦州,故不然。"雪竇評唱:"兩喝與三喝,作者知機變。"圓悟著語云:"若不是作家爭驗得。"所謂"驗得"即不被"惑亂"。"惑亂"與"塗糊"所處語境相似,可以作爲"塗糊"的"欺瞞"義的旁證。

第二種是無意的欺瞞,但事實上造成了欺瞞或迷惑的結果。常表現爲禪師以種種施設接引學人,使學人落入對知識的理解當中,客觀上造成了使學人被迷惑的結果。《祖堂集》卷八中的一段話可以幫助我們理解這樣的情況:

> 師示眾曰:"夫參學者,須透過祖佛始得,所以新豐和尚道:'佛教、祖教如生怨家,始有學分。'汝若透過祖佛不得,則被祖佛謾。"有人問:"祖佛還有謾人之心也無?"云:"汝道江湖還有礙人之心也無?"師又云:"江湖雖無礙人之心,爲時人透過不得,所以成礙人去,不得道江湖不礙人。祖佛雖無謾人之心,爲時人透過祖佛不得,所以成謾人去,不得道祖佛不謾人。若與摩透過得祖佛,此人卻體得祖佛意,方與向上人同;如未透得,但學佛祖,則萬劫無有得期。"

真如佛性本不可言說,但爲幫助中下根器的學人悟道,禪師們不得已而開一線道,運用種種手段引導學人,使之開悟。至道既然不可描摹、不從外得,那麼禪師以種種作略助學人悟道便是欺瞞學人。禪師雖無意欺瞞,但若學人不能理解禪師的良苦用心,執著於禪師的種種言說和舉止,便會產生被欺騙、迷惑的事實。就像江湖本來沒有阻礙人的心,但是人自己無法渡河,所以就導致了江湖阻礙人的結果。下面這段話表達了同樣的道理:

---

① 參雷漢卿(2010:467;473)、袁賓、康健(2010:278)。

師因把杖打柱，問："什摩處來？"對云："西天來。"師云："作什摩來？"對云："教化唐土眾生來。"師云："欺我唐土眾生。"（《祖堂集》卷一一）

從達磨西來開始，便開啟了遞相欺瞞、迷惑的傳法歷程，宋代的大慧宗杲明確表達了這一觀點。他說：

達磨從西天將得箇無文印子來，把二祖面門一印印破。二祖得此印，不移易一絲頭，把三祖面門印破。自後一人傳虛，萬人傳實，遞相印授，直至江西馬祖。馬祖得此印於南嶽和尚。……百丈大智禪師得此印於馬祖。……黃檗和尚得此印於百丈。……臨濟和尚得此印於黃檗。……興化和尚得此印於臨濟。……白雲和尚得此印於楊岐。……五祖和尚得此印於白雲。……圓悟老師得此印於五祖。……師驀拈拄杖面前畫一畫云："……即今對眾將這印子為他打破，欲使後代兒孫各各別有生涯，免得承虛接響，遞相鈍置。"遂卓一下云："印子百雜碎了也。"（《大慧普覺禪師語錄》卷一五）

圓悟克勤之所以要打碎從達磨那裏傳來的"心印"，是因為這個印子代代相傳，使得後學"承虛接響，遞相鈍置"。"鈍置"義為"欺瞞；愚弄"。因為叢林中的上述"欺瞞"行為無處不在，所以禪師們常常叮嚀學人要"不受人惑，隨處作主""只要爾不受人惑，要用便用，更莫遲疑"（《臨濟錄》）、"不可受人欺瞞，取人處分"（《雲門廣錄》卷一）、"彼此丈夫，莫受人謾"（《古尊宿語錄》卷四三）[①]。"塗糊"在這種意義上的用例如：

(23) 新年佛法，不涉有無。鏡清明教，遞相塗糊。（《佛國禪師語錄》卷一）

"遞相塗糊"意謂遞相欺瞞、迷惑。

又如毒菴常頌二祖說："二祖當年不丈夫，分皮分髓被塗糊。"[②] 二祖當年沒有大丈夫氣概，竟然被達磨"得吾皮、得吾肉、得吾骨、得吾髓"的鬼話欺騙了[③]。徑山杲頌二祖則說："覓心無處更何安，嚼碎通紅鐵一團。縱使眼開張意氣，爭如不受老胡謾。"[④] 毒菴常口中的"分皮分髓被塗糊"就是徑山杲所說的"受老胡謾"，可見"塗糊"的意思就是"欺瞞"。

---

① 意謂我們都是大丈夫，不要受人欺瞞！
② 《禪宗頌古聯珠通集》卷七。
③ 《景德傳燈錄》卷三《菩提達磨》："迄九年已，欲西返天竺。乃命門人曰：'時將至矣。汝等盍各言所得乎？'時門人道副對曰：'如我所見，不執文字、不離文字而為道用。'師曰：'汝得吾皮。'尼總持曰：'我今所解如慶喜見阿閦佛國，一見更不再見。'師曰：'汝得吾肉。'道育曰：'四大本空五陰非有，而我見處無一法可得。'師曰：'汝得吾骨。'最後，慧可禮拜後依位而立。師曰：'汝得吾髓。'"
④ 《禪宗頌古聯珠通集》卷七。

四、"塗糊"的理據

"塗糊"有"塗抹""模糊""蒙昧""污染""污蔑""欺瞞"等六個意義,探尋"塗糊"的理據就是要理清這六個意義之間的關係,進而弄清該詞的內部結構。

"塗糊"的各意義之間存在引申關係,因爲這些意義常常部分共現。請見下表:

表2 "塗抹"等六個意義的共現情況

詞	意義1	意義2	意義3	意義4	意義5	意義6	意義7
塗糊	塗抹		模糊	蒙昧	污染	污蔑	欺瞞;作弄
漫①	塗抹	覆蓋;蒙	模糊		污染		騙;瞞
蒙		覆蓋;遮蔽		蒙昧無知			欺瞞;蒙蔽
朦		遮掩;掩蔽	模糊不明貌	愚昧			欺騙;蒙混
糊②	塗抹	掩蓋	模糊	糊塗	弄髒		蒙騙;遮掩③
塗	塗抹;塗飾				汙,染汙		

根據表2,我們認爲"塗糊"是該詞的早期有理形式,"搽糊"是後產生的有理形式。"塗糊"的本義是"塗抹",其內部語義結構爲"塗抹+塗抹",也就是說該詞是同義複詞。以"塗抹"爲引申起點,可以形成合理的引申義列:

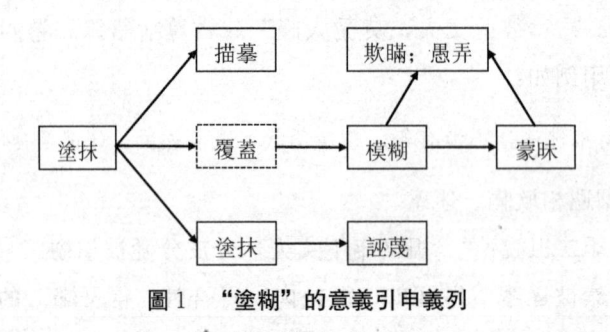

```
          描摹         欺瞞;愚弄
           ↑              ↑
  塗抹 → 覆蓋 → 模糊 → 蒙昧
           ↓
          塗抹 → 誣蔑
```

圖1 "塗糊"的意義引申義列

下面略作疏證。

"塗"和"糊"都有"塗抹"義,"塗糊"的本義是"塗抹",其他意義都直接或間接引申自該義。

"模糊"義引申自"塗抹"義。"塗抹"義與"覆蓋"義相因,"塗抹"義的"漫""糊"都有"覆蓋"義足以說明這一點。"覆蓋"產生遮蔽的結果,從而產生"昏暗;模糊"義。因此"漫""糊"又同有"模糊"義。

---

① "漫""蒙""朦""塗"的義項依次引自《漢語大字典》第1721—1722頁,第13041頁,第9366頁,第2920頁。

② "糊"在武漢話中有"塗抹""弄髒""模糊""不明事理"等意義。參見朱建頌(2017:48—49)。

③《漢語大詞典》"餬"第五個義項是"蒙騙;遮掩"。江淮官話江蘇揚州有"糊打",義爲"欺騙"。參見許寶華、宫田一郎(1999:7160)。又西南官話湖北當陽單用"糊"(陰平)表示"欺騙"。

"蒙昧"義由"模糊"義引申。這是漢語中常見的引申現象，例如"朦朧""蒙蒙""糊塗""懵懵""懞懂""混沌""晦昧"等都同時具有"模糊"和"蒙昧"兩個意義。此類例證甚多，此不具列①。

"污染"義由"塗抹"義引申。"塗抹"一詞在禪籍中有"污染"義，例如《楞嚴經合轍》卷一："即講師口如懸河，不過恃聰明知見塗抹世人，豈外此而能別豎新義乎。"又如《雨山和尚語錄》卷一："彼此英雄丈夫兒，如何肯受你塗抹。""污蔑"即"捏造事實敗壞別人的名譽"，該義由"污染"義引申②。

"欺瞞"義與"模糊"義、"蒙昧"義都有關。禪籍中表"模糊"義的"顢頇"同樣可表示"欺瞞"，兩個意義的用例都十分豐富，此處各舉一例。前者如《大慧普覺禪師語錄》卷一〇："南泉打破閑家具，浩浩諸方作話看。今日爲君重舉過，明明歷歷不顢頇。"末句意謂清清楚楚毫不模糊。後者如《無明慧經禪師語錄》卷三："似這等欺聖瞞凡，不受顢頇能幾個？""不受顢頇"就是不被欺騙。愚昧的人易受欺瞞，因此"蒙昧"義可引申出"欺瞞"義，例如"愚"兼有此二義。"蒙昧"義如《論語·爲政》："吾與回言終日，不違，如愚。""欺瞞"義如《孫子·九地》："能愚士卒之耳目，使之無知。"③

綜上所述，本文考證所得的"塗糊"的各意義是成系統的，有理據的。反過來，也證明了"塗糊"的本義是"塗抹"，它是由"塗"和"糊"兩個同義詞素構成的並列式複合詞。

五、結語

通過考證，我們認爲禪籍中"塗糊"有"塗抹""模糊""蒙昧""污染""污蔑""欺瞞"等六個意義。其中"塗抹""欺瞞（愚弄）"和"污蔑"三個意義已被已有的研究揭示，"模糊""蒙昧""污染"三個意義是本文的一點貢獻。補充這三個意義的價值不僅僅在於揭示"塗糊"在禪籍中的用法，還在於補足了該詞意義引申義列的缺環，探明了該詞的理據。

---

① 《漢語大詞典》"胡塗"條說："不明事理；對事物的認識模糊或混亂。"從釋語中也可以看出"模糊"和"愚昧"的關係。其他語言中也有相同的引申現象，如英語中"dim"義爲"暗淡的；模糊的"，在非正式語體中發展出"愚蠢的；遲鈍的"義，如"You're just incredibly dim."（《新牛津英漢雙解大詞典》）

② 含有"糊"這一詞素的"謾糊"同樣有"褻瀆"義。《祖堂集》卷一八："菀陵僧問道存問和尚：'諸方大家說，達摩將四卷《楞伽經》來，未審虛實耶？'仰山云：'虛。'……汝不聞，六祖在曹溪說法時，'我有一物，本來無字，無頭無尾，無彼無此，無內無外，無方圓無大小，不是佛不是物。'返問眾僧：'此是何物？'眾僧無對。時有小師神會出來，對云：'神會識此物。'六祖云：'這饒舌沙彌！既雲識，喚作什麼物？'神會云：'此是諸佛之本源，亦是神會佛性。'六祖索杖，打沙彌數下：'我向汝道無名無字，何乃安置本源佛性？'登時神會喚作本源佛性，尚被與杖，今時說道達摩祖師將經來，此是謾糊達摩，帶累祖宗，合喫其鐵棒。""謾糊"達摩、帶累祖宗即"污蔑；褻瀆"達摩和祖宗。

③ 杜牧注："言使軍士非將軍之令其他皆不知，如聾如瞽也。"

本文的工作至此便宣告結束，但關於"塗糊"的研究遠未達到可以終結的地步。需要注意的是，我們雖然揭示出"塗糊"的六個義項，但在具體用例中，該如何理解，常常仍頗費思慮。如例（6）"禪床驚震被搽糊，惹得兒孫不丈夫"中的"搽糊"是什麼意思仍難確定。例（21）中的"搽胡"，白隱禪師理解爲"污染"，大智實統理解爲"欺瞞"[①]。這說明對該詞的研究還需更加細緻、深入。此外，"塗糊""荼糊""搽胡"等八個詞形并非都有文中所說的六個意義，這些詞形是否已有分化，這也是需要進一步考慮的問題[②]。

參考文獻

白維國. 近代漢語詞典. 上海：上海教育出版社，2015.
白於藍. 簡帛古書通假字大系. 福州：福建人民出版社，2017.
董志翹.《五燈會元》詞語考釋. 中國語文，1990（1）.
黃靈庚. 語辭輯釋・《五燈會元》語辭補釋（八則）. 古漢語研究，1992（1）.
雷漢卿. 禪籍方俗詞研究. 成都：巴蜀書社，2010.
任連明. 禪籍詞語"荼毗""荼毗"考//漢語史學報：第二十輯. 上海：上海教育出版社，2019.
許寶華，宮田一郎. 漢語方言大詞典. 北京：中華書局，1999.
袁賓，康健. 禪宗大詞典. 武漢：崇文書局，2010.
朱建頌. 武漢方言詞典. 武漢：崇文書局，2018.
［日］白隱禪師提唱，永田春雄編. 碧巖集祕鈔. 東京：成功雜誌社，1916.
［日］末木文美士. 現代語訳碧巖錄. 東京：岩波書店，2003.
［日］紹益禪師提唱，今津洪嶽講義. 碧巖集講義. 東京：無我山房，1913.
［日］小川隆. 語錄的思想史——解析中國禪. 何燕生，譯. 上海：復旦大學出版社，2015.

The Meaning and Motivation of the Word "Tuhu" in Zen Literature

Wang Yong

Abstract：Many scholars pay attention to the word "Tuhu" in Zen books，but no conclusion is drawn out. On the basis of literature cases and different texts，this paper explores the meaning of "Tuhu" and further explores the motivation of the

---

① 《碧巖錄種電鈔》卷一："圓悟爲帝出氣。帝令不嚴，故却受志公許多謾了。""謾"和"搽胡"同爲"欺瞞"義。

② 這一點由審稿專家提出，特致謝忱。

word by using the semantic system reference, combining the information of Zen case background, Zen thoughts and other annotation of *Biyan Lu* since the Southern and Northern Dynasties in Japan. The article holds that "Tuhu" has the meanings of "smear", "indistinct", "foolish", "pollution", "smirch" and "dupe". The word is composed of morphemes "Tu" and "Hu" with the meaning of "Tu", which is a synonymous compound.

Keywords: Zen books; tuhu; motivation; word meaning system reference; Chinese literature abroad

(王勇,北京語言大學北京文獻語言與文化傳承研究基地)

也説"悦"之"光潤"義的來源[*]

許峻瑋

提　要：中古文獻中"悦"除了表示心理活動外，還可以用來修飾體貌，義爲"光潤"。本文認爲，漢代熟習《説卦傳》的學者創造性地將"悦""澤"連用來修飾禽類毛羽，此時"悦澤"尚未成詞；魏晉以後，"悦澤"的使用范圍大大擴展，同時出現了單用"悦"表示"光潤"的例子。六朝以後"悦澤""悦懌"在文獻中分用劃然，"懌"和"澤"的訛混不能簡單認爲是通用。

關鍵詞：悦；光潤；來源；語義演變

中古文獻中"悦"除了表示心理活動外，還可以用來修飾體貌，范崇高（2012）和王虎、張明輝（2016）都已正確地指出這一點。范崇高（2012）説："和現代漢語一樣，古代漢語中'悦'最常見的義項是'喜悦'，但'悦'在中古時期還流行過'光潤悦目'的意義。"王虎、張明輝（2016）則從語義演變的角度指出："從中古開始，'悦'的語素義從心理域跳躍到體貌域。"歷代字典辭書都將"悦"解釋爲"樂也；喜也；服也"，只有明末清初黄生《義府·兑》卷上指出："《漢武故事》云：'體常壯悦。'體盛曰壯，色盛曰悦"，與范崇高（2012）和王虎、張明輝（2016）的看法不謀而合。但至於爲何"悦"在中古發展出"光潤"義，這兩篇文章的解釋都不能讓人信服。本文重新考察"悦"之"光潤"義的來源，並對文獻中"悦澤""悦懌"混用的現象做出考辨，糾正相關論著之誤。

一、"悦"之"光潤"義的來源

王虎、張明輝（2016）指出"悦"在"悦澤""充悦""光悦"等複音詞中表示

---

[*] 基金項目：國家留學基金委"國家建設高水平大學公派研究生項目"（201906320086）。

"亮麗"的意思①，最早是漢代的兩例"悦澤"②：

(1) 漢·韓嬰《韓詩外傳》卷九："君不見大澤中雉乎？五步一噣，終日乃飽，羽毛悦澤，光照於日月，奮翼爭鳴，聲響於陵澤者何？彼樂其志也。援置之囷倉中，常噣粱粟，不旦時而飽，然猶羽毛憔悴，志氣益下，低頭不鳴，夫食豈不善哉？彼不得其志故也。"

(2) 漢·焦贛《易林·訟卦》③第六："鳧得水没，喜笑自啄，毛羽悦澤。"

王虎、張明輝（2016）以這兩例分析指出："'悦'雖可以從字面解釋爲'悦目'的意思，但隱含義是色彩的明亮。隨著使用頻率的增加，組合關係的變化，'悦澤'中'悦'引申出亮麗義，即從心理域跳躍到體貌域，'悦澤'成爲一個聯合式複音詞。"這種分析是不正確的，我們認爲漢代的兩例"悦澤"，仍然脱不開"悦"的本義"喜悦"。例（1）雉"羽毛悦澤"的原因是"樂其志"，例（2）鳧"毛羽悦澤"同時伴隨著"喜笑自啄"的動作，都發生在表示"喜悦"的特定語境下。王虎、張明輝（2016）認爲"'毛羽'是無生命物體，不具有'喜悦'等心理活動"，因此可以從字面解釋爲"悦目"，這是不恰當的。古人爲文常常賦予動物擬人化的感情，將"悦"分析成"喜悦"未嘗不可，而"悦目"就與文義相差甚遠了。在這兩例中，"悦澤"就是"悦而澤"。與中古"悦澤"的使用范圍相比，漢代的兩例"悦澤"仍然處於詞義發展的早期階段，在特定語境下仍需要將"悦"與"澤"具體分析，"悦澤"還未凝結成穩固的雙音詞。

從漢代開始"悦"與"澤"連用，並不完全是韓嬰和焦贛的發明，而是前有所承。《周易》"兑"卦的卦象是"澤"：

(3)《周易·説卦傳》："兑爲澤。"

(4)《周易·説卦傳》："天地定位，山澤通氣，雷風相薄，水火不相射，八卦相錯。"《周易集解》："謂艮兑同氣相求，故通氣。"

---

① 此說難以自洽。在"充悦""豐悦""肥悦""悦白"這樣的組合中，把"悦"解釋爲"亮麗"是不恰當的；只在"光悦"的搭配中，將"悦"隨文釋爲"亮麗"或許可行。如《藝文類聚》卷三三引《會稽典錄》："董黯家貧，采薪供養，母甚肥悦。鄰人家富，有子不孝，母甚瘦小"，"肥悦"與"瘦小"對舉，顯然是"豐腴；健壯"之義，無法解釋成容色之"亮麗"。

② 例（1）屈守元《韓詩外傳箋疏》作"悦懌"，不知所據何本。例（2）尚秉和《焦氏易林注》從元本作"悦懌"，而宋本、汲古作"悦澤"。本文認爲這兩例都應作"悦澤"，詳見下文第二部分的分析。

③ 關於《易林》的作者，學界聚訟紛紜，訖無定論。牟庭相、余嘉錫、胡適等人認爲《易林》爲東漢初崔篆所作，而陳良運等人認爲《易林》確是焦贛所作，參看汪維輝（2017：89）脚注②。本文暫取焦贛説。不論採取哪種觀點，《易林》"毛羽悦澤"作爲漢代例證是没有問題的。

（5）《周易·説卦傳》："兑，説也①。"《周易正義》："兑象澤，澤潤萬物，故爲説也。"

（6）《周易·説卦傳》："兑以説之。"周振甫《周易譯注》："兑（澤）用來喜悦萬物。"

（7）《周易·説卦傳》："説萬物者莫説乎澤。"《周易正義》："以兑是象澤之卦，故以兑爲名。澤以潤生萬物，所以萬物皆説。施於人事，猶人君以恩惠養民，民無不説也。"宋·戴侗《六書故》："悦，内得於心愉懌也。古亦通用兑、説二字。《易》曰：'説萬物者莫説乎澤'，引之爲悦澤②。"

例（7）將"兑"的卦象"澤"，與表示"喜悦"的"悦（説）"聯繫起來，這是《説卦傳》的獨特現象③，在《易經》中是看不到的。在《説卦傳》中，"兑（悦/説）"與"澤"總是同時出現，這對熟悉易學的韓嬰和焦贛來説，很可能有不小的影響。韓嬰治《詩經》學蔚然有名，同時對《周易》也有研究。《漢書·韓嬰傳》："韓嬰，燕人也。孝文時爲博士，景帝時至常山太傅。嬰推詩人之意，而作《内》《外傳》數萬言，其語頗與齊、魯間殊，然歸一也。淮南賁生受之。燕趙間言《詩》者由韓生。韓生亦以《易》授人，推《易》意而爲之傳。燕趙間好《詩》，故其《易》微，唯韓氏自傳之。"焦贛也是研治《周易》的名家。《漢書·京房傳》："京房受《易》梁人焦延壽。延壽云嘗從孟喜問《易》。會喜死，房以爲延壽《易》即孟氏學。"而《易林》本身就是推演卦象的《易》學著作。

漢代的兩例"悦澤"，雖然"澤"表"潤澤"，不同於《説卦傳》中表示"兑"之卦象的"澤"，但是"悦澤"的使用仍然與卦象"水澤"有密切聯繫。例

---

① 歷代學者對"兑/悦/説"這組字的研究頗有所得，大多認爲"兑"的本義爲"悦"，但也有不同意見，如《字源》："兑，構形不明。……解兑爲悦字之初文，本義爲笑，雖與字形結構相符，但甲骨文、西周金文、西周文獻未有用兑爲悦爲説者，也無法證明兑字之本義爲悦、説。"《字源》之所以懷疑"兑"的本義不是"悦"，是因爲甲骨文中"兑"都用作"鋭"，不見"悦"的本義。如于省吾主編《甲骨文字詁林》"兑"條後姚孝遂按語："諸説皆難以置信，存以待考。"又："卜辭諸'兑'字皆用作'鋭'，徐灝《段注箋》謂'兑即古悦字'。'亦古鋭字'。《孟子》：'其進鋭者退速'，鋭之義爲疾速。《漢書·淮南王傳》：'王鋭欲發兵'，亦急疾之義。"又："《粹》一一五四：'馬其先，王兑從'者，馬隊先行，王疾速從其後也。"這個問題可以解釋。"兑"在先秦文獻有"悦""脱""鋭"等義，甲骨文中"兑"作"鋭"乃是"兑"多義性的反映。在後期的出土文獻中，能找到"兑"本義"悦"的直接例證：兑則戚。（《郭店楚簡·五行》）｜樂其道，兑其教。（《郭店楚簡·性自命出》）在先秦文獻中，"兑"通常專指《周易》的卦名，因此表"喜悦"的"兑"字有了"悦""説"的後起字，承擔了"兑"的部分職能。後世注家多用"悦""説"釋"兑"。《釋名·釋天》："兑，悦也。"《荀子·不苟》"見由則兑而倨"楊倞注："兑，説也。"

② 王虎、張明輝（2016）引此例指出："戴侗認爲'悦澤'是動賓結構，意思是喜歡湖澤"，實際上是對戴侗此説的誤解。此例見於《六書故》"悦"字頭之下，戴侗已經明確指出此處"悦"爲"愉懌"的形容詞義，與"兑""説"通用，並不是"喜歡"的動詞義。

③ 這就涉及《説卦傳》的撰者與時代問題。韓嬰爲西漢初年人，他所見的《説卦傳》當已是成熟的版本，則《説卦傳》的形成時間應當早於漢初。古今學者對此問題爭論不休，有"先秦説""漢初説""西漢中後期説"等等。本文認同廖名春（2013）的看法："清華簡的大致年代在西元前300年左右，《周易·説卦傳》'專説八卦'的部分看來應該更早。"

(1)"羽毛悦澤"的雉,乃是大澤中雉;例(2)"毛羽悦澤"的鳧,也是水中之鳧。漢代學者對《説卦傳》的熟悉與活用,使得他們創造性地將"悦""澤"連用來修飾禽類毛羽,就如劉延剛(1990)所説:"孟、焦、京、荀之流受《説卦》影響特大,喜講卦氣直日,增衍卦象,《易》學之象數卦氣説在他們手裏就更光大了。"

范崇高(2012)同樣注意到了"悦澤"與《周易》的關係,但他認爲"'悦'具有'光潤悦目'義當是源於《易經》中代表'澤'的兑卦",將"悦"的"光潤悦目"義直接歸於《易經》的影響,是拔高了《易經》的作用,不符合"悦澤"演變的事實。此外,他還認爲"由於澤中之水,使地表光亮潤澤,因而'澤'具有'光潤'義。受此影響,在盛行研習和解釋《易經》的漢代,代表'澤'的'兑(悦)'也就沾染上了此義,並隨後流行開來",上文已經分析指出,漢代的兩例"悦澤"並未成詞,"悦"仍然脱不開"喜悦"的本義。"悦澤"能夠不受限制地使用在各種場合,已經是魏晉以後了。

綜上,本文梳理了"悦澤"的形成和演變過程:《周易·説卦傳》中,"兑(悦/説)"與"澤"總是同時出現;到了漢代,熟習《説卦傳》的學者創造性地將"悦""澤"連用來修飾禽類毛羽,此時"悦澤"的使用很受限制;魏晉以後,"悦澤"的使用范圍大大擴展,已經凝固成雙音詞,同時出現了單用"悦"來表示"光潤"的例子。范崇高(2012)給出三例:(蒿本)主婦人疝瘕,陰中寒、腫痛,腹中急,除風頭痛,長肌膚,悦顔色。(《神農本草經》)|言畢,高兩眼稍開,光色還悦。體通汗出,其汗香甚。(《高僧傳》卷十一)|《淮南萬畢術》曰:柏令面悦。取柏三寸,土瓜三枚,大棗七枚,和膏湯洗面,乃塗藥,四、五日光澤矣。(北宋唐慎微《證類本草》卷十二)從《證類本草》所引《淮南萬畢術》一例來看,"悦"與"光澤"相對,將"悦"解釋爲"光潤"無疑是最合適的。

值得注意的是,"悦澤"從產生之初,就使用在比較文雅莊重的語體裏,並不是真正通俗鄙俚的口語詞。如范崇高(2012)和王虎、張明輝(2016)已引《神仙傳》卷七《趙瞿》"顔色豐悦,肌膚悦澤"、《太平廣記》卷一一八《東方朔》"帝以脂塗面,便悦澤","顔色""肌膚""脂"[1]"面"等都是文言詞。本文認爲,"悦澤"完全是文人化用典故的創造,又在文人筆下完成了意義和用法的轉變。其過程如下:

"兑(悦/説)""澤"同現——"悦""澤"連用——"悦澤"成詞
　　(《周易·説卦傳》)　　　(漢代《易》學家)　　(魏晉文人)

---

[1] 汪維輝(2018)引龍丹(2007)指出,在魏晉口語程度較高的漢譯佛經、小説以及其他雜著(如《肘後備急方》)中,"油"的出現次數(127例)已經超過"脂"(118例)和"膏"(68例)。

二、"悦澤""悦懌"互易辨

王虎、張明輝（2016）説："六朝以後，'悦澤''悦懌'並行，都表示亮麗義。至於'悦澤''悦懌'二詞有什麼關係，我們認爲古漢語中有些形音義相近而淵源各異的詞，不必一定要分析出源流，也不必斷定孰對孰錯"，事實上，六朝以後"悦澤""悦懌"在文獻中分用劃然。文獻傳抄過程中的文字訛混，很多時候並不表示兩者通用，這一類異文需要多加區別。魏晉唐宋間與體貌相搭配的"悦懌"用例多見：

（8）阮籍《詠懷》之十六："昔日繁華子，安陵與龍陽。夭夭桃李花，灼灼有暉光。悦懌若九春，磬折似秋霜。"

（9）《博物志・雜説下》："人有山行墮深澗者，無出路，饑餓欲死。左右見黽蛇甚多，朝暮引頸向東方，人因伏地學之，遂不饑，體殊輕便，能登岩岸。經數年後，竦身舉臂，遂超出澗上，即得還家。顏色悦懌，頗更黠慧勝故。"

（10）《玄怪録・張左》："少年南次鄠杜，郊行，見有老父乘青驢，四足白，腰背鹿革囊，顏甚悦懌，旨趣非凡。"

例（8）《藝文類聚》卷三三、《天中記》卷四、《古詩鏡》卷七引作"悦澤"。例（9）《太平御覽》卷六九引《幽冥録》作"悦澤"。例（10）明刻本《幽怪録》作"悦澤"，而中華書局《古小説叢刊》本《玄怪録》校勘記："懌原作澤，據《廣記》改"，這是把原本正確的"悦澤"改錯了。以上三例，范崇高（2012）已經正確地指出："古書中該用'悦澤'的地方常常被人用爲'悦懌'。"王虎、張明輝（2016）不明此理，認爲例（8）"悦懌"與"磬折"對文，應當解釋爲"亮麗"。事實上，此例"悦懌"當據《藝文類聚》等作"悦澤"。文獻中修飾體貌的"悦懌"還有數例：

（11）《抱朴子内篇・對俗》："人道當食甘旨，服輕暖，通陰陽，處官秩，耳目聰明，骨節堅強，顏色悦懌，老而不衰，延年久視，出處任意，寒溫風濕不能傷，鬼神衆精不能犯，五兵百毒不能中，憂喜毀譽不爲累，乃爲貴耳。"

（12）《嶺表録異》卷下："如此蝮蛇極羸弱，及其鹿消，壯俊悦懌，勇健於未食鹿者。"

（13）《博異志・張遵言》："乃一白犬……毛彩清潤，悦懌可愛。"

（14）《玄怪録・杜巫》："杜巫尚書年少未達時，曾於長白山遇道士貽丹一丸，即令服訖，不欲食，容色悦懌，輕健無疾。"

例（11）王明《抱朴子内篇校釋》："'悦懌'敦煌作'和澤'。影古寫本同。"《神仙傳》卷一引作"和澤"，《太平廣記》卷二引作"和澤"，《云笈七簽》卷五六引作"悦澤"。例（12）《太平廣記》卷四五六、《粤西叢載》卷二三引作"悦澤"。例（13）輯録自《太平廣記》卷三〇九，列於《古小説叢刊》本《博異志》的"補遺"部分，張國風《太平廣記會校》校記曰："懌，沈本作'澤'。"王虎、張明輝（2016）引此例認爲"悦懌"修飾體貌，同樣是没有正確認識"悦懌""悦澤"之别。例（14）輯録自《太平廣記》卷七二，《三洞群仙録》卷二〇引作"容色悦澤"。上揭七例"悦懌"都有"悦澤"的異文，在各自語境中，用來修飾體貌的顯然應該是"悦澤"。

漢代以來"悦懌"主要表示"歡樂；愉快"的形容詞義，如漢·班固《白虎通·禮樂》："鄭國土地民人山居穀汲，男女錯雜，爲鄭聲以相悦懌"，唐·杜甫《鄭典設自施州歸》："聽子話此邦，令我心悦懌"，《太平廣記》卷三二六："紹祖悦懌，直前撫慰"等。也就是説，文獻中見到的用"悦懌"修飾體貌的例子，不過是"悦澤"的訛混罷了。祝鴻熹（2005：571）"悦懌"條分列兩個義項：①高興愉快。②悦澤，光潤悦目。義項②所引例（8）嵇康《詠懷》詩，前文已經指出"悦懌"乃是"悦澤"之訛，故義項②應當刪去。沈澍農（2007：69）認爲修飾體貌時，"悦懌"是正位字，"悦澤"都應改爲"悦懌"，這也是不明"悦澤""悦懌"之别而造成的誤解。文獻中"澤""懌"相混的例子亦不鮮見：

（15）《班馬字類（附補遺）》"闓"："《漢書·司馬相如傳》：'昆蟲闓懌'，讀曰凱。《史傳》作'闓澤'，澤音懌。"

（16）《釋名》："酒，酉也，釀之米麴酉澤。"畢沅《疏證》："《初學記》'澤'引作'懌'，誤。"

（17）《明憲宗實録》卷二四七："鎮國中尉相燦第二子名曰規懌。"《校勘記》："抱本懌作澤。"

以上我們認爲，"悦懌"和"悦澤"在漢代以後各有特定的詞義和用法，文獻中"懌"和"澤"的訛混不能簡單認爲是通用。從實際情況來看，"悦懌"僅在上古《詩經》中有一例表示"喜歡"的動詞義，而没有修飾體貌的用法；漢代以來"悦懌"主要表示"歡樂；愉快"的形容詞義；魏晉唐宋間修飾體貌的"悦懌"，實際上都是"悦澤"的訛混。

傳世文獻多有異文，這些異文本身往往是解決問題的關鍵。王虎、張明輝（2016）引黄征、吴偉《敦煌願文集·萼嘮鹿舍施追薦亡妻文》"當趣報於天廚，所生身相悦澤（懌）"，認爲"悦澤"解釋得通。實際上從本文第二部分的分析來看，《敦煌願文集》的整理者將"澤"校爲"懌"是正確的，"悦懌"在這裏表示"歡樂；愉快"義。

參考文獻

范崇高. "悅"有"光潤悅目"義例説. 現代語文（語言研究版），2012（11）.

廖名春. 清華簡《筮法》篇與《説卦傳》. 文物，2013（8）.

劉延剛.《周易·説卦傳》成書年代新探. 四川師範學院學報（哲學社會科學版），1990（4）.

牛僧孺. 玄怪録. 程毅中，點校. 北京：中華書局，1982.

屈守元. 韓詩外傳箋疏. 成都：巴蜀書社，1996.

尚秉和. 焦氏易林注. 北京：光明日報出版社，2005.

沈澍農. 中醫古籍用字研究. 北京：學苑出版社，2007.

汪維輝. 東漢—隋常用詞演變研究（修訂本）. 北京：商務印書館，2017.

汪維輝. 漢語核心詞的歷史與現狀研究. 北京：商務印書館，2018.

王虎，張明輝. 從心理域到體貌域——談"悅"詞義的演變. 中國語文，2016（4）.

王明. 抱朴子内篇校釋（增訂本）. 北京：中華書局，1986.

張國風. 太平廣記會校（附索引）. 北京：北京燕山出版社，2008.

祝鴻熹. 古代漢語詞典（修訂本）. 成都：四川辭書出版社，2005.

On the Origin of "Yue"（悅）'s Meaning of "Smooth（光潤）"

Xu Junwei

Abstract：In documents of the Middle Ages, "Yue（悅）" not only means psychological activities, but also can be used to modify physical appearance, meaning "smooth（光潤）". This paper holds that scholars who were familiar with "*Shuo Gua Zhuan*（説卦傳）" creatively used "Yue（悅）" and "Ze（澤）" to modify poultry feathers. At this time, "Yueze（悅澤）" was not a word yet. After Wei and Jin Dynasties, the scope of "Yueze（悅澤）" was greatly expanded, and at the same time, there were examples of using "Yue（悅）" to express "smooth（光潤）". After the Six Dynasties, "Yueze（悅澤）" and "Yueyi（悅懌）" were used differently in literatures. The confusion between "Yi（懌）" and "Ze（澤）" can not be simply regarded as universal.

Keywords：yue（悅）；smooth（光潤）；origin；semantic change

（許峻瑋，湖南大學中國語言文學學院）

四川方言"居"tɕy¹（刺）的本字及其歷史演變

張　強　周及徐

提　要： 四川方言中"居"tɕy¹（刺）的本字有"鍋""棘""鑴"等多說，本文指出"居"tɕy¹（刺）實際爲"錐"的音變，並討論了歷史音變規律和音變產生的時間。

關鍵詞： "居"（刺）；本字；四川方言；歷史音變

一、四川方言中"居"tɕy¹ 爲刺義的現象及疑問

四川方言有一個共同的方言口語詞，把錐、刺（動詞）讀做"居"tɕy¹。四川方言屬於西南官話，主要分兩大派，一是以成都話爲代表的湖廣話，一是以川西、川南諸市縣爲代表的南路話，都有這個說法。"居"（刺）這個詞分布得很廣，從川西平原，一直到川東和重慶市，從川北到川南，甚至雲南的一些地區，都是這樣說。很多方言詞典記載了這個詞，如：[①]

【居】tɕy¹ ①錐，刺：輪胎遭釘子～了一個眼兒。……②蜇：蜂子（蜜蜂）～得我好痛哦。

【居居】tɕy¹ tɕy¹ 刺狀物或突出的小尖兒。……蜂子尾巴上有一個～，居倒人好痛哦。（《成都方言詞典》第 68 頁）

【鍋】ju¹（動）（針、刺之類銳物）刺：針把手指拇～倒了。｜釘子把鞋底都～穿了，差點～倒腳板。

【鍋鍋】ju¹ ju¹（名）刺兒或刺狀物。……這黃瓜皮子上好多～。（《四川方言詞典》第 192 頁）

[①] 此文表中音節後上標數字表示調類，分別是 1（陰平）、2（陽平）、3（上聲）、4（去聲）、5（入聲）。

這些詞典中，"居"和"鋦"當然是同音替代字，代 tɕy¹ 這個音。不用說"居"沒有刺的意義，連"鋦"也沒有。鋦，見於《廣韻·燭韻》，居玉切，意為"以鐵縛物"，今指"鋦子"，是用銅鐵等制成的兩頭有鈎、可以連合器物裂縫的東西。比如以前用於補合裂成兩半的碗，今天已不用了，是個歷史詞。這裏只是同音替代字。而且這個"鋦"字是個入聲字，按湖廣話規律當讀陽平調，並不與"居"完全同音（見下表）。

也有一些專著來探索這個表示"刺"義而音"居"tɕy¹ 的四川方言詞的本字。四川宜賓左福光先生作《宜賓方言本字考與宜賓湘語研究》，考證發明方言本義很多，是一部研究四川方言的好書。但也偶有失當處。例如"棘"字條：

棘 ju⁵⁵ [tɕy¹] ①蜇、螫，即某些膜翅目昆蟲以尾部的毒針刺人或草木的刺刺人，統稱棘。鋒子棘人。……②引申為凡刺、紮（～針）、殺也叫棘：～一針｜～一刀。姜亮夫（294）①："棘，《方言》三：'凡草木刺人，江湘之間謂之棘。'《廣雅·釋詁二》：'棘，箴也。'《詩·斯干》：'如矢斯棘。'傳：'棱廉也。'，今昭人謂草木刺傷曰棘著。棘讀平聲，音如居。"或作"鐍"。《集韻》入聲術韻允律切："鐍，錐也。"《廣雅·釋詁一》王念孫疏證："如淳注《漢書·天文志》云：'有氣刺日為鐍，音古穴反。'"（《宜賓方言本字考與宜賓湘語研究》第 91 頁）

這裏，左先生提出了兩個可能是"居"（刺）本字的詞，"棘"和"鐍"。首先，"棘"音 tɕi²，標為 tɕy¹ 的依據是錯誤的，見下文。其次，"鐍"的音也應是《广韵》的"古穴切"，音決 tɕye²，本義是環（帶扣），依王念孫疏證有刺義。如依《集韻·術韻》"鐍"音允律切訓"錐也"，今當音 y²，應是另一詞，語音遠隔，不應用之證明它與"棘"的音義關聯。"棘"或"鐍 tɕye²"都是入聲字，如果它們是 tɕy¹（刺）的本字，南路話就會讀入聲調，韻母也會大不一樣。語音是極有規律的，即便是古韻書中生僻字的讀音，也可依其音韻地位推出古音和今音。這幾個字的讀音會如下表：

以成都話代表湖廣話，以崇州音代南路話。音節後"文"表示文讀，"白"表示白讀。（參見《岷江方音字匯——20 世紀四川方音大系之一》）

方言	棘	鐍（古穴切）	鐍（允律切）	鋦	居
普通話	tɕi²	tɕye²	y²	tɕy¹	tɕy¹
成都話	tɕi²	tɕye²	y²	tɕy²	tɕy¹
崇州話	tɕie⁵	tɕio⁵	io⁵	tɕio⁵	tɕy¹

---

① 姜亮夫《昭通方言疏證》，雲南人民出版社，2002 年。

方言找本字，要求聲、韻、調都要與古音對應，要有語音規律可循，要把"古音跟現代方言聯系起來……在字音上作出正確的判斷"。(李榮《考本字甘苦》)。詞是音義的結合體，在意義上做出判斷相對容易，在語音上做出判斷則要遵循規律，一絲不苟，不能含糊不清。實際上，這就是把歷史比較語言學的語音對應規律的原理，運用在漢語方言研究中。

"鐍"的字音，要麼依《廣韻》古穴切今音 tɕye², 要麼依《集韻》允律切今音 y², 是不會有 tɕy¹ 這個音的。左福光先生宜賓人，熟悉南路話，他知道語音對不上，放棄了"鐍"字與"居"同音。但還是說"以棘字爲正"。棘，《廣韻·職韻》紀力切，"小棗，亦越戟名。又筬也"。棘即酸棗樹，有刺，所以引申爲刺，意義還說得通。但語音差遠了，中古音和今音都不同：棘，見母職韻開口，kɨk＞tɕi²；鐍，見母屑韻合口，kiuet＞tɕye²。這不可能是同一詞。僅以今音而論，南路話"棘" tɕie⁵、南路話"鐍" tɕio⁵，與南路話的"居" tɕy¹ 也很不相同，南路話表現爲特有的入聲韻和入聲調。就是無入聲調的湖廣話，"棘""鐍"也依"入歸陽平"的規律歸入的陽平調，與"居"的陰平調不同。更有今韻母也不同，"棘"是齊齒呼，"居"是撮口呼。它們怎麼會是同音的呢？究其原因，是姜氏書（294）條的疏證。姜亮夫先生是訓詁大家，功底深厚，又看重方言材料，所以他研究自己的方言的專著《昭通方言疏證》很爲人看重，常爲人引用。但是，雲南昭通地區方言有一個特點：撮口呼缺失，原爲撮口呼的字都變爲齊齒呼，這是西南官話貴昆片的特點。所以姜亮夫才在書中把"棘"說成是"音如居（tɕi¹）"，姜氏口中的"居"是齊齒呼，這就明白了。可這是一個特殊的語音現象，是西南官話貴昆片在近現代演變的結果，並不是古音，也不是漢語方言中普遍存在的音。語言研究不能以一地的特殊音作標准，以《切韻》爲代表的漢語中古音和全部漢語方言的現代音爲依據才能歸納出漢語語音發展的規律。

綜上，"棘"或"鐍"是不會有 tɕy¹ 這個音的，以其爲四川方言 tɕy¹（刺）本字，是經不起漢語語音規律檢驗的，不能成立。

二、"錐"音"居" tɕy¹ 的演變過程

錐，《廣韻·脂韻》職追切，章母脂韻合口平聲字。按語音規律今當爲舌尖後聲母合口陰平調字，下表是"錐"在四川方言中幾個代表點的讀音，對照普通話（北京音）：（四川方言音參見《岷江流域方音字匯——20世紀四川方音大系之一》）

	北京	成都	崇州	自貢
錐	tʂuei¹	tsuei¹	tsuei¹	tʂuei¹

自貢"錐"音 tʂuei¹，是翹舌聲母。這提示人們四川方言在早期的時候是有中

古知照組變來的翹舌聲母的，這在現代四川方言仍有系統的反映。後來翹舌聲母大部變爲了舌尖音，與精組聲母成爲一類。就是這個變化，爲"錐"變音"居"准備了條件。

"雖""遂""穗"等字是精組脂韻合口字，在四川方言中，這些字有一種特殊的演變現象，聲母齶化，韻母讀爲與"居"同韻。（周及徐 2004）

方言點	雖	遂	穗	荽（芫～）	隧	慰
北京話	suei¹	suei²	suei⁴	suei¹	suei⁴	uei⁴
老成都話	ɕy¹	ɕy4	ɕy¹	ɕy¹	ɕy⁴	y⁴
崇州話	ɕy¹	ɕy4	ɕy¹	ɕy¹	ɕy⁴	y⁴

老派四川話中，"雖然"讀音同"須然"，"遂寧"（地名）讀音同"敘寧"，"芫荽"讀音同"鹽須"，"隧道"讀音同"敘道"，"慰問"讀音同"預問"。

音韻學上，把這種現象叫做"脂微入魚"，指脂、微韻的合口字讀入了魚韻。這些脂、微韻的合口字，變爲通常是魚韻的讀音。

"錐"是脂韻合口章母字，因爲四川方言大多失去翹舌聲母變爲舌尖前聲母，就成爲與"雖"等同類了，也加入到了這個舌尖前聲母與前高元音韻母的齶化音變中，形成下面的情況：

	北京	成都	崇州	宜賓
雖	suei¹	suei¹ 文 ɕy¹ 白	suei¹ 文 ɕy¹ 白	suei¹ 文 ɕy¹ 白
錐	tʂuei¹	tsuei¹ tɕy¹ 白	tsuei¹ tɕy¹ 白	tsuei¹ tɕy¹ 白

原來，四川方言中"居"tɕy¹（刺義）是"錐"的白讀音，聲、韻、調俱合。"錐"在近現代四川方言中的變化過程如下：錐 tʂuei＞tsuei＞tsui＞tɕy，聲調則是規則地清聲母平聲字變陰平調。

至於"居"的演變，則是與通常的北方方言相同的：居，見母魚韻平聲，中古以後的字音變化：居 kiʌ＞kiɔ＞kiu＞tɕy。① 經過長時間的演變，"錐""居"二字在四川方言中由完全不同音變成爲同音字，聲、韻、調完全相同，岷江東北的湖廣話和岷江西南的南路話都是這樣。

在漢語南方方言，"錐"的讀音也有齶化的演變。以下引自《漢語方音字匯》（第二版重排本）。

---

① 本文《切韻》音按鄭張尚芳體系，見鄭張尚芳《上古音系》修訂本，上海教育出版社，2014年。

四川方言"居"tɕy¹（刺）的本字及其歷史演變 | 231

	長沙（湘方言）	廣州（粵方言）	陽江（粵方言）	建甌（閩方言）
錐	tɕyei¹	tʃøy¹ 文 jøy¹ 白	tʃui¹ 文 jui¹ 白	tsy¹

值得注意的是，廣州話和陽江話中，盡管是文讀音，聲母還是齶化的。可見"錐"讀齶化聲母撮口韻，不是四川方言獨有的現象。

這些方言中的"居"的見母大多沒有齶化，或魚脂兩韻有分別，所以"錐""居"不同音。不過，長沙話中這二字的音已經比較接近了。如下表：

	長沙（湘方言）	廣州（粵方言）	陽江（粵方言）	建甌（閩方言）
錐	tɕyei¹	tʃøy¹	tʃui¹	tsy¹
居	tɕy¹	køy¹	kei¹	ky¹

三、錐讀 tɕy¹ 形成的大致時間

漢語史研究中，某詞的某個歷史階段語音形式形成的時間，要准確地判斷往往是一個難題，這需要文獻資料的佐證，而文獻資料又缺乏記載。錐讀音 tɕy¹ 形成的時間也是這樣。現根據現有資料，試論如下。

左福光先生認爲至少在宋代就有了。在其書中如下說：

蟲子蜇人、螫人，還有一個"蛆"字。蛆，《集韻》平聲魚韻"子余切"，《廣韻》："蜇、螫，亦作蛆。"蛆、蜇、螫三字中古同義。（《宜賓方言本字考與宜賓湘語研究》第 91 頁）

如果依《集韻》蛆（子余切），精母魚韻 tsiʌ＞tsiɔ，到是符合變爲今音 tɕy¹。我們來看看《廣韻》《集韻》是如何說的。

《廣韻·薛韻》："蜇，螫也。亦作蛆。"《集韻·魚韻》子余切下："蛆，蝍蛆，蟲名。"余迺永《新校互註 宋本廣韻》在"蜇"字下校語："蜇字段校改作'蛆'，慧琳《一切經音義》六十二卷十六頁蜇字注：'展列反，考聲云：蜇，毒蟲螫也。文字典說從虫，折聲，亦從旦作'蛆'也。"而螫字在《廣韻·昔韻》施隻切，"螫，蟲行毒，亦作螫（左上赤作亦，余迺永校語）"。（《新校互註 宋本廣韻》（增訂本）第 497、517 頁）螫字並沒有異體字"蛆"。這樣看來，《廣韻》的蜇的異體字"蛆"當作"蛆"，"蛆"是一個誤字。《集韻》的"蛆"（子余切），意義爲蟲名，也與刺義無關。所以，在宋代已經有刺義讀"子余切"的詞，其說不成立。

錐用爲動詞在南北朝時期就有。例如：北齊劉晝《新論·崇學》："蘇生患睡，親錐其股。"南朝梁劉勰《文心雕龍·養气》："夫學業在勤，故有錐股自厲，志於文也。"（轉引自《漢語大詞典》）但是，"錐"要讀爲齶化音，聲韻同"居"，產生的時間要晚得多。因爲在這個時代，連"居"字也還是舌面後音，沒有齶化，更不

會是撮口呼。

明代李實《蜀語》羅列四川方言詞語 563 例，其中與（草木昆蟲）錐刺意義有關的詞有三條：

"蟲螫人曰蠚。""蠚草曰蕁（薟）麻，……又名蠚麻。""蠚蟲曰蚎，蚎音納。"

詞條及解釋語中，不見使用動詞"錐"及與"居"tɕy¹（刺）相近的音義，可見明代四川尚不用或少用"錐"作動詞，也不讀居，否則李實會作記載。

清末民國初年四川簡陽人傅崇矩所作《成都通覽》（1909 年出版），所收成都話詞語眾多，亦無表示錐刺意義的"居"tɕy¹ 及同音字。

成都現代小說作家李劼人（1891—1962 年）成都話長篇小說《死水微瀾》《暴風雨前》《大波》三部，其中亦未查見錐刺意義的"居"tɕy¹ 及同音字。

英國傳教士鍾秀芝在他的四川方言著作《西蜀方言》（Adam Grainger. Western Mandarin, 1900）中，卻記錄了這個詞。他標明"錐"tsue¹ 的動詞與"疽"同音，讀 tsy¹ [tɕy¹]（第 704 頁）。並舉例句"茨把腳錐了""蜂子錐人"（第 535 頁）。從現有材料看，鍾氏是第一個在書面記錄成都話刺義讀 tɕy¹ 音的人，並認識到其是"錐"的動詞。而同時的另一個傳教士記錄成都話的著作《民國四川話英語教科書》（啟爾德 Omar Kilborn，1917）則無記載。①

從這些比較有代表性的現代成都話著作來看，"錐"有 tɕy¹ 音，是比較晚的事。僅僅是現代階段，錐才成為了"居"tɕy¹ 的同音詞。

四、餘論

漢語歷史音變中，除了有規律的音變，還有一條重要的規律：常用詞語音滯後。指一些口語常用詞由於使用頻率高而語音強化，它們的語音形式不隨大多數詞按音系中的音變規則變化，而停留在原來的語音形式上。這是一條"規律之外的規律"。最典型的例子如"爸"是"父"的上古音滯後，"他"是本字的中古音滯後，四川方言"我"ŋo³ 是本字的近古音滯後，等等。錐，中古音 tɕiui 平聲，按四川方言一般規律變化：錐 tɕiui＞tʂuei＞tsuei。這是今天的一般讀音。還有另一條音變道路可以形成另一音，就是音變滯後。動詞的"錐"因為常用，語音滯後，中古音僅發生了微小的改變，聲母停留在了原來的樣子，韻母撮口化：tɕiui＞tɕy。但是，見系細音字齶化在 13 世紀就在北方方言中發生了，而我們在元明以至清代末年民國初年的文獻中，卻找不到四川方言"錐"讀 tɕy¹ 的例子，而現代"錐"讀 tɕy¹ 又在四川以及周圍地區很廣泛地使用。這就是我們不採用"錐"字讀居是中古語音

---

① 文章寫成後，感謝四川師範大學文學院周岷老師又提供了鍾秀芝《西蜀方言》的材料，研究生何怡雯提供了啟爾德《民國四川話英語教科書》的資料，故再作此段補充。

滯後說而認爲"錐"音 tɕy¹ 是現代四川方言音變結果的原因。

參考文獻

北京大學中文系語言學教研室. 漢語方音字匯（第二版重排本）. 王福堂, 修訂. 北京：語文出版社, 2003.

姜亮夫. 昭通方言疏證. 昆明：云南人民出版社, 2002.

李實. 蜀語. 黃仁壽、劉家和, 校注. 成都：巴蜀書社, 1990.

梁德曼, 黃尚軍. 成都方言詞典//李榮. 現代漢語方言大詞典. 南京：江蘇教育出版社, 1998.

启尔德. 民國四川話英語教科書（第二版）. 成都：四川人民出版社, 2018.

王文虎, 張一舟, 周家筠. 四川方言詞典（第二版）. 成都：四川人民出版社, 2014.

余廼永. 新校互註宋本廣韻（增訂本）. 上海：上海辭書出版社, 2000.

鄭張尚芳. 上古音系（修訂本）. 上海：上海教育出版社, 2014.

周及徐. 巴蜀方言中"雎遂"等字的讀音及歷史演變. 中華文化論壇, 2004 (4).

周及徐. 岷江流域方音字匯——20世紀四川方音大系之一. 成都：四川大學出版社, 2019.

左福光. 宜賓方言本字考與宜賓湘語研究. 香港：華文國際出版社, 2016.

Grainger, Adam. 1900. *Western Mandarin*, *or*, *The Spoken Language of Western China*, Shanghai：American Presbyterian Mission Press.

The Original Character of "居" tɕy¹ (stab) in Sichuan Dialect and its Historical Evolution

Zhang Qiang, Zhou Jixu

Abstract：There are various opinions about the original characters of "居" tɕy¹ (stab) in Sichuan dialect, such as "錭" "棘" and "鑐". This paper points out that "居" tɕy¹ (stab) is actually the sound change of "錐", and discusses the regularities and time of historical sound changes.

Keywords："居" tɕy¹ (stab); original character; Sichuan dialect; historical sound change

（张强、周及徐，四川師範大學文學院）

"赤羖䍽"考

雷漢卿　申　娟

提　要： 在近代口語化文獻中"羖䍽"有多種異寫，但均指山羊。本文認爲禪宗語錄的"赤骨力"與王梵志詩"赤羖䍽"是同義詞（赤裸義），通過引證大量文獻糾正了字典辭書對有關"山羊"系列詞語解釋的訛誤。

關鍵詞： 赤骨力；赤羖䍽；駒驢；《漢語大字典》；《漢語大詞典》

古代白話文獻有"赤骨力""赤羖䍽"兩則俗語詞，白維國主編《近代漢語詞典》（以下簡稱《詞典》）釋義如下：

【赤骨力】赤裸，喻指空無所有。《五燈會元》卷四《長沙景岑禪師》："夏天赤骨力，冬寒須得被。"又卷一九《南華知昺禪師》："變大地作黃金，窮漢依然赤骨力。"

【赤羖䍽】同"赤骨力"。唐王梵志《思量小家婦》："自著紫臭翁，餘人～。"按："臭翁"段觀宋疑爲"襂襘"之訛，並引《集韻・東韻》："襘，襂襘，衣名。"①

項楚《王梵志詩校注》引用《俗務要名林・雜畜部》《三國志》《北史》等文獻證明"餘人赤羖䍽"之"羖䍽"是一種黑羊，并指出"赤羖䍽"指的是"光板無罩面之黑山羊皮"②。如此，則《詞典》和《王梵志詩校注》對於"赤羖䍽"的解說截然不同，究竟孰是孰非？有必要進一步加以考辨。

一、文獻所見山羊名稱解詁

通過考察發現，中古及近代白話文獻所見"羖䍽"指的都是山羊，而且有多種

---

① 白維國主編《近代漢語詞典》，上海教育出版社，2015年，第223—224頁。
② 項楚《王梵志詩校注》（修訂本），中華書局，2019年，第351頁。"紫臭翁"，項楚校作"紫臬䫂"。"䫂"即靴筒。《廣韻・東韻》："䫂，吳人靴䩛曰䫂。""紫臬"典出《韓非子・外儲說左上》。參《王梵志詩校注》第351頁注釋［六］。

書寫形式。

【羖䍽】《三國志·魏志·管寧傳》裴注引《魏略》所謂《祝䖝歌》："本心爲當殺羣羊，更殺其羖䍽邪！"《玉篇·羊部》："羖，羖䍽羊。"《廣韻·姥韻》："羖，羖䍽羊。"《類篇·羊部》："䍽，羖䍽，山羊。"唐吳融《贈廣利大師歌》："莫輕河邊羖䍽，飛作天上麒麟。"敦煌文書 S.617《俗务要名林》："羖䍽。上音古，下音歷。"《松漠紀聞·續》："關西羊，出同州沙苑，大角虯上盤至耳，最佳者爲臥沙細肋北羊，皆長面多䰅，有角者百無二三，大僅如指，長不過四寸，皆目爲白羊。其實亦多渾黑……性畏怯，不抵觸，不越溝塹。善牧者每群必置羖䍽羊數頭（自注：羖䍽：音古力。北人訛呼羖爲骨），仗其勇狠，行必居前。遇水則先涉，群羊皆隨其後。以羖䍽發風①，故不食。"②元代古本《老乞大》："這個羝羊、騸胡羊、羯羊、羖䍽羔兒、母羖䍽，都通要多少價錢？"元寇宗奭《本草衍義·羖羊角》"羖䍽羊"："出陝西、河東，謂之羒䍽羊。尤狠健。毛最長而厚，此羊可入藥。如要食，不如北地無角大白羊也。"

明盧之頤《本草乘雅半偈》第四帙："羖羊亦有褐色、黑色、白色者，毛長尺餘，亦謂之羖䍽羊。北人驅引大羊，則以此羊爲首，名曰羊頭。河東亦有羖䍽羊，尤狠健，毛長而厚，入藥亦佳。"清光緒年間《岷州鄉土志·物產·羊》："有羖䍽，長毛少茸而光滑，亦製爲裘。"李鼎超《隴右方言·釋動物》："郭璞注《爾雅》云：'夏羊，黑羖䍽。'今呼山羊爲'羖䍽'，聲近'駒律'。"李恭《隴右方言發微》："今渭水流域通稱牝牡有角之羖羊曰羖䍽，白色者曰白羖䍽，黑色者曰黑羖䍽。""羖䍽羊"指有別於綿羊的食草動物——山羊。西北民間文學作品有"羊羖䍽"的說法，其中"羊"指綿羊，"羖䍽"指山羊。甘肅河州花兒："石頭崖上的芨芨草，羊羖䍽吃多少哩？"③又："太子山裏雨來了，羊羖䍽收不下圈了。"④因爲是方言記音，"䍽"直接寫作"歷"："羖歷一幫羊一幫，羊夥裏來狼者哩。"作者自注："羖歷：山羊。"⑤"羊一幫"指一群綿羊。

【羖䍽】元代忽斯慧《飲膳正要》卷三《獸品》："羖䍽，味甘平無毒，補五勞（癆）七傷，溫中益氣，其肉稍腥。"敦煌發現唐五代社會經濟文書裏"羖䍽"可以單稱"羖"，如敦煌文獻 P.3945 卷："七口大羖母，三口羖母羔，七十六口白羯，

---

① 發風：指容易誘發疾病。羊肉特別是山羊肉民間稱爲"發物"，加上羊肉含有較高的蛋白質、脂肪等，某些熱性病，如痰火濕熱及傳染病，浮腫以及患外感、牙病、癬腫、痔瘡及高血壓等症者不宜食羊肉。
② 李澍田主編長白叢書之一《松漠紀聞續》，吉林文史出版社，1986年，第41頁。
③ 郗慧民《西北花兒學》，蘭州大學出版社，1989年，第111頁。
④ 張亞雄《花兒集》，中國文聯出版社，1986年，第75頁。"收不下圈"意思是收不到羊圈裏來了。
⑤ 郗慧民、郗萌《"花兒"物質民俗的文化內涵》，《西北民族大學學報》2005年1期。

七口羯。"又:"一十六口羖:一十三口大母,一口羝、二口羝羔。"① "羖母"就是"羖母",即《老乞大》所説"母羖羺"。"羖母羔"爲羖羺(山羊)所生母羔("女羔子")。從"十六口羖"之組成可知"大母"即母山羊,"羝"是公山羊,"羝羔"是公山羊羔("兒羔子")。"羖母羔"就是山羊所生母羊羔("女羔子")。P. 2484《戊辰年十月十八日就東園算會小印子群牧馳馬牛羊見行籍》中"羖"又作記音字"古",有"大古羯"、"二齒古羯"之説②。P. 3272《丙寅年牧羊人兀甯牒狀》有"白羊羯兩口,羖羯壹口。又付宋宅官羖羊"、"羖母羊壹口"③。"白羊羯"是閹割後的公綿羊(見後文),"羖羯"是經過閹割後的公山羊。

【鞠羘】明代《西域土地人物略》記載西域城市安各魯城用"鞠羘羊毛織褐子"④。"褐子"這裏指的是用山羊毛所織的毛織品,李漁《閒情偶寄》卷三《賓白第四·少用方言》:"《孟子》一書亦有方言,天下不知,而予獨知之。予讀《孟子》五十餘年不知,而今知之。請先畢其説。兒時讀'自反而縮,雖褐寬博,吾不惴焉',觀朱注云:'褐,賤者之服。寬博,寬大之衣。'心甚惑之。因生南方,南方衣褐者寡。間有服者,強半富貴之家,名雖褐而實則毻也。因訊蒙師謂:'褐乃貴人之衣,胡云賤者之服? 既云賤矣,則當從約。短一尺省一尺購辦之資,少一寸免一寸縫紉之力。胡不窄小其制,而反寬大其形,是何以故?'師默然不答。再詢,則顧左右而言他。具此狐疑,數十年未解。及近游秦塞,見其土著之民,人人衣褐。無論絲羅罕覯,即見一二衣布者,亦類空谷足音。因地寒不毛,止以牧養自活。織牛羊之毛以爲衣,又皆麁而不密,其形似毯。誠哉其爲賤者之服,非若南方貴人之衣也。又見其寬則倍身,長復掃地。即而訊之。則曰:此衣之外,不復有他,衫、裳、襦、袴,總以一物代之。日則披之當服,夜則擁以爲衾,非寬不能周遭其身,非長不能盡履其足。"褐子是西部地區遊牧民族用撚成的羊毛線手工織成的用來製作衣、褂、褡褳和被面等的傳統紡織品,李漁所説"名雖褐而實則毻"是説褐子是用山羊絨紡織而成。清代《皇清職貢圖》:"西寧縣土智慧祁憲邦等所轄東溝等番民……番民男戴白羊皮帽,著長袍褐衣。"⑤ 褐衣用褐子織成,織褐子的原材料是用手工撚製羊毛(山羊、綿羊均可)而成的毛線,成品雖然粗糙,但結實耐

---

① 唐耕耦、陸宏基《敦煌社會經濟文獻真跡釋錄》(第三輯),全國圖書館文獻縮微複製中心,1990年,第587—589頁。《唐五代宋初敦煌畜牧業研究》:"羖,乃殺羊之俗寫字,亦簡寫作'古'。即黑色之夏羊牡。"臺北新文豐出版股份有限公司,2003年,第71頁。按:"黑色之夏羊牡"是誤解,見後文。
② 唐耕耦、陸宏基《敦煌社會經濟文獻真跡釋錄》(第三輯),全國圖書館文獻縮微複製中心,1990年,第590—595頁。
③ 法國國家圖書館編《法藏敦煌西域文獻》,上海古籍出版社,1997年,第22—336頁。
④ 明李應魁《肅鎮華夷志》,高啟安、邰惠莉校注,甘肅人民出版社,2006年,第76頁。
⑤ [清]傅恒等《皇清職貢圖》,遼瀋書社,1991年,第519—531頁。

穿，具有良好的防水、避風、隔潮、耐曬、保溫的作用，是平常百姓生活必需品①。

【猏猂】清楊治平編《丹噶爾廳志》卷四《動物》："一曰山羊，俗名猏猂，色間蒼黃，毛粗於羊而絨特美。絨生於毛根，制氊帽、絨氊最佳。斤重皆不及羊，故價亦僅得其半。亦有家畜、番產二種。"②"毛粗於羊而絨特美"是說山羊毛比綿羊毛粗，因此保暖性相對差一些。但山羊絨卻很珍貴，是製作氊帽、絨氊的上品，有良好的回彈、吸震、防潮、保溫等性能。所謂"家畜"就是棧養，通過棧養育肥的羊叫"棧羊"③。《宋會要輯稿》："神宗熙寧三年五月二十一日制置三司條例司言：……棧養羊常滿三千口爲額，省其費用之四。"④

【羖羘】《朔方道志》："羖羘羊，一名沙羊，亦名山羊。此羊爬山便捷，肉亦鮮美，毛曰沙毛，有黑、白二種。"⑤清宣統年間《甘肅新通志》："羖羘，山羊也。"《清稗類鈔·動物類上》："（青海）有羖羘，黑多於白，角削身小。"《貴德縣誌·方言》："羖羘，俗謂山羊。"《貴德縣誌·物產·毛類》："羖羘羊：一名山羊，有黑、白二種。"⑥張文軒《蘭州方言中的諺語》："羖羘（讀音'具律'）瘦著哩，尾巴翹著哩（比喻人窮志不窮）。"⑦青海花兒："青羖羘羔兒麻沙沙，要吃個高山的草哩，夔看阿哥是娃娃家，一心兒要和你好哩。"⑧甘肅洮岷花兒："羊羔歲半了，叫你想成病漢了，吃藥也不應驗了。"⑨

【駒羅】清楊岫《豳風廣義》卷三《畜牧說·論羊》："一種羖羅羊，俗名駒羅羊，項下有須，毛粗長，作沙氊，避濕氣。性捷悟，善緣屋壁，其味亦美。"⑩"沙氊"正是用山羊毛織成的氊（用綿羊毛織成的則稱爲綿氊、白氊）。"沙"指粗糙不

---

① 清宣統元年（1909）《甘肅新通志》出現"黑褐衫"，它不僅指中國伊斯蘭教的一個支派，還代指中國伊斯蘭教教派人物楊保元。韓福良《中國伊斯蘭教嘎的林耶（楊門）門宦七輩道祖楊保元生平考》："（楊保元）十二歲時，即乾隆五十七年（1792年）前往化隆、循化等地求學。因家境窘迫，身穿一件黑羊毛織成的褐衫，早晚不離其身，因之人謔稱爲'黑褐衫'。"轉引自馬建民《宣統〈甘肅新通志〉所載黑褐衫考述》，《北方民族大學學報》2018年2期。
② 青海省民委少數民族古籍整理規劃辦公室編《青海地方舊志五種》，青海人民出版社，1989年，第248頁。
③ ［明］鄺璠《便民圖纂》卷一三《牧養》："棧羊法：向九月初買臕羯羊，多則成百，少則不過數十羫。初來時與細切乾草，少著糟水拌，經五七日後，漸次加磨破黑豆，稠糟水拌之，每羊少飼，不可多與，與多則不食，可惜草料，又兼不得肥，勿與水，與水則退臕、溺多，可一日六七次上草，不可太飽，則有傷，少則不飽，不飽則退臕。欄圈常要潔淨，一年之中，勿喂青草，喂之則減臕、破腹，不肯食枯草矣。"
④ ［清］徐松輯《宋會要輯稿·職官》二一之三，中華書局，1957年，第2854頁。
⑤ 馬福祥等纂修《朔方道志》卷三《輿地志·物產》，見《中國方志叢書·塞北地方》第二號，臺北成文出版社［據民國十五年鉛印本影印］，1967年，第172頁。
⑥ 分別見《青海地方舊志五種》，青海人民出版社，1989年，第722、728頁。
⑦ 張文軒《蘭州方言中的諺語——蘭州熟語簡介（一）》，《蘭州大學學報》1984年第1期。
⑧ 羅耀南《花兒詞話》，青海人民出版社，2001年，第76頁。
⑨ 甯文煥《洮州花兒散論》，甘肅民族出版社，1992年，第213頁。
⑩ ［清］楊岫《豳風廣義》，鄭辟疆、鄭元宗校勘，農業出版社，1962年，第167、170頁。

細膩。清方以智《物理小識·草木類上》："糙葉樹……葉沙，磨器細於木賊。獵梅葉亦沙，可用。"但是沙氈的防潮濕性能比綿氈好，宜於遊牧民族在野外帳篷裏使用。山羊善於攀登，懸崖峭壁都能行走自如，"性捷悟，善緣屋壁"正是山羊的習性。民間文學作品裡有又寫作"居歷（里）"，如甘肅河州花兒："居歷一夥羊一夥，羊夥裏來狼著哩。"甘肅洮岷花兒："居歷羊羔兒緞子黑，人是人的勢一個。"① 又洮岷花兒："居里羊羔跳城牆，把你好比小茴香。"② 又："居里羊羔花脊背，羊羔啞奶雙腳跪。"③

【羚勃】《松漠紀聞·補遺》："耀段，褐色。涇段，白色，生絲爲經，羊毛爲緯。……冬間毛落，去毛上之粗者，取其茸毛。皆關西羊爲之，蕃語謂之羚勃。"④ "茸毛"指的是山羊絨，古代叫"毳毛"（鳥獸所生細密之毛）。《周禮·天官·掌皮》："共其毳毛爲氈，以待邦事。"鄭玄注："毳毛，毛細縟者。"《天工開物》卷上《乃服·褐》："山羊毳茸亦分兩等：一曰搊絨，用梳櫛搊下，打線織帛……一曰拔絨，乃毳毛精細者，以兩指甲諸莖搦下，打線織絨褐。此褐織成，揩面如絲帛滑膩。"山羊絨相較於其他動物纖維具有柔軟、滑膩且有光澤等特點。

【羖（牯）䍽（鹿）】甘肅河州花兒："牛羊趕的者山裏了，羊羖䍽狼吃上了。" "羊羖䍽"指綿羊和山羊。又："太子山裏雨來了，羊羖䍽收不上圈了；遠路上看一趟你來了，人多者遇不上面了。"自注："羊是綿羊，羖䍽是山羊。"⑤ 又："羊夥裏來了個騷羖鹿，騷氣兒熏天下哩。"注："羖鹿，山羊。"⑥ 洮岷花兒："羖鹿羊羔花脊背，兩品黃蠟斗上插，把你好比薛仁貴。"⑦ "騷羖鹿"指種山羊，《老乞大》所謂"臊胡羊"。甘肅臨夏花兒："房前屋後的自留樹，舍裏栽的是果樹，圈裏叫的是羝牯䍽，院子裏跳的是白兔。"⑧

【骨力】敦煌文獻 S. 5878《某寺子年領得什物歷》："子年領得白羊毛氈拾柒領內二小故破。骨力毛氈廿壹內狹小六故破……"⑨

【矞芳】宋應星《天工開物》卷上《乃服·褐》："凡綿羊有二種：一曰蓑衣羊，剪其毳，爲氈爲絨片，帽襪遍天下，胥此出焉。古者西域羊未入中國，作褐爲賤者服，亦以其毛爲之……一種矞芳羊（番語），唐末始自西域傳來，外毛不甚蓑長，

---

① 包孝祖、季緒才編《岷縣花兒》，甘肅文化出版社，2013年，第25頁。
② 季緒才《岷州愛情花兒精選》，甘肅人民出版社，2006年，第85頁。
③ 季緒才《岷州花兒選集》，甘肅文化出版社，2013年，第93頁。
④ 宋洪皓《松漠紀聞補遺》卷下，遼海叢書影印本，遼沈書社，1985年，第209頁。
⑤ 郭正清《河州花兒》，甘肅人民出版社，2007年，第53頁。
⑥ 朱仲祿《愛情花兒》，敦煌文藝出版社，2002年，第343頁。
⑦ 汪鴻明、丁作樞編《蓮花山與蓮花山花兒》，甘肅人民出版社，2016年，第546頁。
⑧ 甘肅臨夏回族自治州文化局創作研究室編《臨夏花兒選》（第一集），臨夏回族自治州文化局，1982年，第18頁。
⑨ 《英藏敦煌文獻》第9冊，四川人民出版社，1995年，第186頁。

內毳細軟，取織絨褐，秦人名曰山羊，以別於綿羊。此種先自西域傳入臨洮，今蘭州獨盛。故褐之細者皆出蘭州。一曰蘭絨，番語謂之孤古絨，從其初號也。山羊毳絨亦分兩等：一曰搊絨，用梳櫛搊下，打線織帛曰褐子、把子諸名色。"這裡將綿羊和山羊分別加以描述，而且指出"喬芳羊"這一名稱來自"番語"。"喬"上古爲"以"紐，但從"喬"得聲之字如"譑"、"憍"爲"見"紐，讀音當如"羫""羖"，屬於記音字，其他書寫形式亦可以此類推。

【駒驢（驦）】《金瓶梅詞話》一七回："常言'機兒不快梭兒快，打着羊駒驢戰'。"又六九回："此是哥打着綿羊駒驦戰①，使李桂兒家中害怕，知道哥的手段。"《金瓶梅詞典》："駒驢：驢駒子、幼驢。"這個解釋顯然是錯誤的②。

從上述記載可知"駒驢"就是"羫羠"。因爲山羊"狠健""爬山便捷""性捷悟，善緣屋壁"，所以畜牧時綿羊群裏經常夥入山羊以爲頭羊，起引導作用③。近代日本學者經調查指出："因爲綿羊性情溫順而不活潑，所以普通綿羊 100 頭中，要配置 10 頭左右的山羊，以作綿羊的引導。"［なほ綿羊は性溫順にして行動活潑ならざるが故に、普通綿羊 100 頭に就き、性精悍なる山羊 10 數頭を配し、綿羊の訓練に当らせている。］④

知此則不難理解"打着羊駒驢戰"就是"殺雞給猴看"的另一種民間說法。辭書所謂"喻物傷其類，怕禍患牽連"的解釋十分牽強⑤，其癥結還在於沒有理解"綿羊"和"羫羠"的關係。

以上有關山羊的詞《近代漢語詞典》均未收錄，"駒驢"和"駒驦"《金瓶梅詞典》收錄，但《近代漢語詞典》卻闕而不收，不能不說是失誤。

現代各地方言關於山羊的名稱還有一些記音不同的名稱，如"骨驢""骨鹿""骨婁""駏驢""加拉"等⑥。從語音而言，表示"山羊"這一動物名稱的諸多異寫詞語前一個語素古音都屬見紐，後一個語素都屬來紐。

---

① 《說文·馬部》："驢，似馬長耳。"《類篇·馬部》："驦，又郎侯切，音婁。馬類。一曰大騾。"《字彙·馬部》："驦：與驢同。又郎侯切。音婁，大騾也。"除蘭銀官話外，冀魯官話（河北石家莊）、中原官話（河南內黃）也把山羊叫"駒驢"。另外冀魯官話（河北滄州、衡水）、晉語（河南修武）又稱之爲"駒驢羊"。
② 參雷漢卿《近代方俗詞叢考》，巴蜀書社，2006 年，第 215-216 頁。
③ ［明］彭大翼《山堂肆考》卷二二一："羊性善群，每成群則以一雄爲主，舉群聽之，今俗所謂壓群是也，北人謂之羊頭羊。"［明］徐光啟《農政全書》卷四一："羊一群，擇其肱而大者而立之，主一出一入，使之倡先。"
④ 見於《新修支那省別全志·甘肅寧夏卷》第四編第三章"甘肅寧夏兩省的畜產資源"，日本東亞同文會發行，昭和十八年，第 477 頁。
⑤ 岳國鈞主編《元明清文學方言俗語辭典》，貴州人民出版社，1998 年。
⑥ 骨驢：中原官話（河南平輿）、晉語（山西邯鄲、太谷）、蘭銀官話（新疆哈密）；骨鹿：晉語（山西陽曲）；骨婁：中原官話（青海西寧）；駏驢：中原官話（西寧）；加拉：中原官話（青海西寧）、蘭銀官話（甘肅臨夏）。

二、語文辭書釋義糾謬

由於對歷代文獻中有關山羊的名稱不甚了了，大型語文辭書對"羖"系詞語的解說往往存在訛誤，需要加以辨證。《漢語大字典》"羖"條：

❶黑色公羊。《說文·羊部》："羖，夏羊牡曰羖。"朱駿聲《通訓定聲》："夏羊，黑羊。"《六書故·動物一》："羖，牡羊也。牡牛亦曰羖牛，猶羖羊亦曰牡羊也。"《爾雅翼·釋獸》："羖，而音義又通於牯，故《本草》羖羊條注稱牯羊，羖乃牡之名。"《急就篇》："羜、羖、羯、羠、羱、羝、羭。"顏師古注："羖，夏羊之牡也。"又泛指黑色羊。《爾雅·釋畜》："牝羖。"郭璞注："今人便以牂羖爲白黑羊名。"《史記·秦本紀》："吾媵臣百里傒在焉，請以五羖羊皮贖之。"《說苑·反質》："趙簡子乘弊車瘦馬，衣羖羊裘。"❷山羊。《詩·小雅·賓之初筵》："由醉之言，俾出童羖。"毛傳："羖羊不童也。"鄭玄箋："羖羊之性，牝牡有角。"《本草綱目·獸部·羊》："羖。"劉衡如集解引蘇頌曰："羊之種類甚多，而羖羊亦有褐色、黑色、白色者，毛長尺餘，亦謂之羖䍽羊，北人引大羊以此爲群首，又謂之羊頭。"

《漢語大詞典》"羖"條：

> 亦作"牯"。黑色的公羊。亦泛指公羊。《詩·小雅·賓之初筵》："俾出童羖。"《史記·秦本紀》："吾媵臣百里奚在焉，請以五羖羊皮贖之。"明李時珍《本草綱目·獸一·羊》："牡羊曰羖，曰羝。"參見"羖䍽"。
>
> [羖䍽]亦作"牯䍽"。一種黑色長毛的公羊。《北史·楊愔傳》："白羊頭尾毛，羖䍽頭生角。"又《黨項傳》："織氂牛尾及牯䍽毛爲屋。"明李時珍《本草綱目·獸一·羊》："羖䍽羊出陝西河東，尤狠健，毛最長而厚。"

首先，《大字典》義項❶書證漏略了一條重要資料，《爾雅·釋畜》："夏羊：牡羭，牝羖。"郭璞注："夏羊，黑羖䍽。"據郭璞注則"黑羖䍽"就是黑色的山羊（先不論牡者稱"羭"、牝稱"羖"是否正確）。《六書故》"牡牛亦曰羖牛"的說法屬於猜測。《爾雅翼》"（羖）音義又通於牯"亦無所據。"牯"最初指公牛，《玉篇·牛部》："牯，牝牛。"顏師古說"羖"是"夏羊之牡"亦缺乏證據。高啟安指出："'羖'應是'羖䍽'的省稱，是對種類的稱謂，而非性別的稱謂。而將'羖'附會爲公牛'牯'而解爲'公羊'顯然不當。"① 朱駿聲"黑羊"之說當源自郭璞，但"黑羖䍽"是"黑羊"的下位概念。"黑羊"包括山羊和綿羊，"黑羖䍽"就是黑山羊。郭璞注影響深遠，從古至今學者大多採用此說，《王梵志詩校注》亦在

---

① 高啟安《"羖羊"及敦煌羊隻飼牧方式論考》，《西北民族大學學報》2013年第2期。

所難免，故徑釋"羖䍽"爲"黑山羊"。

再說《大字典》《大詞典》引《史記》《說苑》的"羖羊"無法證明"黑色的公羊"。"羖羊皮"是指羖䍽（山羊）皮。百里僕是隨嫁的臣僕，"趙簡子乘弊車瘦馬"以示簡樸而不奢華，據筆者在牧區生活經驗，從保暖實用的角度說，山羊皮的保暖性不如綿羊皮。乘弊車瘦馬的趙簡子穿羖羊裘正符合文中所說"周公位尊愈卑，勝敵愈懼，家富愈儉"的理念。清楊治平編纂《丹噶爾廳志》卷四《動物》："一曰山羊，俗名 。色間蒼黃，毛粗於羊而絨特美，絨生於毛根，制氈帽、絨氈最佳。斤重皆不及羊，故價亦僅得其半。亦有家畜、番產二種。"① 這裏所說正指山羊（"家畜"指本地所養的家山羊）。山羊毛不如綿羊，但山羊絨很珍貴，適宜於製作氈帽和絨氈。

其次，《大字典》義項❷以《詩·小雅·賓之初筵》毛傳和鄭箋爲例，并不能判定"羖"在這裏是指"山羊"。鄭玄箋"羖羊之牲，牝牡有角"，分明說羖羊不論牝牡都有犄角，《大詞典》引《詩經》"童羖"來證明是"黑色公羊""泛指公羊"都毫無憑據。兩部辭書所引例證相同，但解釋卻大相徑庭，正說明對"羖"的含義自古以來就陷入迷茫。《本草綱目·獸部·羊》"羖"條集解引蘇頌的解說值得參考，他認爲羖羊（羖䍽）有褐色、黑色、白色等，並不限於黑色，這是符合事實的說法。"羖羊"就是羖䍽羊的簡稱，專指家養的山羊，但字典辭書都沒有收錄。敦煌社會經濟文書 P.3598《某佛寺常住器物點檢曆》："內壹黑羖羊毛氈壹條。"② 敦煌社會經濟文獻 P.2484《戊辰年十月十八日就東園算會小印子群牧駞馬牛羊見行籍》有"大古羯""二齒古羯""當年羖""大羖母羊""二齒羖母羊"等③。所謂"羖（羖、古）羊"就是"家山羊"。其他稱呼都是對不同性別、不同大小以及閹割與否的山羊的稱呼④。唐代文獻記有"羖牝羊"哺育麆子的故事⑤，"羖牝羊"指山羊中的母羊。孫思邈《備急千金要方》還記載了用羖羊乳治療臉上黑斑的驗方，如卷六《七竅病·面藥》："右五味，末之。和以羖羊乳，夜塗，以手摩之，旦用漿水洗。不過五六度，一重皮脫，皯皰矣。"又卷五《少小嬰孺方·小兒雜病》"治舌腫強滿方"："又方：飲羖羊乳即瘥。"⑥"羖羊乳"即山羊乳（羊奶），今天西北地區

---

① 青海省民委少數民族古籍整理規劃辦公室《青海地方舊志五種》，青海人民出版社，1989年，第248頁。
② 法國國家圖書館編《法藏敦煌西域文獻》26冊，上海古籍出版社，1997年，第53頁。
③ 同上第14冊，第262－264頁。
④ 高啟安《敦煌文獻中羊的稱謂研究——以羖羊爲中心》，波波娃、劉屹主編《敦煌學：第二個百年的研究視角與問題》，俄羅斯科學院東方文獻研究所出版，2012年，第61頁。養只兩年左右下頜生出兩顆門齒，稱爲二齒子。第三年度變爲四個，稱爲四齒子，四到五年生出六顆，稱爲六齒子。第六年長滿八顆門齒，稱爲滿口。"古羯"指閹割後的公山羊，俗稱"羯羖羊"。
⑤ ［唐］張說《爲留守奏羊乳麆表》："臣今日得所部萬年縣令鄭固忠狀：送新出慶山下羖牝羊乳麆麂一頭，狎擾因依，動息隨戀，如從所產。"
⑥ ［唐］孫思邈《備急千金要方》，魯兆麟等校，遼寧科學技術出版社，1997年，第113、83頁。

把專門產奶的母山羊叫"奶羯羠"。《齊民要術》卷六"養羊"法明確記載"羖羊……性即豐乳,有酥酪之饒。"① 山羊乳汁除可供人食用外,還具有保護皮膚的作用,記得小時候祖母經常用山羊乳擦手以防皺裂,當時不能理解,現在看來古已有之。因此,"羖"不可能是公羊的專稱,"黑色公羊"的說法毫無道理。

《大詞典》把"羖𪎌"釋爲"一種黑色長毛的公羊"則是仍然把"羖𪎌"當作黑色公羊,顯然是錯誤的。所引例證恰恰證明"羖𪎌"是山羊而不是黑色公羊的專稱,更無所謂牝牡。《本草綱目》所謂"羖𪎌羊"正是指"羖𪎌"這一種羊,並不是"黑色長毛的公羊"的專稱。李時珍爲湖北蘄春人,猜想他對"羖𪎌"一詞的來源並不瞭解,所以稱其爲"羖𪎌羊",如同上引冀魯官話、晉語把"山羊"稱爲"駒驢羊"一樣,是通過類推產生的新詞。在今天西北牧區,山羊只叫"駒驢"(諧音),通稱綿羊和山羊時叫"羊駒驢"(見上引花兒歌詞),不會稱其爲"駒驢羊"。

《漢語大字典》"羯"(jǔ)條:

[羯羠]一種身小角尖的山羊。徐珂《清稗類鈔·動物類上》:"青海之山羊似綿羊,而毛光潤。有羯羠,黑多於白,角削身小。"《衡衡通志·白木戎》:'大羯羠羊'。"

按:"角削身小"是根據《清稗類鈔》的記載所下的定義。其實"角削身小"祇是青海山羊(羯羠)的形體特徵之一,不能概括所有的山羊。《貴德縣志·方言》:"羯羠,俗謂山羊。"② 可以理解爲"羯羠"是所有山羊的通俗稱呼。因此"羯羠"的準確定義應該是"山羊的俗稱"。

再看《汉语大字典》"𪎌"(lì)條:

[羖𪎌]❶一種勇悍的羊。《玉篇·羊部》:"羖𪎌,羊也。"《本草綱目·獸部·羊》:"多毛曰羖𪎌。"《北史·齊紀中》:"先是童謠曰:'一束藁兩頭然,河邊羖𪎌飛上天。'藁然兩頭,於文爲高。河邊羖𪎌爲水邊羊,指帝名也。"宋洪皓《松漠紀聞續》:"善牧者每群必置羖𪎌羊數頭,仗其勇很。"❷閹割過的羊。唐玄應《一切經音義》卷五引《三蒼》:"羖𪎌,亦羯也。"

《大字典》引《玉篇》《本草綱目》和《北史·齊紀中》所引童謠不能證明"羖𪎌"是一種勇悍的羊,而且"一種勇悍的羊"並未能區分山羊和綿羊。唐玄應《一切經音義》卷五引《三蒼》:"羖𪎌,亦羯也。"這是說"羖𪎌"又指的是閹割過的山羊,義項❷"閹割過的羊"不能對應"羖𪎌"。因爲凡是公羊如果不留作種羊必須閹割,閹割後都可以叫"羯羊"。當需要區別時就要說明"羯羯羠",以別於綿羊

---

① 繆啟愉《齊民要術校釋》,中國農業出版社,1998年,第314頁。
② 《青海地方舊志五種》,青海人民出版社,1989年,第722頁。

的羯羊。

按：《漢語大字典》（第二版）凡例中針對雙音詞的編排體例說："單字條目下原則上不收複詞義，只在存字、存音、存源的情況下收錄。"如"羒"（gǔ）下有"羒羘"："羊名。《集韻·沒韻》：'羒，羒羘。羊名。'"但未收錄複詞"羒勅"，按照《字典》體例應當收錄。但"勅"（yáng）條："勸。《玉篇·力部》：'勅，勸也。'"此爲"勅"字另一含義，且只有書證而無例證。按照複詞收錄的體例，應當注明"勅"同"羺"（lì），之後同時收錄複詞"羒勅"。

再如"羋"（jī）："羋狸羊。傳說中的羊名，元宮大用《范張雞黍》第一折：'跌下獅子來，騎上羋狸羊。'"

按：《大字典》和《大詞典》採用同一條例證，算是一個孤證。又"羋"條云：

同"羖"。《干祿字書·上聲》："羋，同羖。"《北史·黨項傳》："織犛牛尾及羋羺毛爲屋，服裘褐，披氈爲上飾。"《續資治通鑑·宋寧宗嘉泰四年》："李曼初舉兵，視蒙古兵若羋羺羔兒，意謂蹄皮亦不留。"

從字形而言"羋"與"羋"僅一筆之差，"羋狸羊"之"狸"（《字彙補》力忌切）又與羊名"羋羺"之"羺"（《廣韻》郎擊切）聲母相同，僅韻母有去、入之別。"羋狸"很有可能是"羋羺"的異形詞。"吉""古""句""骨"等皆爲見紐字。或可認爲"羋"是"羋"的訛字。總之，不必解釋爲"傳說中的羊名"。

在畜牧世界裏，綿羊和山羊是有嚴格區分的。就顏色而言，山羊有純黑色的，有雜色的，有白色的，但綿羊以白色爲主，雜色和純黑色的相對比較少見，所以古籍記載"羖"爲黑色羊不是沒有道理，從古到今黑山羊都屬於家養的山羊品種。因爲綿羊以白色爲主，在敦煌文獻中"羖羊"和"白羊"經常同時出現，如 P. 2484《戊辰年十月十八日就東園算會小印子群牧駞馬牛羊見行籍》有"大白羊羯""二齒白羊羯""大白母羊""二齒白母羊""當年白兒羔子""當年白女羔子"和"大古羯""二齒古羯""大古母羊""二齒古母羊"、"當年古兒羔子""當年古女羔子"。S. 11454e《戊年左五至左十將牧羊人蘇油等名目》在每將名下所列養隻均分白母和羖母[1]。"白母"即綿羊（以色白者居多，至今如此）。謝成俠指出："古文獻中，凡是單指的羊，在北方大體上可以認爲是指綿羊而言，但山羊必已雜在群中。秦漢以來，或稱綿羊爲白羊。"[2]高啟安指出："早期均稱綿羊爲白羊，至宋代才有綿羊的稱謂。"知此，則前文所引《松漠紀聞》"大白羊"、《北史·楊愔傳》"白羊"、《本草衍義》"北地無角大白羊"統統指的都是"綿羊"。就毛色而言，山羊亦不限

---

[1] 中國社會科學院歷史研究所等合編《英藏敦煌文獻（漢文佛經以外部分）》第 13 冊，四川人民出版社，1990 年，第 283 頁。

[2] 謝成俠《中國養牛羊史（附養鹿簡史）》，農業出版社，1985 年，第 144 頁。

於某一種顏色，上引盧之頤《本草乘雅半偈》"羖羊亦有褐色、黑色、白色者"才是符合事實的說法。

山羊羔叫羖羝羔子（兒），不生育的山羊叫"柴羖羝"（蘭銀官話），產奶的山羊因屬於山羊的一種，所以叫"奶羖羝"或"馬羖羝"（因毛很短像馬毛而得名），公山羊和綿羊除了種羊外都必須閹割，閹割後的都叫"羯羊"（包括綿羊和山羊）。閹割後的公山羊叫"羯羖羝"，以區別於綿羊中的羯羊。公羊叫"騲胡（羊）"（見《老乞大》）。

綜上可知，"骨力""羖䍽"等書寫形式不同的相同語音形式所指都是食草動物"山羊"。同時又從文獻和現代方言例證可知，"骨力"（"羖䍽"）還可以和形容詞結合表示"赤裸"義。因此，近代白話文獻中表示"赤裸"義的"赤骨力""赤羖䍽"事實上是同一個詞，只是書寫形式不同而已。前引禪籍"赤骨力"的意思是赤裸、赤膊、打赤膊"①。除《詞典》所引《五燈會元》用例外，同書《靈隱慧遠禪師》云："淨躶躶，空無一物；赤骨力，貧無一錢。戶破家亡，乞師賑濟。""淨躶躶"和"赤骨力"相對爲文，相互參照，其含義不難理解。禪籍中又作"赤骨律""赤骨歷""赤骰髏"。《圓悟佛果禪師語錄》卷五："寸絲不挂猶有赤骨律在，萬里無片雲處猶有青天在。"同上卷一九："見兔放鷹，因行掉臂。赤骨歷窮，方圖富貴。"《嘉泰普燈錄·南華知昺禪師》："變大地作黃金，窮漢依前赤骰髏。"所謂"赤骨歷窮"即赤貧、一無所有②。"骰髏"即"軱軂"。《類篇·身部》："軱，古獲切。軱軂，倮也。"《集韻·麥韻》："軱：軱軂，倮也。"《正字通·身部》："軱：舊注音國。軱軂，裸也。"

以上"骰髏""軱軂""骨力"等均可視爲異形同義詞，或者說本來就是一個詞，因方俗語音有別而採用了不同的漢字加以記錄。現代漢語方言表示"赤裸"的詞還有"赤骨錄""赤骨肋"（蘇州）"赤骨立"（上海嘉定）。1930年《嘉定縣續志》："赤骨立，俗言裸體也。"又作"赤骨律"（上海崇明）"赤骨落""赤骨楞"（上海）"赤角落"（江蘇江陰）。粵方言赤膊叫"打赤肋"，清宣統辛亥年《東莞縣誌》："祖裼謂之赤膊，又謂之打拍肋赤，又省言之曰打赤肋。"③ 可見吳方言、粵方言都用"赤"表示無所遮飾、裸露。

不僅如此，"骨錄"（諧音）在蘭銀官話方言裏還可以表示"赤裸"義，如"大

---

① 董志翹《〈五燈會元〉語詞考釋》，《中國語文》1990年1期。唐龐蘊《詩偈》："自身赤裸裸，體上無衣被。"《教外別傳·興化存獎禪師》："賣盡衣單，終不赤膊。"宋元話本《宋四公大鬧禁魂張》："兩個主管在門前數現錢，只見一個漢渾身赤膊，一身錦片也似文字。"《官場現形記》五六回："那女人下身雖然拖着掃地的長裙，上半身卻是袒胸露肩，同打赤膊的無異。"

② 禪籍又稱"赫赤窮"，《汾陽無德禪師語錄》卷上："問：'如何是衲衣下事？'師云：'赫赤窮漢。'""赫赤窮"即赤窮（貧）。

③ 許寶華、宮田一郎主編《漢語方言大詞典》，中華書局，1999年，第1051頁。

冬天，精骨錄外頭跑着哩"。又如："（娃娃）怎麽說都不聽話，叫老子脫成個精骨錄美美地打給了一頓"（甘肅張掖）。吳方言、粵方言用"赤"表示裸露，其他地區一些方言則用"精"表示赤裸、外露。如蘭銀官話光腳叫"精腳子"，光頭不戴帽子叫"精頭子"，上身赤裸叫"精肚子"（青海西寧）。晉語把打赤膊叫"精身子"（河南靈寶）等。

上引文獻充分證明"赤骨力"就是"赤裸，喻指空無所有"。王梵志詩的"赤殺纒"和禪籍的"赤骨力"以及蘭銀官話的"精骨錄"，都是語音相同相近而書寫形式不同的同義詞。張小艷曾討論指出：

> "殺纒"爲外來音譯詞，故可寫作"骨力""骨纒""喬芳"等形……敦煌本王梵志詩中又有"赤殺纒"一詞，P.3833《王梵志詩》："自著紫臭翁（鞾），餘人赤殺纒。"竊疑"殺纒"爲記音字，其本字應是"軀軀"。《集韻》："軀，軀軀，倮也。""赤軀軀"又可寫作"赤骨力""赤骨律""赤骨立"等形，釋爲"赤裸裸"。①

蕭旭（2015）不同意"殺纒"是外來音譯詞。他認爲"骨力""骨律""骨立"等又音轉作"骨鹿""骨磟""骨盧""骨魯""古魯""古鹿""角鹿""谷鹿"等形，"皆'果臝'轉語，狀圓形。'赤骨律'指光著腳胍踝（俗作"孤拐"）。'骨律'指代圓形的胍踝骨。赤殺纒猶言光腳。"② 可以說"殺纒"語源雖然還有待考證，但可以進一步確定王梵志詩"赤殺纒"恐不能理解爲"光板無罩面之黑山羊皮"，目前文獻裏還没有發現指稱山羊的"殺纒"一詞用來指代山羊皮的例證。"餘人赤殺纒"與上句"自著紫臭翁"相對而言，"紫臭"的典故源自《韓非子》齊桓公好服紫的故事，旨在說明"上有所好，下必甚焉"的道理。王梵志詩"紫臭鞾"用"紫"喻指高貴者所服。"自著紫臭翁（鞾）"是說自己穿鞾鞋，下句"餘人赤殺纒"應該理解爲"他人赤著腳"，似乎更爲爲合理，這與敦煌《燕子賦》"耕田人打兔，躧履人吃腪"以及禪宗俗諺"赤腳人趁兔，著靴人喫肉"有異曲同工之妙。

參考文獻

孫思邈. 備急千金要方. 魯兆麟，主校. 瀋陽：遼寧科學技術出版社，1997.

洪皓. 松漠紀聞補遺（卷下）. 瀋陽：遼瀋書社，1985.

洪皓. 松漠紀聞續. 長春：吉林文史出版社，1986.

忽斯慧. 飲膳正要. 上海：上海古籍出版社，1990.

寇宗奭. 本草衍義. 顔正華，等，點校. 北京：人民衛生出版社，1990.

---

① 張小艷《敦煌社會經濟文獻詞語論考》，上海人民出版社，2013年，第229—231頁。
② 蕭旭《敦煌文獻詞語雜考》，復旦大學出土文獻與古文字研究中心網頁，2015年8月6日。

鄺璠. 便民圖纂. 北京：中華書局，1959.

李應魁. 肅鎮華夷志. 高啟安，惠莉，校注. 蘭州：甘肅人民出版社，2006.

盧之頤. 本草乘雅半偈. 劉更生，蔡群，朱姝，等，校注. 北京：中國中醫藥出版社，2016.

彭大翼. 山堂肆考（卷二二一）. 北京：中華書局，1956.

徐光啟. 農政全書（卷四一）. 北京：中華書局，1956.

傅恒，董誥，等. 皇清職貢圖. 瀋陽：遼瀋書社，1991.

李漁. 閒情偶寄. 杜書瀛，評注. 北京：中華書局，2012.

隴右稀見方志三種. 上海：上海書店，1984.

徐松. 宋會要輯稿·職官. 北京：中華書局，1957.

楊屾. 豳風廣義. 鄭辟疆，鄭元宗，校勘. 北京：農業出版社，1962.

白維國. 近代汉语词典. 上海：上海教育出版社，2015.

包孝祖，季緒才. 岷縣花兒. 蘭州：甘肅文化出版社，2013.

董志翹. 《五燈會元》語詞考釋. 中國語文，1990（1）.

法國國家圖書館. 法藏敦煌西域文獻. 上海：上海古籍出版社，1997.

甘肅臨夏回族自治州文化局創作研究室. 臨夏花兒選（第一集）. 臨夏：臨夏回族自治州文化局，1982.

高啟安. "殺羊"及敦煌羊隻飼牧方式論考. 西北民族大學學報，2013（2）.

高啟安. 敦煌文獻中羊的稱謂研究：以殺羊爲中心//波波娃，劉屹. 敦煌學：第二個百年的研究視角與問題. 莫斯科：俄羅斯科學院東方文獻研究所，2012.

郭正清. 河州花兒. 蘭州：甘肅人民出版社，2007.

許寶華，宮田一郎. 漢語方言大詞典. 北京：中華書局，1999.

季緒才. 岷州愛情花兒精選. 蘭州：甘肅人民出版社，2006.

季緒才. 岷州花兒選集. 蘭州：甘肅文化出版社，2013.

雷漢卿. 近代方俗詞叢考. 成都：巴蜀書社，2006.

李鼎超. 隴右方言. 蘭州：蘭州大學出版社，1988.

李恭. 陇右方言发微. 蘭州：蘭州大學出版社，1988.

李泰洙. 《老乞大》四種版本語言研究. 北京：語文出版社，2003.

羅耀南. 花兒詞話. 西寧：青海人民出版社，2001.

羅竹風. 漢語大詞典（第一版）. 上海：上海辭書出版社，1994.

馬福祥，等. 朔方道志·輿地志·物產//中國方志叢書：塞北地方（第二號）. 臺北：成文出版社，1967.

馬建民. 宣統《甘肅新通志》所載黑褐衫考述. 北方民族大學學報，2018（2）.

繆啟愉. 齊民要術校釋. 北京：中國農業出版社，1998.

乜小紅. 唐五代宋初敦煌畜牧業研究. 臺北：新文豐出版股份有限公司，2003.

甯文煥. 洮州花兒散論. 蘭州：甘肅民族出版社，1992.

漆子揚. 甘肅通志集成. 天津：天津古籍出版社，2019.

青海省民委少數民族古籍整理規劃辦公室. 青海地方舊志五種. 西寧：青海人民出版社，1989.

唐耕耦，陸宏基. 敦煌社會經濟文獻真跡釋錄（第三輯）. 北京：全國圖書館文獻縮微複製中心，1990.

汪鴻明，丁作樞. 蓮花山與蓮花山花兒. 蘭州：甘肅人民出版社，2016.

郗慧民，郗萌. "花兒"物質民俗的文化內涵. 西北民族大學學報，2005（1）.

郗慧民. 西北花兒學. 蘭州：蘭州大學出版社，1989.

項楚. 王梵志詩校注（修訂本）. 北京：中華書局，2019.

謝成俠. 中國養牛羊史（附養鹿簡史）. 北京：農業出版社，1985.

徐中舒. 漢語大字典（修訂版）. 成都：四川辭書出版社，2010.

岳國鈞. 元明清文學方言俗語辭典. 貴陽：貴州人民出版社，1998.

張文軒. 蘭州方言中的諺語——蘭州熟語簡介（一）. 蘭州大學學報，1984（1）.

張小豔. 敦煌社會經濟文獻詞語論考. 上海：上海人民出版社，2013.

張亞雄. 花兒集. 北京：中國文聯出版社，1986.

中國社會科學院歷史研究所. 英藏敦煌文獻（漢文佛經以外部分）. 成都：四川人民出版社，1990.

中國社會科學院歷史研究所. 英藏敦煌文獻. 成都：四川人民出版社，1995.

周紹良. 全唐文新編（卷二二二）. 長春：吉林文史出版社，1999.

朱仲祿. 愛情花兒. 蘭州：敦煌文藝出版社，2002.

On *Chiguli*（赤羖䍽）

Lei Hanqing, Shen Juan

Abstract：In Modern colloquial literature, *guli*（羖䍽）has variant forms, all of which refer to goat. This paper suggests that *chiguli*（赤骨力）in Zen literature and *chiguli*（赤羖䍽）in Wang Fanzhi's poems are synonyms, and both of them mean "naked". Based on the extensive citation of literatures, this paper corrects kinds of misinterpretation to "goat" in dictionaries.

Keywords：*chiguli*（赤骨力）；*chiguli*（赤羖䍽）；*julü*（駒驢）；*The Great Dictionary of Chinese Characters*；*The Great Chinese Dictionary*

（雷漢卿、申娟，四川大學中國俗文化研究所）

"梟俊"考辨

曾　思

提　要：顏師古最早注"梟俊"，其注"俊"爲"敵之魁率，郅支是也"。此注既缺乏文獻依據，又與漢人的用詞習慣相悖。"俊"指俊傑、雄傑的用法由來已久。"俊"是褒義詞，沒有出現過色彩褒貶的變化。梟俊，同義連文，指才能傑出、勇猛的人，關合陳湯事蹟。"薦延梟俊禽敵之臣"是兼語句。"梟俊禽敵"的構詞理據不足，不宜作爲成語收錄。

關鍵詞：梟俊；同義連文；顏師古注；陳湯；訓詁

一

《漢書》卷七〇《陳湯傳》："今國家素無文帝累年節儉富饒之畜，又無武帝薦延梟俊禽敵之臣，獨有一陳湯耳！"顏師古注云："梟謂斬其首而縣之也。俊謂敵之魁率，郅支是也。《春秋左氏傳》曰'得俊曰克'。"[1] 這一註解的影響極大。宋朝以降，許多學人在其著作中凡注"梟俊"者，都採納顏注[2]。但這樣的註釋，訓詁無據，語法也不通。"薦延"，如淳註："使群臣薦士而延納之。"可見，這是一個並列關係的動詞。王泗原先生認爲顏注失當，指出："以梟俊爲動詞受語結構，則與禽敵重複，且'無武帝薦延'義不可通。"[3] 此言甚是。若"梟俊"如顏注，則是

---

* 本文在寫作和修改過程中，譚偉先生、俞理明先生、蕭旭先生、方清明先生與匿名審稿專家都提出了許多寶貴的修改意見，謹此致以深切的謝意！

[1] [漢] 班固：《漢書》（第九冊），北京：中華書局，1962年，第3027—3028頁。

[2] 參看 [宋] 林越輯，[明] 凌迪知校：《兩漢雋言》（卷八），哈佛大學漢和圖書館藏明萬曆四年（1576）凌氏桂芝館刊本，第23頁。[宋] 史炤：《資治通鑒釋文》（卷四），中華再造善本版，第7頁。[唐] 駱賓王撰，[明] 顏文選註：《駱丞集註》，美國加利福尼亞大學伯克利分校藏明萬曆四十三年（1615）顏氏刊本，第19頁。[清] 何秋濤：《朔方備乘》（卷三十五），早稻田大學圖書館藏咸豐八年（1858）本，第18頁。

[3] 王泗原：《古語文例釋》（修訂本），北京：中華書局，2014年，第284頁。

動賓結構，"薦延"缺賓語。《漢語大詞典》並沒有收入"梟俊"一詞，而是把"梟俊禽敵"立爲詞條，釋義爲"猶言殺敵致勝"。那麼，"梟俊"指何義？"梟俊禽敵"立爲詞條是否恰當？

二

"梟俊"一詞，漢代首見。此詞的關鍵在於對"俊"字的訓釋。從詞義來看，《說文解字》注"俊"爲"材千人也。"趙岐註《孟子》時說："俊，美才出衆者也。"《白虎通·聖人》引《禮別名記》："五人曰茂，十人曰選，百人曰俊，千人曰英，倍英曰賢，萬人曰傑，萬傑曰聖。"《史記·屈原賈生列傳》"誹駿疑桀兮"，《集解》引王逸言："千人才爲俊，一國高爲桀也。"《索隱》按："《尹文子》云'千人曰俊，萬人曰桀。'"① 究竟多少人，才稱得上英、俊、傑，雖然有不同的說法，但是這並不妨礙對"俊"的理解。從這些訓釋中可以看出，在漢代學者眼中，只有才智出衆的人，才稱得上"俊"。英俊、俊傑、豪俊、英豪等詞，同義連文，諸字可以互訓即是一證。那麼漢人在使用"俊"時，是否與其訓詁一致呢？西漢韓嬰《韓詩外傳》卷五："而獨不知假此天下英雄俊士，與之爲伍，則豈不病哉。"桓寬《鹽鐵論·論誹》："今先帝躬行仁聖之道，以臨海內，招舉俊才賢良之士，唯仁是用。"賈誼《過秦論上》："山東豪俊並起，而亡秦族矣。"劉安《淮南子·時則篇》："命太尉，贊傑俊，選賢良，舉孝悌。"司馬遷《史記·淮陰侯列傳》："秦之綱絕而維弛，山東大擾，異姓並起，英俊烏集。"劉向《說苑·尊賢》："國無賢佐俊士，而能以成功立名、安危繼絕者，未嘗有也。"這幾處"俊士""俊才""豪俊""傑俊""英俊"，都指才智卓越、出衆的人。劉向與陳湯身處同代，其《說苑》中使用"俊"字多達7次，均是此義。再看東漢人筆下的"俊"。《白虎通·封公侯》："聖人雖有萬人之德，必須俊賢。"蔡邕《玄文先生李子材銘》："其後雄俊豪傑往往崛出。"王充《論衡·超奇》："連結篇章，必大才智鴻懿之俊也。"可見，"俊"字在漢代時，用詞一貫。兩漢以下，也都如此。例如曹植《七啓》："烈士甘危軀以成仁，是以雄俊之徒，交黨結倫，重氣輕命。"陸機《長安有狹邪行》："鳴玉豈樸儒，憑軾皆俊民。"劉孝綽《謝爲東宮奉經啓》："推擇而舉，尚多髦俊。"例證甚多，不贅舉。復檢《漢書》全文，"俊"字有52處，其中3次用於人名，2次爲地名。除了本句以外，可堪考察的有效用例還有46例。但是這些"俊"，無一例外都指才智出衆的人。

"俊"指俊傑、雄傑的用法由來已久。《詩經·秦風·黃鳥》"百夫之特"，箋

---

① 《索隱》所引《尹文子》，"尹"字當爲衍文。今本《文子·上禮》作："智過萬人者謂之英，千人者謂之儁，百人者謂之傑，十人者謂之豪。"這條材料是蕭旭先生提供的。

云:"百夫之中最雄俊者","雄俊"同義連文。這種用法漢代也多見。例如劉向《說苑·善說》:"有急則能收天下英乂雄俊之士。"才智出眾可以體現在很多方面,孔武有力也是一面。在這一例中,"英乂"是說才智,"雄俊"是就雄健勇武而言的。又,《漢書·杜周傳附杜欽傳》:"誠國家雄俊之寶臣也。"此外,"雄俊"也可倒文爲"俊雄",例如《漢書·蒯通傳》:"俊雄豪桀建號壹呼。"又,"俊健"同義連文。例如李賀《申胡子觱篥歌》:"俊健如生猱,肯拾蓬中萤。"鄭處誨《明皇雜錄》卷下:"紫驑之俊健,黃門之端秀,皆冠絕一時。"宋人徐夢莘《三朝北盟會編》政宣上帙三,有句云:"自海而來者謂之海東青,小而俊健,爪白者尤以爲異。"《漢語大詞典》雖收錄"俊健",但未收此義。單獨用"俊"也指此義,例如唐人范攄《雲溪友議》卷中"雲中命"條:"初,上自擊羯鼓,而不好彈琴,言其不俊也。"另外,"俊爽""豪俊"等詞中的"俊"也都是指"雄傑、俊傑"之義。

再看"俊"的褒貶色彩。"俊"是褒義詞,兩漢及此前,都沒有出現過色彩褒貶的變化。《漢書》的46例中,無一例外都用作褒義。我們在中國基本古籍庫中,以三國爲時間下限,再進一步考察傳世文獻中的"俊"字。結果發現,"俊"詞頻共243次,在229個有效用例中,都不處於消極語義韻氛圍,充分說明該詞絕非貶義①。出土文獻中,用詞情況也一貫。目力所及,未在秦簡中看到"俊"字,但《銀雀山漢墓竹簡》中有兩例,也都用作褒義。黃金貴先生在辨析"英、俊、傑、髦、彥"時,也曾指出:"'俊'用於人,全是褒義。"②《漢書》帶有濃厚的儒家思想的印記,又豈會將褒義色彩的詞,用在一個與漢朝相對立的、貶損的敵人身上?語言具有時代性,兩漢乃至三國時期的用詞習慣,都是一致的,又怎會憑空冒出一個具有貶義色彩的"梟俊"的用例?這不符合《漢書》的語言風格,更與漢人的用詞習慣截然相反。據顏注,"薦延""禽敵"的對象是陳湯,"梟俊"的對象是郅支,一句話中出現了兩個不同的描寫對象,後者竟然還是插入其間的。在古代行文手法之中,恐怕絕無僅有。可見顏注不但於古無徵,缺乏文獻依據,而且也不符合漢人的行文用詞規律。"孤立"的正確是不存在的。

《說文解字·木部》:"梟,不孝鳥也。日至捕梟磔之,從鳥,頭在木上。"可見,顏氏注"梟"雖然不違古訓,不過他仍忽略了至關重要的一點,《漢書》中並沒有單獨用"梟"表示"梟首而懸之"的用例,通常的表達方式是"梟首""梟x頭""梟x首",例如《漢書·高帝紀》:"梟故塞王欣頭櫟陽市。"《武帝紀》:"皆梟首。"又,《刑法志》:"梟其首。"值得注意的是,《漢書》中的"梟"有兩種用

---

① 本次統計未將《漢書》的結果計算在內。學界有爭議的僞書不在考察範圍之中。漢人訓詁作注的語料,以及"儁""雋"兩個異體字也都一併納入考察。結果顯示,其中229例都是積極語義韻。《大戴禮記·夏小正》中的4例"俊"字均爲"大"義,屬於中性語義韻。無效用例10個,皆爲人名。

② 黃金貴:《古代文化詞義集類辨考》,上海:上海教育出版社,1995年,第99—101頁。

法，一是指鳥，例如鴟梟、梟羹；另一種是指勇猛、雄健之義，例如梟騎、梟將。據《說文》可知，"梟"本指鴟梟，是一種猛禽。"梟"與"驍"同源，由於二者都是動物中體形、能力的傑出者，因之喻人，則有勇猛、雄健之義。例如，梟帥、梟騎、梟將、梟兵等。由此可見，"梟俊"是同義連文的結構，指才能傑出、勇猛的人。這種表達，也爲後人繼承。例如唐人杜牧《田克加檢校國子祭酒依前宥州刺史制》"梟俊無敵"，這是表達田克勇猛無敵之義。

《漢書》中的"梟俊"指誰？漢人陳湯，可謂怪才。《漢書》載其"沉勇有大慮，多策謀，喜奇功"，與甘延壽出使西域時，分析了郅支單于所處局勢之後，想對其用兵。甘氏欲先上奏朝廷，可陳湯卻說："國家與公卿議，大策非凡所見，事必不從。"甘延壽仍顧慮重重。後來，陳湯趁其病，矯制發兵。上司甘氏知情之後，想要阻止，陳湯卻發怒，"按劍叱延壽"。其獨斷獨行，剛毅果決之性躍然紙上。同時，他也有真本事，聯合胡兵漢將，將郅支單于及其黨誅殺殆盡，"不煩漢士，不費斗糧"，立功萬里之外，大壯漢朝軍威，確實是一位不世出的猛將。但他又是個不守禮法的人，除了此事以外，年少時，還曾因"父死不奔喪"而下獄。爲官處事上，貪污納賄，"湯素貪，所鹵獲財物入塞多不法""常受人金錢作章奏"，可見其絕非傳統觀念上所認可的賢臣，所以《漢書》評價"陳湯儻蕩，不自收斂"。縱觀陳湯的事蹟，"梟俊"一詞，用在這類梟雄身上確乎精當。

關於"薦延"，據如淳注可知是指舉薦招致之義，動詞，並列結構。"禽敵"是動賓結構。從語法的角度來看，這句話是兼語句。"梟俊"既是"薦延"的賓語，又同時做"禽敵"的主語。通觀全句，就是指（如今）沒有武帝時舉薦招致傑出勇猛的人擔任戰勝敵軍的大臣。合乎語法，文義也自然通暢。

三

歷來研究《漢書》者甚眾，難道沒有人質疑顏注？其實宋人劉攽早有異議，他認爲："'梟俊禽敵之臣'宜與'薦延'通爲一句，則與上文相配，而下言'獨有一陳湯耳'自不妨，梟善鬥，故云'梟俊'猶言'梟將'也。"[①] 相較而言，劉攽之注優於顏注，只不過劉氏沒有申說自己的依據，更沒有論證顏注的不當，所以影響甚微。不過劉氏斷句的意見，卻得到了當代學者的認可。楊樹達先生《古書句讀釋例》"不當讀而誤讀"條，楊端志先生《漢語的詞義探析》"正確句讀標點的標準"章，也都談到了此句。雖然他們都贊同劉注，但都只是就句讀問題發覆。王泗原先生在《古語文釋例》中，也探討過"梟俊"，認爲指"雄傑也"。王先生以梟、俊並

---

① 參看［元］王幼學：《資治通鑑綱目集覽》，美國國會圖書館藏明司禮監刊本，第 11-12 頁。［清］王先謙：《漢書補註》（第三十五冊），上海：商務印書館，1937 年，第 4561 頁。

列爲解是。儘管也論及顏注之誤，但只就語法立論。在"梟俊"的釋義上，僅留下一條按語，並未對"俊"無貶義用例的關鍵進行考證，也沒有結合陳湯的史料分析。因此，這些觀點的影響有限，沒有引起學人重視。《陳湯傳》載劉向上疏，云："斬郅支之首，縣旌萬里之外。"有單于被梟首的史料引導在前，又有顏注的影響在後，若不細辨，則易受誤導。在今人編撰的大型辭書中，都只收錄顏注，而未用劉攽隻言片語，更不用說採納三位先生的意見了。許多辭書甚至把"梟俊禽敵"視爲成語收錄①。

古代編撰的一些帶有工具性質的書中，都只收錄"梟俊"，例如《兩漢雋言》《詞林海錯》《佩文韻府》等。但是詞語是變化發展的，很多最初只是線性順序上的鄰接成分，隨着高頻使用，也有可能發展成爲一種固化的表達。這種語言現象在漢語詞彙史中俯拾即是，那麼"梟俊禽敵"會不會也是其中一例呢？《漢書》之後，首次將"梟俊禽敵"視爲一個詞使用的是宋人黃彥平，其《九月十五日面對劄子》："階級拔進梟俊禽敵之士，汰遣全軀保妻子之徒。"在傳世文獻中，撇開《漢書》的原句不談，宋人用這一詞的，僅此一例。不過，明人似乎更加鍾愛"梟俊禽敵"這樣的表達，例如陳以勤《條獻末議以裨聖政疏》："行之數年，則梟俊禽敵之士，輻輳而出於此途，將來必有能爲朝廷立名攘夷狄者。"又，余有丁《廷試策一道》："選梟俊禽敵之將，練材官蹶張之士。"不過，這種表達在明人筆下，多用於奏摺等公文中。按理說，明人的這些用法，雖說習非成是，但隨着該詞的高頻使用，後來的人們接受或略作改變地繼承，這也是有可能的，漢語詞彙史上也存在這種現象。然而，在傳世文獻中，這一詞沒有被高頻使用的痕跡，更沒有被後來的人們接受，乃至繼續使用。從規範的角度來看，"梟俊禽敵"的構詞理據不足，因此，不宜將其作爲成語收錄。

參考文獻

班固. 漢書（第九冊）. 北京：中華書局，1962.

黃金貴. 古代文化詞義集類辨考. 上海：上海教育出版社，1995.

劉漢忠. "擒"義另解. 辭書研究，1984（4）.

羅竹風. 漢語大詞典. 上海：上海辭書出版社，1986.

王泗原. 古語文例釋（修訂本）. 北京：中華書局，2014.

王先謙. 漢書補註. 上海：商務印書館，1937.

許慎. 說文解字. 北京：中華書局，1963.

楊端志. 漢語的詞義探析. 濟南：山東大學出版社，2003.

---

① 參看羅竹風主編（1986）《漢語大詞典》；梅萌主編（2012）《漢語成語大全》；齊義農編（2003）《中華成語辭海》；李翰文、馮濤主編（2001）《成語詞典》等。

楊樹達. 古書句讀釋例. 北京：中華書局，2003.

Textual Research of *Xiaojun* （梟俊）

Zeng Si

Abstract：The earliest annotation of *xiaojun* （梟俊）is from Yan Shigu. He noted *jun* （俊）as the leader of the enemy Zhi Zhi（郅支），who is the chief of Xiongnu in ancient China. This annotation not only lacks literature basis，but is also contrary to the usage in the Han Dynasty. *Jun* （俊）is a commendatory word referring to outstanding hero，the emational state of which has never changed. *Xiaojun* （梟俊）is synonymous repetition，which means a man of outstanding ability and courage. It coincides with Chen Tang's deeds. "jianyan xiaojun qindi zhi chen"（薦延梟俊禽敵之臣）is a concurrent statement. "xiaojun qindi"（梟俊擒敵）has insufficient motivation for word formation and should not be regarded as an idiom.

Keywords：*xiaojun* （梟俊）; synonymous repetition; Yan Shigu's annotation; Chen Tang; exegesis

（曾思，成都大學文學與新聞傳播學院）

《醉醒石》詞語瑣記

王　燕

提　要：對擬話本集《醉醒石》俗語"背手""闊口面""口角兒""肥拱""脫空脫騙""遊花"等數則辭書未收錄或雖收錄但釋義有缺漏的俗語詞加以考釋。

關鍵詞：《醉醒石》；闊口面；口角兒；肥拱；脫空脫騙

明末清初署名東魯古狂生的《醉醒石》是繼"三言""二拍"之後文人創作的一部擬話本集。其中收短篇小說十五篇，除第六回故事出自唐人小說外，其餘各篇都以明代社會生活爲背景，最晚至崇禎年間。關於這部書的語言，研究者認爲使用的是地道的山東方言，"或者更確切地說，它使用的是古代魯國舊地兗州、曲阜一帶的方言"①。我們認爲其語言仍是當時的標準語，只是偶爾夾雜山東地方方言。閱讀過程中發現本書不少詞語未被《漢語大詞典》《近代漢語詞典》等語文辭書所收錄和解釋，兹選擇其中的一些俗語試作考釋，誠望同行專家指正。

【嬡嬡姝姝】性格溫順的樣子。《醉醒石》第四回："婷婷嫋嫋，態度悠揚；嬡嬡姝姝，性格溫雅，是個仕女班頭。"按："嬡嬡姝姝"即"嬡姝"之重疊式。《漢語大字典》"嬡"條後複詞"令嬡"云："稱他人之女的敬詞。"《漢語大詞典》釋義相同但不收"嬡姝"。據文意"婷婷嫋嫋"指體態，"嬡嬡姝姝"當指性格溫雅。"嬡"當通"曖"。《韓非子·主道》："明君之行賞也，曖乎如時雨，百姓利其澤。""曖乎如時雨"形容時雨溫潤。《文選·王儉〈褚淵碑文〉》："曖有餘暉。"李善注："曖，溫貌。《莊子》曰：'曖然似春，遙然留想，所慮者深矣。'"《漢魏南北朝墓誌彙編·使持節侍中司徒公都督雍華岐三州諸軍事車騎大將軍雍州刺史章武武莊王墓誌銘》："性至孝，善事親，因心則友，率由斯極，閨門之內，人無閒言。澹若秋水之清，曖似春雲之潤。""姝"有"順"義，《詩經·鄘風·干旄》"彼姝者子"毛

---

① 徐復嶺《〈醒世姻緣傳〉作者和語言考論》附編"《醉醒石》作者考證"，齊魯書社，1993年，第382頁。

傳："姝，順貌。""媛姝"當是"溫順"的意思。重疊後形容溫順柔婉之貌。

【背手】同"背工"①。買賣中間人索取的財物。《醉醒石》十五回："那王公子卻撞進房來道：'無恥汙邪的，你怎麼串人來局賭？二千兩產，做一千二百兩，還是我便宜。你得了陸指揮背手，用了一生一世。你這樣禽獸，再不許上咱門。'""局賭"是以賭博爲圈套騙人錢財的手段。《元典章·刑部十九·禁局騙》"局騙錢物"條："犯人馮詠道狀招：不務營生……私結爲群，專一裝局賭博，誘騙諸人錢物爲生。""裝局"即設圈套、騙局。宋 周密《武林舊事·游手》："游手奸黠，實繁有徒，有所謂美人局、櫃坊賭局。"《元典章·刑部十七·禁局騙》："其局騙者結成黨與，白日設局，强騙人物。"《型世言》三二回："孫監生算定了，邀了個舅子惠秀才，外甥鈕勝，合夥要局詹博古，著人去道：'相公聞得你買了個好鼎，要借看一看。'……詹博古也就知他們局賭他了。"這裏是通過買鼎合夥騙了詹博古。《大詞典》"背手"條："兩手放在背後交叉握着。"與此處文意無關，"背手"與明清俗語"背工"是同義詞。

【襯副】（用錢財等）幫扶。猶"幫襯"。《醉醒石》第七回："家中見他交遊多，又大言不慚，認做有才。有時不來襯副，自然失利。他卻大罵瞎眼主司，全不自愧。"《型世言》第二回："屠利道：'原沒個不愛錢的。'魏拱道：'也虧得單老爹這一片話頭。'單邦道：'你幫襯也不低。'"《二刻拍案驚奇》卷二十："這番京中虧得王丞相幫襯，孝宗有主意，唐仲友官爵安然無事。"《儒林外史》二十回："若小弟僥倖，這回去就得個肥美地方，到任一年半載，那時帶幾百銀子來幫襯他，倒不值甚麼。"又可指用言語相助。《型世言》三十回："在堂上還存你些體面，一退他就做上些妖癡，插嘴幫襯。"《西遊記》："你這小和尚年幼，不知好歹，言不幫襯。那妖魔神通廣大得緊，怎敢就說貶解他起身！"《官場現形記》十九回："旁邊若有人幫襯，敲敲邊鼓，用一個錢可得兩錢之益。"《醉醒石》"襯副"實指用財力、權勢爲他人助力。

【鬧口面】惹事生非。《醉醒石》十五回："十五六了，就有那幹不尷尬的人，哄誘他出去花哄，鬧口面。"按："口面"意思是口角、爭吵。《虛堂和尚語錄》卷一："汾陽無業國師示眾：'若有一毫聖凡情念未盡，未免入驢胎馬腹。'白雲又道：'直饒一毫聖凡情念頓盡，亦未免入驢胎馬腹。'師云：'二大老向無心中撰出一場口面。'"《醒世恆言·一文錢小隙造奇冤》："他與邱家只隔得三四個間壁居住，也

---

① 背工：亦作"背弓"、"背公"。《醒世姻緣傳》第八回："還有奶奶們托着買人事、請先生，常是十來兩銀子打背弓。"《金瓶梅詞話》三十三回："誰知伯爵背地與何官兒砸殺了，只四百二十兩銀子，打了三十兩背工。對着來保，當面只拿出九兩用銀來，二人均分了。"亦指受託購物時侵吞財物。《醒世姻緣傳》第十二回："計巴拉道：'這五百是過送的，那二百是伍小川、邵次湖背工的。'"《醒世姻緣傳》七九回："惠希仁兩個剛到狄家門首，正待敲門，劉振白黑影子裏從他門內跑到跟前，說道：'二位爺，深更半夜又來做甚麼？是待打背弓呀？要吃爛肉，別要惱著火頭。怎麼倒瞞起我來了？'"

曉得楊氏平日有些不三不四的毛病，只爲從無口面，不好發揮出來。"《初刻拍案驚奇》卷一："潘公道：'前日因有兩句口面，他使個性子，跑了回家。有人在渡口見他的。他不到你家，到那裏去？'"又可以作名詞。《清平山堂話本·錯認屍》："倘留他在家，大官人回來，也有老大的口面。"《醒世姻緣傳》三四回："楊春又要次日奉請，又請狄員外陪。這倒是李雲庵說道：'俺既是看了你令兄的分上，這就是了。咱這裏小人口面多，俺搖旗打鼓的吃了你的酒，再有人撒騷放屁的，俺不便出頭管你。'"明清小說又有"惹口面"的說法。《型世言》第七回："這邊翹兒過門，喜是做人溫順勤儉，與張望橋極其和睦，內外支持，無個不喜。故此家中人不時往來，一則怕大娘子生性偪賴，恐惹口面，不敢去說。"《水滸傳》五十一回："你二位便可請回，休在此間惹口面不好。"

【單頭獨頸】單身未曾婚娶的人。《醉醒石》第九回："張氏道：'這樣人，真是京花子，楊花心性。有了妻，又去娶妾。有了兩個妾，又撇了娶第三個。日後再見個好的，安知不又把我大姐撇下。'故意把言辭支着，道：'我小戶人家，看得一個女兒，我夫婦要靠他養老。是要尋個單頭獨頸人嫁他，不與人作妾。'"張氏所說的"這樣人"指的是家有一妻二妾的京花子"王四"。後文媒婆王四又說："他既要嫁個單身，我兄弟王三，還沒有妻，我娶與王三罷。"最後張氏將女兒嫁給了在京城當兵叫施材的人，施材算是"單身窮軍"（《初刻拍案驚奇》卷一四），符合單頭獨頸的要求。

【肥拱】深深地打拱作揖以示尊敬。《醉醒石》第七回："這社中夙弊，只是互相標榜。有那深心的，明怪他狂，卻肥拱景他。他又認真刊了兩篇胡說文字作贅，厚禮去求某老先生某老明公作序。"古代男子古代男子叉手行禮，同時出聲致敬稱爲"唱諾（喏）"。宋元以來白話文獻有"大喏"、"肥諾"，《宋四公大鬧禁魂張》："一家唱個大喏，直下便拜。"《西遊記》六十回："這大聖整衣上前，深深的唱個大喏道：'長兄，還認得小弟麼？'"《初刻拍案驚奇》卷一："滕生滿斟著一杯酒，笑嘻嘻的唱個肥諾，雙手捧將過來安席。狄氏不好卻得，只得受了，一飲而盡。"明代話本《蔣興哥重會珍珠衫》："陳大郎道：'謹依尊命。'唱了個肥喏，欣然開門而去。"《醒世恒言》二八卷："吳衙內雙手承受，深深唱個肥喏，秀娥還了個禮。""深深的唱個大喏"、"深深唱個肥喏"可以作爲"肥拱"的注解。

【活磟磟】形容充滿生機和活力。《醉醒石》十四回："（蘇秀才）道：'你只顧說難守，難守，竟不然說個嫁。我須活磟磟在此，說不得個丈夫家三餐不缺，說不得個窮不過，歹不中是個秀才人家，傷風敗俗的話，也說不出。'"這是蘇秀才對自己嫌窮愛富的妻子所說的話，"活磟磟"意思是身體很健康，充滿活力，近代同義詞有"活鱍鱍"、"活卓卓"、"活錚錚"，《五燈會元·三祖法宗禪師》："明晃晃，活鱍鱍，十方世界一毫末，拋向面前知不知，莫向意根上拈掇。"《圓悟佛果禪師語錄》卷一四："放出活卓卓地，脫灑自由，妙機遂見。"《續傳燈錄·無爲軍佛足處祥禪師》："僧問：'如何是般若體？'師曰："琉璃殿裏隱寒燈。'曰：'如何是般若用？'師曰：'活卓卓地。'"清蔣士銓《臨川夢·殉夢》："活錚錚一個如花似玉的二姑，則被這幾頁破書斷送了。"可見近代俗語詞"活碌碌"就相當於現代漢語所説的"活生生"。

【口角兒】猶口信兒。《醉醒石》十五回："謝奶奶聽得來問時，許校尉已被趕出去了。其時謝奶奶也有些不憤，道：'陸指揮曾受我家老爺恩，怎我沒個口角兒賣產，輕易來説，也真是個小看。只好端端回他去罷，不該要打校尉。'"這是已去世多年的王錦衣的兒子王公子見許校尉來説買園子的事，便發脾氣要打許校尉。謝奶奶也覺得此事有點唐突，因爲她壓根兒沒有發過話要賣園子，許校尉是仗勢欺人。古代把封好的書信叫"遞角"。宋歐陽修《答連職方》："某入新年，陡更衰殘。昨三月中，欲遂伸前請，決計歸休。封遞角次，得闕報：陝兵爲孽，遠近驚懼，朝廷方有西顧之憂，遂且少止。""遞角"不僅有文書而且包含物品。"封遞角"即封緘"遞角"。又從文獻可知"遞角"在當時又叫遞筒、郵筒、皮筒、皮角①。"口角"之"角"與傳遞的信件、資訊有關。

【脫空脫騙】説假話欺騙。《醉醒石》第一回："今既爲俗人所疑，何可複在此間求濟。但我非脫空脫騙之流，沒得濟助罷了，何可當此不肖之名，亦須要一明其非僞。""脫空"一詞唐代始見，意思是虛妄不實，弄虛作假。"脫空"是唐五代俗語詞。《變文集·不知名變文》："更有師師謾語一段，脫空下口燒香呵，來出頃去，逡巡胡亂説詞。"宋呂本中《東來紫微師友雜記》："劉器之嘗論至誠之道，凡事據事而言。纔涉詐僞，後來忘了前話，便是脫空。"②《五燈會元·清涼慧洪禪師》："此老大怒，罵曰：'此吐血禿丁，脫空妄語，不得信。'"又《天衣義懷禪師》："覺曰：'汝行腳費卻多少草鞋？'曰：'和尚莫瞞人好！'覺曰：'我也沒量罪過，汝也沒量罪過。你作麼生？'師無語。覺打曰：'脫空謾語漢，出去！'"《乙卯入國奏請（並別錄）》："與左藏代州往還甚熟後，不敢浪舌脫空，實是如此。""浪舌"意思是隨意亂説。《宣和遺事》前集："遂解下龍鳳絞綃直繫，與了師師道：'朕語下爲勅，豈有浪舌天子脫空佛？'"《朱子語類》卷六四《中庸三》："且如而今對人説話，若句句説實，皆自心中流出，這便是有物。若是脫空誑誕，不説實話，雖有兩人相對説話，如無物也。"《大慧普覺禪師語錄》卷九："爲甚麼一向虛空裏打筋斗，説脫空謾人。""説脫空謾人"就是"脫空妄語"、"脫空謾語"、"脫空誑誕"。禪宗把不能實悟實修的人稱爲説大話空話的愚人，《緇門警訓》卷八："莫學愚人説脫空，脫

---

① 雷漢卿《説"茶信""金字茶"》，《中國訓詁學報》第二輯，商務印書館，2013年，第152頁。
② 引自蔣禮鴻主編《敦煌文獻語言詞典》，杭州大學出版社，1994年，第322頁。

空說得有何窮。"

【嘻嚯】猶嘻嘻哈哈。《醉醒石》第五回："更喜這女子是個舊家，姓曹，叫瑞貞。年紀雖小，卻舉止端重，沒嘻嚯之態。做人極靜穆，有溫和之性。""嘻"意思是嬉笑。漢揚雄《太玄·樂》："人嘻鬼嘻，天要之期。"《紅樓夢》一一九回："但見寶玉嘻天哈地，大有瘋傻之狀，遂從此出門而去。""嚯"爲象聲詞，表示笑聲，茅盾《第一階段的故事》："陸和通伸手在兩位肩膀拍一記，仰臉大笑道：'嚯、嚯、嚯！好一個狗頭軍師。'""嘻謔"即嘻嘻哈哈，一般是形容嬉笑歡樂的樣子，但往往含有隨意不莊重的色彩。《西遊記》四七回："三藏攪那老者，走上廳堂，燈火全無，三人嘻嘻哈哈的還笑。唐僧罵道：'這潑物，十分不善！'"《金瓶梅》五五回："只有潘金蓮打扮的如花似玉，喬模喬樣，在丫鬟夥裏或是猜枚，或是抹牌。說也有，笑也有，狂的通沒些成色。嘻嘻哈哈，也不顧人看見，只想着與陳經濟勾搭。"劉亞洲《恩來》："他們吹著口哨，嘻嘻哈哈，一個個一副吊兒郎當的神氣。"包銘新《時髦詞典》："不但白領女士上班時想保持端莊，不但想做新娘、想當母親的女孩不會不要端莊，所有嘻嘻哈哈、肆無忌憚的前衛朋克的女孩有時也會扮一扮modesty。現代社會中一個人要演多少角色，況且端莊與性感從來就是女性武器的雙刃，它們常常難以分割。"此處"無嘻嚯之態"形容女子儀容莊重。

【遊花】遊手好閒的人。《醉醒石》第七回："不期公道難昧，離任時，也畢竟尋幾個遊花百姓，脫靴挽留。"《初刻拍案驚奇》卷六："那蔔良是個遊花插趣的人，那裏熬得刑？"《漢語大詞典》"遊花插趣"條釋爲"猶言遊蕩作樂"，是動詞。古代又稱乞丐爲"花子"。元吳昌齡《張天師》第二折："[張千云：]哇，油嘴花子快出去。"明謝肇淛《五雜俎·人部一》："京師謂乞兒爲花子，不知何取義。"《儒林外史》三四回："他這兒子就更胡說，混穿混吃，和尚、道士、工匠、花子，都拉着相與，卻不肯相與一個正經人！"《初刻拍案惊奇》卷三三："这花子故意来捏舌，哄骗我们的家私哩。"所謂"花子"指的是張員外收養的義子安住，先是楊氏罵他是"這個說謊的小弟子孩兒"，此處說"花子"。《醒世姻緣傳》第八回："我幾次要喚他出來，剝了他衣裳，剪了他頭髮，打一個臭死，喚個花子來賞了他去！"又二五回："遇着財錢的去處，不論甚麽光棍花子，坐下就賭，人贏了他的，照數與了人去；他若贏了人的，卻又不問人要。""遊花"可以理解爲遊手好閒不務正業之人。

引用書目

東魯古狂生. 醉醒石. 上海：上海古籍出版社, 1956.

洪楩編. 清平山堂話本. 南京：江蘇古籍出版社, 1990.

黎靖德. 朱子語類. 北京：中華書局, 1986.

李寶嘉. 官場現形記. 北京：人民文學出版社，2006.

淩濛初. 二刻拍案驚奇. 北京：人民文學出版社，1997.

陸仁龍. 型世言. 上海：上海古籍出版社，2001.

吳承恩. 西遊記. 北京：人民文學出版社，1987.

吳敬梓. 儒林外史. 北京：人民文學出版社，1995.

西周生. 醒世姻緣傳. 上海：上海古籍出版社，1981.

謝肇淛. 五雜俎. 上海：上海書店出版社，2015.

參考文獻

白維國. 近代漢語詞典. 上海：上海教育出版社，2015.

包銘新. 時髦詞典. 上海：上海文化出版社，1998.

陳高華，等. 元典章. 天津：天津古籍出版社，2011.

蔣禮鴻. 敦煌文獻語言詞典. 杭州：杭州大學出版社，1994.

雷漢卿. 近代方俗詞叢考. 成都：巴蜀書社，2006.

劉堅，江藍生. 唐五代語言詞典. 上海：上海古籍出版社，1997.

劉亞洲. 恩來. 北京：改革出版社，1996.

上海古籍出版社. 禪宗語錄輯要. 上海：上海古籍出版社，2011.

袁賓，等. 禪宗大詞典. 武漢：崇文書局，2010.

趙超. 漢魏南北朝墓誌彙編. 天津：天津古籍出版社，2008.

Interpretation on Several Words in *Zui Xing Shi* (《醉醒石》)

Wang Yan

Abstract：This paper makes a textual research of some colloquial words in the simulating vernacular novels of *Zui Xing Shi* (《醉醒石》), such as "*beishou*"（背手）, "*chuang koumian*"（闖口面）, "*kou jiaor*"（口角兒）, "*feigong*"（肥拱）, "*tuokong tuopian*"（脫空脫騙）and "*youhua*"（遊花）, which are not included in dictionaries or included but with missing definitions.

Keywords：*Zui Xing Shi*；"*chuang koumian*"（闖口面）；"*kou jiaor*"（口角兒）；"*feigong*"（肥拱）；"*tuokong tuopian*"（脫空脫騙）

（王燕，四川大學文學與新聞學院/海外教育學院）

漢字的派生方式與派生關係[*]

李潔瓊

提　要：漢字派生是指原本由一個漢字表示的字義在發展過程中演變爲由兩個或多個漢字表示的現象，其本質是漢語詞彙發展推動下的漢字形體發展現象，所以是漢字發展史和漢語詞彙發展史的綜合研究對象。漢字派生方式是漢字派生研究的最核心内容，從有無新形產生的角度，可分爲有新形產生和無新形產生兩大類。從字形功能的角度看，漢字原字形與派生字形之間的關係頗爲複雜，有多種對應關係。

關鍵詞：漢字發展；詞彙發展；字詞關係

一、漢字派生及其本質

　　漢字派生是指原本由一個漢字表示的字義在發展過程中演變爲由兩個或多個漢字表示的現象，是漢字發展和漢語詞彙發展的重要現象。一字多義是漢字的基本特徵，這一特徵的優點是可以節省書寫符號，但多義必須恰當，多義如若盡情發展會給文獻釋讀帶來困擾。就漢字的歷史發展看，特別是早期階段，往往是先擴充單字的字義，然後再補充字形分擔字義，形成漢字派生。就字形而言，漢字派生中新字形的產生大多是在原字形的基礎上改造而成的，新舊字形之間有形體的淵源關係，也有少部分是借用原有字形，新舊字形之間沒有形體上的淵源關係。

　　漢字派生的動因源自於詞彙發展，是詞彙發展觸動下的漢字發展現象。漢語詞彙在發展過程中由於詞義引申與文字假借等，字詞關係會由最初的一字一義變爲一字多義，這種一字兼記多詞多義的現象使得漢字表義缺乏清晰性，有時會增加文獻中詞義辨識的困難，因此便派生出不同的字形來分擔其功能。如"道"字從辵，從首，本義爲道路，由道路的途徑、方向義進而引申有引導、指引義，此後"道"便

---

[*] 基金項目：北京市社會科學基金重大項目"漢字發展史"（15ZDA12）。

兼有了這兩種意義，爲了解決這種一詞多義現象帶來的不便，便派生出從寸道聲的"導"字表示引導、指導義。又如"隹"象鳥形，本義爲短尾鳥，後假借作句首詞{唯}，爲使表義明確，便增加"口"旁派生出"唯"字來分散相應的意義。

二、有關漢字派生的歷史討論

漢字派生的相關論述古已有之，《論語·顏淵》："政者，正也。"此雖只是聲訓，但也間接擺出了"正""政"二字的派生關係。

許慎《說文解字·序》："倉頡之初作書，蓋依類象形，故謂之文。其後形聲相益，即謂之字。字者言孳乳而浸多也。"這里講的是構字方式的階段性發展，從出土文獻字形發展來看，所謂"形聲相益"大多是增加或改換構件形成的派生字，真正取"形聲"拼合而成的字形很少，所以《說文》"形聲相益"放之于字形發展現實中，有很大一部分講的是漢字派生現象。

沈括《夢溪筆談》說："王聖美治字學，演其義以爲右文。古之字書皆從左文，凡字，其類在左，其義在右，如木類其左皆從木。所謂'右文'者，如'戔'，小也，水之小者曰淺，金之小者曰錢，歹而小者曰殘，貝之小者曰賤，如此之類皆以'戔'爲義也"。這是著名的"右文說"，本是講聲符在漢字構字中的表義作用的，但如果我們進一步追問，爲什麼會存在這種現象？實際上是由漢字派生造成的。因此就整體而言，右文說所據現象完全是漢字派生現象，"淺""錢""殘""賤"都是在"戔"的基礎上爲分擔字義而增加構件形成的派生字，所以，應該說"右文說"是最早系統地提出漢字派生現象的理論。

真正明確而系統地論述漢字派生的是元代的戴侗，《六書故》："六書推類而用之，其義最精。昏，本爲日之昏，心目之昏猶日之昏也，或加心與目焉，嫁取者必以昏時，故因謂之昏，或加以女焉。熏，本爲煙火之熏，日之將入，其色亦然，故謂之熏黃，《楚辭》猶作纁黃，或加日焉；帛色之赤黑者亦然，故謂之纁，或加糸與衣焉；飲酒者酒氣酣而上行，亦謂之醺，或加酉焉。夫豈不欲人之易知也哉。然而反使學者昧于本義，故言婚者不知其爲用昏時，言日曛者不知其爲熏黃，言纁帛者，不知其爲赤黑。它如厲疾之厲，別作癘，則無以知其爲危厲之疾，厲鬼之厲，別作禲，則無以知其爲凶厲之鬼，夢厭之厭別作魘，則無以知其由於氣之厭塞，邕且之邕別作癰，則無以知其由於氣之邕底；永歌之永別作詠，則無以知其聲猶水之衍永，璀粲之粲別作璨，則無以知其色猶米之精粲。"這一論述相當精彩，既說明了漢字派生的過程，也表明了漢字派生的動因。

到清代，漢字派生現象得到了進一步理論化的概括，如王筠《說文釋例》："字有不須偏旁而義已足者，則其偏旁爲後人遞加也；其加偏旁而義遂異者，是爲分別文。其種有二，一則正義爲借義所奪，因加偏旁以別之者也，冉字之類。一則本字義多，既加偏旁，則只分其一義也。公字不足兼公侯義。"王筠的論述既理論化地給出了固定的名稱，又提出了漢字派生的原因和方式。

近現代有關漢字的派生，各家有"分化字""職能分化字""職能減縮字""區別字""滋生詞"等不同稱法，著眼點和角度不盡相同，大多集中於其中的某一方面。漢字派生本質上屬於漢字歷時發展的縱向研究，漢字發展中不同階段的即時材料某種程度上說對於這種研究是必要條件，如今出土文獻系統豐富，爲漢字派生的系統深化研究提供了有利條件，使得以出土文獻爲主要材料的漢字派生研究成爲可能。

三、漢字派生的方式

漢字派生方式是漢字派生研究的最核心內容。從有無新形產生的角度，漢字派生可以分爲有新形產生和無新形產生兩大類。有新形產生的派生主要是看派生字字形在原字字形的基礎上發生了何種變化，如增加或改換構件，利用異體字等。無新形產生的派生是漢字職能重新分配的結果，是將本就存在的字詞借來分擔原字某個義項的職能。

（一）有新形產生的派生

此種派生包括異體字派生、增加構件、改變構件、減省構件和另造新字五種。

1. 異體字派生

異體字派生是指原本屬於同一字形的異體區分爲不同字形，分別承擔原本由一個字形表示的字義。

（1）母、毋

"母"在甲骨文、金文中假借爲﹛毋﹜，如合集10565："……今日母（毋）田。"西周早期毛公鼎："虢許上下若否，雩四方死（屍）母（毋）童（動）。"到戰國時期，表示﹛母﹜和﹛毋﹜的形體有母、毋、毋、毋等，從形體上看，都是在早期"母"字形體的基礎上變化而成的，可歸爲兩類：一是母字本形，二是"母"之兩點連爲一橫，即後來的"毋"。這兩類形體如果在當時功能沒有區別，則爲一字異體，即都爲"母"字異體，如果功能不同，則已演變爲不同的字，下面我們看兩類形體的功能：

"母"形體既可表示﹛母﹜，又可表示﹛毋﹜，如：

　　古（故）曰：民之父母新（親）民易，史（使）民相新（親）也戁（難）。（郭店楚簡·六德）

　　句（后）稷之母，又（有）邰是（氏）之女也，遊於串咎之內，冬（終）見芙攼而薦之，乃見人武。（上博簡·子羔）

稱秉縺（重）德，冒難軛（犯）央（殃），非憖於福，亦力勉曰母（毋）忘。（上博簡・用曰）

壬癸有疾，母（毋）逢人，外鬼爲祟，得之於酉（酒）脯脩節肉。（睡虎地秦簡・日書甲種・病）

"毋"形體既可表示{毋}，也可表示{母}。如：

毋虣、毋號、毋惻（賊）、毋悇（貪），不攸（修）不武，胃（謂）之必城（成）則虣，不教而殺則號，命亡（無）時，事必又（有）基則惻（賊）。（上博簡・從政甲篇）

《晉（祭）公之顧命》員（云）："毋以少（小）謀敗大悫（圖），毋以卑（嬖）禦慇妝（莊）句（后），毋以卑（嬖）士愬大夫卿事（士）。"（郭店楚簡・緇衣）

君子曰：昔者君老，大（太）子朝君，君之毋（母）俤（弟）是相。（上博簡・昔者君老）

敢問可（何）女（如）而可胃（謂）民之父毋（母）？（上博簡・民之父母）

結合形體和功能來看，在戰國時期"母""毋"性質上仍屬於異體字，尚未分化。上博簡中還有一種"母"形體比較特殊，既保留了母字兩點，又兼具兩點連爲一橫的橫，其功能皆爲{母}，如：

幾（凱）俤君子，民之父母。（上博簡・民之父母）

君子事父母，亡厶（私）樂，亡（無）厶（私）憂。（上博簡・內豊）

此形體有的論著隸定爲"母"，有的論著隸定爲"毋"，綜合這一時期形體功能來看，應隸定爲"母"。

到了西漢初期，"毋"徹底分化出來，在文獻中表示不要、禁止、沒有、否定等義。

(2) 小、少

"小""少"本爲一字異體。甲骨文字形或用三點表示，或用四點表示。如甲骨文"己子（巳）卜……亡少臣其取又……一"。（合集5595）少臣即小臣。金文"正月丙午。鄘医少子斨"。（鄘医少子毁）少子即小子。秦、西漢早期"小""少"二字的功能還沒有區分。"少"形既可表示{少}，又可表示{小}，如：

甲午生子，武有力，少孤。（睡虎地秦簡・日書甲種・生子）

軍少則恐，衆則亂，舍於易，無後援者，攻之。（張家山漢簡・蓋廬）

少（小）官印，貲二甲。（岳麓秦簡陸・第五組）

以少（小）嬰兒弱（溺）漬殺羊矢，卒其時，以傳之。（馬王堆漢墓帛書·五十二病方）

"小"形亦可兼表{小}{少}。如：

己亥生，小（少）孤。（睡虎地秦簡·日書乙種·生子）

小城旦、隸臣作者，月禾一石半石；未能作者，月禾一石。（睡虎地秦簡·秦律十八種）

事備而後動，故城小而守固者，有委也；卒寡而兵強者，有義也。（銀雀山漢簡·孫臏兵法）

西漢中期出土文獻中"小""少"用法規範化，完成了派生。

2. 增加構件派生

增加構件派生是指在原字形基礎上增加構件產生新字形來分擔原字形承擔的字義。這是漢字派生方式中的主流，具體可分爲增加義符和增加聲符兩種。

(1) 敬、警

戰國、秦代直至西漢的出土文獻中"敬"字既表示恭敬、嚴肅、尊敬等義，也用來表示警戒義。如：

十九年，□□□□南郡備敬（警）。（睡虎地秦簡·編年記）

門戶難開，船人不敬（警），賈市魚獵（獵），正而行修而身。（岳麓秦簡壹·爲吏治官及黔首）

我敬（警）皮（彼）台（怠），何爲弗衰。（張家山漢簡·蓋廬）

漢代在"敬"的基礎上增加義符"言"，始分化出"警"。在文獻中表示警惕、戒備等義。如：

寇車師，殺略人民，未知審，警當備者，如律令。（敦煌漢簡69）

騎歸吞遠隧。其夜人定時，新沙置吏馮章行殄北警檄來，永求（居延新簡22.196）

以警備絕，不得令耕，更令假就田，宜可且貸，迎鐵器吏所（肩水金關漢簡73EJF3：161）

(2) 夂（冂）、冬、終、忩

夂，甲骨文作◊（合集14210），金文作◼（黃子鼎），字形象繩子兩末端打結，表示終結，本義爲{終}。"冬"當是"夂"的分化字，是在"夂"的基礎上加"仌（冰）"，專表冬季，因爲冬季是一年四季的最末一季。冬季的最大特徵是寒冷，故用"仌"，《說文·仌部》："冬，四時盡也。從仌從夂。"從現有材料看，"冬"可能是秦系文字的字形，而楚系文字則是在"夂"的基礎上加"日"作各或加"心"

作冬。齊文字與楚文字近似。戰國楚系文字中還有從"糸"從"夊"的"🈺"字，後又在"冬"的基礎上加"糸"造"終"，表示其本義。戰國時期，{終}可由"冬""夊""🈺""終"四字表示。如：

  又（有）吳（無）迵（通），匡天下之正（政）十又（有）九年而王天下，卅＝（三十）又（有）七年而民（泯）夊（終）。（上博簡·容成氏）

  ☐☐于人，丁亥又（有）嚅（靈），丁巳夊（終）其身，亡☐☐（九店楚簡·裁衣）

  【君】子之爲善也，又（有）與始，又（有）與冬（終）也。（郭店楚簡·五行）

  辛丑生子，有心冬（終）。（睡虎地秦簡·日書甲種·生子）

  父兄與於🈺（終）要。（清華簡·邦家之政）

  啟其逃（兌），賽（塞）其事，終身不逑。（郭店楚簡·老子乙篇）

  春三月季庚辛，夏三月季壬癸，秋三月季甲乙，冬三月季丙丁，此大敗日，取妻，不終；蓋屋，燔；行，傳；毋可有爲，日衝（衝）。（睡虎地秦簡·日書甲種·取妻出女）

戰國中期的郭店楚簡中"終"始由"冬"增加構件派生而來，但二者仍處於共用階段，到了西漢晚期這一派生過程基本完成。

3. 改變構件派生

改變構件派生是指在原字形基礎上改換部分構件產生新字形來分擔原字形承擔的字義。依據被改換構件的功能不同可分爲改換音符和改換義符兩種。

（1）材、財

《說文·木部》："材，木梃也。"段玉裁《說文解字注》："材，木梃也。梃、一枚也。材謂可用也。"商周時代用"才"表示財貨，戰國時期用"材"。如：

  依惠則民材（財）足，不時則亡懽（勸）也。（郭店楚簡·尊德義）

  人戶、馬牛及者（諸）貨材（財）直（值）過六百六十錢爲"大誤"，其它爲小。（睡虎地秦簡·法律答問）

  臨材（財）見利，不取句（苟）富；臨難見死，不取句（苟）免。（睡虎地秦簡·爲吏之道）

秦代出土文獻中，表示錢財之義皆作"財"。如：

  ·受人財及有賣買焉而故少及多其賈（價），雖毋枉殹（也），以所受財及其貴賦＜賤＞賈（價），與盜同法。（嶽麓秦簡陸·第三組160正、161正）

  畜及錢財、財物，自挾臧其數☐（里耶秦簡8-1721）

占得利、貨、財，必後失之；占獄訟，不勝；占約結，不成。（周家台秦簡·日書）

"財"可能是在"材"的基礎上改換"木"旁爲"貝"旁形成，也可能是在"才"的基礎上增加"貝"旁形成。因"財"與"材"使用時代相鄰，前一種情況可能性更大。

（2）稷、禝

《說文·禾部》："稷，齋也。五穀之長。從禾畟聲。"《清華簡·晉文公入于晉》："命肥豵羊牛、豢犬豕，具黍稷醴以祀，四封之内皆肰（然）。"稷爲百穀之長，引申指穀神。《上博簡·姑成家父》："□郤奇（錡）聞（聞）之，告姑（苦）成家父曰：'㠯（以）吾族參（三）郤與□□□□於君，肰則晉邦之社稷可得而事也，不肰則得字（免）而出，者（諸）矦（侯）畜我，隹（惟）不㠯（以）厚？'"

後改"稷"之"禾"旁爲"礻"旁，造"禝"字專表穀神之義。"禝"在戰國晚期已經出現。如：

凡建日，大吉，利以取（娶）妻、祭祀、竺（築）室、立社禝，帶劍、冠。（九店楚簡·建除）

古能治天下，坪（平）萬邦，吏（使）亡（無）又（有）少大、肥竁（磽），吏（使）皆得其社禝百姓而奉守之。（上博簡·子羔）

戰國時期"稷""禝"二字已基本完成派生，"稷""禝"二字只有表人名時可以通用，而表糧食之義只用"稷"，表社稷之義只用"禝"。"稷"形體清華簡共有4例，1例爲人名魯稷，3例爲穀物。上博簡共出現5例，3例爲后稷，2例表穀物。睡虎地共出現3例，2例表穀物，1例爲"稷"之誤寫。

后稷之見貴也，則㠯（以）文武之惪（德）也。（上博簡·孔子詩論）
織紝之不成，吾可（何）以祭稷。（清華簡·子儀）
非稷之種，而可飲飤（食），積浧（盈）天之下，而莫之能得。（上博簡·用曰）

"禝"形體郭店楚簡共出現2例，都爲后禝。九店楚簡出現1例，爲社禝，清華簡共出現10例，7例爲社禝，3例爲后禝。上博簡共出現10例，6例表社禝，4例爲后禝。如：

句（后）禝之埶（藝）地，地之道也。（郭店楚簡·尊德義）
以長奉社禝。（清華簡·湯處於湯丘）
凡建日，大吉，利以取（娶）妻、祭祀、竺（築）室、立社禝，帶劍、冠。（九店楚簡·建除）

在後代用字發展中，"稷""禝"的分化沒能保持下來，最終又回歸到用"稷"兼表穀物和社稷等義，而"禝"字則不多見。

4. 減省構件派生

減省構件派生是指在原字形基礎上減省部分構件產生新字形來分擔原字形承擔的字義。與前三種派生方式相比，此類派生在出土文獻中例證極少。

(1) 智、知

戰國出土文獻中，"智"的形體有四種寫法："矢""于""口""曰"或"大""于""口""曰"四個構件組合與"矢""于""曰"或"大""于""曰"三個構件組合。用來表示智慧與知道兩種意義。

　　故騰爲是而修法律令、田令及爲間私方而下之，令吏明布，令吏民皆明智（知）之，毋巨（詎）於皋（罪）。（睡虎地秦簡·語書）

　　·問智（知）此魚者具物色，以書言。（里耶秦簡 8—769）

　　盜出財物於邊關徼，及吏部主智（知）而出者，皆與盜同法；弗智（知）而出之，罰金四兩。（張家山漢簡·二年律令）

秦代首見"知"形，形體由"智"減省而成：

　　貴人知邦端，賤人爲筍，女子爲邦巫。（岳麓秦簡壹·占夢書）

　　夢伐鼓聲，必長衆有司，必知邦端。（岳麓秦簡壹·占夢書）

(2) 枼、世

"枼"甲骨文作 ✳、✳。文例如"癸酉卜，踵於枼✳"（合集 19956）。金文作 ✳（拍敦蓋），象樹枝上長滿樹葉之形，爲"葉"的本字。"枼"甲骨文沒有確證，對於有無此字尚有爭議。西周王孫鐘已有"枼"字，金文"枼"主要用來表示世代的"世"，如："順余子孫。萬枼（世）亡（無）疆。用之勿相（喪）。"（越王者旨于賜鐘）戰國文字中，"枼"也有表示{世}的用法。如：

　　三枼（世）之後，欲士士之，乃署其籍曰：故某慮贅壻某叟之乃（仍）孫。（睡虎地秦簡·爲吏之道）

　　黑肉從東方來，母枼（世）見之爲姓（眚）。（睡虎地秦簡·日書乙種·十二支占）

"世"爲"枼"減省下部構件"木"而成，西周已有表示世代之義的"世"形。秦代簡牘中表世代之義的"世"僅見 1 例，漢代簡牘中都用"世"字。原用來表世代之義的"枼"字後來便專用來表枝葉義，簡化後寫作"葉"。

　　☐縣官宇不居，望之不往者萬世不到。（岳麓秦簡壹·爲吏治官及黔首）

　　建世二年三月癸亥☐（居延新簡 27.23）

☐萬世隊見吏告遣，詣（肩水金關漢簡 73EJD：262A）

5. 另造新字

另造新字是指造與原字形體上沒有關係的字形來分擔原字形承擔的字義。這種現象非常罕見，原因可能是它會隔斷字詞間的承繼關係，給使用者造成困擾。

（二）無新形產生的派生

1. 借用同音字派生

借用同音字派生即借用聲音相同或相近的字分擔原字的部分意義。這種借用和一般的假借不同，不是臨時的借用，而是永久承擔了原字的意義。

（1）皮、彼

皮，甲骨文、金文分別作󰀀、󰀁，形體象用手從獸類的軀幹剝下外皮。《說文·皮部》："皮，剝取獸革者謂之皮。從又，爲省聲。"本義爲剝取獸皮，引申指表面、皮膚等，西周之後被借用來表示代詞那個、他們等義。如：

取皮（彼）才（在）坎（窞）。（上博簡·周易）

《詩》員（云）："皮（彼）求我則，女（如）不我得。執我錢戟，亦不我力。"（上博簡·緇衣）

我敬（警）皮（彼）台（怠），何爲弗衰。（張家山漢簡·蓋廬）

後借用從彳皮聲的"彼"字來表示。《說文·彳部》："彼，往有所加也。從彳皮聲。"睡虎地秦簡中始見代詞"彼"，如：

申之義，以毄畸，欲令之具下勿議，彼邦之傾，下恒行巧而威故移。（睡虎地秦簡·爲吏之道）

鬼之所惡，彼窋（屈）臥篡坐，連行奇（踦）立。（睡虎地秦簡·日書甲種·詰）

（2）見、現

《說文·見部》："見，視也。從兒從目。""見"的本義爲看到，引申指出現、使看到之義，戰國、秦代及西漢的出土文獻中都有相關用法。如：

或昏（聞）死言：僕見䏱之倉也，目（以）告君王，今君王或命（令）䏱母（毋）見，此則僕之䢷（罪）也。（上博簡·昭王毀室）

☐二春吏見（現）三人。（里耶秦簡 8—1704）

・凡徵五，一徵見（現），先〈無〉活人。（張家山漢簡·脈書）

"見"的出現義後來借用本義爲玉光的"現"來表示，《集韻》："現，玉光。"據現有出土文獻，借用作出現、使看到義的"現"首見於西北漢簡，此後便分但了"見"的出現義，玉光義不再使用。如：

出粟小斗九斗。以食詔醫所乘張掖傳馬一匹，現三日食。（肩水金關漢簡 73EJT10：88）

四、派生字形和原字形的職能分配

從功能的角度出發，以派生出的新形爲中心來研究其所承擔的職能，可分爲派生的新形表示本義、新形表示引申義和新形表示假借義三種類型。其中，假借與詞音相關，與原詞的某個義項沒有關係，所以原字形職能和派生字形職能的關係是原字形表示的詞義與派生字形表示的假借義的關係。

漢字派生大多是多層級的，這里所說的派生字形職能與原字形職能僅指具有直接關係者，也就是派生字形職能與直接派生它的某一原字形職能之間的關係。職能中的假借義本來對應的是原詞義，並不針對原詞的某一義項，但是在某種情況下，原詞義只留有一個義項，或是本義，或是引申義，這樣原字形與派生字形職能的關係就表現爲假借義與本義或者假借義與引申義之間的關係。

（一）派生字形表示本義，原字形表示引申義

1. "止"與"趾"

"止"甲骨文作 ᑌ、 ᑌ，象人足之形，爲"趾"的本字。"甲戌卜，殼鼎（貞）：弓（勿）首（禦）帚（婦）好止（趾）于父乙"。（合集2627）戰國、秦漢簡牘中較常見，如：

初六：艮亓（其）止（趾），亡（無）咎，利羕（永）貞。（上博簡·周易）

庶人。道故塞徼外蠻夷來盜略人而得者，黥剄（劓）斬其左止（趾）以爲城旦。前令獄未報者，以此令論之。（岳麓秦簡伍·第二組2151）

強略人以爲妻及助者，斬左止（趾）以爲城旦。（張家山漢簡·襍律）

"止"由腳義引申有停止、阻止等義，本義則多由"趾"表示，"趾"是增加的構件"足"形成的派生字，據現有出土文獻，"趾"字首見華山廟碑：

仲宗之世，重使使者持節祀焉，歲一禱而三祠，後不承前，至於亡新，寖用丘虛，訖今垣趾營兆猶存。（華山廟碑）

2. "要"與"腰"

"要"甲骨文、金文字形分別作 ᑌ、ᑌ，字形象一個女子用雙手叉腰，本義爲腰部。《說文·臼部》："要，身中也。象人要自臼之形。從臼。"引申指要領、需要等義。後來在"要"的基礎上加了肉旁派生出"腰"，專表本義爲腰部。"腰"字秦漢出土文獻中未見，出土文獻中始見於南北朝墓誌中。

字有要（腰），不窮必刑。（睡虎地秦簡・日書甲種・相宅）

一曰：誇（跨）足，折要（腰），空（控）丈（杖）而力引之，三而已。（張家山漢簡・引書）

雖首冠纓冕，不以機要爲榮，腰佩龜組，未以寵渥爲貴。（北魏・元颺墓誌）

（二）派生字形表示本義，原字形表示假借義

1. "且"與"祖"

且，象祭祀牌位之形，本義是祖先。後"且"假借爲連詞或副詞，本義祖先由加"示"旁的"祖"字表示。《說文・示部》："祖，始廟也。從示且聲。"春秋時期始見"祖"字，戰國中期和戰國中晚期的文獻材料郭店楚簡和清華簡還可見用"且"表示祖先的例子，戰國晚期的上博簡、睡虎地秦簡皆作"祖"。如：

夫聖人上事天，教民又（有）尊也；下事地，教民又（有）新（親）也；時事山川，教民又（有）敬也；新（親）事且（祖）廟，教民孝也；大（太）教（學）之中，天子親齒，教民弟也。（郭店楚簡・唐虞之道）

王若曰："且（祖）祭公，哀余少（小）子，昧亓（其）才（在）立（位），旻天疾畏（威），餘多寺（時）叚（假）懲。"（清華簡・祭公之顧命）

狗（耇）老昏（問）于彭祖曰："旬（耇）是（氏）褺心不忘，受命兼（永）長。臣可（何）埶（藝）可（何）行，而舉於朕身，而詆於帝棠（常）？"（上博簡・彭祖）

人毋（無）故而鬼祠（伺）其宮，不可去，是祖□遊，以犬矢投之，不來矣。（睡虎地秦簡・日書甲種・詰）

2. "孰"與"熟"

"孰"的本義爲生熟之熟，甲骨文作 ![] （合集 17936），金文作 ![] （伯致簋），字形象人對著宗廟進獻祭品。"孰"字後借用作疑問代詞，因在"孰"基礎上加"火"旁派生出"熟"，表示本義。"熟"字應產生於漢代。

竈毋（無）故不可以孰（熟）食，陽鬼取其氣。（睡虎地・日書甲種・詰）

一月名曰留（流）刑，食飲必精，酸羹必孰（熟），毋食辛星（腥），是謂財（哉）貞。（馬王堆漢墓帛書・胎產書）

災害不侵，五穀熟成。（營陵置社碑）

年穀歲熟，百姓豐盈。（白石神君碑）

（三）派生字形表示引申義，原字形表示本義

1. "道"與"導"

《說文·辵部》："道，所行道也。從辵從首。一達謂之道。""道"本義爲道路，引申有方法、途徑、規律、引導等義。如：

　　☐不盈一石☐行道☐（雲夢龍崗秦簡141）

　　上不以其道，民之從之也難。（郭店楚簡·成之聞之）

　　凡法律令者，以教道（導）民，去其淫避（僻），除其惡俗，而使之之於爲善殹（也）。（睡虎地秦簡·語書）

西周金文中有從"行"從"首"從"又"的"導"字形體，這可能是"導"字的來源，東漢出土文獻中首見下部從"寸"的"導"字。

2. "正"與"政"

《說文·正部》："正，是也。從止，一以止。"《說文·是部》："是，直也。從日、正。""正"字甲骨文作☐（合集278）、金文作☐（乙亥鼎），象正對著目標前進，本義爲正中、不偏斜。引申有政事、匡正之義，後來在"正"的基礎上加注"攴"派生出"政"來表示此義。"政"字西周金文中已有，但在戰國出土簡帛文獻中仍有用"正"字表示政事、匡正等義的用例。如：

　　肅成朕師旟之政德。（叔屍鐘）

　　是以爲正（政）者教道之取先。（郭店楚簡·尊德義）

　　又（有）克正（政）而亡克陳。（上博簡·曹沫之陳）

（四）派生字形表示引申義，原字形表示引申義

1. "弟"與"悌"

《說文·弟部》："弟，韋束之次第也。從古字之象。"本義爲次第，由此引申爲兄弟中按年齡排列的較小者，即弟弟之義。戰國時期，"弟"也作"俤"，"俤"爲表弟弟之"弟"的專字。在弟弟之義基礎上進一步引申爲弟弟對兄長的敬愛義，派生出"弟"加"忄"的"悌"字表示此義。戰國簡帛中｛悌｝可由"弟""俤"二字表示。"悌"爲《說文》新附字，《說文·心部》"悌，善兄弟也。從心弟聲。經典通用弟。"出土文獻用例首見於東漢時期。

　　生子，無俤（弟）；女（如）又（有）俤（弟），必死。（九店楚簡·叢辰）

　　兄弟，至先後也。（郭店楚簡·語叢一）

　　君子曰：俤（悌），民之經也。（上博簡·內豊）

　　爲孝，此非孝也。爲弟（悌），此非弟（悌）也。不可爲也，而不可不爲也。（郭店楚簡·語叢一）

《尚書》五教，君崇其寬；詩云愷悌，君隆其恩；東里潤色，君垂其仁。（張遷碑）

2. "解"與"懈"

《說文·角部》："解，判也。從刀判牛角。""解"的本義爲分解牛的肢體，引申指分裂、分散各類事物，並進一步引申表示心神、心志等的分散，即鬆弛、懈怠義，後在"解"字基礎上增加"忄"旁派生出"懈"字，專表鬆弛、懈怠義。

……解（懈）于時。上帝喜之，乃無凶災。……（上博簡·三德）

□□□□□示民明（萌）毋解（懈）怠。如此則外無諸侯之患，內無□□之憂。（銀雀山漢簡·守法守令等十三篇）

乾乾匪懈，聖敬□□。（沮渠安周造像記）

類子猷之高爽，匹仲文之匪懈。（崔芳墓誌）

（五）派生字形表示引申義，原字形表示假借義

1. "般"與"盤""槃"

《說文·舟部》："般，辟也。象舟之旋，從舟。從殳，殳，所以旋也。""般"的本義是盤旋，引申指杯盤的"盤"，後增加表示器物的"皿"或"木"派生出"盤"或"槃"字專表杯盤義。而原字形"般"主要表示"種、類"等假借義。如：

漆畫平般（盤），徑尺六寸，三枚。（馬王堆三號漢墓遣策258）

【漆畫】食般（盤），徑一尺二寸，廿。（馬王堆三號漢墓遣策259）

一斗歓（飲）水三斗，而槃（盤）歓（飲）水二斗七升即槃（盤）。（張家山漢簡·算術書）

獻武皇帝茹荼切蓼，在在匪復，操盤大誓，醉涕俱流，義動其誠，實參本□。（北齊武貞寶公墓誌銘）

2. "勿"與"物"

"勿"依《說文》解釋，本義爲雜色旗，《說文·勿部》："勿，州里所建旗。象其柄，有三遊。雜帛，幅半異。所以趣民，故遽稱勿勿。"由雜色之義素進而引申指所有顏色。雜色即所有顏色，所有顏色即顏色也，故引申指顏色。這一引申義後來由派生字"物"表示，陸宗達（1981：65）："'物'字，最初只作顏色講。如《周禮·保章氏》：'以五雲之物辨吉凶、水旱降、豐荒之祲象。'鄭注：'物，色也。'"甲骨文時期"勿"即用作表否定的假借義"不要、不"等，如："鼎（貞）：丂（勿）隹（唯）自般令。"（合集4219）睡虎地秦簡始見"物"字。

上好是勿（物）也，下必又（有）甚安（焉）者。（郭店楚簡·尊德義）

子曰：君子言又（有）勿（物），行又（有）埑，此目（以）生不可敓

(奪）志，死不可敓（奪）名。（上博簡·緇衣）

馬牛誤職（識）耳，及物之不能相易者，貲官嗇夫一盾。（睡虎地秦簡·效律）

毋（無）徵物，難得。（岳麓秦簡叁·同、顯盜殺人案）

(六) 派生字形表示假借義，原字形表示原詞義

1. "者"與"諸"

《說文·白部》："者，別事詞也。"本義是助詞，假借爲"眾、各個"，後加"言"旁派生出"諸"專門表示假借義。依據里耶秦簡 8—461 號木牘所抄寫的秦統一文字的規定，用"諸"表示假借義是在秦統一後。抄寫于秦統一前的睡虎地秦簡無"諸"字，皆用"者"字。抄寫于秦統一後的文獻已改用"諸"。如岳麓秦簡肆、岳麓秦簡伍等：

"盜及者（諸）它皋（罪），同居所當坐。"（睡虎地秦簡·法律答問）

諸有貣贖責（債）者，訾之。（岳麓秦簡肆·第二組262正）

・諸相與奸亂而罷（遷）者，皆別罷（遷）之，勿令同郡。（岳麓秦簡伍·第一組0864）

諸官爲秦盡更。（里耶秦簡 8—461）

2. "胃"與"謂"

《說文·肉部》："胃，穀府也。從肉；𡇒，象形。"本義是腸胃，後假借作"稱謂、說"等，此義後增"言"旁派生的"謂"來表示。如：

父子同居，殺傷父臣妾、畜產及盜之，父已死，或告，勿聽，是胃（謂）"家罪"。（睡虎地秦簡·法律答問）

五者畢至是胃（謂）過主。（岳麓秦簡壹·爲吏治官及黔首）

毋敢謂巫帝，曰巫。（里耶秦簡 8—461）

此所謂戎曆日殹。（周家台秦簡·日書）

參考文獻

戴侗. 六書故. 党懷興，劉斌，點校. 北京：中華書局，2012.

陸宗達. 說文解字通論. 北京：北京出版社，1981.

沈括. 夢溪筆談. 長沙：岳麓書社，1998.

王筠. 說文釋例. 北京：中華書局，1987.

許慎. 說文解字. 北京：中華書局，2011.

The Derivation Method and Derivation Relationship of Chinese Characters

Li Jieqiong

Abstract: Chinese character derivation refers to the phenomenon that the meaning originally represented by one Chinese character evolves into two or more Chinese characters in the course of development. Its essence is the development of the form of Chinese characters driven by the development of Chinese vocabulary. Therefore, it is a comprehensive research of the development of Chinese character and vocabulary. The derivation method is the core of the research on the derivation of Chinese characters. From the perspective of whether new forms are generated, it can be divided into two categories: with the generation of new forms and without the generation of new forms. From the perspective of functions, the relationship between the original form and the derived form is quite complex, and there are many correspondences.

Keywords: the development of Chinese characters; vocabulary development; word relations

(李潔瓊，中國人民大學文學院)

《漢語大字典》字際關係認同失誤舉隅*

熊加全

提 要：文章以《漢語大字典》字際關係認同的材料爲研究對象，利用文字學、訓詁學、音韻學、校勘學及辭書學知識，根據漢字俗寫變易規律，結合具體文獻用例，以形、音、義爲線索，選取《漢語大字典》字際關係認同失誤的 21 個例字進行了考辨。

關鍵詞：《漢語大字典》；字際關係；認同失誤

我國字書編纂歷史悠久，自《説文》以下，歷代大型字書的編纂，都將字際關係的整理作爲一項重要任務，其整理的質量成爲衡量一部字書編纂水平的重要標準之一。字際關係的整理主要包括兩個方面的內容：一是認同；二是別異。認同是把具有異體關係的字加以溝通；別異是把不具有異體關係的字加以區分。字際關係的整理工作，往往依賴于傳世字書。然而，由於傳世字書大都重貯存而輕考校，再加上傳抄失誤與編纂失誤，致使傳世漢字中大量具有異體關係的字未作認同，大量不具有異體關係的字卻誤作認同。

上世紀 90 年代出版的《漢語大字典》（以下簡稱《大字典》），是迄今爲止編纂質量最高的一部大型字書。然而由於各種原因，該書在字際關係認同方面存在很多問題，在一定程度上也影響到該書的編纂水平與利用價值。《大字典》第二版於 2010 年正式出版，相較於《大字典》第一版，《大字典》第二版在字際關係認同方面做了大量的工作，取得了一定成績。然而，由於各種原因，該書在字際關係認同方面仍存在諸多失誤。通過對這些失誤進行系統的考辨與研究，發現失誤的類別是多樣的，既存在兩字本非同字而誤作認同的現象，也存在兩字本非同字，《大字典》卻以前人謬説作爲"一説"或一個義項的現象，也存在兩字本爲同字，前人已作認

---

* 基金項目：湖南省社會科學成果評審委員會課題（XSP20YBC420）、湖南省哲學社會科學基金項目（18YBA178）、湖南省教育廳優秀青年項目（18B514）、國家社會科學基金項目（18FYY033）。感謝匿名評審專家提出寶貴的修改建議，文中若有謬誤，概由筆者本人負責！

同，《大字典》卻以前人之説作爲"一説"或一個義項的現象，還存在因義項誤分或誤設而致認同失誤的現象，等等。本文即以《大字典》第二版字際關係認同的材料爲研究對象，選取其中字際關係認同失誤的 21 個例字進行了考辨。文中各例先引《大字典》第二版，然後以"按"字揭出筆者考釋。

1. 傎：diān《廣韻》都年切，平先端。❶同"顛"。仆倒。《廣雅·釋言》："傎，倒也。"王念孫疏證："傎，通作顛。"《玉篇·人部》："仆也。"❷隕落。《玉篇·人部》："傎，殞也。"《廣韻·先韻》："傎，殞也。"（《大字典》279B）

按：《玉篇·人部》："傎，都田切。殞也；仆也；倒也。"（14 下左）《玉篇校釋》"傎"字下注："'殞也'者，《書·盤庚中》：'顛越不恭。'孔傳：'顛，隕也。'《易·雜卦傳》：'大過顛也。'虞注：'顛，殞也。'顛傎、殞隕並通。"（513）胡氏所言是也。《小爾雅·廣言》："顛，殞也。"慧琳《音義》卷十五引《字書》："顛，墜也。"又卷五十一引《考聲》："顛，殞也。"《左傳·隱公十一年》："子都自下射之，顛。"杜預注："顛，顛隊而死。"故"傎"訓"殞"，與"顛"音義亦同，亦爲異體字。《大字典》"傎"字此義未與"顛"字認同，失當。

2. 宲：（一）xià《集韻》虛訝切，去禡曉。同"墉"。縫隙；裂縫。《玉篇·宀部》："宲，隙也。"《集韻·禡韻》："墉，《説文》：'塀也。'亦作宲。"（二）sāi 同"塞"。堵塞。《正字通·宀部》："宲，六書'宲'同'塞'。……窒也。今作'塞'，與'罅'音義別。"（《大字典》997A）

按：《玉篇·宀部》："宲，火訝切。宲隙也。"（54 下右）《正字通·宀部》："宲，舊注：呼嫁切，音罅。宲隙。按：六書'宲'同'塞'。從宀、從𠀤。𠀤音展。從廾，象兩手捧塞形，窒也。篆作𡫆，今作'塞'，與'罅'音義別。"（269 上）《正字通》所言是也。《玉篇校釋》"宲"字下注："宲誤合墉、塞爲一字，應刪。《土部》：'墉，呼嫁切。坏也。'又：'塞，隔也；蔽也。'《𠀤部》：'𡫆，先例切。窒也。今作塞。'宲即𡫆之隸變增此，亦當列𡫆下爲重文。《集韻·禡韻》墉亦作宲，亦誤。"（2164）胡氏之説是其證也。故"宲"當即"塞"字之俗，而"宲"與"罅"字形相去甚遠，疑非同字。《大字典》既引《正字通》之説，又據《集韻》溝通"宲"與"墉"，失當。"宲"當即"𡫆"之隸定字，《大字典》直謂"宲"同"𡫆""塞"，即可。

3. 嚗：páo（一）《集韻》蒲襃切，平豪並。鳴。《玉篇·口部》："嚗，鳴也。"（二）《集韻》蒲交切，平肴並。同"咆"。《集韻·爻韻》："咆，或從麃。"（《大字典》755A）

按：《玉篇·口部》："嚗，蒲毛切。鳴也。"（27 上右）《玉篇校釋》"嚗"字下注："《集韻·豪韻》義同，又肴韻爲咆之或體，咆亦鳴也。"（1044）胡氏所言是也。《説文·口部》："咆，嗥也。从口，包聲。"（28 下）玄應《音義》卷二三引

《廣雅》曰："咆，鳴也。"今本《廣雅》脱"咆"字，王念孫疏證據玄應《音義》補"咆"字，是也。"噑""鳴"義同，故"嚎""咆"音義並同，"嚎"即"咆"通過改换聲符而形成的異體字。《大字典》"嚎"字下誤分爲兩個義項：一義溝通，一義未加溝通，失當。《大字典》應合併爲一個義項，直謂"嚎"同"咆"，即可。

4. 掫：zhǒu《集韻》止酉切，上有章。❶執持。《集韻·有韻》："掫，執也。"《字彙·手部》："掫，執持也。"❷同"掬"。《集韻·有韻》："掬，持也。或從州。"（《大字典》1984A）

按：《玉篇·手部》："掫，側九切。執掫（掫字當爲字頭誤重）也。"（32 上右）《集韻》上聲有韻側九切："掬，持也。或從州。"（434）"執""持"義同。《廣韻》入聲緝韻之入切："執，持也。"（429）此是其證也。故"掫""掬"當即異體字。《大字典》"掫"字下誤分爲兩個義項，遂致一個義項認同，一個義項未加認同，非是。

5. 撑：同"牽"。《集韻·先韻》："牽，《説文》：'引前也。'亦姓。古作撑。"又《霰韻》："撑，挽也。"一説同"掔"。《正字通·手部》："撑，俗掔字。臤，從手，旁加手，贅。"（《大字典》2070B）

按：《玉篇·手部》："撑，去賢、去見二切。撑挽也。"（32 上右）《正字通·手部》："撑，俗掔字。《集韻》作掔，加手，贅。"（423 下）《正字通》所言是也。玄應《音義》卷十三："掔，《三倉》云：亦牽字。苦田反。引前也。《廣雅》：牽，挽也；搟也。"（56，1009a17）《集韻》平聲先韻輕煙切："牽，《説文》：'引前也。'亦姓。古作撑。"（161）故"撑"與"牽""掔"音義並同，即爲異體字。《大字典》以《正字通》之説作爲"一説"，非是；且引《正字通》亦有誤。《大字典》應據《集韻》《正字通》之説直謂"撑"同"牽""掔"，即可。

6. 憥：láo《廣韻》魯刀切，平豪來。❶心力困乏。《玉篇·心部》："憥，心力乏也；疾也。"《集韻·豪韻》："憥，苦心也。"❷同"勞"。《正字通·心部》："憥，俗勞字。"（《大字典》2518A）

按：《玉篇·心部》："憥，力高切。心力乏也；疾也。"（40 下左）《正字通·心部》："憥，俗勞字。舊注：音勞。心力乏；又苦心貌。與勞義同，分二字，非。古文作縈。"（383 上）《正字通》所言是也。《玉篇校釋》"憥"字下注："原本殘存：'力高反。《説文》古文勞字也。'《廣韻·豪韻》：'憥，苦心皃。'案：即《説文》縈。《説文》：'勞，用力者勞。古文作縈。'"（1712—1713）胡氏之説是其證也。《名義·心部》："縈，力高反。功也；度（疲）也；病也；對也。"（79 下）《新撰字鏡·心部》："縈，力高反。勞字古文。功〔也〕；疲也；病也。"（127）以上二書是其證也。《龍龕》卷一《心部》："憥，俗；縈，正。音勞。共心也。二。"（65）"憥"即"勞"字《説文》古文"縈"之異寫字。此亦其證也。故"憥"與"勞（縈）"音義並同，"憥"即"勞（縈）"之異體字。《大字典》"憥"字下應據

《正字通》之説直謂同"勞"，即可。

7. 稐：yūn《廣韻》於云切，平文影。❶香。《玉篇·禾部》："稐，香也。"《集韻·文韻》："稐，葐稐，香也。"❷同"葐"。《廣韻·文韻》："葐，葐葐，盛皃。稐，同葐。"（《大字典》2802A）

按：《玉篇·禾部》："稐，紆云切。香也。"（74下右）《玉篇校釋》"稐"字下注："原本當云：《字書》亦葐字也。葐，香也。在艸部。或爲馧字，在《香部》。"（2950）胡氏所言是也。《名義·艸部》："葐，於云反。馧[字]。亦香也，葐葐也。"（136下）玄應《音義》卷七："葐葐，香氣，亦盛皃。"故"稐"訓"香也"，與"葐""馧"亦爲異體字。《大字典》"稐"字第一義項未與"葐"字認同，失當。

8. 蚘：yáo《集韻》餘招切，平宵以。❶蟲名。《類篇·虫部》："蚘，蟲名。"❷同"珧"。一種海蚌。通稱"江珧"。《正字通·虫部》："蚘，俗珧字。"（《大字典》3044B）

按：《集韻》平聲宵韻餘招切："蚘，蟲名。"（182）《字彙·虫部》："蚘，餘昭切，音姚。蟲名。"（424上）《正字通·虫部》："蚘，俗珧字。舊注泛訓蟲名，誤。"（991上）《正字通》所言當是。《爾雅·釋魚》："蜃，小者珧。"郭璞注："珧，玉珧，即小蚌。"（142）"珧"字，《廣韻》音"餘昭切"。"珧"即指一種海蚌，通稱"江珧"，是一種海甲蟲。故"蚘"與"珧"音義並同，"蚘"當即"珧"通過改換義符而形成的異體字。《大字典》"蚘"字誤分爲兩個義項：第一義項據《類篇》訓爲"蟲名"；第二義項據《正字通》之説而謂同"珧"，失當。《大字典》"蚘"字下應據《正字通》之説直謂同"珧"，即妥。

9. 綖：yāo《集韻》伊消切，平宵影。❶同"袑"。系衣服的帶子。《集韻·宵韻》："袑，衣襻也。或從糸。"❷繩子。《玉篇·糸部》："綖，綖繩。"（《大字典》3650B）

按：《玉篇·糸部》："綖，音要。綖繩。"（126上左）《玉篇校釋》"綖"字下注："《集韻》：'綖'同'袑'。本書《衣部》：'袑，袑襻也。'襻者系帶也，綖蓋束腰帶。"（5453）胡氏所言是也。"綖繩""衣襻"訓異義同，皆指"系衣服的帶子"，故"綖""袑"即爲異體字。《大字典》"綖"字下誤分爲兩個義項：一義溝通，一義未加溝通，失當。

10. 軸：zhōu《集韻》張流切，平尤知。幽部。❶同"軸"。小車轅。《說文·車部》："軸，轅也。軸，籀文軸。"❷同"輖"。車重。《直音篇·車部》："軸"，同"輖"。（《大字典》3801A）

按：《說文·車部》："軸，轅也。从車，舟聲。軸，籀文軸。"（303下）《玉篇·車部》："軸，竹留切。轅也。軸，籀文。"（86下右）故"軸"當即"軸"之異體字。又《直音篇》卷五《車部》："輖，音周。重載也；車轅也。軸軸，並同上。"

(198下)《說文·車部》："輖，重也。从車，周聲。"（304上）《玉篇·車部》："輖，之由切。重載也。"（86下右）《新修玉篇》《篇海》並同。據《說文》《玉篇》《新修玉篇》《篇海》諸書可知，"輖"並無"車轅也"之義，《直音篇》又訓"輖"爲"車轅也"，於前代字書皆無征，非是。"輈""䡕"與"輖"音同義別，二字不可混同，故《直音篇》謂"輈""䡕"同"輖"，非是。《大字典》"䡕"字下承襲《直音篇》之誤而收錄一個義項謂同"輖"，亦失考證。

11. 跈：niǎn《廣韻》乃殄切，上銑泥。又徒典切。❶蹈。《玉篇·足部》："跈，蹈也。"❷同"趁"。踐。《集韻·獮韻》："趁，踐也。或作跈。"（《大字典》3941A）

按：《玉篇·足部》："跈，乃殄切。蹈也。"（34上左）《集韻》上聲銑韻乃殄切："跈，蹈也；逐也。或作跈、趁。"（380）下文上聲獮韻尼展切又曰："趁，踐也。或作跈、蹍。"（387）"踐""蹈"義同。《說文·足部》："蹈，踐也。从足，舀聲。"（40下）此是其證。故"跈"訓"蹈也""踐也"，訓異義同，與"趁"皆爲異體字。《大字典》誤分爲兩個義項，一義訓"蹈"，一義謂同"趁"，訓"踐"，失當。《大字典》兩個義項應合併爲一個義項，直謂"跈"同"趁"，即可。

12. 踘：jū《廣韻》居六切，入屋見。又渠竹切。❶蹋。《玉篇·足部》："踘，踘蹋也。"《集韻·屋韻》："踘，踏也。"❷球，古代一種運動用具，以皮革做成圓形，中塞柔軟之物。也作"鞠"。《風俗通逸文》："丸毛謂之踘。"《篇海類編·身體類·足部》："踘，亦作鞠。蹋鞠戲，以韋爲之，實以柔物，今謂之毬。"《正字通·足部》："踘，舊注蹴踘，黃帝所造，習兵之勢，今戲毬。不知所蹴之毬爲鞠，本從革，非踘即鞠也。"（例證略）（《大字典》3963A）

按：《玉篇·足部》："踘，九六、其六二切。踘蹋也。"（34下右）《玉篇校釋》"踘"字下注文改爲"蹋踘也"，並注曰："'蹋踘也'者，字本作鞠，涉蹋而爲踘。《說文》：'鞠，蹋鞠也。'《切韻》同。"（1439—1440）胡氏所言是也。《玉篇》訓"踘"爲"踘蹋"，當爲"蹋踘"之倒。又《集韻》入聲屋韻居六切："踘，踏也。"（647）"踏""蹋"字同，《集韻》訓"踏也"，亦非。正如：故宮本《裴韻》入聲屋韻渠竹反："鞠，蹋。又音匊。"（605）然箋注本《切韻》、敦煌本《王韻》、故宮本《王韻》皆訓"蹋鞠"，當以訓"蹋鞠"爲是。故宮本《裴韻》訓"鞠"爲"蹋"，當爲"蹋鞠"之脫誤。故《集韻》訓"踘"爲"踏也"，亦爲"踏踘也"之脫誤。"踏踘""蹋踘"同"蹋鞠"，"踘"即"鞠"之類化換旁俗字。《大字典》"踘"字第一義項因沿襲《玉篇》《集韻》義訓之謬而虛設，遂致一義認同，一義未作認同，非是。

13. 迮：zé《集韻》側格切，入沒莊。❶同"迮"。《正字通·辵部》："迮，俗迮字。"❷姓。《集韻·陌韻》："迮，姓也。"（《大字典》4130B）

按：《集韻》入聲陌韻側格切："迮，姓也。"（736）《字彙·辵部》："迮，陟格切，音責。姓也。"（490 下）《正字通·辵部》："逩，俗迮字。"（1158 下）《正字通》所言是也。《説文·辵部》："迮，迮迮，起也。从辵，作省聲。"（34 上）"迮"本義指"起"，引申義可指"姓"。《萬姓統譜·陌韻》："迮，本朝迮原霖，洪武中任翰林編修。""迮"，《廣韻》音"側伯切"。故"逩"與"迮"音義並同，"逩"當即"迮"字之俗。《大字典》收録"逩"字，分爲兩個義項：第一義項據《正字通》之説謂同"迮"；第二義項據《集韻》訓"姓"。《大字典》這樣處理"逩"與"迮"的字際關係也是失當的，《正字通》謂"逩"即"迮"字之俗，本即就"姓"這一意義而言的，《大字典》應直謂"逩"同"迮"，即妥。

14. �：（一）qiū《玉篇》音丘。獸名。《玉篇·豸部》："豠，獸名。"（二）chū 同"貙"。《正字通·豸部》："豠，俗貙字。"（《大字典》4165B）

按：《玉篇·豸部》："豠，音丘。獸名。"（112 下左）《正字通·豸部》："豠，俗貙字。舊注音丘，泛訓獸名。誤。"（1094 下）《正字通》所言是也。《玉篇校釋》"豠"字下注："應俗簡書'貙'字。"（4686）胡氏所言即爲其證。《爾雅·釋獸》："貙，似狸。"（156）《説文·豸部》："貙，貙獌似狸者。从豸，區聲。"（198 上）"貙"，《廣韻》音"敕俱切"。正如韓小荆《〈可洪音義〉研究》（646）"嶇"俗作"岖"、"軀"俗作"躯"等，"豠"亦即"貙"字之俗。"貙"俗作"豠"，後人改其讀爲"音丘"，此當即望形生音；又改其訓爲"獸名"，此又當爲望形生訓，音義皆不可信。《大字典》既引《正字通》之説，就不應沿襲《玉篇》音義之誤而收録第一義項；《大字典》如果認爲《正字通》之説不能作爲定論，可以"一説"的形式將《正字通》之説置於第一義項之後。

15. 䛦：xiě《集韻》洗野切，上馬心。❶言以寫志。《玉篇·言部》："䛦，話䛦。"《集韻·馬韻》："䛦，言以寫志。"❷同"寫"。《正字通·言部》："䛦，俗寫字。"（《大字典》4295B）

按：《玉篇·言部》："䛦，司夜切。話䛦。"（44 上右）《正字通·言部》："䛦，俗寫字。舊注：音卸。話䛦。又音寫，言以寫志。按：本作寫，俗加言，非。"（1082 下）《正字通》所言是也。《玉篇校釋》"䛦"字下亦云："瀉、䛦本止爲寫。"（1864）此説是其證也。《詩·小雅·蓼蕭》："我心寫兮。"朱熹曰："寫，輸寫也，我心寫而無留恨矣。"此"寫"即指"傾吐；傾述。"此亦其證也。故"䛦"即"寫"字之俗。《大字典》"䛦"字下卻以《正字通》之説作爲一個單獨的義項，失當。《大字典》據《正字通》之説直謂"䛦"即"寫"，即妥。

16. 馝：piē《集韻》匹蔑切，入屑滂。《玉篇·香部》："馝，小香也。"一説同"馞"。《集韻·屑韻》："馞，馞馞，香也。或作馝。"方成珪考正："案：馞訛秮，據《廣雅·釋訓》正。"（《大字典》4712A）

按：《玉篇·香部》："馝，匹結切。小香。"（75 上左）下文又曰："馞，匹結切。小香。馠。同上。"（75上左）故"馠""馡"音義並同，即爲異體字。《集韻》入聲屑韻匹蔑切："馡，馡馡，香也。或作馠、馟。"（706）《集韻》謂"馡"或作"馠"，是也。《大字典》以《集韻》之說作爲"一説"，失當。《大字典》應於"馠"字下直謂同"馡"，即可。

17. 饡：huài《集韻》胡怪切，去怪匣。食物變壞。《集韻·怪韻》："饡，食敗也。"一説同"餲"。《正字通·食部》："饡，俗餲字。"（《大字典》4771A）

按：《集韻》去聲怪韻胡怪切："饡，食敗也。"（525）《字彙·食部》："饡，華賣切，音壞。食敗。"（547下）《正字通·食部》："饡，俗餲字。舊注食敗，訓同餲，改音壞，非。"（1306上）《正字通》所言非是。《説文·食部》："餲，飯餲也。从食，曷聲。《論語》曰：'食饐而餲。'"（103上）《玉篇·食部》："餲，于利、於介二切。飯臭也。"（46上左）"饡"與"餲"儘管義同，然形音俱別，二字不可混同，故《正字通》之説非是。《大字典》"饡"字下以《正字通》之説作爲"一説"，非是。"饡"本當作"壞"。《説文·土部》："壞，敗也。从土，褱聲。"（290下）"壞"，《廣韻》音"胡怪切"。"饡"與"壞"音同義通，"饡"當即"壞"因用來指食物變壞而改換義符"土"旁爲"食"旁所形成的後起分化字。

18. 颲：lì《集韻》力質切，入質來。❶風。《玉篇·風部》："颲，風也。"❷同"颲"。風雨暴疾。《集韻·質韻》："颲，《説文》：'風雨暴疾也。'或從栗。"（《大字典》4783B）

按：《玉篇·風部》："颲，力質切。風。"（94下右）《玉篇校釋》"颲"字下注："《切韻》：'颲，亦作颲。'《集韻》以爲'颲'或體。《説文》：颲，讀若栗，閟《七月》詩作'栗'也。"（3918）胡氏所言是也。《新修玉篇》卷二十《風部》引《玉篇》："颲，力質切。暴風。同作颲。"（177上右）此亦其證也。故《玉篇》訓"颲"爲"風"，當爲"暴風"之脱誤。《大字典》"颲"字下沿襲《玉篇》義訓之誤而致一義溝通，一義未加溝通，失當。

19. 鳶：wén《集韻》無分切，平文微。諄部。❶青鳶。古代傳説中的怪鳥。《類篇·鳥部》："鳶，鳥名。"《山海經·大荒西經》："有玄丹之山，有五色之鳥，人面有發。爰有青鳶、黄鷔。"❷同"鴍"。幼鶉。《正字通·鳥部》："鴍，《爾雅》：'鶉子鴍。'或作鳶。"（《大字典》4923A）

按：《廣韻》平聲文韻無分切："鴍，鳥也。《爾雅》：'鶉子鴍。'"（65）《爾雅·釋鳥》："鶉子鴍，鴽子鸋。"（152）《集韻》平聲文韻無分切："鳶，鳥名。《山海經》：'玄丹之山有青鳶。'"（128）《山海經·大荒西經》："有玄丹之山，有五色之鳥，人面有發。爰有青鳶、黄鷔，青鳥、黄鳥，其所集者其國亡。"（342）故"鳶"與"鴍"儘管音同，且構字部件相同，然意義區別甚明，故二字不可混同。《正字通·鳥部》："鴍，無焚切，音文。《爾雅》：'鶉子鴍。'或作鳶、旻。又《山海經·大荒［西經］》》：'玄丹之山，有五色鳥，人面有發，名青鴍。'與《爾雅》'鴂'別一種。"（1360 上）《正字通》謂《山海經》之"鴍"與《爾雅》之"鴂"不同，是也；然謂"鴂"或作"鴍""㚖"，於文獻無征，此説非是。《大字典》"鴍"字下據《正字通》之説而收錄一個義項謂同"鴂"，訓"幼鵪"，失考證。

20. 䱉：（一）é《廣韻》五禾切，平戈疑。魚名。《廣韻·戈韻》："䱉，魚名。"（二）huà《集韻》火跨切。魚名。《集韻·禡韻》："䱉，《説文》：'魚名。'"按：《説文·魚部》作"䱉"。《正字通·魚部》："䱉，同䱉。"（《大字典》4988B）

按：《玉篇·魚部》："䱉，五何切。"（116 下右）此字《玉篇》義闕。《正字通·魚部》："䱉，同䱉。"（1341 上）《正字通》所言當是。《玉篇校釋》"䱉"字下注："《廣韻》戈韻五禾切：'魚名。'本書缺義，元刊云：'魚屬。'案：《説文》作'䱉'，云'魚名'，本書下（257）：'䱉，音化。魚也。'明䱉、䱉一字，《篇》《韻》皆分化爲二字。"（4890）胡氏所言是其證也。《集韻》去聲禡韻火跨切："䱉，《説文》：'魚名。'"（596）《集韻》引《説文》俗作"䱉"，此亦其證也。故"䱉"當即"䱉"通過改換成與字音更爲接近的聲符而形成的異體字。《玉篇》改音"五何切"，非是。《廣韻》音"五禾切"，亦爲《玉篇》所誤也。《大字典》沿襲《廣韻》之謬而虛設第一個義項，非是。《大字典》直謂"䱉"即"䱉"字之俗，即可。

21. 齴：yàn《集韻》魚窆切，去豔疑。❶好齒貌。《玉篇·齒部》："齴，好兒。"《龍龕手鑒·齒部》："齴，好齒兒。"❷同"齴"。牙齒參差不齊。《集韻·驗韻》："齴，齒差也。或從嚴。"（《大字典》5119B）

按：《玉篇·齒部》："齴，魚欠切。好兒。"（28 上右）《玉篇校釋》"齴"字下注："本書：'齴，魚欠切。好兒'，當爲'齒好兒'，與齴同。"（1077）胡氏所言是也。敦煌本《王韻》去聲嚴韻魚淹反："齴，齒美。"（420）《龍龕》卷二《齒部》："齴齴，魚欠反。好齒兒。下又五鹹反。亦齒差兒。二同。"（312）此即其證。故"齴"訓"好齒兒"，亦同"齴"。《大字典》"齴"字第一義項未與"齴"字溝字通，失當。

以上通過舉例的方式對《大字典》第二版字際關係認同失誤的 21 個例字進行了考辨。通過以上研究，可以發現這些失誤的類型是多樣的，然而，造成這種失誤的原因大都是由於《大字典》編纂者對歷代字書溝通字際關係的一些材料缺乏深入的考辨工作而造成的，因此，這就需要我們對這些溝通字際關係的材料進行全面系統的考辨與研究，從而不但有利於提高《大字典》的編纂質量與利用價值，而且也有利於歷代相關字韻書文本的校勘與整理。

參考文獻

昌住. 新撰字鏡·佛藏輯要本. 成都：巴蜀書社，1993.

陳彭年. 鉅宋廣韻. 上海：上海古籍出版社，1983.
丁度. 集韻. 上海：上海古籍出版社，1985.
顧野王. 大廣益會玉篇（簡稱《玉篇》）. 北京：中華書局，1987.
韓道昭. 改併五音類聚四聲篇海（簡稱《篇海》).《四庫存目叢書》影印明成化七年刻本.
韓小荊.《可洪音義》研究. 成都：巴蜀書社，2009.
漢語大字典編輯委員會. 漢語大字典. 2 版. 成都：四川辭書出版社，2010.
胡吉宣. 玉篇校釋. 上海：上海古籍出版社，1989.
慧琳. 一切經音義（簡稱：慧琳《音義》)//中華大藏經. 北京：中華書局，1993.
空海. 篆隸萬象名義（簡稱《名義》）. 北京：中華書局，1995.
梅膺祚. 字彙. 上海：上海辭書出版社影印康熙二十七年刻本. 1991.
吳任臣. 字彙補.《續修四庫全書》影印清康熙五年匯賢齋刻本.
邢准. 新修累音引證群籍玉篇（簡稱《新修玉篇》).《續修四庫全書》影印金刻本.
行均. 龍龕手鏡（簡稱《龍龕》）. 北京：中華書局影印高麗本，1982.
許慎. 說文解字. 北京：中華書局，1963.
玄應. 一切經音義（簡稱：玄應《音義》)//中華大藏經. 北京：中華書局，1993.
袁珂. 山海經校注（最終修訂本）. 北京：北京聯合出版公司，2014.
章黼. 直音篇.《續修四庫全書》影印明萬曆三十四年明德書院本.
張自烈，廖文英. 正字通. 影印康熙九年序弘文書院刊本. 北京：中國工人出版社，1996.
周祖謨. 爾雅校箋. 昆明：雲南人民出版社，2004.
周祖謨. 唐五代韻書集存. 北京：中華書局，1983.

Examples of Errors on the Relaships of Variant Chinese Characters in *Hanyu Da Zidian* （《漢語大字典》)

Xiong Jiaquan

Abstract：Based on the material of verbal relationship identification in Chinese characters, with the knowledge of philology, exegetics, phonology, textual criticism and lexicology, and by the rule of characters' simplization by common writing, and in combination with their specific usage in literature, this paper investigates 21 errors on the relationships of variant forms of Chinese characters selected from *Hanyu Da Zidian* （《汉语大字典》)

Keywords：Chinese characters；verbal relationship；identification errors

（熊加全，湖南科技學院人文與社會科學學院、
湖南師範大學中國語言文學博士後科研流動站）

清至民初子弟書疑難俗字理據考察十二則[*]

段卜華　鄧章應

提　要：子弟書文獻卷帙浩繁、題材廣泛、內容豐富，是中國俗文學史上的寶貴資料，在近代文字研究方面也具有很高價值。因其俗字形體多，俗變現象多樣，存在許多大型字典未收錄的新見字形。其俗化理據反映了當時俗字演變規律，但過去對此類文字材料注意較少。今以《俗文學叢刊》爲語料，摭取十二則加以考辨。

關鍵詞：子弟書；俗字；理據

子弟書是盛行於清代中晚期至民國初年的一種說唱曲藝形式，在前後近兩百年的時間裡在北京、天津以至瀋陽地區廣爲傳播流傳。金臺三畏氏稱其爲"古人高山流水之遺韻"，金受申先生認爲"可和元人雜劇相媲美"。（1947：15）隨著清朝覆滅，八旗消亡，子弟書也逐漸退出了歷史舞臺，成爲歷史文化舞臺上的絕響。但其留下的文獻卷帙浩繁、題材廣泛、內容豐富，是中國俗文學史上的寶貴資料。

《俗文學叢刊》384冊至400冊收錄了中研院傅斯年圖書館珍藏的300餘種子弟書抄本文獻，以影印形式出版。由於抄手個體的差異性、書寫的隨意性以及文字本身的流變性和時代性等原因，抄本中存在大量疑難俗字。這些疑難俗字給文獻閱讀及整理帶來諸多困難，有必要對其進行考證，而且因爲子弟書俗字反映了清至民初漢語俗字的使用狀況，對其考證，可以充實漢字發展史的內容，總結該時期文字的時代特徵，更全面展現近代漢字書寫系統的面貌。

本文以《俗文學叢刊》子弟書抄本爲主要語料，必要時參考清蒙古車王府和故宮博物院等所藏抄本，選擇其中十二個疑難俗字進行考辨，分析它們的俗化理據。

---

[*] 基金項目：貴州省哲學社會科學規劃項目"子弟書疑難俗字匯考及俗字字形譜編纂"（20GZQN13）、國家社會科學基金後期資助項目"比較文字學概要"（18FYY020）。本文承蒙中國社會科學院考古研究所研究員趙超先生提出寶貴意見，謹致謝忱。

一、咜

(1) 子弟書《蜈蚣嶺》："張小姐鶯聲咜叱說：'賊住口，把你那巧語花言給我快收。'"（390/298）①

(2) 子弟書《別姬》："一聲咜咜風雲外，百轉旌旗宇宙中。"（384/477）

"咜"字本同"咃"，指獸類將物銜走。（冷玉龍 1994：388）但在子弟書中，該字形既爲"吒"之俗字，又爲"叱"之俗字。

例（1）之"咜"爲"吒"之俗字。構件"乇"常簡省混作"匕"，如"宅"作"宅"，又作"它"（秦公 1985：24）；"吒"作"叱"（388/241），故"咜"寫作"咜"。"咜叱"即"吒叱"，指怒斥、怒吼。也可說成"叱咜"，如子弟書《蜈蚣嶺》："一聲喊聲兒叱咜頭兒落，惡道人腕子扎煞棍子丟。"（390/312）子弟書《面然示警》："扠（叉）雙手身控背聲音叱咜，失三魂走七魄蒲團上淨業難持站起了阿難。"（399/117）

例（2）之"咜"爲"叱"之俗字，應是受到鄰近"咜"之"宀"類化而加。"咜咜"即"叱咜"，指怒斥。又如子弟書《花叟逢仙》："桃杏花業經卸瓣無足看，張衙內一聲咜喝亂胡云。"（389/564）"咜喝"即"叱喝"，指怒喝。

故在子弟書中，俗字"咜"有兩種用法：一爲"吒"之改換構件俗字，常與"叱"連用，表示怒斥、怒吼；二爲"叱"之類化俗字，常與"咜"或"喝"連用，表示怒斥、怒喝。兩者爲同形字。

二、䍿

(1) 子弟書《酒樓》："只可惜英雄退步忠良少，滿城中盡是些䍿龍押（柙）虎，社鼠城狐。"（387/564）

"䍿"字，未見大型字典收錄，異文抄本亦作"䍿"（《清本》52/99）②，《全集》迻錄作"䍿"（3/1189）③。該字當爲"樊"之俗體，假借作"樊"。"樊龍"，即爲樊中的龍，和"柙虎"相對，比喻被困的惡人。蘇軾《賀趙大資致仕啟》："慕鶯鵠之高翔，眷樊龍而永歎。"洪昇《長生殿·疑讖》："不堤（提）防柙虎樊熊，任縱橫社鼠城狐。"

---

① 本文所引子弟書語料除特別注明外，皆出自《俗文學叢刊》第 384 至 400 冊子弟書部分。所有引文冊數、頁碼隨文標明。斜線前數字表示冊數，斜線後數字表示頁碼。"（390/298）"指《俗文學叢刊》第 390 冊 298 頁。
② 《清本》爲《清車王府藏曲本》簡稱。
③ 《全集》爲《子弟書全集》簡稱。

從字形看，"礬"當爲"攀"之簡省俗體。"攀"或簡省中間類似"大"之部分作"礬"，如張岱《陶庵夢憶・金乳生草花》："春老以芍藥爲主，而西番蓮、土萱、紫蘭、山礬佐之。"（冷玉龍 1994：1034）"礬"即"攀"。子弟書《劉高手》："他蹲身細看說：'哎，忙中有錯，這原來是我家婆搽腳的礬。'"（392/665）"攀"作"礬"。又同篇子弟書："紅蜀葵、紅豆蔻、紅花、紅礬。"（392/667）"攀"亦作"礬"。

俗體中從"林"或類似構件的字常簡省作"林"，如"樊"（俗體）簡省爲"焚"（正體），"攀"（正體）簡省爲"攀"（俗體）（邢澍），"壄"（俗體）簡省爲"埜"（俗體）（釋行均：3769），"鬱"（正體）或"欝"（俗體）簡省爲"𥳎"（俗體）（釋行均：3799）等，故"礬"簡化構件"林"爲"林"而成"礬"。

故"攀"先簡省爲"礬"，再省之爲"礬"，簡省掉那些看起來似乎不那麼重要的部分。正如張涌泉先生所言："有些漢字字形構件比較繁雜，俗書往往會把那些表面上看起來不那麼重要的構件加以省略，形成俗字。"（張涌泉 2016：79）

三、毃

(1) 子弟書《雷峰塔》："悲切切欲語吞毃微微泣，亂紛紛腮滾珍珠顆顆圓。"（392/186）

"毃"字，左爲"者"，右爲"殳"，與"毃"同，指"筑"。（梅膺祚 1991：235）但在子弟書中當爲"聲"之俗字。"欲語吞聲"，指無聲地悲泣。範成大《夢玉人引》："欲語吞聲，結心相對嗚咽。燈火淒清，笙歌無顏色。"

"聲"，從耳殸聲，下部之"耳"可位移到"声"之下部，如子弟書《巧姻緣》："玉郎忍不住一殸笑，說：'瞧不得你這溫柔的樣子，敢是個淘氣的姑娘。'"（389/534）"殸"即"聲"。構件"声"之"尸"再簡省作"尸"，如北魏《叔孫協墓誌》作"殸"（毛遠明 2008：5/94），北魏《解伯達造像記》作"聲"（毛遠明 2008：3/324）；"尸"再訛變爲橫撇，如北魏《秦洪墓誌》作"聲"（毛遠明 2008：6/33）；遇到上部有橫的構件時，橫撇只寫一撇，如子弟書《三笑姻緣》作"毃"（394/039）。

又"耳"與"目"形近常相混，如"聰"作"聰"（386/218）、"盼"作"盼"（386/364），故"毃"亦可作"毃"，如子弟書《春香鬧學》："關關是兩鳥，同毃相應合。"（393/010）最後，因"目"與"曰"形近易混，如"目"作"曰"（386/123）、"明"作"明"（秦公 1985：65）、"晌"作"晌"（387/492），"毃"之不成字構件"者"成字化爲"者"，而成俗字"毃"。

當然也不排除因"耳"與"日"相混，如"爺"作"爺"（386/517），故也存

清至民初子弟書疑難俗字理據考察十二則 | 287

在"殼"直接俗化爲"殼"的可能性。

"聲"之右上構件"殳"常作"攵",如"擊"作"擊"(釋行均：3759)、"擊"作"擊"(386/475)、"盤"作"盤"(389/452)等等,故"聲"經過構件位移、簡省、成字化等一系列演變,最後俗化作"殼"。

聲→聲→殼→殼→殼→殼→殼→殼

"聲"字俗變路徑圖

四、鬣

(1) 子弟書《雷峰塔》："頭戴著漁翁斗笠露水鬣,耳墜著金鑲八寶玉連環。"(392/165)

"鬣"字,未見大型字典收錄。異文作"鬣"(《清本》53/230)和"鬣"(《故本》2/97)①,《全集》錄作"髦鬣"(6/2435);《子弟書集成》錄作"鬚"(14/5037)。當爲"纂"之俗字。

"纂"之構件"糸"可能演變成"幺"。首先,因"幺"常混作"么",如"幺"作"么"(386/155)、"吆"作"吆"(389/408)、"幻"作"幻"(釋行均：3758)、"羼"作"羼"(釋行均：3796),故"糸"之上部"幺"訛作"么"則成"糸",如"紫"作"紫"(390/074)、"繁"作"繁"(李圭甲 2000：781)、"纂"作"纂"(毛遠明 2008：4/103)。再簡省"糸"之下部"小",成"么",如"纂"可作"纂"(李圭甲 2000：786);"攮"作"攮"(386/535),構件"纂"就產生俗體"纂"。

又因"水纂"之"纂"有"髮髻"義,故在"纂"之俗體"纂"上增加形符構件"髟"成"鬣",強調"髮髻"義。另"纂"還有從"髟"的異體"鬣",《(道光)遵義府志》："縮髮爲髻曰鬣。"(鄭珍 1986：568)蒲松齡《日用俗字》："巧把匀頭挽水鬣,斜梳雲鬢插金釵。"張樹錚註："水鬣"爲一種婦女髮式。(張樹錚 2015：264)又如丫鬟的特徵是梳著髮髻,故常給"丫"增加形符構件"髟"作"鬟"(386/437)。

故"纂"字下部訛省,上部增加形符構件"髟"乃成俗字"鬣"。

---

① 《故本》爲《故宮珍本叢刊》第 697 冊《清代南府與升平署劇本與檔案：岔曲、大鼓、蓮花落、秧歌、快書、子弟書》簡稱。

五、戚

（1）子弟書《玉簪記》：" 無奈何低戚蛾眉雙紅杏臉，一見潘姑兩淚啼。"（391/442）

"戚"字，未見大型字典收錄，當爲"蹙"之俗字。

"蹙"，從足戚聲，初爲上下結構，後構件"足"逐漸調整到構件"未"下，成爲半包圍結構。子弟書《長亭餞別》："見張生在席上斜簽著坐，悶懨懨無語蹙雙眉。"（388/398）"蹙"作"蹙"。

半包圍結構中的"未"和"足"結合緊密，不斷發生變化。下部構件"足"逐漸演變作"𠯑"。子弟書《藏舟》："見飛霞滿腔無奈把眉頭蹙，半晌含悲把脖頸兒喳。"（385/029）子弟書《續得鈔傲妻》："歉去時寒煙曉月眉頭蹙，喜歸來暖日晴風面目新。"（391/101）"蹙"、"蹙"，構件"足"作"𠯑"。亦如"楚"作"楚"（婁機）、"塞"作"塞"（389/285）。

又"𠯑"之撇筆拉直變橫筆作"豆"。子弟書《鳳鸞儔》："眾多人齊說此計多絕妙，錢萬選辭穷（窮）理短兩眉蹙。"（391/593）"蹙"作"蹙"。子弟書《托夢》："小玉怕夫人傷著玉體，也蹙著眉頭兒滾淚痕。"（386/480）"蹙"作"蹙"。亦如"楚"又作"楚"（秦公1985：243）、"塞"又作"塞"（391/052）。

又"蹙""蹙"之上部構件"未"可能簡省訛變。子弟書《雀橋》："楊玉環眉蹙春山低粉頸，半晌開言氣太息。"（387/595）"蹙"作"蹙"，"未"下部訛作"八"。又或受行草書影響，"八"與"口"相混，如"哥"作"哥"（390/611）、"歌"作"歌"（劉復1930：44），故如子弟書《托夢》："到如今千斤擔子輪著妾，怕你不蹙損了眉頭使碎心。"（386/470）"蹙"作"蹙"，"未"之下部變爲"口"，上部簡作一橫。或可能受"豆"影響，"未"之下部字內類化爲"口"。

最後，或受"豆"類化，簡省"蹙"之重複構件"口"而成俗字"戚"。亦如"楚"又作"楚"（秦公1985：243）。

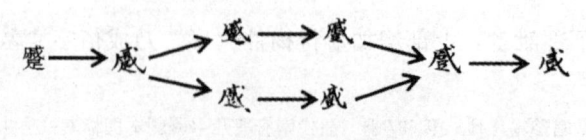

故"戚"字當爲"蹙"之訛變俗字。

$$蹙 \rightarrow 蹙 \begin{matrix} \rightarrow 蹙 \rightarrow 蹙 \\ \rightarrow 蹙 \rightarrow 蹙 \end{matrix} \rightarrow 蹙 \rightarrow 戚$$

"蹙"字俗變路徑圖

六、謔(雪下)

(1) 子弟書《老侍衛歎》："閑筆墨偶從意外得餘味，鶴侶氏爲破寂寥寫謔詞。"（398/144）

"謔"字，未見大型字典收錄，當爲"謔"之俗字。子弟書《老侍衛歎》演的是一個老侍衛的困窘之狀，故曰"謔詞"。

子弟書《老侍衛歎》"謔"之異文作"諕"（《清本》54/301），子弟書《嫦娥傳》："他雖是態度端莊神情俏麗，輕顰淺笑戲諕憨頑。"（399/412）"謔"亦作"諕"。"諕""諕"字形中"虐"之上部構件"虍"訛作"声"，下部"曰"調整方位作"彐"。又構件"声"的左邊一撇常縮短，與"雪"字頭的俗書相混，如"虧"作"雩"（顧藹吉 1986：9）、"噓"作"雩"（顧藹吉 1986：23）、"膚"作"雩"（392/667），故"諕""諕"右邊構件左撇縮短構件化爲"雪"而成俗字"謔"。

故"謔"當爲"謔"之訛變俗字，因構件"虐"訛成"雪"而俗化。《子弟書集成》迻錄作"謔"（12/4261），可據以校正。

七、帳(異體)

(1) 子弟書《難新郎》："立等著佳人才子同鴛帳，那想到變生不測進不了洞房。"（390/081）

"帳"字，未見大型字典收錄，當爲"帳"俗字。"鴛帳"，即"鴛鴦帳"，指夫妻或情人的寢具。關漢卿《竇娥冤》："他則待一生鴛帳眠，那裡肯半夜空房睡。"

"帳"之構件"長"可草作"长""长""长""长"等（中國書店出版社 1983：1506—1507），下似"厶"。又如子弟書《全掃秦》："抖擻精神強說話，一張交椅似針氈。"（392/402）"張"即"張"，右邊構件"長"亦下似"厶"。俗書中"厶"與"山"常互作，如"兩"作"兩"（387/532），又省作"兩"（389/144），再訛作"兩"（394/620）；"萬"作"萬"（386/583），或作"萬"（394/660）。故"帳"之構件"長"或作"去"，下部類"厶"而作"山"，乃成構件"击"。故"帳"之聲符構件"長"訛作"击"乃成俗字"帳"。

八、嚛、㤺

(1) 子弟書《宮花報喜》："諕命發威連聲說：'快走。'不敢嚛的丫鬟站

起身。"（389/029）

（2）子弟書《春香鬧學》："先生說：'這樣糊塗缺怎麼好，蠢笨無知真忹騾。'"（393/015）

"唪"和"忹"字，皆未見大型字典收錄。子弟書《宮花報喜》異文抄本作"唪"（《清本》53/113），《全集》迻錄作"唪"（4/1770），《子弟書集成》亦迻錄作"唪"（9/2969）。子弟書《春香鬧學》異文抄本《清本》（53/252）、《故本》（3/284）和清老聚卷堂本分別作"唪""唪"和"唪"，《全集》迻錄作"唪"（6/2546），《子弟書集成》亦迻錄作"唪"（7/2250）。"唪"和"忹"字，應皆爲表示強辯、頂嘴，性格倔強等"強"之俗字。

子弟書《宮花報喜》中，"唪"指的是強辯、頂嘴，所以用從"口"之"唪"字。又如《脂硯齋重評石頭記》："分明又不遠，你聾了不成？你還和我強嘴。"（曾良 2018：292）"強"作"強"，表示"強嘴"，故加形符"口"。"強"，中古爲群母養韻，"降"，中古爲見母絳韻，見、群屬牙音，"養""絳"旁轉，兩字讀音相近。又或受一字多音或"強"（jiàng）音使用頻率的影響，改換聲符構件"強"爲"降"。且俗書中"阝"與"卩"常混同，如"隨"作"随"（劉復 1930：102）、"鄉"作"鄊"（389/441）、"即"作"卽"（387/263），故"強"作"唪"。

子弟書《春香鬧學》中，"忹"字指的是性格倔強，所以用從"忄"之"忹"字。"強"，中古爲群母養韻，"匠"，中古爲從母漾韻，兩字聲近韻同，讀音相近。亦或受一字多音或"強"（jiàng）音使用頻率的影響，改換聲符構件"強"爲"匠"，故"強"作"忹"。

另外，從異文材料可知，在清代子弟書中，俗字"唪"比"忹"使用範圍要廣，或因"唪"字構意更加明晰。

故"唪"和"忹"字，應皆爲"強"之俗字，屬特殊意音字。此種新造特殊意音字在子弟書中多見，如"鴿"之俗字"吀"（392/550），"慍"之俗字"㖇"（397/293）等。

九、朥

（1）子弟書《出塔》："小狀元正然朥望心焦燥，見一女翩翩而至貌輕盈。"（392/043）

"朥"字，《中華字海》據朝鮮本《龍龕手鏡》收作"枔"之俗字（冷玉龍 1994：901），《成化丁亥重刊改併五音類聚四聲篇海・月部》："朥，香訖切。"（韓道昭 1471）此處當爲"盼"之俗字。

一是俗書中構件"目"與"月"常相混，如"貳"作"![]"，又作"![]"（毛遠明 2012：214）；"瞇"作"![瞇]"（386/580）；"筋"作"![筋]"（393/022），故"盼"之構件"目"混作"月"。

二是構件"分"之上部構件"八"調整筆形，下部構件"刀"作"丂"而成"![兮]"，又或受"号"類化，"![兮]"俗作"号"。如子弟書《出塔》："說著止不住雙垂淚，急煎煎望眼巴巴![盼]聖僧。"（392/042）"盼"作"![盼]"，"分"俗作"![兮]"，下部"丂"與"号"形近。又俗書中"口"可簡省爲兩點，如"劉"作"![劉]"，又作"![劉]"（毛遠明 2012：90）；"雖"，從虫唯聲，其構件"唯"之構件"口"可簡省爲兩點作"![雖]"（387/045）；"事"作"![事]"（387/149）。反之，或受"号"類化，構件"分"之俗體"![兮]"上兩點作"口"，成字化爲"号"。

故"盼"之構件"目"俗作"月"，構件"分"俗作"![兮]"，再成字化爲"号"而成俗字"![盼]"。

十、![皋]

（1）子弟書《遊武廟》："絕不該抗旨不把程（成）![皋]救，藏隱鐘離把主欺。"（393/302）

"![皋]"字，未見大型字典收錄，當爲"皋"之俗字。"成皋"，地名，故址在今河南省汜水縣，爲歷代兵家所爭之地。

"皋"字，從白夲聲，《中華字海》引《正字通》作"臯"（冷玉龍 1994：1267），亦如子弟書《赤壁賦》："他三人興盡思歸返舟上岸，向林![臯]一杯茶罷一爐香。"（390/051）"皋"作"![臯]"。

"![臯]"或下加一橫作"![皋]"，如子弟書《全掃秦》："牛![皋]王貴同成聖，後跟張保合施全。"（392/555）。俗書中類似形體常下部增加橫畫，如"乘"作"![乘]"、又作"![乘]"（秦公 1985：110），"乖"作"![乖]"（劉復 1930：206），"傘"作"![傘]"（392/074），"庫"作"![庫]"（392/117）等。最後，調整"![臯]"字中間四點位置作"![皋]"。

"![臯]"或先調整四點位置作"![皋]"，如子弟書《談劍術》："暫屈君茅簷竹榻歇一宿，明日個送歸羈旅向東![皋]。"（394/589）最後再在"![皋]"下增加橫畫作"![皋]"。

故"皋"先作"臯"，後又增加筆畫、調整結構而成俗字"![皋]"。

十一、劉

（1）子弟書《莊氏降香》："誰承望河北番王**劉**黑塔，無端造反起歹心。"（386/415）

"**劉**"字，當爲"劉"之俗字。劉黑塔即劉黑闥，爲隋末唐初起義軍首領。

俗書中構件"卯"常記號化爲兩點或三點，如"留"作"**畄**"（387/007）、"溜"作"**溜**"（劉復 1930：47）。同樣，"劉"之構件"卯"或記號化爲兩點，如《隋緣果道場博塔下舍利記》作"**劉**"（邢澍），《齊西門豹祠堂碑陰》作"**劉**"（冷玉龍 1994：57）；或記號化爲三點，《北魏張猛龍碑陰》作"**劉**"（邢澍），《魏李仲琔修廟碑陰》作"**劉**"（冷玉龍 1994：58）。

兩點或三點與"小"常互作，如"就"作"**就**"（386/518），構件"京"下部構件"小"簡省爲兩點；"霄"作"**霄**"（386/064），構件"肖"之上部"小"作三點；"寡"作"**寡**"（邢澍）或"**寡**"（秦公 1985：282），三點或作"小"。又"小"與"少"常訛混，如"隙"作"**隙**"（390/092），構件"𡭴"上部"小"訛作"少"；"雀"作"**雀**"（韓道昭 1471），構件"小"訛作"少"。

故"劉"之構件"卯"俗寫爲兩點或三點，又構件化爲"少"。本例中"少"的長撇與構件"金"的撇畫共筆，點畫與構件"金"的捺畫共筆，故寫作"**劉**"。

十二、揸

（1）子弟書《鵓兒訓妓》："東一個小鞋，西一個蠍虎，再不然摔門打戶混敲**揸**。"（400/540）

（2）子弟書《鵓兒訓妓》："好愚魯的見面柔和賠笑臉，好溫存的低頭拿眼把他**揸**。"（400/549）

（3）子弟書《鵓兒訓妓》："英名蓋世人難擋，一遇見貂蟬馬上把鍋**揸**。"（400/552）

（4）子弟書《鵓兒訓妓》："鄭元和打過蓮落花，王三官曾將梆子**揸**。"（400/564）

"**揸**"字，當爲"砸"之換旁俗字，將"砸"之"石"旁改換爲"手（扌）"旁，強調了其爲手部動作義。例 1《全集》作"砸"（10/4256），例 2—4《全集》作"**揸**"（10/4258、4258、4262）。考察發現，受書寫者求異心理影響，"砸"和俗字"**揸**"在本篇子弟書交替使用。其他三處皆用"砸"，如："人不說不知，木不鑽不透，說明白了省的我把悶雷**砸**。"（400/537）"一定是典房當地出脫買賣，熬不住二下河東又往裡**砸**。"（400/559）"春花說：'他若說有怎麼樣？'鴇兒說：'就勢跌跤兒往裡**砸**，你就說奴家情願給你做小。'"（400/560）

這是子弟書常見現象之一——趨異性。這種現象不僅表現在同篇之中，也表現在一句之中，甚至表現在一字之內。典型的例子如子弟書《黨太尉》："大聲念道：'**復發復發復發**。'"（388/627）一句之內"復"字出現兩種俗體，分別是"**復**"和"**復**"，"發"字出現三種俗體，分別是"**發**""**發**"和"**發**"。再如子弟書《望兒樓》："那靈光兒**行**明**行**暗，似隱隱殘燈。"（386/533）"行"分別作"**行**"和"**行**"。以上兩例是典型的句內異化現象。另如子弟書《玉簪記》："必正聞言呆半晌，恰似霹**靂**把頂門轟。"（391/429）"靂"作"**靂**"，將構件"秝"之一"禾"異化為"木"，屬字內異化。再如子弟書《黨人碑》："似這般喪心狗**彘**，教我怎相饒。"（391/317）"彘"作"**彘**"，將一"匕"混作"土"，以異於另一構件"匕"。這種現象不僅表現了抄手求新求異的心理，也體現了抄本文獻的一個重要特點，即它既有傳承性，又有時代性和創新性，如"**彘**""**靂**"皆未見大型字典收錄。

傳世子弟書文獻數量較多，且絕大多數是抄本，字形複雜，俗字頗多，其在近代文字整理與發展演變研究等方面具有不可取代的價值。以上基於子弟書抄本用例，結合同時期及更早時期俗字，分析了十二個俗字形成的內在原因和俗化理據，力圖展現他們的演變線索。以上形體多存在訛變、增加構件、簡省構件、改換構件、構件成字化和同形等文字現象，如"**啖**""**膀**"因俗字構件形近而訛混，與其他俗字同形；"**若**"是因構件類化簡省而形成的俗字，符合漢語俗字演變的一般規律；"**殼**"和"**威**"可梳理出明晰的字形訛變線索，其構件或發生位移、簡省、黏連，或調整字形結構、成字化等；"**蠱**"涉及到給漢字增加意符構件，簡化構件等方面；"**譚**"是因聲符構件訛變、改換而俗化；"**陸**"是因草書楷化而訛變；"**峰**""**恆**"是新造特殊意音字；"**牢**"是通過筆劃增加、位移而俗化；"**劃**"當是局部構件簡省訛變，又黏合、共筆的結果；"**插**"當為換形符俗字。因此，子弟書俗字字形俗化現象多樣，俗化理據複雜，需要我們在研究時從多個角度去考察。

參考文獻

陳錦釗. 子弟書集成. 北京：中華書局，2020.

范成大. 石湖詞. 北京國家圖書館藏清乾隆刻知不足齋叢書本.

故宮博物院. 清代南府與升平署劇本與檔案：岔曲、大鼓、蓮花落、秧歌、快書、子弟書//故宮珍本叢刊：第697冊. 海口：海南出版社，2000.

顧藹吉. 隸辨. 北京：中華書局，1986.

關漢卿. 竇娥冤. 北京國家圖書館藏清光緒三十三年（1907）士洪抄本.

韓道昭. 成化丁亥重刊改併五音類聚四聲篇海. 北京圖書館藏明成化七年（1471）刻本.

洪昇. 長生殿傳奇. 揚州大學圖書館藏清光緒石印本.

黃仕忠等. 子弟書全集. 北京：社會科學文獻出版社，2012.

金受申. 北平通——《北平俗曲錄》之十三. 一四七畫報，1947（15/5）.

金臺三畏氏. 綠堂吟館子弟書選. 北京：首都圖書館藏本.

冷玉龍，韋一心. 中華字海. 北京：中華書局，1994.

李圭甲. 高麗大藏經異體字典. 首爾：高麗大藏經研究所出版社，2000.

劉復，李家瑞. 宋元以來俗字譜. 上海：中研院歷史語言研究所，1930.

婁機. 漢隸字源. 明末清初毛氏汲古閣刊本.

毛遠明. 漢魏六朝碑刻校注. 北京：線裝書局，2008.

毛遠明. 漢魏六朝碑刻異體字研究. 北京：商務印書館，2012.

梅膺祚. 字彙·字彙補. 上海：上海辭書出版社，1991.

秦公輯. 碑別字新編. 北京：文物出版社，1985.

釋行均. 龍龕手鑒. 影印本. 上海：涵芬樓，具體刊刻年份未詳.

首都圖書館編. 清車王府藏曲本. 北京：學苑出版社，2001.

蘇軾. 蘇文忠公全集. 上海圖書館藏明嘉靖十三年（1534）刻本.

邢澍. 金石文字辨異. 杭州浙江大學館藏，具體刊刻年份未詳.

曾良，陳敏. 明清小說俗字典. 揚州：廣陵書社，2018.

張岱. 粵雅堂叢書. 清咸豐刻本.

張樹錚. 蒲松齡《日用俗字》注. 濟南：山東大學出版社，2015.

張涌泉. 漢語俗字研究（增訂版）. 北京：商務印書館，2016.

鄭珍. （道光）遵義府志. 遵義：遵義市志編纂委員會辦公室，1986.

中國書店出版社. 草書大字典. 北京：中國書店出版社，1983.

中研院歷史語言研究所俗文學叢刊編輯小組編輯. 俗文學叢刊. 臺北：新文豐出版公司，2001—2004.

The Motivation of Obscure Folk Characters in *Zidishu* Manuscripts from the Qing Dynasty to the Early Republic of China

Duan Buhua, Deng Zhangying

Abstract：*Zidishu*, as valuable material in the research of Chinese folk literature, is of great value in studies of modern Chinese characters. Because its folk characters are rich in form, and their popularization is diverse in attribution, many new characters are not been included even in large dictionaries. Although the motivation of their popularization manifests the regularities of those characters, academic attention is rarely paid to such writings. This research, based on the *Folk Literature Series* as a corpus, analyzes and interprets 12 of such folk characters.

Keywords: *Zidishu*; folk character; motivation

(段卜華，西南大學漢語言文獻研究所、貴州工程應用技術學院；
鄧章應，西南大學漢語言文獻研究所)